Curriculum for
young children

2019 개정 누리과정을 반영한

유아교육과정

| 양옥승 · 최경애 · 이혜원 공저 |

학지사

머리말

유아교육과정은 유아에게 무엇을 어떻게 교육할 것이며, 왜 그러한 교육을 하는 가에 대한 의사결정 및 운영 실제에 대한 이론적 기반과 실제적 지식을 제공하는 핵심적인 과목이다. 유치원이 생긴 이래 100여 년 동안 유아교육은 괄목할 만한 성장을 했으며, 우리나라의 유아교육 또한 양적·질적으로 커다란 발전을 이루었다. 국가의 지원 확대로 유아교육 수혜자는 영유아 전체로 확대되었으며 유아교육과정의 체계성과 책무성에 대한 요구도 높아졌다.

역사적으로 유아교육과정은 교육과정의 학문적 맥락과는 단절된 채 특유의 행보를 해 왔다고 볼 수 있다. 오늘날과 같이 복잡하고 다원화된 사회에서는 하나의 일관된 이론이나 사상이 다양한 정서와 사고를 담아내기란 거의 불가능한데도 유아교육 분야에서는 발달주의가 유일한 원리로 채택되어 유아교육과정 분야를 일사불란하게 지휘해 왔다. 지난 수십 년간 유아교육과정 전문가와 교사들은 발달주의의 패러다임을 중심으로 교육 이론과 실제를 이해해 왔으며, 이로 인해 유아교육과정은 학문적 관점에서 교육과정으로 이론화되기보다는 특정한 프로그램이나 활동과 같은 것으로 간주되어 왔으며, 학교 교육과정과도 분리되는 측면이 있었다.

2012년 5세 누리과정이 시행되었으며, 2013년부터는 3~5세의 모든 유아를 대상으로 유아교육·보육과정이 통합된 국가 수준 공통과정인 누리과정이 시행되었다. 이로 인해 유아교육과정의 중요성은 더욱 높아졌으며 국가 수준에서 교육책무성과 효율성을 높이는 계기가 되었다. 누리과정은 국가 수준의 내용을 제시하고 교사의 체계적인 교육과정 운영을 위해 생활주제 중심의 통합교육과정 모형을 보급하고 유치원평가제를 시행하여 교육과정과 운영 전반에 대한 책무성을 평가하였다. 한편, 실행과정에서 교사가 계획한 교육과정을 중심으로 놀이가 교육의 수단으로 도구화되는 문제점도 지적되곤 하였다. 그러나 유아 중심ㆍ놀이 중심을 표방하는 '2019 개정 누리과정'과 '2020년 표준보육과정'의 적용으로 학습자 주도의 놀이를 통한 배움을 강조하며 4차 산업혁명 시대의 미래교육을 위한 교육과정으로 한발 더 나아가고 있다고 볼 수 있다.

따라서 교육과정 운영자로서 유아교사에게는 유아를 돌보는 전통적인 자질 이외에도 교육계획을 수립ㆍ실행ㆍ평가하는 교육과정 운영 능력, 놀이를 통한 배움을 실행할 수 있도록 유아 중심ㆍ놀이 중심의 교육과정을 운영하는 능력, 사회의 변화와 새로운 패러다임을 이해하며 미래교육을 준비하는 능력 등이 요구된다.

이 책은 '2019 개정 유아교육과정'을 반영하여 유아교육과정의 이론과 유아놀이 중심 실제의 균형을 고려하여 구성하였다. 특히 미래사회 변화에 따른 유아교육과정의 새로운 패러다임을 반영하였으며, 유아교육의 고유한 특성이자 '2019 개정 누리과정'을 실천하는 중요한 이론적 기반으로 유아 중심, 자유놀이, 상호작용, 보살핌, 발현적 교육과정, 통합교육과정 등의 개념을 설명하고, 교육과정을 체계적으로 접근할 수 있도록 교육목표, 교육내용, 교수ㆍ학습, 평가로 구분하여 안내하였다. 아울러 이론과 실제에 대한 이해를 돕기 위한 구체적인 운영 실제와 국내외 운영 사례를 소개하여 유아교육과정에 대해 폭넓고 깊이 있는 관점을 형성하는 데 도움을 주고자 한다. 이를 통해 예비유아교사 및 유아교육 분야 입문자의 유아교육과정에 대한 이해를 돕도록 하였다.

이 책은 제5부 16장으로 구성되어 있다.

제1부는 유아교육과정에 대한 이해를 돕기 위해 구성되었다. 제1장에서는 교육과정과 유아교육과정의 개념과 유형을 알아보았으며, 제2장에서는 유아교육과정의 역사, 유아교육과정의 관점에 따른 유아교육에 대해 살펴보았다. 제3장에서는 미래사회의 변화에 따른 유아교육과정의 새로운 패러다임의 변화와 전환의 방향에 대해 새롭게 분석하였다.

제2부는 국가 수준 유아교육과정으로 유치원과 어린이집의 교육과정을 고찰하였다. 제4장에서는 우리나라 유치원 교육과정의 개발의 역사에 대해 알아보았고, 제5장에서는 표준보육과정의 제정과 제4차 개정까지 각 표준보육과정의 특징을 살펴보았으며, 제6장에서는 '2019 개정 누리과정'에 대해 소개한 후 3~5세 연령별 누

리과정과 비교하였다.

제3부는 유아교육과정의 구성으로, 유아교육과정의 특성, 교육목표, 교육내용, 교수·학습, 교육평가에 대해 제시하였다. 제7장에서는 초·중등교육과 차별되는 유아교육과정만의 특성이라 할 수 있는 유아 중심, 자유놀이, 상호작용, 보살핌 등을 들어 살펴보았다. 제8장에서는 유아교육과정을 구성하기 위한 기초로 교육목표에 대해 소개하였으며, 제9장에서는 유아교육과정 구성의 교육내용, 제10장에서는 유아교육과정 구성의 교수·학습, 제11장에서는 유아교육과정 구성의 교육평가를 정리하였다.

제4부는 유아교육과정의 운영으로, 교육과정 운영의 기초 이론, 영아와 유아를 위한 교육과정을 제시하였다. 제12장에서는 유아교육과정 운영의 기초로 발현적 교육과정, 놀이 중심 교육과정, 통합교육과정에 대해 알아보았다. 제13장과 제14장은 영아를 위한 교육과정과 유아를 위한 교육과정으로 나누어, 교육계획 및 운영의 기초, 물리적 환경, 일과운영, 교육계획의 수립, 놀이 사례 등을 정리하였다.

제5부는 유아교육과정의 모형을 제시하였다. 제15장에서는 우리나라의 대표적인 유아교육과정의 모형에 대해 소개하였고, 제16장에서는 현재 유아교육에서 많이 논의되고 있는 주요 프로그램인 프로젝트 접근법, 레지오 에밀리아, 몬테소리 교육, 발도로프 유아교육을 소개하였다.

현재 이 책에서는 영아와 유아를 특별히 구분해야 할 필요가 없는 경우에는 모두 유아로 통칭하였으며, 유치원교육과정과 보육과정은 유아교육과정으로 통일하였다. 이 책은 동저자들이 집필한 『영유아교육과정』(2판, 2015)을 토대로 미래사회 교육의 변화 방향과 이론, '2019 개정 누리과정'과 개정 누리과정을 적용한 교육실제 등을 반영하여 새로 집필하였으나 유아교육과정의 이론 부분은 이전 저서에 기반하고 있음을 밝힌다.

이 책을 쓰면서 유아교육에 입문하는 예비유아교사들은 자신의 학교 교육과정에 대한 경험으로 유아교육과정을 이해하면 교육과정 운영자로서 어려움이 많을 수밖에 없다는 생각을 다시 한번 하게 된다. 유아교육과정은 초·중등학교와 다른 교육과정이론과 접근방법으로 구성되어 있다는 점을 이해하고 유아들이 주도하며 놀이하는 행복한 교실로 만들어 가는 교육과정 운영자로 성장하길 바란다. 아직도 많은 부분이 부족하고 좀 더 보충되어야 할 곳이 있어 아쉽지만 추후 연구를 통해 계속 개정 작업을 해 나갈 것이라는 생각으로 마무리를 한다.

이 책에 포함시킬 풍부한 자료를 제공해 주신 한림성심대학교 부속 한림유치원, 덕성여자대학교 부속유치원, 파랑새유치원(일산), 동은유치원(서울)의 원장님과 선생님들께 감사드린다. 끝으로 이 책의 출판을 위해 헌신적으로 도와주신 학지사의 김진환 사장님과 편집부 여러분께도 진심으로 감사드린다.

저자 일동

차례

제2부
국가 수준 유아교육과정

제3부
유아교육과정 구성

제4부

유아교육과정의 운영

제5부

유아교육과정의 모형

제1부

유아교육과정의 이해

제1장 교육과정과 유아교육과정
제2장 유아교육과정 탐구의 변천사
제3장 유아교육과정의 새로운 패러다임

제1장

교육과정과 유아교육과정

이 장에서는 일반 교육과정의 다양한 개념과 유형을 살펴보고, 유아교육의 특성에 따른 유아교육과정의 개념에 대해 생각해 보고자 한다.

1. 교육과정의 개념

교육과정이 무엇인가에 대해서 많은 논란이 있어 왔고, 그 논란은 지금도 이어지고 있다. 교육과정은 관점에 따라 매우 다양하게 해석될 수 있다. 교육과정을 넓게 생각하느냐 또는 좁게 생각하느냐에 따라 그 의미가 달라질 수 있고, 누가 어느 수준에서, 어떠한 준거와 방법으로 교육내용을 결정하느냐에 따라서도 그 의미가 달라진다.

어떤 사람은 교육과정을 학생에게 가르쳐야 할 내용의 주제나 개념을 열거한 것이라 하고, 또 어떤 사람은 학교의 지도 아래 계획적으로 제공되는 모든 경험이라고도 한다. 또 다른 사람은 학습 프로그램이라 하기도 하고, 교과목의 모음으로 설명하는 사람도 있으며, 학교 내의 모든 교육활동이라고 하기도 한다. 이렇듯 교육과정의 의미는 수없이 많으며, 제각기 다양하게 쓰이고 있다.

교육과정에 대한 개념 규정의 어려움은 근본적으로 교육을 보는 시각, 인간과 사회를 보는 시각인 철학적 관점의 차이에서 온다. 우리는 '교육한다'라는 말의 핵심 요소로 교육의 대상(학생), 교육의 내용(교육과정), 교육하는 사람(교사)을 생각할 수 있다. 이것은 누가, 누구에게, 무엇을, 어떻게 가르치고 평가하는가 하는 문제와 관련된다. 이 네 가지 요소 중에서 '무엇'에 해당되는 것만을 교육과정으로 생각한다면 교육과정의 개념 규정은 오히려 단순하고 쉬울 것이다. 그러나 가르치고 배우는 내용은 배우는 학생이나 가르치는 교사와 무관할 수 없으므로 '왜, 무엇을, 어떻게 가르치고 평가하느냐'에 대한 선택과 의사결정의 어려움이 뒤따르게 된다(교육과학기술부, 2008). 즉, '누가' '누구에게' '무엇을' '어떻게 가르치고 평가하느냐' 하는 교육의 네 가지 요소 중에서 '무엇'이라고 하는 교육내용 외에 배우는 자의 특성과 가르치는 교사의 의사결정도 매우 중요한 변수라는 점을 인식하게 되면서 다양한 교육과정에 대한 정의가 나타난 것이다.

라틴어 쿠레레(currere)라는 어원에서 나온 '교육과정(curriculum)'이라는 용어는 동사로는 '달리다'라는 의미이며, 명사로는 '달리는 코스'를 의미하는 것으로 '경마장에서 말이 달려야 할 경주로'를 의미한다. 이 말이 교육에 전용되어 학교에서 학생이 입학해서 졸업할 때까지 쭉 달려가는 정해진 코스, 또는 학생이 학습할 내용을 일정한 순서에 따라 조직하고 배열한 것이라는 뜻으로 사용되고 있다. 따라서 교육과정이란 목표와 일정한 순서로 배열된 학습의 코스와 더불어 교육내용이나 경험 내용을 의미한다.

다음에 제시된 교육과정에 대한 일반적인 정의를 보면, 연구자들의 철학적 배경이나 견해에 따라 제각기 조금씩 다른 정의를 내리고 있는 것을 알 수 있다. 어떤 교육과정 연구자는 교육과정을 전통적으로 누적된 지식이나 교과의 조직으로 정의하는가 하면, 또 어떤 연구자는 교육과정을 학교에서 학생이 경험한 모든 것이라고 폭넓게 정의하기도 한다. 예를 들면, 전통적 교육과정의 입장으로 대표되는 타일러(Tyler, 1949)는 교육과정을 형식적으로 정의하지는 않았지만, 교육과정을 계획할 때 다음과 같은 질문 네 가지를 제기하고 이에 반응함으로써 교육과정의 개념을 규정할 수 있다고 보았다.

- 학교에서 달성하고자 하는 교육목적은 무엇인가?
- 이들 목표를 달성하기 위해 어떤 교육적 경험이 제공될 수 있는가?
- 교육적 경험을 어떻게 효과적으로 조직할 수 있는가?
- 교육목표가 달성되었는지를 어떻게 알 수 있는가?

교육과정을 넓은 의미로 해석하는 연구자도 있는데, 아이즈너(Eisner, 1979)는 교육과정이란 '한 명 내지 둘 이상의 학생에게서 교육적 성과를 얻기 위한 의도된 일련의 계획적인 사건'이라고 정의하고 있다. 고핀과 윌슨(Goffin & Wilson, 2001)은 교육과정을 학습을 위한 문화를 발전시키거나 학습환경을 만들기 위한 틀(framework)이라고 정의하면서, 지금까지처럼 교육과정을 협의로 인식하고 이와 관련하여 무엇을, 언제, 어떤 방식으로 제공할 것인가에 대한 논의에만 집중할 것이 아니라 이제는 개별 유아의 사회문화적 맥락을 고려하여 왜 요구되는가에 대한 논의나 고심이 필요하다고 지적하고 있다.

교육과정에 대한 대표적 정의

- 학습자 또는 학습 집단을 위하여 의도된 학습의 세트다(Goodlad, 1966).
- 학생들에게서 교육적 성과를 얻기 위하여 일관된 관점으로 무엇을, 어떻게 가르칠 것인가에 대해 의도하여 이루어진 일련의 계획적인 사건들이다(Eisner, 1979).
- 학교가 책임을 지고 있는 학생들의 조직화되고 의도된 모든 경험이다(Ryan & Cooper, 2000).
- 학습을 위한 문화를 발전시키거나 학습환경을 만들기 위한 틀(framework)이다(Goffin & Wilson, 2001).
- 교사를 중심으로 보면 교육과정은 가르치는 내용이나 교과 혹은 의도적 계획으로 정의되며, 배우는 학생을 중심으로 보면 교육과정은 학습 경험 혹은 학습 결과로 정의된다(이귀윤, 1996).
- 학습자에게 학습 경험을 선정하고 조직하여 교육 경험의 질을 구체적으로 관리하는 교육의 기본 설계도다(교육부, 1998).
- 교육을 주도하는 기관이 그 기관의 교육목표에 따라 학습자의 성장과 발달을 돕기 위하여 체계적으로 개발하여 수립하는 지식과 경험을 포함한 모든 종류의 교육내용에 대한 사전 계획과 기대하는 결과다(이성호, 2004).

2. 교육과정의 유형

교육과정을 보는 학자들의 견해가 다양함에 따라 교육과정의 개념을 정의하기 위하여 다음과 같은 분류체계가 등장하였다. 즉, 교육과정은 내용(content)으로서의 교육과정, 경험(experience)으로서의 교육과정, 계획(plan)으로서의 교육과정 및 결과(outcome)로서의 교육과정으로 나눌 수도 있고, 또한 표면적 교육과정, 잠재적 교육과정 및 영 교육과정(null curriculum)으로 나눌 수도 있다. 또한 교육내용을 결정하는 주체의 역할 분담에 따라 국가 수준 교육과정, 지역 수준 교육과정, 학교 수준 교육과정 및 교사 수준 교육과정으로 나누기도 한다(교육과학기술부, 2008).

또한 '교육과정이란 무엇인가'를 생각해 볼 때, 가장 핵심이 되는 문제는 교육내용을 어떻게 선정하고, 어떻게 조직하는가 하는 것이다. 교육내용을 선정할 때는 교육내용을 무엇으로 볼 것인가에 따른 교육과정 사조와 관련하여 교과 중심 교육과정, 학문 중심 교육과정, 경험 중심 교육과정 및 인간 중심 교육과정으로 그 내용의 유형을 분류한다(교육과학기술부, 2008). 교육과정의 역사적 흐름을 살펴보면 교육사조의 역사적 변천에 따라 학교 현장에 적용하는 교육과정이 변화되어 왔음을 알 수 있다.

여기서는 교육과정의 다양한 개념을 교육사조의 변천에 따른 차원과 교육과정 결정 수준에 따른 차원으로 나누어 살펴본다.

교육과정 유형의 분류

- 교육과정의 사조: 교과 중심 교육과정, 학문 중심 교육과정, 경험 중심 교육과정, 인간 중심 교육과정
- 교육과정의 특성: 내용으로서의 교육과정, 경험으로서의 교육과정, 계획으로서의 교육과정, 결과로서의 교육과정
- 교육과정의 의도성: 표면적 교육과정, 잠재적 교육과정, 영 교육과정
- 교육내용 결정 주체의 역할 분담: 국가 수준 교육과정, 지역 수준 교육과정, 학교 및 교사 수준 교육과정

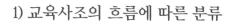

1) 교육사조의 흐름에 따른 분류

교육사조의 역사적 변천에 따라 교과·경험·학문·인간 중심 교육과정의 내용과 구성 근거로 삼은 교육과정을 간략하게 살펴보면 다음과 같다(김종서, 1987: 이영덕, 1987).

(1) 교과 중심 교육과정

어원상 의미인 교수요목(course of study)을 교육과정으로 보는 견해다. 교수요목의 예는 수학, 과학, 사회, 음악, 미술 등으로 교사가 학생에게 가르쳐야 할 내용의 주제 또는 제목을 열거한 교과를 의미한다. 이와 같은 견해는 학교 교육이 시작된 때부터 1920년대 말까지 계속되었는데, 교과 중심 교육과정(subject-centered curriculum)의 사상적인 배경은 본질주의 교육사조다. 본질주의 교육사조는 우리가 지녀 온 문화적 전통 가운데서 항구적인 가치를 지닌 본질적인 요소를 찾아 교육해야 한다는 것이다. 따라서 학교는 항상 변하는 일시적인 것보다 항구적인 것을, 현상적인 것보다 본질적인 것을, 단편적인 사실보다는 원리 원칙을, 실제적인 것보다는 이론적인 것을 중시한다. 교과 중심 교육과정의 교육목적은 인류의 문화유산 가운데 항구적인 가치를 지닌 본질적인 요소를 찾아서 학교 교육을 통해 다음 세대에 계승하는 데 있다.

이에 따라 교과 중심 교육과정에 있어서는 '무엇을 가르칠 것인가'라는 질문이 가장 먼저 제기되며, 교사는 이에 대한 대답으로 미성숙자인 학습자에게 가르쳐야 한다고 생각되는 주제를 열거하는 식의 교수요목을 작성하는 것이 정례다.

교과 중심 교육과정은 문서화된 교수요목을 중요하게 여기며, 반복학습을 강조하고 획일적이며 교사 중심적 성격을 지니게 된다. 따라서 객관적으로 가치가 있다고 생각되는 것을 논리적이고 체계적으로 조직하므로, 학습계획 및 진도의 진행이 쉽고, 표준화와 관리가 편리하며, 학습자의 지적 성장을 위해 필수적인 내용을 공급할 수 있는 점 등의 장점이 있다. 그러나 학습자의 흥미를 고려할 수 없으며, 일상생활 문제를 경시하고, 지식 중심·강의 중심의 교육방법을 활용하므로 창의력이나 사고력 증진에는 크게 기여하지 못하는 점 등의 단점이 있다. 교과 중심 교육과정은 교과과정과 동의어로 사용되며, 매우 다양한 관점의 교육과정이 주장되고 있는 오

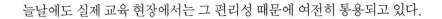

늘날에도 실제 교육 현장에서는 그 편리성 때문에 여전히 통용되고 있다.

(2) 경험 중심 교육과정

교육과정의 개념을 '학교의 지도하에 학습자가 갖게 되는 모든 경험'으로 보는 견해다. 1930년대를 전후해서 나타나 1950년대가 끝날 때까지 지속된 경험 중심 교육과정(experience-centered curriculum)은 미국에서 듀이(Dewey)의 진보주의 교육사상이 사람들의 관심을 불러일으키면서 나타나기 시작하였다. 듀이는 기존의 교과 중심 교육과정으로는 학생이 급변하는 세계에 적응할 수 없으며, 교육이 실생활과 너무 거리가 있다고 주장하고 교과보다는 경험을, 미래 준비보다는 현재 생활을, 교사의 교수보다는 아동의 흥미와 요구를 중시하는 입장을 취하고 있다. 경험 중심 교육과정은 아동의 흥미와 요구에 바탕을 두며 사회생활의 적응을 강조하고 있다는 측면에서 아동 중심, 흥미 중심 및 생활 중심 교육과정이라고도 한다. 따라서 이 유형의 교육과정에서는 학습자의 흥미와 경험에 기초해서 개인의 성장과 문제 해결 능력을 기르는 것을 교육의 목적으로 한다. 경험 중심 교육과정에서 교육내용은 성인 중심의 경험이 아니라 실제 학습에 임하는 아동 중심, 학습자 중심의 경험이어야 하므로 교과목뿐 아니라 일상생활에서 학습자가 해결해야 할 문제나 과제로 구성된다. 또한 교사의 일방적 교수가 아니라 교사–학생 간의 상호작용을 중시하기 때문에 학습자 스스로 자신의 활동을 계획·조직·평가하는 자발적 활동과 자유학습을 강조하고, 교사는 조력자·안내자·상담자의 역할을 수행하게 된다(이기숙 외, 2008).

경험 중심 교육과정은 학습자의 흥미와 경험을 중시하고, 공식적으로 의도하지는 않았지만 학습자가 교실 안팎의 모든 학교 환경으로부터 직간접적으로 배우게 되는 잠재적 교육과정에 관심을 갖게 했다는 데 의의가 있다. 그러나 교과보다는 학습자의 흥미나 요구를 중시하기 때문에 학력의 질적 저하를 초래할 수도 있다는 비판을 받기도 한다.

(3) 학문 중심 교육과정

교육과정의 개념을 '각 학문에 내재한 지식 탐구 과정의 조직'으로 보는 견해다. 1960년대에 들어와서 과학기술의 발전과 아울러 지식의 폭발적인 증가에 따라 종래의 경험 중심 및 생활 중심 교육과정에 대해 회의가 일어나게 되었다. 특히 미국에서는 1957년 옛 소련이 자유진영을 제치고 세계 최초의 인공위성 스푸트니크호를 발사하자 큰 충격을 받고 학습자의 흥미를 존중하고 사회생활에의 적응에 주력한 그동안의 교육에 문제를 제기하게 되었다. 그 결과, 학교 교육에서 아동의 경험이나 흥미보다는 수학과 과학을 강조하는 교육이 실행되었다.

학문 중심 교육과정(discipline-centered curriculum)을 공식적으로 천명한 브루너(Bruner, 1960)는 그의 저서인 『교육의 과정』에서 교육과정은 각 교과가 나타내고 있는 지식의 본질(구조)을 가장 명백히 표현할 수 있도록 그 지식을 체계적으로 조직해 놓은 것을 가리킨다고 하였다. 여기에서 '지식의 구조'는 지식의 기본 개념, 기본 아이디어, 핵심 개념 등과 동의어가 되며, 기본 개념은 과거 교과 중심 교육과정에서 교사가 의도적으로 단편적 사실이나 정보를 축적시키는 것이 아니라, 학습자 스스로 탐구의 과정을 통해 발견의 기쁨을 경험하는 것이 중요하다는 점을 강조한다. 즉, 학문 중심 교육과정에서는 탐구학습 또는 발견학습을 통해 체계적 지식과 탐구능력을 기르는 것을 교육목적으로 한다.

또 다른 학문 중심 교육과정의 특징은 교육내용을 나선형으로 조직한다는 것이다. 브루너는 학년이나 발달 정도에 관계없이 학습자의 사고방식에 적합하게 그들이 이해하는 말과 자료를 써서 가르치면 어떤 교과 내용도 이해할 수 있다고 하였다. 즉, 교과에 담겨 있는 기본 개념을 학습자의 사고방식에 알맞게 가르치며 학년의 진전에 따라 나선형으로 점차 심화하고 확대해 나간다.

학문 중심 교육과정은 급속히 변화하는 현대사회에서 유용한 지식을 모두 다루는 것은 불가능하므로 새로운 지식에 접했을 때 전체 구조를 통해 개념을 스스로 탐구할 수 있는 능력을 기르는 것에 초점을 두었다는 데 의의가 있다. 그러나 학교 교육을 지나치게 지식교육에 치중하게 했다는 비판과 학습자의 요구나 특성을 간과할 가능성이 많으며 개별 학문의 구조화, 체계화를 강조하기 때문에 지식의 조직에 있어서도 통합화보다는 분절화를 강조한다는 비판을 받기도 했다.

(4) 인간 중심 교육과정

교육과정의 개념을 '학습자가 학교생활을 하는 동안에 가지게 되는 모든 경험'으로 보는 견해다. 여기서 학교생활 중의 경험은 경험 중심 교육과정에서 뜻한 학교의 지도 · 계획 · 의도에 의해 갖게 되는 경험과 학교의 지도 · 계획 · 의도가 없는데도 갖게 되는 경험 모두를 포함한다.

　인간 중심 교육과정(human-centered curriculum)은 1970년대에 들어서 새롭게 강조되기 시작한 교육과정이다. 학문 중심 교육과정이 강조되는 과정에서 지식교육과 기능교육을 지나치게 강조하고 가치와 태도교육을 소홀히 하여 인성교육이 제대로 이루어지지 않았음을 지적하며 제기되었다. 학문 중심의 학교 교육은 과학기술 발전에는 기여했을지 모르지만 인간 교육 면에서는 실패했으며, 오히려 비인간화를 부채질하고 있다는 강력한 비판으로 인간성 회복을 주창하는 인본주의 교육사조와 함께 제시된 것이다. 인간 중심 교육과정은 인간다움을 회복하고 개인적으로 만족스러운 삶을 살 수 있도록 도와줌으로써 개인의 자아실현을 지향하는 데 교육의 목적이 있다.

　과학기술의 발달 속도에 비추어 인간성의 발달이 이에 미치지 못한다면 인류의 행복에 기여하기 위해 발달시킨 과학기술은 인류를 멸망시킬지도 모른다. 이에 따라 인간 중심 교육과정은 교육의 본질을 자아실현으로 설정하고 있다. 자아실현이 과연 무엇을 의미하는지는 사람마다 다를 수 있다. 공통적으로 가능한 한 가지 의미는 인간에게 잠재되어 있는 잠재 가능성을 사실화하는 것이 될 수 있다. 이를 위해서 인간 중심 교육과정에서 교사는 인간주의적이어야 하며, 그 특성으로는 진실된

표 1-1   교육과정 유형의 비교

	교과 중심 교육과정	경험 중심 교육과정	학문 중심 교육과정	인간 중심 교육과정
교육 목적	문화유산의 전수, 지적 능력의 개발	경험의 개조를 통한 아동의 계속적 성장	학습자의 지적 수준 향상	학습자의 자아실현
개념	교과의 목록인 교수 요목	학교의 지도하에 학생이 갖는 경험	지식의 구조와 탐구 방법의 조직	학생이 학교생활을 하는 동안 가지는 모든 경험
특징	논리적 · 체계적, 교사 중심 · 설명 중심	문제 해결력 중시, 전인교육 강조, 아동 중심	교육내용으로 지식의 구조를 제시, 나선형 조직, 탐구과정 중시	잠재적 교육과정 중시, 인간주의 교사, 교육환경의 인간화
문제점	학습자의 흥미나 필요를 고려하지 못함	지식의 체계성을 소홀하게 다룸	지식교육에 치중했다는 비판	범위가 넓어 교육현장에서 구체화된 계획을 하기 어려움

교사, 한 개인의 학습자에 대한 존중, 공감적 이해, 애정 등이 있다.

그러나 인간 중심 교육과정은 그 범위가 넓을 뿐만 아니라 개인의 주관 및 가치관의 차이에 따라 그에 대한 평가나 해석도 다양하기 때문에 학교 현장에서 구체화되기에는 어려움이 있다. 또한 개인의 성장을 지나치게 강조하다 보면 전체 사회구조 속에서 이루어지는 교육의 본질에 대한 전반적 이해를 결여할 수 있으며 인지적·지적 발달을 소홀히 할 수도 있다는 비판이 제기되고 있다(문미옥, 2008).

〈표 1-1〉은 교육사조의 흐름에 따라 교육과정 유형을 비교하여 보여 주고 있다.

우리나라의 교육과정 역사를 살펴보면, 보빗(Bobbitt), 듀이(Dewey), 타일러(Tyler), 블룸(Bloom), 브루너(Bruner), 슈바브(Schwab), 피나르(Pinar) 등에 의한 미국 교육과정 이론에 기초하여 교육과정이 탐구되었고 지금도 그 위력이 대단한 것으로 나타난다(양옥승, 2008c). 즉, 우리나라의 유아교육과정이 미국의 교육과정 분야의 역사와 뗄 수 없는 관계에 있다는 사실은, 유아교육과정 탐구를 위해 미국 교육과정 이론의 역사를 심층 분석하는 것이 반드시 필요한 절차이고 과정이라는 것을 의미한다. 지금까지 살펴본 미국의 교육사조에 따른 교육과정의 유형은 주로 초·중·고등학교 교육과정에 관심을 둔 교육과정자들이 분류해 놓은 것이다. 그럼에도 불구하고 이 장에서 살펴본 이유는 유아교육과정의 유형도 역사적으로 살펴보면 교과 중심·경험 중심·학문 중심·인간 중심의 교육과정 유형의 영향을 받아 왔으며, 각 교육과정은 나름대로 장점과 단점을 갖고 현재도 논의의 대상이 되고 있기 때문이다. 그러나 유아는 그 발달 특성에 의해 교과 중심 교육과정이나 학문 중심 교육과정이 어떤 특정 시대를 강하게 주도하지는 않았다는 점이 초·중등 교육과 다른 점이라고 할 수 있다.

2) 의도성 여부에 따른 분류

(1) 표면적 교육과정

표면적 교육과정(manifested curriculum)은 일반적으로 주로 공식적인 교육에서 학습자의 학습이 일어나기 이전에 교육목표를 효율적으로 성취시키기 위하여 수행되어야 할 제반 활동과 요소를 조성하는 사전계획으로서의 교육과정을 말한다. 학교에서 공식적으로 가르치는 교과서를 비롯한 교수·학습자료, 국가 수준의 교육

과정 문서, 시·도 교육청의 교육과정 지침, 지역 교육청의 장학자료, 학교의 교육
방침 등이 이에 속한다.

　　교수를 위한 계획으로서의 교육과정 입장으로 매우 구체적이거나 포괄적일 수
도 있으며, 장기적이거나 단기적 계획일 수도 있다. 최근의 많은 유아교육 프로그램
속에서 이와 같은 교육과정 계획의 예를 찾아볼 수 있다. 유아를 위한 교육목표, 교
육내용, 교육방법 등의 계획을 중심으로 하여 그 형태는 매일매일의 교육내용을 진
술하는 것부터 주제나 내용 영역에 따라 일련의 활동들을 진술하는 것이다(문미옥,
2008).

(2) 잠재적 교육과정

　　학교 교육은 모종의 의도성에 따라 수행된다. 그러나 학교의 의도와 다르게 또는
학교가 의도하지 않았음에도 학생은 의도적이고 형식적인 교육 경험 이외에도 많
은 비형식적인 교육 경험을 하게 된다. 즉, 학교에서 수많은 시간을 보내는 동안 교
사 혹은 또래집단과 상호작용을 하는 과정에서 칭찬과 격려를 받기도 하고, 때로는
비난과 놀림을 받기도 한다. 이러한 여러 가지 경험은 학생의 성격과 가치관 형성에
중요한 요인으로 작용하게 되는데 이러한 경험들은 공식적인 교육과정에 포함되어
있지 않은 것이다. 이처럼 공식적인 교육과정에 포함되어 있지 않은 것을 잠재적 교
육과정(hidden curriculum)이라 일컫는다. 잠재적 교육과정은 1960년대 중반부터 주
장된 것으로서 공식적인 교육과정에서 의도·계획하지는 않았으나 수업이나 학교
의 관행으로 학생이 경험하는 교육과정이다. 잠재적이란 '숨은, 보이지 않는, 계획
되지 않은, 기대되지 않은'이라는 의미다. 잠재적 교육과정의 예를 들어 보면, 수학
은 학생의 추리력과 공간력 등을 길러 주기 위해서 교수된다. 그런데 가르치는 교사
의 교수방법에 문제가 있어 학생이 수학을 싫어하게 되었다면, 이는 전혀 의도하지
않은 결과가 나타난 것으로 잠재적 교육과정에 해당된다.

　　표면적 교육과정은 단기적으로 배우는 것이어서 어느 정도 일시적이지만, 잠재
적 교육과정은 장기적이고 반복적이어서 항구성을 지니고 있다. 즉, 잠재적 교육과
정은 학습자가 매일 그것을 경험하며 모르는 사이에 배우게 되므로 표면적 교육과
정보다 쉽게 학습되고 오래 기억된다. 예를 들어, 학교에서 매일 시행하는 조회의
경우 학교생활을 하는 동안 수없이 반복되므로 이때 가지게 되는 감정과 태도는 좀

표 1-2	표면적 교육과정과 잠재적 교육과정의 관계	
구분	표면적 교육과정	잠재적 교육과정
개념	학교에 의하여 의도적으로 조직되고 가르쳐지는 교육과정	학교에서 의도되지 않았지만 학교생활을 하는 동안 은연중에 배우는 것
영역	교과를 통해 배우는 인지적 영역	학교 문화에서 익히게 되는 흥미, 태도, 가치관, 신념 등의 정의적인 영역
관련	교과	학교의 문화풍토
영향력	교과는 단기적으로 배우기 때문에 그 영향은 일시적임	학교생활이 장기에 걸쳐 반복되므로 항구성을 지님
교사의 영향	교사의 지적·기능적 영향을 받음	교사의 언행 등 전인격적인 영향을 받음

처럼 잊혀지지 않는다. 그러므로 블룸(Bloom, 1976)은 표면적 교육과정보다 잠재적 교육과정이 더욱 효과적이라고 하였다. 잠재적 교육과정론자는 학교 안에서 모든 학습자가 존엄성을 지닌 인간으로서 평등하고 건전하게 자라도록 하기 위하여 학교에서 의도하지 않았거나 학교 교육 속에 숨어 있는 경험을 찾아내고 이를 표면화하여 이러한 경험에 대해 관심을 둘 것을 강조한다.

　표면적 교육과정만 교육과정이라고 생각하고 잠재적 교육과정을 무관심하게 방치한다면 학교 교육의 진정한 발전은 이루어지기 어려울 것이다. 표면적 교육과정 그 자체에 잠재적 기능이 있음을 인식하고, 표면적 교육과정과 잠재적 교육과정이 상호 보완적일 때 유아의 행동에 바람직한 영향력을 미칠 수 있다는 것을 이해하는 것이 필요하다.

　〈표 1-2〉는 표면적 교육과정과 잠재적 교육과정의 관계를 비교하여 보여 주고 있다.

(3) 영 교육과정

　아이즈너(Eisner, 1979, 1985)는 학교에서는 의도적으로 가르치려는 것도 있지만 가르치지 않아서 생기는 학습 결과도 있다고 하면서 이를 영 교육과정(null curriculum)이라고 하였다. 영어로는 '가치 없는 무효의'라는 null을 사용하고 한자어로 '비 내리는 영(零)'으로 번역한 것은 의도적으로 마치 비 오는 날씨처럼 흐리게 하고자 하는 교육과정이라는 의도를 반영하고 있다(문미옥, 2008).

표면적 교육과정은 선택된 것이고, 영 교육과정은 표면적 교육과정에서 배제된 것이라고 할 수 있다. 그러므로 영 교육과정은 표면적 교육과정의 필연적 산물이다. 학교 교육이 의도성을 전제로 하는 한, 학교가 의도적으로 배제한 가치나 사실도 가르친 것만큼이나 의미가 있다. 그럼에도 불구하고 특정 발달 영역에 집착하거나 전통적인 교육과정을 고수하는 것은 교육적으로 가치 있는 내용들을 제외시킴으로써 학생의 학습 기회를 박탈하는 결과를 초래한다(양옥승, 2008c).

아이즈너는 학교에서 국어, 수학, 사회, 과학 등의 교과에 더 많은 시간을 들여서 가르치고, 기타 교과는 더 적은 시간 동안 가르치거나 특정 교과나 내용은 아예 가르치지 않고 있는 것을 영 교육과정의 예로 지적하고 있다. 또 다른 영 교육과정의 예로, 학교에서 과학시간에 진화론은 가르치지만 성경의 창조론은 가르치지 않는다면 영 교육과정으로 묻히는 것이다. 또한 영 교육과정은 사회문화적으로 금기시하여 배제할 때도 일어난다.

그러나 전인적 성장과 사회적 총체성에 비추어 볼 때 공식적으로 가르치지 않거나 소홀히 되는 영역은 교육과정 측면에서 매우 중요한 영역일 가능성이 높다. 영 교육과정의 개념에 비추어 교육자는 매우 가치 있는 내용임에도 불구하고 본인의 의지와 사회문화적 금기, 정치적 규제 등의 영향으로 고의적으로 배제하는 부분이 없는지를 돌아보아야 함을 알 수 있다.

유아의 일상생활과 삶의 질은 교육기관이 명시적으로 밝힌 표면적 교육과정에 의해서만 향상되는 것이 아니다. 유아교육기관이 의도하지 않았으나 은연중에 가르친 잠재적 교육과정도 있고 의도적으로 가르치지 않은 영 교육과정도 있기 때문이다. 따라서 영 교육과정은 유아교육기관에서 특정 발달 특성이나 교육내용을 중심으로 교육과정을 구성함으로써 의도적으로 가르치지 않는 것은 없는지 판별하는 중요한 단서가 될 수 있다는 점에서 충분히 관심을 불러일으킬 만하다(양옥승, 2008c).

3) 교육과정 주체 수준에 따른 분류

교육과정 개념을 수준별로 파악하려는 최초의 시도는 1966년 굿래드(Goodlad)에 의해 이루어졌으며, 그 후 국내에서는 김호권, 김종서, 곽병선 등이 교육과정 개념을 수준별 모형화를 시도하였다. 김종서와 곽병선은 국가 및 사회적 수준의 교육과정, 교사 수준의 교육과정, 학생 수준의 교육과정으로 나누었다. 우리나라의 교육과정은 '문서화된 계획'으로서의 의미를 지니고 있으며, 교육과정을 결정하는 주체가 누구인가에 따라 국가 수준의 교육과정, 지역 수준의 교육과정, 학교 및 교사 수준의 교육과정으로 구분된다.

(1) 국가 수준의 교육과정

국가 수준의 교육과정(national curriculum)이란 국가가 학생에게 어떤 목적을 위하여 무엇을 가르칠 것인가에 대해 일련의 의사결정을 해 놓은 문서를 말하며, 교육법규에 의거하여 고시된 국가 수준의 '기준'을 명시한 '교육과정', 교과서 및 교사용 지도서 등이 여기에 속한다. 우리나라는 유치원의 교육목적과 교육목표를 달성하기 위해서 「유아교육법」 제13조 제2항(법률 제7120호, 2004. 1. 29. 제정·공포, 2008. 2. 29. 일부 개정)에 따라 교육부장관이 문서로 결정, 고시한 교육내용에 관한 전국 공통의 일반적인 기준인 국가 수준의 유치원 교육과정이 있었으며, 2020년부터는 '국가 수준의 공통 교육과정'인 '2019 개정 누리과정'이 시행되고 있다.

또한 표준보육과정은 「영유아보육법」(법률 제8825호, 1991. 1. 14. 법률 제4328호 제정·공포, 2008. 2. 29. 일부 개정)에 따라 보건복지부 장관이 고시한 어린이집의 교육을 위한 국가 수준의 문서로 '2019 개정 누리과정'의 시행으로 2020년부터 '제4차 어린이집 표준보육과정'이 시행되고 있다.

(2) 지역 수준의 교육과정

국가 수준의 교육과정은 전국의 모든 학교에서 편성·운영하여야 할 교육내용의 공통적이고 일반적인 기준이므로, 각 지역의 특수성과 각 학교의 다양한 요구와 필요를 모두 반영한다는 것은 불가능한 일이다. 따라서 시·도 교육청에서는 국가 수준의 교육과정에 획일적으로 제시하기가 어렵거나 세밀하게 규제하는 것이 바람직하지 않은 사항을 그 지역의 특수성과 유치원의 실정, 유아의 실태, 학부모 및 지역사회의 요구 그리고 해당 지역과 유치원의 교육 여건 등에 알맞게 제시하여야 한다. 즉, 국가 수준의 교육과정 기준이 전국의 공통적·일반적·표준적 교육내용이라면, 시·도 단위 혹은 시·군·구 단위의 지역 특성과 실정, 필요, 요구 등이 반영되어 국가 기준을 보완하거나 확장할 수 있도록 하는 교육과정 편성·운영 지침을 '지역 수준의 교육과정'이라고 할 수 있다. 따라서 지역 수준의 교육과정 편성·운영 지침은 국가 수준의 교육과정과 유치원 교육과정을 자연스럽게 이어 주는 교량 역할을 하게 되며, 장학 자료, 교수·학습 자료 및 지역 교재 개발의 기본 지침이 될 수 있다. 우리나라 유치원 교육과정에서 지역 수준의 교육과정을 설정하는 법적 근거는 「유아교육법」 제13조 제2항 등에 제시되어 있다.

(3) 학교 및 교사 수준의 교육과정

교육과정의 최종 결정자는 바로 교사다. 교사야말로 의도적인 교육을 맡고 있는 교육의 주체이고 실천자이기 때문에 아무리 국가 기준을 잘 만들고 지역 지침을 세밀하게 마련해 주어도 교사나 교육 실천가가 명확한 교육 의도를 가지지 않은 채, 교육 목표 및 내용을 뚜렷하게 다루지 않거나 교육과정을 다양하게 운영하지 않는다면 교육은 효율적으로 이루어질 수 없다. 따라서 교육의 실천자이자 주체인 교사가 교육내용과 교육방법을 선택하고 실천하며, 어떻게 평가하느냐 하는 것은 매우 중요한 의미를 지닌다.

각 유치원에서 일련의 교육 실천 계획을 수립하고 중점 교육 내용 및 방법을 선택하고자 할 때, 그 근거가 되는 것은 어디까지나 국가 기준과 지역 지침이다. 따라서 교사는 이 기준과 지침을 면밀히 분석하는 동시에 각 학교의 실정 및 실태에 알맞게 각 기관별로 교육과정을 편성·운영하여야 한다.

3. 유아교육과정의 개념

1) 유아교육의 특성

유아교육은 초·중등교육에 비해 상당히 복잡한 모습을 보이고 있다. 초·중등교육은 대상 연령, 교육기관뿐 아니라 대부분 교육과정까지도 일정한 흐름을 가지고 있고, 교육부 관할 아래서 모든 행정적인 결정이 진행되고 있다. 이에 비해, 유아교육은 대상 연령이 모호하고 교육기관도 다양하며, 유아교육기관에 대한 관할도 교육부와 보건복지부 두 행정부처에 의해 이루어져 복잡한 양상을 띠고 있다.

이렇게 유아교육이 복잡하고 모호한 모습을 갖게 된 배경에는 여러 가지 요인이 있다. 유아교육은 학교 교육보다는 개인이나 사회단체에 의해 시작되어 이루어져 왔고, 교육과 보호라는 두 가지 기능을 수행하도록 요구되었으며, 교육학, 가정학, 사회복지학 등 여러 분야에서 다양하게 접근되어 왔다. 여기에서는 현재 유아교육이 보이고 있는 특성을 대상 연령의 다양성, 교육과 보호의 역할, 교육기관의 다양성, 교수ㆍ학습 방법의 차별성으로 나누어 살펴보고자 한다.

(1) 대상 연령의 다양성

유아교육의 대상 연령 범위는 학자마다 각기 다양한 관점으로 규정하고 있다. 어떤 학자는 초등학교에 입학하지 않은 취학 전 유아로 보는 반면, 미국유아교육협회(National Association for the Education of Young Children: NAEYC)는 출생에서 8세까지의 아동으로 보고 있다. 그러나 일반적으로 유아란 0~6세의 아동으로 보는 것이 바람직하다(이은화, 양옥승, 1988). 이에 양옥승(2008a)은 유아교육을 출생에서 만 6세 미만까지의 유아를 대상으로 어린이집이나 유치원에서 이루어지는 보육과 교육을 하나로 융합한 것이라고 개념화하였다.

유아교육은 넓은 연령 범위를 고려한 유아의 다양한 발달적ㆍ교육적 요구를 반영해야 한다. 이 시기는 일생을 통해 성장과 발달적 변화가 가장 빠른 시기에 속한다. 각 연령에 따른 발달 수준의 차이도 크며 동일한 연령의 유아일지라도 발달 속도에 개인차가 존재한다. 이러한 폭넓은 연령대의 유아들을 대상으로 하여 하나의 흐름을 가지고 교육을 계획한다는 것은 상당히 어려운 일이다. 바로 이것이 유아교육이 복잡성과 다양성에서 어려움을 겪는 이유 중의 하나라고 할 수 있다. 따라서 스포덱(Spodek et al., 1991)은 모든 교육이 대상자의 발달을 고려해야 하는 것은 당연하지만 유아교육은 유아 개인의 발달 수준과 흥미에 따라 좀 더 다양하게 교육할 것을 강조하고 있다. 또한 유아교육은 유아의 기본 욕구를 해결해 주는 보호 및 양육뿐만 아니라 전인적 성장을 돕는 교육을 모두 포함하므로 유아에 대한 보호와 교육적 경험이 출생에서부터 만 6세 미만까지 계속적으로 연계되고 통합성이 유지되도록 교육과정을 계획해야 한다.

(2) 교육과 보호의 역할

유아교육은 태교, 보육 및 교육의 개념을 포괄하고 있다. 보육이나 교육의 개념 간에 본질적인 차이가 있는 것은 아니며, 궁극적으로 유아의 삶을 바람직한 방향으로 이끌고자 하는 일종의 교육적인 작업이라고 볼 수 있다(양옥승, 2003).

유아기는 기본생활습관, 원만한 인간관계 및 도덕성을 포함한 인성의 기초가 형성되는 중요한 시기다. 더욱이 초등학생과 달리 유아는 인간 발달의 어느 때보다도 발달의 속도가 빠른 시기에 있으면서도 모든 부분의 발달이 미성숙하기 때문에 성인의 적절한 보호가 없는 상태에서 유아에게 질 높은 삶이나 교육이란 존재할 수 없다. 최근 유아교육에서는 성인의 보호가 절대적으로 필요하다는 입장에서 보살핌의 중요성이 재강조되고 있다(양옥승, 2004b). 따라서 교사는 교육과 보육이 결합된 양면성을 이해하고, 교육과정에 신체적 성장과 안전, 균형적인 교육내용이 유아에게 경험을 제공하는 다양한 활동으로 전환되어 포함되어야 한다.

최근 OECD 국가들도 보호와 교육은 분리될 수 없는 개념이고 양질의 서비스는 이 두 가지를 모두 제공해야 한다는 입장에서 보육의 개념을 '환경, 재원, 운영 시간, 프로그램의 내용과 상관없이 초등교육 단계 이전의 유아를 위해 제공하는 일체의 보호와 교육'으로 정의하고 있으며, '유아교육과 보호(early childhood education and care)'라는 용어를 사용하고 있다(나정, 장영숙, 2002). 교육부(1992)에서도 유치원의 종일반 프로그램은 '발달적 탁아(developmental day care), 질적 탁아(quality day care)에 기초한 사회, 건강 및 영양이 포함된 종합적인 보호의 기능과 전인적인 교육의 기능을 통합한 포괄적인 교육의 기회를 제공하는 것'이라고 정의하고 있고, 기존의 종일제라는 명칭 대신 보호(care)와 교육(education)의 기능을 통합했다는 의미에서 유치원 에듀케어(edu-care)라는 용어를 사용하였다.

(3) 교육기관의 다양성

대상 연령이 다양하고 각 연령의 특성에 따른 교육이 요구됨에 따라 유아교육은 상당히 다양한 기관에서 이루어지고 있다. 유아교육기관의 유형, 대상 유아의 연령, 교육대상의 특수성, 수요자의 욕구 등에 따라 유아교육은 가정, 유치원, 어린이집, 학원 등 다양한 기관에서 이루어지고 있다.

우리나라의 경우는 만 3~6세 유아를 대상으로 하는 유치원과 0~6세를 대상으로 하는 어린이집으로 나눌 수 있다. 이 외에도 영어, 음악, 미술, 체육 등의 학원을 중심으로 한 교육도 하나의 큰 흐름을 이루고 있다. 그러나 이러한 학원에서의 교육이 유아교육기관에 대한 보조 역할이 아니라 중심 역할로서 진행되고 있다는 것은 큰 문제다. 이는 유아교육을 전체적이고 조화로운 발달을 통한 교육으로 보기보다는 특수적이고 지엽적인 특기교육으로 보는 시각이 존재하기 때문이다.

(4) 교수·학습 방법의 차별성

유아교육의 교수방법과 교재·교구 또한 초등교육에서 사용되는 것과는 차이가 있다. 초등교육에서 가장 중요한 교재는 교과서인 반면, 유아교육은 일상생활 속에서 놀이를 중심으로 통합교육으로 이루어지기 때문에 다양한 교재·교구와의 상호

표1-3 유아교육과 초등교육의 차이점

	유아교육	초등교육
교육과정 운영	교과가 아닌 하나의 주제를 중심으로 다양한 활동이 전개되는 생활주제 중심 통합교육	미리 준비되어 있는 지식의 체계에 맞추어 구분된 교과를 중심으로 이루어짐
가르침과 배움 방법	유아의 놀이와 흥미에 따라 주제가 결정/교사-유아 상호작용과 구체적이고 직접적인 경험을 통해 발견하도록 유아를 안내함	교과에 따라 교사 주도적인 강의와 설명으로 이루어짐
아동의 선택 기회	실내·실외 자유선택활동 시간에 수많은 선택 기회가 있음	선택 기회가 별로 없음-모든 학생이 거의 온종일 동일한 활동을 함
교실환경	쌓기, 언어, 수조작, 과학, 조형, 음률 등 다양한 흥미영역으로 구성되어 있으며 영역별 다양한 교재·교구가 갖추어져 있음	고정된 교탁, 칠판, 책상과 의자 배열에 지정된 아동의 자리 등으로 구조화된 수업 중심의 교실환경을 가지고 있음
하루 일과	재료 탐색과 놀이를 위해 제한 없이 크게 나눈 시간	교과목을 위한 40분으로 편성된 단위수업 시간
놀이	학습의 주 매개체로 놀이 중심 통합교육은 유아교육의 핵심임	휴식시간에 잠깐 이루어짐
교사 역할	교육과 보호라는 양면성 가짐	교과목에 주력함
학습 평가	관찰, 일화기록, 포트폴리오 온전한 유아 성장에 강조점	점수, 시험, 보고서

작용과 교사ㆍ유아의 상호작용, 유아ㆍ유아 상호작용과 같은 다양한 상호작용이 중요한 교육내용이자 교수방법이 된다. 즉, 대집단으로 미리 정해진 교과에 따라 교사 중심의 교육을 하는 초등교육과 달리, 유아교육은 놀이를 중심으로 유아가 직접 경험하고 다양한 상호작용을 통해 스스로 발견해 가는 놀이 중심 통합교육을 가장 중요한 원리로 삼고 있다. 〈표 1-3〉은 초등교육과 유아교육의 본질적인 차이를 보여 주고 있다.

2) 유아교육기관의 종류

우리나라의 유아교육기관은 관할 부처의 이원화에 따라 유치원과 어린이집으로 구분된다.

(1) 유치원

유치원은 일반적으로 만 3세부터 초등학교 취학 전까지의 유아를 위한 교육 프로그램을 제공하는 기관이라고 할 수 있다. 우리나라의 유치원 교육은 「교육기본법」과 「유아교육법」에 따라 교육하도록 규정되어 있다. 「교육기본법」 제2조에는 우리나라의 교육이념이 제시되어 있으며, 「유아교육법」 제13조에는 유치원의 교육과정을 교육과학기술부 장관이 정하도록 규정되어 있다. 또한 시ㆍ도 교육감은 이를 근거로 "지역의 실정에 적합한 기준과 내용을 정할 수 있으며(동법 제13조 제2항), 유치원은 교육과정을 운영하여야 한다(동법 제13조 제1항)."라고 명시하고 있다.

유치원은 설립유형에 따라 국공립유치원과 사립유치원으로 구분된다. 국공립유치원은 초등학교 내에서 병설 유치원으로 운영되거나, 단독 건물에서 단설 유치원으로 운영되기도 한다. 사립유치원은 법인이 설립ㆍ운영하는 유치원과 개인이 설립ㆍ운영하는 유치원이 있다.

유치원의 연간 교육일수는 180일, 하루 교육시간은 180분을 최소 기준으로 하되 유아가 유치원에서 보내는 시간에 따라 교육과정반과 방과후 과정반으로 구분된다. 방과후 과정반은 운영시간에 따라 종일제, 에듀케어, 온종일 돌봄 등으로 세분화하고 있다(서울특별시교육청, 2020).

(2) 어린이집

어린이집은 0세부터 취학 전까지 유아의 전인적인 성장과 발달을 돕고 민주시민으로서의 자질을 길러 유아가 심신이 건강하고 조화로운 사회 구성원으로 자랄 수 있도록 하는 데 목적을 둔 보육기관이다.

우리나라 어린이집은 보건복지부 관할하에 1991년 제정되고 2008년 12월 일부 개정된 「영유아보육법」에 근거한다. 「영유아보육법」에 의한 어린이집의 종류는 설립 주체에 따라 국공립어린이집, 법인어린이집, 직장어린이집, 가정어린이집, 부모협동어린이집, 민간어린이집으로 구분된다. 최근 어린이집은 영아전담 어린이집의 확충, 장애아 통합교육, 방과 후 프로그램 운영, 24시간 보육 프로그램 운영 등으로 다양화되고 있다. 유치원과 어린이집의 차이점을 살펴보면 〈표 1-4〉와 같다.

표 1-4　유치원과 어린이집의 비교

구분	유치원	어린이집
관련 법규	「유아교육법」	「영유아보육법」
소관 부처	교육부 관할 지역교육청의 지도, 감독	보건복지부 시·군·구청의 지도, 감독
대상 연령	만 3세~취학 전	0~6세 미만의 취학 전 아동(초등학생 대상 방과 후 보육 실시할 경우 0~12세)
교육내용	누리과정	표준보육과정/누리과정
유형	국공립유치원, 사립유치원	국공립어린이집, 법인어린이집, 직장어린이집, 가정어린이집, 부모협동어린이집, 민간어린이집

3) 유아교육과정의 개념

유아교육과정에 대한 정의는 아직 충분하게 이론화가 이루어진 것은 아니며, 유아교육의 대상이 지니는 특수성으로 인하여 초·중등 일반 교육과정의 의미와는 차이가 있다고 할 수 있다. 유아교육과정은 유아에게 가르치는 것 혹은 유아가 배우는 것이라고 정의할 수 있으나 초·중등 일반 교육과정에서처럼 다양한 교과목의 개념으로 볼 수 없다. 양옥승(2000a, 2000b)도 유아교육과정은 19세기 관념주의에서 출발되어 20세기 발달주의에 영향을 받아 발전해 온 반면, 초 · 중등 교육과정은 타일러(Tylor)의 교육과정 개발 모형에 기초한 행동주의(경험 과학적 접근)를 따르고 있어 서로 차이를 보인다고 하였다.

유아교육과정은 유치원 창시자인 프뢰벨(Fröbel)이 처음으로 개발한 이후 지금까지 끊임없이 변화되어 왔다. 프뢰벨은 유아교육과정이란 자유놀이를 통해서 유아의 내재적인 본성을 계발할 수 있도록 활동을 계획하는 것이라고 보았다. 미국에서 1890년에서 1930년까지 유치원 교육과정은 유아의 자기활동과 놀이에 대한 프뢰벨의 입장을 고수하면서도, 프뢰벨의 생각이 지나치게 관념론적 상징주의에 바탕을 두고 있다는 문제점을 인식하게 되자, 새로운 심리학 및 철학의 도입으로 여러 차례의 시행착오를 거듭하면서 유치원 교육과정의 재구성을 꾀하였다(이은화, 양옥승, 1988). 1920년대로 접어들면서 다양한 심리학 이론이 유아가 어떻게 발달하고 학습하는가에 관한 정보를 제시하게 되면서 보다 과학적인 연구결과에 기초하여 유아교육과정을 체계화하려는 시도가 이루어지기 시작하였다.

1960년대 출발점 평등의 관점에서 유아 때부터 시작된 조기 교육의 중요성을 일깨운 '헤드스타트(Head Start)'가 미국의 빈곤 문제를 해결하기 위한 교육개혁으로 정착되면서 유아교육 분야는 다양한 교육과정을 개발 · 적용하는 새로운 전기를 맞게 된다. 이때 유아교육 프로그램 모형들이 쏟아져 나오면서부터 유아교육 프로그램의 개발 및 평가가 가속화되기 시작하였다. 그 결과, 유아교육 분야에서 교육과정이라고 하면 좁은 의미에서 유아교육 프로그램을 말하는 것이 되었다.

1980년대에 와서는 유아교육과정의 개념이 좀 더 넓은 의미로 확대되어 보다 다양한 관점에서 사용되었다. 슈워츠와 로비슨(Schwartz & Robison, 1982)은 유아교육과정의 개념을 교수요목으로서의 교육과정, 교수계획으로서의 교육과정, 프로그램으로서의 교육과정, 우연히 일어난 것으로서의 교육과정, 학교에서 갖게 되는 모든 경험으로서의 교육과정으로 구분하였다. 슈워츠와 로비슨이 구분한 다섯 가지 유형의 교육과정 개념은 교육 현장에서 혼용되어 사용되고 있다.

1990년대에 와서 NAEYC에서는 유아교육과정 개념을 유아들이 배워야 할 내용(content), 확인된 교육과정상의 목적을 달성하기 위해 거쳐야 할 과정(processes), 유아가 이러한 목적을 달성하도록 돕기 위해 교사가 해야 할 것, 그리고 교수와 학습이 일어나는 상황에 관해 상세히 기술한 조직화된 틀(framework)이라고 정의하였다(Bredekamp & Rosegrant, 1992). 이러한 유아교육과정에 대한 정의는 교육내용 영역을 넘어서서 훨씬 더 광범위하며 전반적인 것들을 고려하는 수준에서 이루어진 것을 알 수 있다.

요약하면, 유아교육과정이란 좁은 의미로는 유아교육의 내용을 열거한 교수요목이나 조직적·의도적으로 계획한 교육계획을 말하며, 넓은 의미로는 의도와 계획성이 없었더라도 학습자인 유아가 경험한 모든 것과 유아의 전인적인 발달 및 삶의 질 향상을 목적으로 준비된 사회문화적 환경을 의미한다.

특히 국가 수준 교육과정인 '2007 개정 유치원 교육과정'에서는 교육과정을 '학습자에게 제공할 학습 경험을 미리 선정하고 조직하여 교육 경험의 질을 구체적으로 관리하는 교육의 기본 설계도'로 정의하였다. 또한 '2019 개정 누리과정'에서는 교육과정에 대한 이러한 다양한 해석을 바탕으로, 교육과정이 '교육목표를 달성하기 위해 교육 내용을 선정·조직하는 방식'임을 고려하면서, '유아가 경험하는 총체'임에 중점을 두고 교사와 유아가 함께 만들어 가는 교육과정의 중요성을 강조하였다.

다음은 학자들의 견해에 따른 유아교육과정의 개념을 요약하여 정리한 것이다.

유아교육과정에 대한 대표적 정의

- '학교 환경에서 아이들의 학습을 위해 공식적·비공식적 기회를 제공하도록 고안된 조직화된 경험'이다(Spodek & Saracho, 1994).
- 유아가 배워야 할 내용(content), 확인된 교육과정상의 목적을 달성하기 위해 거쳐야 할 과정(processes), 유아가 이러한 목적을 달성하도록 돕기 위해 교사가 해야 할 것, 그리고 교수와 학습이 일어나는 상황에 관해 상세히 기술한 조직화된 틀(framework)이다(Bredekamp & Rosegrant, 1992).
- 유아의 전인적 성장과 발달을 돕기 위해 유아교육기관에서 유아가 학습할 내용, 교육과정 목표를 성취해 나가는 과정, 유아의 목표 성취를 돕기 위한 교사의 역할, 교수와 학습이 발생하는 상황에 관해 계획한 조직화된 틀이다(한국유아교육학회 편, 1996).
- 유아의 전인적 성장과 발달을 돕기 위해 유아교육기관이 유의미한 교육적 상황을 마련하고 모든 종류의 교수·학습 경험을 체계적으로 구성한 설계도다(방인옥 외, 2009).
- 유아의 전인적인 발달과 삶의 질 향상을 목적으로 준비된 사회문화적 환경이다(양옥승, 2009).

제2장

유아교육과정 탐구의 변천사

이 장에서는 유치원 창시자인 프뢰벨부터 현재 삶의 사회문화적 맥락과 관련지은 유아교육과정 다원화의 시도까지 유아교육과정의 역사적 흐름을 살펴본다. 그리고 유아교육과정이 어떻게 변화되고 구성되었는가에 대해 양옥승(2008c)의 분류를 토대로 관념주의, 행동주의, 발달주의, 기타 이론들로 구분하여 설명하고자 한다.

1. 유아교육과정의 역사

유아교육과정은 일반 교육과정의 역사적 흐름과 맥락을 같이하고 있으면서도 유아의 발달적 특성에 따라 독자적인 흐름으로 발전해 오고 있다. 유아교육은 초 · 중등교육과 달리 각 단위 유치원이나 어린이집 및 특정 학자에 의해 개발된 프로그램이 매우 활발하게 전개되었다는 특징이 있다. 많은 유아교육 프로그램들이 개발될 수 있었던 이유는 여러 가지로 분석해 볼 수 있다. 가능한 분석 중 하나는 유아교육과정이 초 · 중등학교 교육과정처럼 교과영역 위주로 학습내용을 구성하지 않고 유아기의 발달 특성을 고려하여 유아의 지적 호기심, 내적 욕구 등을 마음껏 발현할 수 있는 놀이나 활동을 중요시하였다는 점이다.

유아교육과정은 유치원 창시자인 프뢰벨이 처음으로 개발한 이후 지금까지 끊임없이 변화되어 왔다. 철학적 사고가 중요하게 부각되었던 초기에는 프뢰벨의 관념론(idealism)이나 듀이(Dewey), 몬테소리(Montessori) 등의 교육 사상이 교육과정에 영향을 미쳤다. 20세기 초 유아교육 분야는 듀이를 중심으로 한 진보주의 교육운동과 홀(Hall)에 의해 주도된 아동연구운동, 손다이크(Thorndike)의 학습이론 속에서 경험 중심 교육과정, 성숙주의 발달론, 연합이론으로 재구성된 교육과정을 지지하는 새로운 이론적 뼈대를 추구하였다. 1920년대로 접어들면서 각종 심리학 이론이 유아가 어떻게 발달하고 학습하는가에 관한 정보를 제시하게 되면서 보다 과학적인 연구결과에 기초하여 유아교육과정을 체계화하려는 시도가 이루어지기 시작하였다.

제2차 세계대전 이후 진보적인 생활 중심 교육과정 모형은 1957년 옛 소련의 스푸트니크호 발사에 의해 미국 교육 부실의 책임을 안고 사라지게 되었다. 그 후 브루너(Bruner)의 학문 중심 교육과정 모형이 그 자리를 차지하게 되자 유아교육 분야에서 1960년대부터 1980년대까지 유아의 인지발달은 보편적인 단계를 밟아 발달한다는 피아제(Piaget)의 인지발달이론에 기초한 다양한 교육과정 모형들이 등장하기 시작하였다. 무엇보다도 1960년대 출발점 평등의 관점에서 유아 때부터 시작되는 조기 교육의 중요성을 일깨운 미국의 헤드스타트가 빈곤 문제를 해결하기 위한 교육개혁으로 정착되면서 유아교육 분야는 다양한 교육과정을 개발·적용하는 새로운 전기를 맞게 된다.

이 시기에 개발된 대표적인 유아교육과정 모형으로 하이스코프(high scope) 교육연구재단에 의해 개발된 '인지 중심 유아교육과정'(Hohmann, Banet, & Weikart, 1979), 유아의 사회·정서적 발달과 지적 성장을 함께 강조한 '뱅크 스트리트(Bank Street) 사범대학의 유아교육 프로그램', 피아제 구성주의 이론에 기초한 '카미(Kamii, 1984, 1992)와 드브리스(DeVries, 1984, 1992)의 교수·학습 모형', 초등학교 학업에서의 성취도를 높이기 위해 행동주의 관점에서 개발된 'DISTAR 프로그램', '몬테소리 교육이론에 기초한 유아교육과정 모형' 등이 있다(양옥승, 2008a).

1980년대 이후부터는 천재아 선호 증상과 일찍부터 유아에게 형식적인 교육을 시키자는 온실(hothousing)이론의 문제가 점점 심각하게 대두되었다. 이와 같은 학문적 성취와 검사에 대한 압력에 대응하기 위한 움직임으로 미국유아교육협회 (NAEYC)에서는 『출생에서 8세까지 발달에 적합한 실제』를 출간하였다. 발달에 적합한 유아교육 프로그램 실제(developmentally appropriate practices: DAP)는 연령의 적합성, 개인적 적합성, 사회 · 문화적 적합성을 의미하며, 현대 유아교육과정에 있어 유아교육 프로그램을 판단하는 기준으로서 널리 활용되고 있는 기준이다.

　그러나 발달에 적합한 실제가 발간된 이후 이를 비판하는 소리가 높아졌다. 유아교육이 심리적 발달이론에만 기초하여 '유아의 발달에 적합한 것인가'에만 관심을 가지고 있을 뿐 '유아가 학습한 것이 교육적으로 가치 있는 것인지'에 대해서는 관심을 두지 않는다는 것이다. 유아가 무엇을 할 수 있고 어떻게 배우는가 하는 발달 그 자체가 교육내용이 될 수는 없다는 비판과 함께, 발달이론은 교육내용의 근원보다는 교육내용을 개발하기 위한 자료와 교육활동이 제시되는 순서 결정과 교육내용을 분석하는 도구로 사용되어야 한다는 점이 지적되었다. 이러한 점들은 유아를 위한 교육과정의 근원이 유아의 보편적인 발달 특성을 파악해 '발달적 적합성'의 관점에서만 이론을 적용하는 그런 발달론적 인습에서 벗어나 사회문화적 맥락을 함께 고려하여 유아교육과정 담론을 구성해야 할 필요성을 제기하였으며, 이에 재개념주의 관점이 강조되기 시작하였다.

　양옥승(2000a)은 지금까지의 유아교육과정 변화의 특징을, 첫째, 유아교육은 자선사업의 차원에서 공교육제도 밖에서 성장했고, 둘째, 유아교육은 산업화와 도시화에 따른 사회변화의 요구에 적극적으로 부응했으며, 셋째, 유아교육은 교육학보다는 심리학의 영향을 받아 유아교육과정에 대한 탐구 방식 또한 심리학적 개념에 의존하게 된 것이라고 하면서 유아교육과정을 성숙주의, 행동주의, 구성주의 등으로 분류한 것을 그 예로 지적하고 있다.

　지난 20여 년간 사람들이 살아가고 있는 사회문화적 맥락이 바뀌면서 교육과정 분야에도 큰 변화가 있었다. 교육과정에 대한 다양한 탐색을 시도했던 재개념주의자들은 교육과정을 새로운 관점에서 재조명하기 시작하였고, 교육의 내용이 지나치게 발달심리학에 의존하고 있음을 비판하고, 철학 · 심리학 · 사회학 · 역사학 · 정치학 등 기타 학문적 토대 위에 세워져야 함을 주장하였다. 유아교육도 이제는 '어떻게 가르칠 것인가'에 대한 관심에서 벗어나서 '무엇을 어디까지 가르칠 것인가'라는 유아교육과정에 대한 담론에 관심을 기울여야 할 시점이라 주장하고 있다. 이와 같은 경향은 현상학, 자서전, 여성주의, 포스트구조주의, 포스트모더니즘에 관한 담론들이 유아교육과정 분야에서 다원화의 시도로서 반향을 불러일으키면서 폭발적으로 등장하였다. 또한 발현적 교육과정(emergent curriculum)으로서 레지오 에밀리아(Reggio Emilia) 접근법과 프로젝트 접근법, 발도르프(Waldorf) 교육 등에 교사의 관심을 불러일으키게 하였다. 한편, 오랫동안 유아교육에서 관심의 대상이 되었던 NAEYC의 DAP도 유아의 개별성과 사회문화적 관점을 보강한 새로운 내용을 첨가하여 수정·제시하기에 이르렀다(NAEYC, 2009).

유아교육과정 담론의 지평을 넓히기 위해 유아교육과정을 연구할 때에는 삶이 다원화·양극화되는 사회문화적 맥락과 관련지어 유아의 차이성, 참여 및 선택을 이해하고, 서로 다른 삶의 맥락에서 개별 유아가 경험·인지·의미화하여 구성해 나가는 삶의 세계를 인정할 수 있어야 한다(양옥승, 2008b). 카넬라(Cannella, 1997)가 지적한 대로, 침묵당한 '어린이의 목소리'에 주목하고 어린이의 삶에 들어가 그들의 소리에 귀 기울일 수 있어야 한다. 다문화주의 관점에서 유아의 삶의 다양성에 정당성과 가치를 부여하는 것뿐 아니라 생태주의 시대에 걸맞게 지구촌의 모든 생물종과 더불어 살아가는 능력 배양에 초점을 맞춘 연구가 많이 나와야 할 것이다. 유아교육의 방향이 창의·상생 사회를 주도할 수 있도록 창의력과 상생의 능력을 갖춘 인간 육성으로 나아가야 한다고 보면(양옥승, 2008b), 포스트모더니즘, 생태주의, 다문화주의 등을 바탕으로 한 유아교육과정 탐구는 매우 중요한 의미를 지닌다.

2. 유아교육과정의 관점

이 장의 유아교육과정의 다양한 이론적 관점에 대한 부분은 필자의 『유아교육과정 탐구』(양옥승, 2008c)의 '제3장 유아교육과정 이론'을 요약·정리한 것이다. 양옥승(2008c)은 유아교육과정 이론을 관념주의, 행동주의, 발달주의, 기타 이론들로 구분하고, 기타 이론에 재개념주의, 포스트모더니즘, 다문화주의, 생태주의를 포함시켜 함께 설명하고 있다.

인식론과 윤리적 가정 그리고 교육과정 개념화를 중심으로 유아교육과정 이론체계를 논한 문헌들을 분석해 보면, 유아교육과정 이론체계는 관념주의, 행동주의, 발달주의, 재개념주의 등으로 분류할 수 있다(Yang, 2001). 그러나 최근에 들어 유아교육과정에 대한 재개념화는 상대적으로 줄어들고 기타 이론들에 기초하여 유아교육과정 이론이 다양화되고 있는 추세다. 특히 발달주의에 매몰되어 있는 유아교육과정 분야의 연구 풍토를 다양화하기 위해서는 교육과정 분야뿐 아니라 인문학이나 사회과학 분야에서 거론되고 있는 다양한 관점이나 이론들, 예컨대 포스트모더니즘, 다문화주의, 생태주의 등을 유아교육과정으로 이론화하는 시도가 선행되어야 한다. 새로운 접근 방식은 유아교육에 대한 논의에서 빠뜨리기 쉬운 잠재적 교육과정이나 영 교육과정의 문제를 명시화하는 데도 많은 아이디어를 제공할 것으로 보인다.

양옥승(2008c)이 분류한 이론적 관점을 유형별로 간략하게 살펴보면, 우선 관념주의는 프뢰벨의 교육철학에 근거한 것으로, 유아교육 분야가 '아동 중심'의 교육철학을 가진 분야라는 전통적 기반을 마련해 준 이론이다. 이러한 전통은 20세기에 접어들면서 발달주의에 의해 그 맥을 잇고 있으며, 이는 최근의 유아교육 문헌에서도 쉽게 발견된다. 행동주의는 손다이크의 연합이론에 근거한 것으로 우리나라의 국가 수준 유치원 교육과정을 연구·개발할 때 초·중등 교육과정 정책의 영향으로 행동주의 시각에서 유아교육과정을 개념화하기도 하였다. 홀, 게젤, 듀이, 피아제, 비고츠키와 같은 발달심리학자들에 의해 제안된 발달주의는 현대까지 유아교육과정에 많은 영향을 미치고 있는 정통적인 관점이라고 할 수 있다. 마지막으로, 삶이 다원화되고 복잡해지는 사회문화적 맥락에서 재개념주의, 포스트모더니즘, 생태주의와 같은 기타 이론들은 유아교육과정 탐구에 중요한 의미를 지니고 있다.

1) 관념주의

유아교육과정에 대한 관념론적 시각은 유치원 창시자이며 유아교육학의 학문적 기틀을 마련한 프뢰벨에 의해 집대성되었다. 프뢰벨의 관점은 고대의 플라톤에서 유래한 19세기 초 독일의 사상계를 지배한 독일의 철학, 즉 관념론(idealism)에 기초하고 있다. 인식론상에서 관념론은 물질이 아닌 정신이 설명의 근원이 되며 인식 대상 이전의 인식 주체의 우월성을 강조한다. 관념론적인 입장에서 볼 때, 인간성은 고유한 천부적인 실체이고 인간은 곧 도덕적 행위자이며 진리는 불변한다. 그리하여 관념론적 접근 방식을 통해 유아교육과정을 연구할 때에는 진리의 절대성, 인식의 결과로서의 지식, 미래의 삶을 위한 준비로서의 교육, 인간 고유의 인성을 지닌 정신 우위의 인간성, 도덕률 우위의 당위성 등을 강조한다. 이러한 관념론적 접근은 유아교육과정에 대한 고전적 또는 전통적 입장이라 할 수 있는데, 현대에 와서도 유아교육 문헌에서 이를 지지하는 유아교육과정 연구자를 찾는 일은 그리 어렵지 않다.

프뢰벨에게 있어서 유아교육의 궁극적인 목표는 신성으로 표현되는 인간의 이성을 깨우치는 데 있다. 그리고 인간의 이상(이데아, idea)은 신성에 상응하는 상징을 접하는 과정을 통해 실현될 수 있다. 예를 들어, 유치원에서 이야기를 나누거나 게임을 하기 위해 모든 아이들을 둥그렇게 앉게 함으로써 유아가 집단생활의 의미를 자발적으로 깨닫게 할 수 있다. 유아에게 원의 상징을 제시하면, 유아의 내부 정신세계 속에 잠재해 있던 인간의 집단적 삶을 총체적으로 파악할 수 있는 능력과 절대적인 능력이라 할 수 있는 신성이 깨어난다는 것이다. 이러한 상징의 논리에서 보면, 유아교육과정은 유아의 이성을 계발하고 발현할 의도로 계획된 활동들을 의미한다(양옥승, 1987). 그리고 교육의 주된 방법은 교사가 제시하고자 하는 상징의 내적 의미를 잘 보여 주는 은물과 작업, 게임과 놀이가 된다.

유아교육과정 연구 과정에서 프뢰벨이 제작한 은물은 교육과정에 대한 그의 형이상학적 개념을 잘 표상하고 있다. 그에 따르면, 정신을 객체화하여 형상화시킨 것이 곧 은물이다. 따라서 교사의 안내대로 계열화된 순서에 따라 은물을 사용하는 활동을 해 본 유아는 후일 쉽게 형이상학적 패턴을 직관할 수 있게 된다. 그리고 유아의 놀이는 내적 요구와 충동에서 비롯된 유아의 가장 순수하고 고귀한 정신활동이다. 자발적인 놀이를 통해 아동은 절대적인 신성을 발현하고 신적인 통일을 향할 수 있다는 것이다. 그의 이런 생각은 교육과정을 구성하는 기본을 아동에 두고 있다는 점에서 '아동 중심'이라고 볼 수 있다.

2) 행동주의

국가 수준에서 개발된 우리나라의 유치원 교육과정을 분석해 보면 초·중등교육과정의 영향을 받아 일부 교육목표와 내용이 타일러의 관점에서 진술되고 선정되었음을 쉽게 발견할 수 있다. 타일러에게 교육과정 개발은 학습자 및 사회에 대한 연구, 목표에 대한 교과전문가의 제안 등을 원천으로 하여 목표를 선정하고 학교가 추구하는 교육철학과 학습심리학으로 여과한 뒤, 행동과 내용을 구체화한 형태로 교육목표(수업목표)를 진술하는 것에서 시작된다. 교육과정의 복잡한 현상을 단순하게 행동적인 교육목표 진술로 환원하여 설명하려 했다는 점에서 타일러의 이론은 환원주의(reductionism)적이다.

　유아교육과정 분야에서 행동주의라 함은 타일러의 교육과정 개발 이론에 근거한 초 · 중등 교육과정 분야와 다소 다른 입장에서 규정된다. 넓은 의미에서 보면 교육과정 분야에서 타일러의 관점이 행동주의 심리학에 기초하고 있다는 점에서 유아교육과정 분야에서 정의하는 행동주의와 동일한 맥락에 있다고 할 수 있다. 그러나 유아교육과정 분야만을 놓고 보면 교육학보다는 심리학에 전적으로 의존하고 있다는 점에서는 차이가 있다.

　유아교육과정에 대한 행동주의적 시각은 타일러의 교육과정 개발 이론보다 손다이크의 연합이론에 근거하고 있으며, 그에 따라 유아교육과정에서 기본생활습관을 강조해 왔던 것이 특징이다. 손다이크의 연합이론은 또한 그 당시 자극 · 반응 심리학 및 양적 측정을 통한 교육평가의 중요성을 강조하는 행동주의 유아교육과정 개발의 초석이 되었다. 손다이크에 따르면, 유아 때부터 자기 지도나 사회적 협동을 통해 기본생활습관을 형성하는 것은 복종, 자조, 즐거움, 겸손, 용기를 길러 주는 것이다.

　실험 심리학의 우수성을 교육과정 분야에 소개했던 손다이크는 심리 검사와 측정의 개념을 정립하고 20세기 초 미국에서 행동과학적 교육과정 운동을 주도했으며, 듀이와 더불어 교육과정 분야에 지대한 영향력을 행사했던 인물이기도 하다(Eisner, 1985; Pinar et al., 1995). 손다이크는 특히 기존의 정신도야 이론에 반기를 들고 자극과 반응의 행동주의 심리학에 기초하여 교육과정을 재정립할 것을 주장하였다. 자극과 반응의 행동주의에 기초했을 때에 교육자는 바람직한 인간 행동을 선택할 수 있고 인류의 발전에도 공헌할 수 있다고 본 것이다. 어떤 자극에 아동이 반응했다면 그 행동은 곧 학습이라고 가정했던 그의 입장에서 보면 인간의 마음은 인간 본성과 환경을 변화시키는 일종의 행동적 도구이고(Rippa, 1988), 교육은 인간 공학이다. 이러한 그의 이론은 1920년대 행동과학적인 차원에서 교육과정을 연구하는 것이 타당하다는 여론 형성의 기초가 되었다.

손다이크의 유아교육관은 후일 유치원 교육과정 변혁운동을 주도하고 초창기 유아원 교육의 필요성을 주장했던 힐(Hill)의 주관하에 1923년 집필된 『유치원과 1학년을 위한 행위 교육과정』의 구성에 이론적 토대로 작용하였다. 힐에 따르면, 유아교육과정이란 유아의 사고와 감정, 행위를 계획적으로 변화시키는 데 있으며 유아의 사고, 감정, 행위에서의 계획된 변화를 위한 것이다. 그리고 교육을 통한 유아의 행동 변화는 일회적이기보다는 단계적으로 나타난다. 따라서 행동주의에 기초한 유아교육과정은 일련의 교육목표와 활동을 확대·심화하면서 계속해서 제공해야 한다.

유아교육과정에 대한 힐의 행동과학적 접근은 1930년대 기독교 선교를 위해 파견된 미국의 유치원 교사에 의해 우리나라에 전파되었고, 미국과 마찬가지로 우리 사회에서도 1960년대까지 유아교육과정 연구를 위한 이론적 근거로 작용하였으며, 지금까지도 기본생활습관 지도를 유아교육의 핵심으로 여기는 전통을 남겼다. 다른 한편에서 행동주의 심리학에 기초하여 유아교육과정을 연구한 사례로는 베라이터와 엥겔만(Bereiter & Engelman, 1966a, 1966b)을 들 수 있다. 이들은 유아의 행동 변화와 개인차는 학습이론으로 설명이 가능하다고 보고, 1960년대부터 1970년대까지 여러 유형의 직접교수(direct instruction) 모형을 개발하고 보급하였다. 그러나 우리나라에서는 이들처럼 행동주의자임을 자처하는 유아교육학자나 유아교육과정 연구자는 거의 찾아보기 어렵다.

3) 발달주의

유아교육과정에 대한 발달주의 시각은 20세기 초 프뢰벨의 관념론에 대한 비판과 더불어 등장하였다. 관념주의 교육관을 가장 모질게 평했던 사람들은 아동중심주의자들인데, 그 대표적인 인물이 홀(Hall)이다.

홀은 프뢰벨의 은물이나 작업이 유아에게 과다한 소근육 사용을 요구함으로써 아동발달을 지연시키므로, 아동의 성장과 발달을 위해서는 발달주의 시각을 도입할 것을 주장하였다. 아동중심주의자였던 홀의 관점에서 보면, 아동은 성인과는 다른 방식으로 학습하며, 아동의 몸과 마음의 '발달'은 아동 중심의 사고와 철학을 가지고 아동의 '자유'를 존중하고 인정하는 교육적인 환경에서 이루어진다. 프뢰벨의 은물과 같은 상징물이 아닌 모래나 진흙과 같은 자연물을 자유롭게 다루는 자유놀이를 허용함으로써 유아의 육체와 정신이 함께 성장하고 발달하게 해야 한다는 것이다.

유아교육과정 연구에서 홀의 발달론이 폭넓게 쓰이게 된 배경에는 유치원이 공교육의 제도권 밖에 있었던 그 당시 시대적 요인이 크게 작용하였다고 볼 수 있다. 유치원의 이러한 특수 조건은 공교육 제도 안에 있던 초·중등학교와 다르게 교육학보다는 아동발달을 설명해 주는 심리학이나 대안적인 교육이론에 민감하게 만들었다(이은화, 양옥승, 1988; Weber, 1984).

이러한 사회적 상황에서 아동발달에 대한 홀의 생각은 후일 게젤(Gesell)의 성숙이론으로 발전된다. 게젤에 따르면, 성숙의 개념은 아동발달의 모든 영역에 적용된다. 이러한 성숙론적 시각에서 그는 아동의 성장 패턴들을 밝히고 그에 따른 아동발달의 규준(norm)을 제시하고자 아동관찰의 기법을 사용하여 방대한 자료를 수집하였다. 그는 특히 유아기뿐 아니라 영아기까지 모든 연령대로 아동발달의 범위를 확대하여 유아의 발달적 특성을 설명하고 관념론에 대한 발달론의 우월성을 입증해 보였다.

유아교육 분야에서 발달적 관점을 가지고 교육과정을 정립하게 한 배경에는 그 누구보다도 듀이의 생각이 가장 크게 작용하였다. 진보주의에 기초한 듀이의 경험중심 교육과정 이론은 오늘날에도 유아교육학자들이 발달주의를 유아교육과정의 전통이며 유아교육의 정통적인 입장으로 수용하게끔 하는 초석이 되었다.

듀이에 따르면, 아동의 도덕적 성장과 사회화를 위해서는 교육과정상에서 전통적으로 지녀 온 초등학교의 경험론적 방법과 유치원의 관념론적 관점에서 탈피해야 한다. 이성의 절대성과 불변성을 강조하는 관념론의 폐단 때문에 유치원 교육이 유아가 현재 가지고 있는 흥미와 기대를 무시하고 추상적이고 불확실한 미래를 향해 유아를 강제적으로 끌고 가는 결과를 빚게 되었다고 주장하면서, 유치원 교육에 대한 프뢰벨의 초월론적 시각을 맹렬히 공격하였다(Dewey, 1916). 그에 따르면, 교육은 고정된 목표를 지향하는 데 있는 것이 아니라 '경험의 계속적인 재구성'이며 계속적인 성장과 발달에 있다. 따라서 교육내용의 선정과 조직에서 그 중요성을 판단하는 기준은 사회적으로 유용하면서도 현재 아동이 가지고 있는 흥미(interest)

나 관심에 두어야 한다(Dewey, 1900, 1902). 교육과정에 대한 듀이의 이러한 인식론적·윤리적 관점은 전통적으로 유아교육 분야에서 '흥미 중심' 또는 '활동 중심'이라 불리면서 유아교육과정의 정통적인 견해로 인정되고 있다.

듀이의 경험 중심 교육과정 이론에 기초한 '활동 중심 교육과정'(프로이트의 정신분석이론에 기초한 것과는 다른 의미임)의 전통은 1960년대 미국 정부가 빈곤의 악순환 타파를 위해 유치원 취학 전 저소득층 유아를 대상으로 헤드스타트 프로그램을 실시하고 프로그램의 효과를 다년간에 걸쳐 종단 평가하면서 새로운 전기를 맞게 된다. 헤드스타트 교육과정은 관념주의, 행동주의, 발달주의 등 다양한 관점에서 연구되고 적용되었으나, 이 중에서 피아제의 인지발달이론에 기초한 발달주의가 단연 으뜸이었다. 이러한 현상은 1960년대 심리학의 인지혁명에서 나온 브루너의 학문구조이론에 기초한 교육과정 개혁 운동에 따른 것이기도 하다.

듀이 및 피아제의 이론에 기초하여 개발된 대표적인 유아교육과정 모형으로는 1979년 하이스코프 교육연구재단이 발표한 '인지 중심 유아교육과정'(Hohmann, Banet, & Weikart, 1979)과 1987년 미국유아교육협회(NAEYC)가 발표한 『출생에서 8세까지 발달에 적합한 실제(Developmentally appropriate practice in early childhood programs serving children from birth through age 8: DAP)』(Bredekamp, 1987)를 들 수 있다. 특히 유아교육과정의 '발달적 적합성'에 대한 청사진을 제시한 NAEYC의 DAP는 그 자체가 유아교육과정의 개념적, 이론적 틀로 응용될 만큼 그 영향력이 지대했다. 이 밖에 발달론적인 관점에서 교수·학습 이론과 방법을 제시했던 대표적인 연구자로는 카미(Kamii, 1984, 1992)와 드브리스(DeVries, 1984, 1992)가 있다. 그러나 피아제의 인지발달이론은 마음속의 문화나 사회 속의 마음이 배제된 형식주의적인 측면이 많다는 점에서 이에 대한 근본적 검토가 불가피하게 되었다.

이러한 상황에서 피아제의 자기 충족적이고 형식적인 논리가 지닌 한계를 극복하고자 하는 시도가 나타났다. 문화나 역사가 아동의 학교 학습에 어떠한 영향을 미치는지에 대한 현장 연구들이 1960년대 후반부터 1970년대에 비고츠키의 후계자인 루리아(Luria) 등에 의해 여러 문화권에서 수행되었고, 그 과정에서 비고츠키의 발생학적 인식론이 사회적 구성주의라고 불리며 사회문화적이고 역사적인 발달이론으로 소개되었다.

비고츠키의 발생학적 인식론은 심리학의 어떤 학파에도 의존하지 않고 동물학,

인류학, 언어학, 사회학, 역사학 등을 자유롭게 넘나들며 삶의 맥락에서 유아교육과 교육과정을 논할 수 있는 새로운 근거를 제시하였다(양옥승, 1991, 1993, 2004a; Yang, 2000). 더욱이 교육 개혁의 기본을 '생각하는 것을 가르치는 것'(Haroutunian-Gordon, 1998)에 두는 21세기 지식기반 사회에서는 발달주의자 중에서도 비고츠키가 단연 유아교육과정 연구자의 관심을 끌 수밖에 없을지 모른다. 특히 그는 '발달에 선행한 교육'이나 유아교육의 중요성과 가능성을 발생학적으로 설명하고 있어서 유아교육과정 개념화를 목적으로 그의 관점을 도입하는 것은 피아제 이론의 한계를 극복하는 데 기여할 수 있을 것이다.

비고츠키에 따르면, 인간의 사고 발달은 사회적 상호작용으로 이루어지는 것이지 유기체의 단일한 힘만으로 이루어지는 것이 아니다. 그에 따르면, 역사적인 진화의 과정을 거쳐서 사회 현실 속에 내재해 있는 문화는 사회적인 상호작용을 통해 개인의 내면세계로 전환되면서 가능해진다. 영아기 이후 보다 고등한 형태의 정신기능이 발달하는 것은 생득적인 요인뿐 아니라 사회문화적인 요인에서 비롯된다는 것이다.

사회적 구성주의자였던 비고츠키의 입장에서 보면 객관적 현실과 주관적 인식이 만나서 생성되는 고등한 형태의 정신과정을 이해하려면 개인이 처한 사회문화적 또는 사회역사적 상황과 발생학적 조건과의 상호작용을 인식할 때에만 가능하다. 교육을 통한 지식의 형성 또한 근접발달지대(Zone of Proximal Development: ZPD)를 분명히 밝힐 때만 가능하다. 이러한 그의 생각은 지금까지 듀이나 피아제의 발생학적 인식론에 기초하여 유아교육과정을 개념화했던 기존의 발달주의와는 다른 점이다.

흔히 듀이의 교육철학, 피아제의 구성주의, 비고츠키의 사회적 구성주의 등을 토대로 개발된 유아교육과정 모형으로 이탈리아의 레지오 에밀리아(Edwards, Gandini, & Forman, 1993)와 NAEYC의 발달적으로 적합한 유아교육 프로그램 실제 개정판(Bredekamp & Copple, 1997)을 들고 있다. 그러나 NAEYC의 모형은 여전히 구조주의적이고 형식주의적인 입장을 견지하고 있다는 점에서 비고츠키의 사회문화적이고 역사적인 이론을 활용한 것이라고 보기는 어려울 것이다.

4) 기타 이론

20세기 후반에 접어들면서 기존의 발달주의에 견줄 수 있는 대안을 찾아 유아교육과정을 재개념화하는 연구들이 수행되었다. 이는 유아교육과정의 재개념화에 이어 다문화주의(양옥승, 1997b), 비판이론과 현상학(양옥승, 2000a), 포스트모더니즘 (양옥승, 2002b; 황윤세, 양옥승, 2002) 등에 의해 유아교육과정을 새롭게 이해할 필요성을 제기하였다.

(1) 재개념주의: 유아교육과정의 재개념화

교육과정에 대한 재개념화는 기존의 관념론적·경험 과학적·발달론적 관점에서 개념화했던 방식을 비판하고 등장한 서로 다른 대안적 이론들, 예컨대 사회과학의 비판이론이나 현상학, 해석학 등이 집합된 것으로 특정 틀로 정형화하기 어렵다는 특징이 있다. 따라서 교육과정을 재개념화하고자 했던 교육과정 학자들을 한데 묶어 재개념주의자라고 부르는 것은 어색할 수 있다. 그러나 1970년대에서 1990년대까지 교육과정에 대한 기존의 개념화를 벗어나서 인문학이나 사회과학의 힘을 빌려 교육과정을 새롭게 이해하려 했던 사람들을 재개념주의자라고 불렀던 것도 사실이다. 따라서 비판이론이나 현상학 또는 해석학에 의거하여 유아교육과정의 재개념화를 시도했던 연구자들을 재개념주의의 범주에 포함하는 것은 무방하리라 본다.

비판이론에 기초한 유아교육과정 연구들은 유아교육기관이 어떻게 민주주의를 강화하여 평등하고 정의로운 사회를 구현하며 진보적으로 사회를 변화시킬 수 있는지를 밝히고자 했다는 특징이 있다(양옥승, 1987; Kellner, 1998). 이들은 유아교육의 비역사성을 비판하면서 교육과정의 개념을 학교 밖의 정치적·경제적·사회적·문화적 제반 구조와의 관련 속에서 정의하고자 하였다. 이 관점에서 이루어진 유아교육과정 연구들(Bloch, 1991; Kessler, 1991; Kessler & Swadener, 1992)은 주로 프레이리(Freire, 1968, 1972), 지루(Giroux, 1989), 지루 등(Giroux et al., 1981), 피나르 (Pinar, 1975)의 교육과정 이론을 배경으로 하여 유아교육과정이 불공평하고 정의롭지 못한 사회구조를 재생산하는 데 교량 역할을 했음을 비판한다. 이들은 학교를 계속적으로 변화하는 사회의 일부로 인정하고, 교육과정이 부당한 사회적 조건으로부터 아동이나 부모나 교사 중 누구도 자유롭게 해 주지 못했다고 주장한다. 예를 들어, 유아교육기관에 보내는 부모는 교육과정이 자신의 요구를 반영하고 있는지 알 권리가 있고, 유아교육기관이 잠재적 교육과정을 통해 자신이 원치 않는 이념으로 자녀를 사회화하고 있는 것은 아닌지를 파악할 수 있어야 한다는 것이다.

이러한 관점에서 보면, 사람은 자기 결정적인 존재이므로 유아교육기관은 사회적 통제로부터 유아를 자유롭게 해 주어야 한다. 그렇다고 교육이 개인적인 것에 치우쳐야 한다는 것은 아니다. 교육기관은 사회와 불가분의 관계에 있기 때문에 교육의 과정은 정치적 · 경제적 · 문화적 제반 여건과의 관련 속에서 이해되어야 한다. 교육은 개인적이면서도 상황적이어야 한다는 것이다. 교육과정의 측면에서 보면, 주관성과 관계성이 중심 개념이 되고 교육과정은 학습을 촉진하기 위하여 선택된 사회문화적 환경으로 개념화될 수 있다.

(2) 포스트모더니즘

유아교육과정의 다양화는 주로 포스트모더니즘의 탐구 양식을 적용하는 것에서 시작되었다고 할 수 있다. 합리와 진보를 내세우며 서구를 풍미했던 모더니즘에 대한 반기로 등장한 포스트모더니즘은 현대의 지적 활동과 비판 양식이 낡은 지적 유산에 의존하고 있는 과학주의적이고 근대주의적 차원에서 벗어나 교육과정을 탐구할 것을 강조한다. 예를 들면, 과학적 지식과 서사적 지식(narrative knowledge)은 서로 다른 규칙을 가진 언어적 게임의 산물이기 때문에 양자를 동일 체계로 묶을 수 없음에도 불구하고, 현대의 과학주의나 사회과학의 비판이론 등은 진리의 정당성을 확보할 목적으로 이 두 개의 지식을 통합하고자 했다고 비난한다. 포스트모던 관점에서 보면, 지식은 맥락과 상황의 영향 속에서 형성된다. 그러므로 모든 삶의 형식을 총괄하는 보편적 진리라는 것은 없으며 진리나 지식이라는 것도 상황을 이해하고자 사람이 만들어 낸 사회적 구성물이자 창출일 뿐이다(양옥승, 2002b).

포스트모더니즘에서의 진리의 확실성이나 절대성에 대한 부정은 곧 모든 현상을 파악하는 데 있어서 불확실성과 상대성을 인정해야 한다는 주장으로 이어진다. 따라서 교육과정 분야를 지배해 온 이론적 주제 및 담론을 해체하는 것은 지배적인 담론 속에 숨겨 있는 모순적인 내용과 편견을 파악할 수 있게 한다. 이러한 관점에서 카넬라(Cannella, 1997)는 유아교육 이론이나 담론의 근간을 이루는 개념이나 이론적 주제들이 어떠한 사회적 맥락 속에서 어떤 의도로 개념화되었는지를 추적함으로써 유아교육 분야를 지배하고 담론 속에 숨어 있는 편견과 모순들을 드러내고자하였다. 그에 따르면, 아동기, 아동발달, 모성, 여성, 아동 중심 교육, 놀이 중심 교육과 같은 이론적 주제와 용어들은 인식론상에서 인간의 절대성과 합리성을 신봉하는 계몽주의의 여파로 나타난 합리주의적이고 실증주의적인 관점에서 유래한다. 특히 1859년 다윈(Darwin)이 출간한 『종의 기원』 이후에 등장한 발달주의자, 이를테면 아동중심주의자였던 홀이 아동연구를 강조하자 아동연구센터가 미국 전역에 걸쳐 개설되면서 아동발달에 대한 열기가 계속되기 시작하였다. 아울러, 1920년대의 행동주의 심리학, 심리측정 및 습관 형성 이론, 1930년대 프로이트의 정신분석이론, 1940년대와 1950년대 사이의 성숙이론, 그리고 20세기 후반 피아제의 인지발달이론 등은 심리학이라는 과학을 통하여 아동의 성장과 발달을 이론적으로 이해할수 있게 만들었다. 1960년대에는 국가 수준에서 헤드스타트와 팔로우스루(Follow Through) 프로그램이 개발되고 1980년대와 1990년대에 피아제 구성주의에 기초한 유아교육 프로그램 연구가 활발하게 전개됨으로써 구조주의적 사고뿐 아니라 보편적인 아동발달의 원리가 인지 능력과 사고 행위를 조정하고 결정한다는 믿음을 강화했다는 것이다.

보편적 아동발달의 원리를 신봉하는 구조주의적 관점에 입각하여 유아교육 이론이 성립되는 과정에서 가장 외면당한 것은 바로 아동의 목소리다(Cannella, 1997). 보편적 아동발달이라는 개념은 서구 중산층의 이미지를 세계의 모든 아동으로 보편화 · 제도화함으로써 비서구적인 문화의 아동 또는 저소득층 가정의 아동을 사회의 주변부에 위치시키는 결과를 초래하였고, 아동에 대한 성인 규제와 지배를 정당화시킴으로써 아동의 목소리를 듣는 방법을 개발해 내지 못했다. 그러나 진리나 지식이란 사회 내 여러 집단 간 힘(권력)의 역학 관계에 의해 구성되고 정당화된 것으로 고정된 것이 아니라 맥락에 따른 상대적이라는 포스트 구조주의자들에 의해 침묵당한 아동의 목소리를 듣고 의미를 공유하는 작업이 부각되었다. 실제로, 유아교육 분야에서 자신의 관점과 주장을 끊임없이 반성적으로 해체하는 작업을 통해 어린이의 삶 속에 들어가 그들의 다양한 목소리를 듣고 현실적으로 적용 가능한 실천적 지혜를 찾고자 하는 현장 연구가 1990년대에 이미 수행되기 시작하였다. 같은 지역사회에 거주하는 유아들로 구성된 유치원 내에서 유아들 사이에 또는 유아와 교사 사이에 힘의 관계가 어떻게 형성되고 소멸되는지를 밝힌 김진영(1998)의 연구나 발달상 가장 연약한 시기에 있는 영아를 보육하고 있는 보육시설에서 영아와 보육교사 간 힘의 관계를 밝히고자 했던 이정란(2004)의 연구에서 그 예를 찾을 수 있다.

또한 포스트모더니스트는 획일적인 통일, 질서 유지, 안전성을 이루려는 모더니 즘적 접근에 불신과 거부감을 나타낸다. 질서의 보편성마저 부정하며 위계질서 정 립은 간섭을 낳고 간섭은 다시 타인을 억압하는 양상을 빚는다는 것이다(양옥승, 2000b). 이 점을 감안하면 시간과 공간에 대한 모던적 관점은 해체의 대상이 될 수 밖에 없다. 모던적인 시각에서 수업시간은 교육목표를 효과적으로 달성하고 학급 을 개선할 수 있는 최선의 조건으로 고정화되지만, 포스트모던 관점에서 보면 그 과 정에서 교사는 보다 짧은 시간에 보다 많은 문제를 처리해야 하는 '시간의 포로'가 된다(Slattery, 1995). 유아교육기관에서 자유선택활동이라는 것도 이러한 관점에서 보면 전체 하루 일과 중에서 일정 시간을 할당하고 정해진 시간 내에서 유아에게 자 유롭게 선택하여 활동하게 하는 것이기 때문에 자유선택활동이라는 근본 취지에 맞지 않게 유아가 시간에 얽매이게 되는 현상이 생긴다는 것이다(양옥승, 2002b).

또한 포스트모던 관점에서 보면, 교육공간은 단순히 획일적이고 보편적이고 절 대적인 지식을 전달하고 습득하는 공간이 아니라 다양한 개인들에 의해 지식이 구 성되고 있는 상황적이고 과정적이고 변용적인 공간이다. 그런데 유아교육기관의 하루가 한정된 공간에서 이루어지며, 규정된 장소 밖으로 이동하게 되면 교사의 제 재를 받게 되거나 행동규제를 당하게 되므로 유아에게 있어서 유아교육기관에서의 공간은 자신의 활동을 확장하는 곳으로 인식되기보다는 규제를 경험하는 곳으로 인식된다. 공간에 대한 이러한 개념 형성은 일찍이 유아교육기관에 다니는 영아에 게서도 나타난다(Leavitt, 1994). 따라서 교실이나 유아교육기관의 공간에 대한 정전 화된 사고를 해체하고, 유아와 교사 사이, 공간과 시간 사이, 미지의 것과 알아가는 것 사이, 과거와 현재 사이, 개인과 집단 사이, 사람과 사물 사이를 연결짓고 교류하 게 하는 역동적인 삶의 공간으로 변용할 수 있어야 한다. 유아교육기관이 유아와 교 사가 공동체로서 공통 관심사를 찾아 함께 참여하며 사회문화적인 의미를 공유하 는 공간으로 그 역할을 다하고 있는 예는 이탈리아의 레지오 에밀리아 프로그램에 서 볼 수 있다.

(3) 다문화주의

다문화주의(multiculturalism)는 이민, 노동력의 국제이동, 국제결혼, 난민, 망명, 유학 등으로 민족 구성이 다양화되는 과정에서 한 국가 내에서 이민족 간, 이문화 간 발생하는 갈등을 극복하기 위해 20세기 후반에 등장한 사회과학적 개념이자 이론이다. 바꾸어 말하면, 다문화주의는 다양한 문화적 배경을 가진 사람들의 지각, 신념, 태도, 행동에 영향을 미치고 상호작용을 이끄는 일련의 행동규범, 원칙 또는 접근방법으로 민주사회가 추구하는 문화의 다양성, 인권 등에 대한 개인의 가치관, 신념, 인식 상태 등을 분석하는 틀(framework)을 가리킨다. 이런 관점에서 보면, 다문화주의는 사적인 다의성을 허용하면서도 공적 영역에서는 문화의 다양성과 복수성을 인정하지 않고 단일의 공통문화를 고집하는 보편주의보다 강화되고 발전된 이론이라 할 수 있다(유정석, 2003).

유아교육 분야에서도 소수민족이나 소수자의 문화에 대한 편견 불식과 소수민족 어린이에게 목소리를 낼 수 있는 권한 부여를 통해 공동체적인 삶을 추구하는 방향에서 다문화교육이 실시되고 있다. 소수민족이나 소수자의 문화에 대한 편견을 불식하고자 개발된 유아교육과정 모델로는 더만 스파크스(Derman-Sparks, 1992)의 '반편견 교육과정'을 들 수 있다. 우리나라의 유아교육 현장에서도 반편견 교육과정 모델이 매우 적극적으로 적용되고 있는데 원래의 취지조차 살리지 못하고 유색 인종이나 소수민족 집단 문화에 대한 편견 해소의 차원에 머물고 있는 것으로 나타난다. 그러나 이 모델은 문화 정체성 형성과 타 문화에 대한 수용과 이해 촉진에 목적을 두고 있는 다문화교육(Hermandes, 2001)과 같은 선상에 있는 것으로, 서로 다른 문화가 보다 적극적으로 표출될 수 있도록 다양성을 지원하고 상생을 위해 상호 교류, 상호 공유, 상호 공존의 기틀을 마련하려는 시도가 부족한 측면이 있다(양옥승, 2006). 즉, 반편견 모델은 서로 다른 문화를 수용하는 문화 이해에 치중되어 있을 뿐 사회통합의 차원에서 공동의 선과 관련된 가치관 교육이나 공동체적인 삶을 지원하는 교육에 대한 배려가 결여되었다는 한계가 있다.

오늘날 다민족 국가로서 우리나라는 다문화교육의 중요성이 어느 때보다도 강조되고 있다. 2007년 국가 수준에서 교육과정이 개정되면서 각급 학교의 교육과정에 다문화교육의 개념이 포함되었다. 그러나 개정된 교육과정을 분석해 보면 아직도 다문화교육을 기존의 범교과 학습 주제에 추가하는 차원에 머물고 있는 것으로 나타난다. 이러한 현상은 유아교육 현장에서도 크게 다르지 않을 것으로 예측되는데 (지성애 외, 2006), 교육과정 이론의 하나로서 다문화주의에 대한 충분한 검토와 연구가 없었던 연구 풍토에서 비롯된 것이라고 할 수 있다. 따라서 앞으로는 서로 다른 국적, 인종, 피부색, 지역이나 문화를 가진 사람들이 서로 다른 문화를 이해하는 것뿐만 아니라 다문화를 상호 지원하는 방향에서 다문화 유아교육과정이 개발될 필요가 있다.

다문화주의 관점에서 볼 때, 민주사회를 이끌어 갈 시민을 육성하기 위한 교육과정은 지식, 행위, 지역사회, 권리와 책임, 도덕성, 지역성과 같은 요소들을 상호 존중, 합리적 의사소통, 정치적 권리 인정의 측면에서 어떻게 개념화하느냐에 따라 다르다. 실제로 21세기에 들어서면서 세계화와 정보화 그리고 기술공학의 발달 등으로 최근의 교육과정 논의는 반편견의 관점에서 벗어나고 있는 추세다. 더욱이 세계는 인종, 민족, 소수민족 집단, 종교적 차이, 지역에 따라 다양하게 구획화되고 있고 국지적 갈등이 보다 빈번해지고 있다. 따라서 사회통합의 차원에서 세대 간, 성별 간, 계층 간, 장애인과 일반인 간에 나타날 수 있는 하위문화의 차이에 대한 고려와 함께 인종 간, 민족 간, 소수민족 집단 간, 종교 간, 지역 간, 계층 간에 상생을 이룰 수 있도록 다문화주의에 기초한 유아교육과정 연구가 보다 활발하게 수행되어야 한다.

(4) 생태주의

인류는 자연을 삶의 터전으로 이해하고 활용하면서 문명을 이루었다. 그러나 자연을 생활의 편익과 효율성을 제공하는 경제적·사회적인 도구적 수단으로 인식하며 생태계를 파괴하는 지경에까지 도달했다. 이러한 위기가 초래된 데에는 근대 이후에 지속된 인간 중심적인 사고가 크게 작용했다고 보는 것이 일반적인 생각이다. 사전적 의미에서 인간중심주의(Anthropocentrism)는 인간이 세계의 중심이며 궁극적인 목적이라고 보는 세계관을 가리킨다. 이 입장에서는 인간만이 생태계에서 이성을 지닌 유일하고 우월한 존재로서 자연을 지배하고 정복할 수 있다고 생각한다. 인간은 만물의 영장이고 우주 만물은 인간을 위해 존재하는 것이기 때문에 자연을 이용하고 착취하는 것은 결코 부당한 것이 아니다. 자연은 인간을 위한 탐구의 대상이며 인간에게 필요한 지식과 자원을 끊임없이 제공하는 도구로서만 존재 가치가

있을 뿐이다. 이러한 견지에서 자원 생산을 위한 기능 훈련과 지식 위주의 교육이
강조된다. 인간 중심의 교육은 무분별한 생명공학의 적용, 생명 윤리에 대한 불감
증, 환경 파괴적인 삶의 방식을 양산하고 자연 재앙과 환경오염을 유발한다(양옥승,
2001b).

이러한 상황에서 1992년 브라질의 리우데자네이루에서 지구 정상회의가 개최
됨으로써 환경 문제가 전 세계적인 관심사로 부상하였고, 생태주의 철학을 도입
하여 자연을 이해하기 시작하였다. 생태중심주의(Ecocentrism) 또는 생태적 관점
(Ecological Perspective)이라고 불리는 생태주의에 따르면, 생태계의 각 존재들은 나
름대로의 가치를 지니고 있기 때문에 자연의 일부로서 인간은 자연과 상호 의존적
인 관계 속에서 순환적인 삶을 영위할 수 있어야 한다. 또한 자연은 인류가 존재하
는 한 동반자적 문화로 규정되며, 자연 개발에는 미래 세대까지 이어 가는 지속 가
능한 활용의 의미가 내포되어 있다. 이 입장에서 보면 교육은 생태계 모든 존재의
생명과 권리를 인정하고 균형과 조화를 이룰 수 있도록 지속적인 배려와 보살핌의
윤리나 나눔과 상생의 태도 및 사회적 책임감 형성에 그 목적이 있다(구승회, 1995,
1996; 박이문, 1998; 최미현, 2000).

교육과정에 대한 생태주의 시각은 생태계를 구성하는 모든 존재의 생명은 존중
되어야 한다는 생명 존중 및 자연 친화 사상과 그 맥을 같이한다. 이런 관점에서 볼
때, 최근 유아교육과정 분야에서 논의되고 있는 자연 친화 교육은 자연을 탐구 대
상으로 한 과학교육으로 보기보다는 상생의 도덕적 가치와 다양성 존중의 생태론
적인 세계관을 형성하는 사회교육 또는 도덕교육으로 이해하는 것이 더 타당하다
고 하겠다. 생태주의 관점에서 볼 때, 유아교육과정은 단순히 생태적 지식뿐 아니
라 모든 생명에 대한 경외심과 생태계의 순환성을 인정하는 인지와 정서를 통합한
것이다. 특히 자연과 함께 살아가는 소중함을 느끼고 생명 공동체의 필요성을 깨달
을 수 있는 감성을 키워 주는 데 주목한다. 이 경우 유아교육내용으로 환경에 대한
지식 전달, 환경으로부터 배우는 교육, 환경을 위한 의식 고양, 행동 실천 그리고 더
나아가 생태적인 새로운 삶의 방식을 추구하고 체득하는 것 등을 포함한다(양옥승,
2006).

사실상 그동안 유아교육과정 분야에서는 인간 중심의 발달주의에 집착한 나머지
자연의 순리에 따라 기다림의 여유 속에서 나올 수 있는 보살핌이나 배려에 대해 큰

가치와 비중을 두지 않았다. 유아교육과정에 대한 생태주의 시각은 20세기 후반에 접어들어서야 나타나기 시작하였다. 대표적인 실천 사례로는 사단법인 공동육아와 공동체교육에서 운영하고 있는 어린이집을 들 수 있다. 공동육아 어린이집에서는 1994년부터 협력적 참여, 민주주의, 차이성(공동체), 생태, 학습을 기본 가치로 내세우며 생태적 능력 배양을 위한 생태교육, 민속문화 이해를 위한 생활문화 교육, 소통능력을 형성하기 위한 관계교육, 차이와 연대를 중시하는 통합교육을 실시했다(이부미, 2006). 이와 다른 각도에서 생태주의를 유아교육 패러다임으로 적용하고 있는 예는 생태유아교육학회를 중심으로 한 생태공동체운동을 들 수 있다. 이 운동을 주도하고 있는 임재택(2005)에 따르면, 이 시대에 살고 있는 유아는 산업화에 따른 지구 파멸의 위기 속에 살고 있다. 이 어린아이들의 생명을 살리고 삶의 질을 높이기 위해서는 유아교육 패러다임이 변화되어야 하는데, 그것이 바로 생명주의를 지향하고 있는 생태유아교육이다. 생태유아교육에서는 생명과 공동체와 전인(몸 · 마음 · 영혼)을 중시하는 삶교육, 땀교육, 관계교육, 감각교육, 앎교육, 감성교육, 영성교육의 과정을 통해 유아에게 잃어버린 자연과 놀이와 아이다움을 되찾아 줄 수 있다고 보고 있다(임재택, 2005; 하정연, 2004).

제3장

유아교육과정의 새로운 패러다임

이 장의 유아교육과정의 새로운 패러다임에 대한 부분은 필자가 한국영유아교육보육학회에서 개최한 2019년 추계학술세미나(미래사회 변화를 선도하는 유아교육의 방향과 과제)의 기조강연에서 발표한 내용을 보완한 것이다.

한국에서 유치원·어린이집 교육과정은 '누리과정'과 '표준보육과정'이라는 이름으로 초·중등학교 교육과정과 더불어 국가 수준에서 개발, 고시되고 있다. 1969년 처음 국가 수준에서 제정되었던 유치원 교육과정은, 2012년 '누리과정'이라는 이름으로 만 3세 어린이집 표준보육과정과, 그리고 2013년 만 3~4세 표준보육과정과 단계적으로 통합되어 만 3~5세 유치원·어린이집 공통의 교육과정으로 확대되었고, '2019 개정 누리과정'이 나오기까지 대략 6년마다 개정되었다. 그런가 하면 초·중등학교 교육과정은 1955년에 국가 수준에서 처음으로 제정되었고 '2015 개정 교육과정'이 나오기까지 통산 평균 7년에 한 번꼴로 개정되었다. 이러한 점을 감안하면 미래사회에 대비하여 유아교육과정의 방향을 탐색하는 것은 필요한 절차이고 과정이다.

그동안 유아교육과정 담론의 역사는 '아동 중심' 교육과정 의미의 변천사라 해도 과언이 아닐 만큼 19세기 유치원 창설 이래 아동 중심의 사고와 철학은 그 무엇보다 중시되었다. 이러한 맥락에서 유치원과 어린이집은 아동 중심의 교육과정만이 최선이라 생각하고 유아의 놀이, 발현, 자유놀이, 발달, 흥미, 요구, 인성, 창의성, 자유선택활동, 일상생활 등에 초점을 맞추어 교육과정을 설계, 운영해 왔다. 그러다 보니 그간의 유아교육과정 탐구에서는 초 · 중등 교육과정이 '교과 중심' '내용 중심'이라는 이유로 학교 교육과정 이론이나 연구동향을 도외시한 면이 없지 않다.

이 글에서는 인구구조 및 생태환경의 급격한 변화와 인공지능 시대의 도래를 머지않아 다가올 미래의 모습이라 가정하고 이에 대해 진술한다. 이와 아울러 미래를 풀어 가는 열쇠가 오늘에 있고 오늘은 과거와 그 맥이 닿아 있다고 보아 유치원 · 어린이집 교육과정과 초 · 중등학교 교육과정 패러다임이 시간의 경과와 더불어 어떻게 변화했는지에 대해서도 진술한다. 그러고 나서 미래사회에 대비하여 유아교육과정이 나아가야 할 방향을 제시한다.

1. 미래사회의 변화

1) 인구구조 및 생태환경의 변화

한국 사회가 인구절벽의 위기에 봉착해 있다. 유럽 국가들은 2003년 1.6명을 저점으로 하여 상승세를 타고 있는데 한국은 유사한 사례를 찾아보기 어려울 만큼 빠른 속도로 하강하여 초저출산국이 되었다. OECD는 합계 출산율 1.3 미만인 국가를 초저출산국으로 분류하는데, 한국은 2001년 이후 초저출산의 깊은 늪에서 빠져나오지 못하고 있는 것이다. 2017년 인구주택총조사 결과를 기초로 한 통계청의 장래인구추계에 따르면, 중위수준 합계 출산율은 2018년 0.98이지만 2019년 0.94, 2020년 0.90, 2021년 0.86 등으로 초저출산 상태를 면치 못하는 것으로 나타난다. 그리고 출생아 수(중위수준)는 2002년 이래 유지해 오던 40만 명 선이 무너졌던 2017년(348,000명)을 기점으로 325,000명(2018년), 309,000명(2019년) 등으로 30만 명 선을 유지하다가 2020년 292,000명, 2021년 290,000명 등으로 하락할 것이라고 한다.

한국 사회에 나타난 초저출산 현상의 기저에는 무한경쟁 사회에서 자녀를 성공

[그림 3-1] **2019 출생아 수 및 합계 출산율**

시키기 위해서는 한 명만 낳아 집중적으로 투자하고 보살피는 것이 효율적이라는 사고방식이 자리 잡고 있다. 또한 자녀는 수보다 질이 중요하다는 가구의 급격한 소득증대로 형성된 의식구조도 큰 몫을 했다고 볼 수 있다. 향후 획기적인 정책이 제시되지 않는 한 저출산 위기는 다음 세대로까지 이어질 전망이다. 미래 세대에 활력을 불어넣고 지속적으로 발전하는 사회를 만들기 위해서는 초저출산의 늪에서 신속히 빠져나올 수 있는 특단의 조치가 나와야 한다.

인구 감소는 삶의 질에서의 계층 간 격차를 심화시킨다고 한다. 피케티(Piketty)는 2014년 그의 저서에서 인구증가율이 최저 수준으로 떨어지게 되면 극한 저성장 시대로 진입하게 되어 자본소득이 증가하고 불평등이 심화된다고 경고하였다. 게다가 우리 사회는 고령사회로 진입하였다. 의학의 발달로 노화가 억제되면서 고령층이 보다 생산적으로 일하는 사회가 되고 있다. 머지않아 인간의 수명은 100세를 넘게 될 것이다. 미혼, 비혼, 별거, 이혼 등으로 가족이 해체되고 가족구조 또한 다양해지고 있다. 사회의 안정적인 성장을 위해서는 인구구조의 급격한 변화에 대응할 수 있는 대책 마련이 시급하다.

2000년대 한국 사회에 글로벌화가 확대, 진행되면서 취업, 결혼, 유학 등을 목적으로 한 외국인의 국내 체류는 크게 늘었고, 그에 따라 많은 부문에서 변화를 가져왔다. 교육 부문에서도 사회통합과 공동선을 위해 모든 사회 구성원은 자기 문화에 대한 정체성과 동시에 문화의 다양성을 수용할 수 있어야 한다는 '다문화주의'에 근간한 교육을 실시하게 되었다. 또한 글로벌화 확대는 경제활동을 포함한 모든 부문에서 개인의 '선택'에 보다 큰 의미를 부여하게 만들었다. 과학기술의 힘을 빌려, 예를 들어 소셜 네트워크를 통해 개인은 이전보다 쉽고 간편하게 정보를 선택하고 교환할 수 있게 되었다. 그러나 가짜 뉴스, 사이버 테러 등이 범람하면서 개인의 건강한 삶이 위협받는 현상도 나타나고 있다. 과학기술의 발전은 한편으로 삶의 질을 제고하지만 다른 한편으로 삶의 질에서의 격차를 낳기도 한다는 점에서 최근 OECD, 세계은행, 세계경제포럼 등 국제기구들은 포용적 성장, 소통, 사회참여를 주요 의제로 다루고 있다.

다른 한편으로, 전 세계가 이상기후, 물 부족, 에너지·자원고갈, 대기오염 등의 위협을 받고 있다. 다양한 종류의 생물들이 서로 얽혀 있는 생태계는 생물의 종류가 다양할수록 공동체로서 균형과 조화가 유지되고 안정성이 보장된다. 그러나 생태계의 일부에 지나지 않은 인간이 물질주의적이고 개체주의적인 사고에 젖어 함께 살아야 하는 생물종의 다양성을 위협하고 생태계를 위기에 빠뜨리고 있다. 생물종의 다양성이 유린되면 자연은 약간의 외부 충격에도 완전히 파괴될 수밖에 없다. 생태계의 보전을 위해 생태주의의 관점에서 에너지와 자원의 수요를 줄이고, 온난화를 예방하고, 물 부족과 식량 부족의 심각성을 깨닫고 그에 따라 대책마련이 절실하게 되었다. 자연 및 환경 보전, 대기 및 물 환경 관리, 자원 확보 및 에너지 전환 등에 의한 지속 가능한 발전을 이루기 위해서는 포용력 있는 세계시민으로서 상호 개방하고 연대하여 사회적 합의를 도출할 수 있어야 한다.

이러한 맥락에서 최근 교육선진 국가들은 포용력 있는 사회구현을 목표로 시민교육을 강화하는 방향에서 교육과정에 대한 패러다임 전환을 시도하고 있다. 유아발달의 관점에서 보면, 포용력 있는 시민으로 키우는 교육은 유아기부터 가능하다. 유아는 자신과 타인의 성, 연령, 외모, 피부색, 언어, 문화 등에 관심을 보이고 자신을 부모 및 또래집단과 동일시하며 자아 정체성을 형성해 간다. 그런가 하면 부모, 또래, 기타 친숙한 사람들이 가지고 있는 타인이나 타 문화에 대한 선입견, 편견, 고정관념 등을 쉽게 답습한다. 그러나 잠재되어 있는 능력을 일깨워 주는 교육의 과정을 거치게 되면 비록 매우 낮은 초보적인 수준이기는 하지만 사람과 사람 사이, 그리고 문화와 문화 간의 공통점과 차이점을 인식하고 수용할 수 있다. 따라서 미래 세대에 활력을 불어넣고 지속 가능한 발전을 도모하기 위해 유아교육과정 또한 포용력, 소통, 협업 등의 시민성을 강화하는 방향으로 전환될 필요가 있다.

2) 인공지능 시대의 도래

최근 몇 년 사이에 4차 산업혁명으로 견인하는 사물인터넷, 3D 프린팅, 블록체인, 첨단 로봇기술의 발달로 빅데이터, 드론, 공유경제, 가상화폐 등이 실용화되었다. 자율주행차가 일상화될 날도 얼마 남지 않았다. 인공지능 또한 일상의 일부가 되어 교육을 포함한 삶의 모든 영역을 빠른 속도로 잠식해 들어오고 있다. 바야흐로 '인공지능(Artificial: AI) 시대'가 도래하고 있다.

인공지능 연구는 1950년 기계(컴퓨터)의 지능이 인간지능에 필적하는지 판별하는 '튜링테스트'를 고안해 냈던 영국의 수학자이자 암호 해독가인 앨런 튜링(Alan Turing)에 의해 시작되었다. 인공지능(AI)이라는 용어는 1956년 미국 다트머스 대학교의 존 매카시(John McCarthy) 교수에 의해 처음으로 제안되었다. 이후 인공지능 연구는 메모리 및 처리속도의 미구축, 시스템의 고비용・업데이트의 한계 등으로 회의론이 대두되기도 했다. 그러나 1980년대 인공지능 시스템이 '머신러닝'을 통해 수많은 데이터를 분석할 수 있게 되고, 1990년대 후반 검색 엔진 등으로 방대한 양의 데이터를 수집할 수 있게 되면서 중흥기를 맞이할 태세를 갖추게 되었다.

인공지능 기술은 2006년경 'Voice AI'가 등장하면서 시장에 진입하기 시작하였다. 2010년경에는 인간의 뇌를 모방한 신경망 네트워크 구조로 이루어진 '딥러닝' 알고리즘의 등장으로 기존 머신러닝의 한계를 뛰어넘게 되었고, 인간의 개입 또한 획기적으로 줄여 주었다. 2012년경 GPU(그래픽처리장치)의 대량 생산체계 구축으로 하드웨어 기반이 마련됨에 따라 2016년경 Voice AI보다 훨씬 응용성이 뛰어난 'Vision AI'가 대세로 자리 잡기 시작하였다. 딥러닝 과정을 통해 인지 능력과 학습 능력을 주도적으로 개발할 수 있을 만큼 인공지능이 진화한 것이다. 2019년 중국의 Vision AI 수준은 데이터의 양적 확대와 질적 수준 향상으로 이미 미국을 능가한 상태다. 한국의 Vision AI는 단순한 연구개발(R&D) 수준에 머물러 있지만 본격적으로 도입되면 기술적 난이도, 데이터의 접근성 등에 따라 모든 분야에 확대, 적용될 것이라고 한다.

인공지능의 진화과정을 자세히 들여다보면, '인간발달은 인류발달을 반복한다'는 발달주의자 홀(Hall)의 주장이 떠오른다. 생애초기 인간이 주변의 사람과 사물을 지각하고 몸짓과 언어를 인식하고 이미지를 통해 세상을 이해하듯이 인공지능 또한

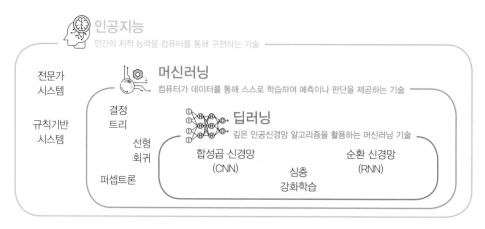

[그림 3-2] 인공지능, 머신러닝, 딥러닝의 관계

출처: https://m.blog.naver.com/PostView.nhn?blogId=atlasstock&logNo=221648501338&categoryNo=20&proxyReferer=

지각력, 음성언어 인식, 디지털화된 정보를 통한 환경인식 등 영아기 수준에서부터 발달이 시작되었던 것으로 보인다. 최근에는 보다 많은 진전이 이루어져 인간이 설정했던 목표를 달성하는 것에 그치지 않고 자율학습을 통해 중·고등학생 수준의 '추론'과 '예측' 능력을 습득할 수 있는 것으로 나타났다. 프로그램화된 단순한 기능을 반복적으로 수행하는 것만이 아니라 사물인터넷을 기반으로 한 빅데이터를 활용하여 딥러닝할 수 있는 인공지능 자체의 내재적인 자기주도 '학습' 능력으로 인지기능을 수행할 수 있다는 의미다. 인간이 사람, 사물, 사건과의 상호작용을 통해 발달하듯이 인공지능도 사용자와의 경험공유를 통해 발달하고 있는 것이다.

AI 연구 개발자들은 문제를 스스로 발견하고, 자율적으로 판단하고 '결정'하며, 문제해결을 위해 '행동'할 수 있는 역량을 갖춘 인공지능이 머지않아 출현할 것이라 전망한다. 발생학적 인식론의 관점에서 교사뿐 아니라 또래와의 협업을 통한 근접발달지대(ZPD) 형성의 중요성을 역설했던 비고츠키(Vygotsky), 그리고 스캐폴딩의 교육적 의의를 실험을 통해 증명했던 루리아(Luria)의 이론대로 미래의 인공지능 또한 인간처럼 공유학습을 통한 딥러닝에 의해 비약적으로 진화함으로써 자체적으로 인지를 조절할 수 있는 경지에 이르게 된다는 것이다.

현재 중·고등학생이 대학을 마치고 사회에 진출하는 인공지능 시대에는 학교에서 배운 교육내용의 80~90%는 쓸모없게 될 확률이 크다. 2018년 다국적 회계컨설

팅기업인 PwC 보고서에 의하면, 인공지능 시대의 도래로 700만 개의 직업이 사라지고, 750만 개의 직업이 새롭게 창출될 것이라고 한다. 인공지능 시대에 잘 대응하고 대비하지 않으면, 강력한 인공지능 기계를 가진 쪽이 시장을 독식할 가능성이 있고, 인공지능 기술을 소유한 사람들과 소유하지 못한 사람들 사이에 갈등이 증폭될 수 있다.

미국, 중국, 핀란드 등에서는 초등학교에서부터 인공지능 교육을 체계적으로 시행하고 있고, 에듀테크로서 인공지능을 적극 도입하고 있다. 영국, 독일, 미국은 인공지능, 사물인터넷, 빅데이터 등을 기반으로 다양한 교육 방안을 추진 중이며, 브라질, 인도 또한 인공지능을 포함한 최첨단 기술을 수업을 위해 활용할 방안을 모색하고 있다. 중국은 컴퓨터 소프트웨어를 가르치는 코딩교육을 넘어서 초·중등학교에 단계적으로 인공지능 관련 교과를 만들고 프로그래밍 교육을 실시하고 있다. 그러나 한국은 소프트웨어교육, 화상수업, 가상현실, 증강현실, 코딩교육 등 교육내용(콘텐츠)이나 교사의 프레젠테이션 기법만 바뀌었을 뿐이다(예: 칠판 → 컴퓨터 → 가상현실). 일부 학교에서는 '2015 개정 교육과정'에서 강조한 협업수업을 위해 구글, 네이버, EBS에서 공급한 협업 플랫폼을 활용하고 있다.

2017년 OECD는 유아교육·보육이 후일의 삶을 성공적으로 이끄는 인지적, 비인지적 스킬을 발달시킬 수 있는 기반을 형성하는 데 결정적인 역할을 한다는 뇌과학을 포함한 최근 연구들을 근거로 하여 'Starting Strong 2017: Key OECD indicators on early childhood education and care'를 발표하였다. 이 보고서에 따르면 학습, 교육, 발달, 삶의 질 향상을 위해 유아 때부터 노트북, 태블릿 PC, 스마트폰, 미니노트북, 전자보드 등의 미디어를 제공하고, 미디어를 신중히 다루는 방법을 놀이활동을 통해 교육함과 아울러 ICT(정보통신기술) 스킬을 가르칠 수 있는 교육과정이 필요하다.

그러나 한국 교육계에서는 유아를 대상으로 한 ICT 스킬 교육에 대해 부정적으로 생각하는 경향이 있다. 교원의 편의성을 이유로 디지털 환경에서 태어난 아이들에게 아날로그를 강요할 수 없다. 요사이 서책으로 된 영어사전을 들고 다니거나 영어단어를 책에서 찾아 보는 사람이 과연 얼마나 될까. 유아교육·보육 분야에서도 인공지능의 거대한 물결이 교육 현장에 깊이 침투하게 될 미래를 대비하고 잘 대응할 수 있어야 한다. 인공지능에 대한 두려움과 거부감을 떨치고 인공지능 시스템의 활용방안을 고민해야 한다.

유치원·어린이집이 보다 생생한 교육·보육 현장이 되기 위해서는 에듀테크로서 기존의 교육기술과 인공지능 기술이 공존할 수 있는 방안을 찾아야 한다. 중국에서 인공지능 카메라를 학교에 설치했을 때 실시간 안면인식을 통해 개별 학생의 출결 상황 및 외부인의 출입 등을 체크할 수 있어 보안 문제를 해결할 수 있었다고 한다. 그리고 교실에 설치했을 때에는 인공지능의 행동분석 기법을 통해 개별 아동의 학습 상황을 파악할 수 있었다고 한다. 다른 한편으로, 2019년 미국 MIT 미디어랩이 수행한 연구에서는 유아교육기관에서 유아와의 상호작용이 가능한 인공지능 로봇을 활용했을 때 만 4~6세 유아들이 인공지능에 대한 개념을 쉽게 이해하고 습득할 수 있었던 것으로 나타났다.

교육은 학생의 수업행동을 관찰, 분석한 결과에 기초한 개인별 맞춤 교육에서 그 효과를 발휘한다. 한 명의 교사가 모든 학생에게 동일한 내용을 가르치는 교육으로는 미래사회에 적합한 인재를 길러 낼 수 없다. 이뿐만 아니라 한두 명의 교사가 학급의 '모든 학생'의 행동을 '실시간으로' 관찰하여 교육내용을 선정하고 교육활동을 조직하는 데 참고하는 것도 불가능하다. 그러나 인공지능 시스템을 활용하게 되면 교사는 개별 아동의 발달 수준에 적합한 최적의 교육내용을 선정하고 교육활동을 조직하여 제공하는 것이 가능해진다. 다시 말해, 교실에 인공지능의 진단 시스템이 있을 경우 교사는, 인공지능이 객관화된 지표와 평가기준에 따라 '실시간으로' 모든 학생의 학업성취도와 수업행동을 관찰, 분석한 결과를 토대로, 개별 학생의 현재 상태 및 발달 수준을 파악하고 개별 학생에게 최적화된 교육내용과 활동, 교재와 교구를 찾아서 일대일 맞춤 교육을 실시할 수 있다.

아직 인공지능은 아동을 관찰하고 분석하여 이해할 수 있는 자료를 제공하고 피드백을 제공할 수 있을 뿐 유아교육과정에서 중시하는 교사와 아동 간, 아동과 아동 간 소통이나 상호교류, 협업의 역량을 가지고 있지 않다. 그러나 앞으로 비고츠키의 근접발달지대 이론에서 언급된 '유능한 또래'로서 인공지능을 활용할 수 있을 만큼 인공지능 시스템이 발전하게 되면 유아의 메타인지 능력, 즉 자기조절 능력 계발에도 큰 역할을 해낼 수 있을 것이다. 또한 인공지능을 보조교사로 활용하게 되면 교사의 과다한 업무량에 따른 스트레스를 줄이고, 교육 및 업무의 효율성을 향상시킬 수 있을 것이다. 인공지능의 다양한 역량은 교사가 모든 유아에게 질 높은 교육 경

험의 기회 제공을 가능하게 하여 교육의 형평성과 공정성을 제고하는 데 기여하게
될 것이다. 그러나 이러한 이점들을 누리기 위해서는 신뢰성이 보장된 시스템 구축
이 전제되어야 한다.

2019년 5월 OECD는 '인공지능에 대한 원칙(OECD Principles on Artificial
Intelligence)' 다섯 가지를 채택하였다. 첫째, 인공지능은 포용적 성장, 지속 가능한
발전, 웰빙을 추구함으로써 사람과 지구에 혜택을 줄 수 있어야 한다. 둘째, 인공지
능 시스템은 법규, 인권, 민주적 가치 및 다양성을 존중하는 방식으로 설계되어야
하며 공정하고 정당한 사회를 보장할 수 있는, 예를 들어 필요한 경우 사람이 개입
할 수 있도록 적절한 안전장치를 포함해야 한다. 셋째, 사람들이 인공지능에 따른
결과를 이해하고 이에 도전할 수 있도록 인공지능 시스템에 대한 투명하고 책임 있
는 공개가 필요하다. 넷째, 인공지능 시스템은 라이프 사이클 전체에 걸쳐 강력하고
안전하며 안심할 수 있는 방식으로 작동되고 잠재적 리스크를 지속적으로 평가, 관
리되어야 한다. 다섯째, 인공지능 시스템을 개발, 배포 또는 운영하는 조직과 개인
은 이상의 원칙들에 합당한 기능을 수행해야 할 책임이 있다.

2. 유치원 · 어린이집 교육과정 패러다임의 변화

1) 관념주의에서 발달주의에 기초한 아동 중심의 교육과정으로

관념주의 철학을 바탕으로 한 아동 중심의 교육과정은 독일에 세계 최초의 유치
원을 설립한 프뢰벨의 입장이다. 그에게 있어서 유아교육과정은, 유아의 타고난 본
성인 이성을 '발현'시키는 것으로, 아동의 흥미나 관심에 따른다는 의미보다는 '놀
이'를 통해 진위를 식별, 판단할 수 있는 능력을 밖으로 표출하게 한다는 의미를 담
고 있다. 유아교육의 기본원리라 할 수 있는 아이들은 놀면서 배운다는 놀이이론은
1826년 출판된 그의 저서 『인간 교육(Menschen Erziehung)』에도 잘 나타난다.

프뢰벨에 따르면, 인간의 본성에는 신성이라 할 수 있는 절대적인 이성이 깃들어
있다. 그리고 유아는 본질적으로 활동적이다. 그러므로 유치원은 유아가 가장 순수
하고 고귀한 신체활동이며 정신활동인 자유놀이에 몰두하여 이성을 발현하고 계발

할 수 있도록 잘 이끌어 주어야 한다. 다시 말해, 유치원은 유아가 자기 활동적인 본성과 내재되어 있는 이성을 자유로이 그리고 만족스럽고 즐거운 마음으로 드러낼 수 있도록 놀이를 중심으로 교육과정을 설계, 운영해야 한다는 것이다. 이러한 관점에서 프뢰벨 유치원에서는 그 당시 가정이나 교회에서 유아교육용으로 사용했던 글씨판이나 교리문답책을 거부하고 유아에게 즐거움과 만족감을 가져다줄 수 있는 놀잇감, 예를 들어 간단한 형태, 크기, 색을 바탕으로 하여 기하학적으로 고안, 제작한 은물(Gabe)을 제공하였다. 그러나 그의 교육과정이 지나치게 관념적이고 계획적이라는 비판이 일면서 20세기 초 미국의 유아교육자들은 홀(Hall)의 발달주의를 수용하게 된다.

아동중심주의자인 홀은 아동의 '자유'의지와 '흥미(관심)'에 초점을 맞춤으로써 놀이를 포함한 모든 활동에서의 사회적 요구를 철저히 무시하였다. 다윈의 진화론을 신봉한 나머지 '마음의 다윈'으로 인정받기를 원했던 그는 독일의 헤르바르트주의자들의 문화기원론을 토대로 발달주의를 형성하고 '발달'의 개념을 교육과정에 적용하였다는 점에서 교육사에서 중요한 인물로 꼽힌다. 아동의 흥미와 필요(요구)를 교육과정의 출발점으로 보았던 홀에 따르면 유아교육과정은 아동발달에 대한 과학적인 연구에 기초하되, 철두철미하게 아동의 자유의지와 흥미를 존중하는 '아동 중심의 교육과정'이 되어야 하고 아동 개인에 맞춘 개별화된 교육이어야 한다. 그러나 유아의 자유의지에서 시작된 놀이나 활동에 대해서는 교사의 안내나 지도를 온전히 배제했다는 점에서 '아동 중심 교육과정은 자유방임 교육과정이다'라는 비판을 받았다. 그럼에도 불구하고 홀의 아동 중심의 사고와 철학 그리고 발달주의 사고는 오늘날에도 한국 유아교육과정 탐구에서 유아발달을 최우선적으로 생각하게 하는 근간으로 작용하고 있다.

다른 한편에서는 홀의 발달이론을 계승하여 성숙이론을 확립하고 초등학교 입학을 위한 '학습준비'가 유아교육의 목표라 보았던 게젤, 그리고 '기본생활습관' 형성을 유아교육이라 간주했던 실험심리학자 손다이크 등이 교육학계를 주도하고 있었다. 게젤과 손다이크의 교육이론 또한 일찍이 한국의 유아교육자들로 하여금 유아교육과정이란 심리학의 발달이론에 기초하여 구성되어야 한다는 인식을 심어 주었다.

2) 아동의 흥미 중심 및 활동 중심 교육과정

홀의 아동 중심 시각에 대한 듀이의 반응은 매우 복합적이었다. 그는 아동에 대한 과학적 연구로 교육과정을 심리화해야 한다는 견해에는 공감하면서도 학교 교육과정이 아동의 흥미만 좇아야 한다는 데에는 불편함을 드러냈다. 1902년 발표한 저서 『아동과 교육과정』에서 아동의 '흥미'는 교육내용을 선정할 때 교육과정 심리화를 이루기 위해 사용되는 기준으로서 학습의 출발점이고, '교육과정'은 교육이 궁극적으로 추구하는 목표지점이 되어야 한다고 주장한다. 이러한 그의 생각은 1916년 저서 『민주주의와 교육』에서 보다 구체화된다. 교육과정의 관점에서 보면 아동의 흥미는 '상호작용'이나 '경험의 계속성'과 같은 교육원리가 적용되었을 때에 비로소 의미 있게 된다는 것이다. 1938년 듀이는 그의 저서 『경험과 교육』에서 교육이란 경험의 의미를 증대시키며 뒤따르는 경험의 방향을 지도할 수 있는 능력을 증진시키는 등 계속적으로 경험을 재구성해 주는 특징이 있다고 했다. 바꾸어 말하면 교육이라는 사회적 상호작용을 통해 아동은 새로운 경험을 생성하고 도덕적으로 성장하며 사회 구성원으로 '사회화'된다는 것이다. 이러한 듀이의 교육이론은 미국 기독교 선교회가 설립한 유치원과 대학들을 통해 전달되어 1960년대 이래 한국 유치원 · 어린이집 교육과정의 근본이념이 되고 있다.

1960년대 유아교육 이념으로 아동 중심 사상이 도입되면서 한국 유아교육과정 담론을 이끌었던 또 다른 시각은 프로이트(Freud)의 정신분석이론을 근간으로 하여 유아의 자발적인 활동을 강조했던 활동 중심 교육과정이다. 유아의 '인성(성격)', '창의성', '자기통제력', '정서' 발달을 목표했던 활동 중심 교육과정에서는 유아가 자신의 충동, 정서적 욕구, 억압된 감정 등을 자유로이 표출할 수 있도록 '자유놀이', 예술적인 창의적 '표현 활동', '극놀이' 등을 장려하였다. 활동 중심 교육과정에서 시도했던 놀이활동들은 오늘날에도 유치원 · 어린이집에서 중요한 교육활동으로 인식, 활용되고 있다. 이런 유형의 활동들은 또한 감정조절이나 오이디푸스 문제가 있는 아동의 심리치료를 위해 '놀이치료'라는 이름으로 정신의학과와 아동심리상담센터에서도 적용되고 있다.

3) 아동의 인지 중심 교육과정

피아제에 따르면, 감각운동기에 있는 영아와 전조작기에 있는 유아는 감각운동적인 활동이나 실물과의 상호작용 과정에서 지식을 구성할 수 있는 인지 능력을 가지고 있다. 이러한 인지발달에 대한 그의 구성주의적 관점은 1980~1990년대 한국에서 유아의 인지발달을 목표로 하여 교육과정을 설계하는 근거로 작용하였고 '능동적 학습'과 '상호작용'이 교수·학습 방법으로서 중요한 위치를 점하게 만들었다. 그러나 그의 이론은 개별 유아가 처한 생활 사태, 즉 사회문화적 조건이 인지발달에 얼마만큼 큰 의미를 주는지를 충분히 설명하지 못했다는 의미에서 1990년대 많은 논란거리가 되었다. 피아제의 이론이 지식 형성 과정에서 사회적 맥락의 중요성을 간과했다는 비판을 받게 되면서 2000년대 접어들어 지식의 구성 과정을 발달적으로 설명하면서도 고등정신의 기원을 사회적 세계 속에서 찾으려 했던 비고츠키의 사회적 구성주의가 그 자리를 대신하게 되었다.

비고츠키에 따르면, 개인과 사회는 단일한 상호작용적 체계 내에서 상호교류적인 관계를 하고 있는 구성 요소이고, 개인의 고등정신은 사회와 문화에 기인한다. 그러므로 교육은 사회문화적 맥락에서 이해되어야 한다. 발달과 교육 간의 상호작용적인 관계의 설정은 그 고유의 용어인 '근접발달지대' 특히 사회적 상호작용에 의해 개발 가능한 '잠재적 발달 수준'에 대한 설명에서 가장 잘 드러난다. 그의 설명에 따르면, 지식 구성은 타인조절에서 자기조절로 변환하는 과정에서 이루어지므로 아동의 잠재적 발달 수준을 높이고 근접발달지대의 간격을 넓히는 데에는 부모, 교사, 유능한 또래와의 상호작용, 즉 교육의 과정이 절대적으로 필요하다. 교육학의 관점에서 보면 사회적 구성주의는, 유아교육과정에서 적용해 왔던 기존의 구성주의와 달리 개인의 타고난 인지 능력과 사회의 문화를 동시에 강조하고 개인과 사회의 '관계'를 중시했다는 점에서, 단순한 발달이론이 아니라 여러 학문이 융합된 교육이론이라 할 수 있다.

3. 초 · 중등학교 교육과정 패러다임의 변화

1) 인문학 기반에서 사회과학 기반의 교과 중심 교육과정으로

인문학적 사고에 기초한 교육과정은 의지, 감성, 지성의 세 가지 정신능력을 확장하고 쌓아가는 정신도야가 교육목적이라는 데서 출발한다. 정신도야를 위해 학교는 문법, 수사학, 논리학, 대수, 기하, 음악, 천문학 등 7자유학과, 즉 7개의 인문학 관련 '교과'의 내용을 반복적으로 암기할 수 있도록 교과 중심으로 교육과정을 구성하고 제공해야 한다. 그러나 인문학을 기반으로 한 고전적인 교육과정 전통은 산업화와 도시화 추세에 맞추어 사회적 효율성을 중시하며 등장한 교육과정 과학화에 밀려 그 자리에서 물러나게 되었다.

인문주의를 배격하고 사회적 효율성과 경제성, 즉 사회과학을 근간으로 하여 교육과정 이론을 정립하고자 했던 교육학자로는 보빗(Bobbit)이 있다. 그는 산업화 과정에서 전통적 가치관과 새로운 가치관이 융합될 수 있기 위해서는 교육과정이 인문학자들이 주장하는 고전적인 교과를 통한 문화전달이 아니라 사회적 효율성의 차원에서 선정된 '교과'를 통한 문화전달이 되어야 한다고 보았다. 특히 교육과정이란 경영학자 테일러(Taylor)가 '과학적 경영원리'에서 경영효율화 방안으로 제안했던 '역량'의 개념을 활용하고 사회적 요구(필요)에 대한 과학적인 조사를 바탕으로 결정되어야 한다는 것이다.

2) 학생의 경험 중심 교육과정에서 교과의 내용 중심 교육과정으로

1945년 광복 이후 한국은 3년에 걸친 미군정하에서 민주주의를 교육이념으로 한 '새 교육' 운동을 추진하기 시작하였다. 그 당시 홍익인간이라는 교육목적을 설정하고 6 · 3 · 3 · 4 학제를 제정하며 새 교육 운동을 주도했던 교육학자는 오천석 박사다. 그는 1973년 자신의 저서 『발전한국의 교육이념 탐구』에서 '새 교육 운동은 전통적 교육을 지양하고 민주주의 이념 위에 교육을 세우려는 운동'으로 종래의 '교과 중심' 교육을 배격하고자 미국의 '진보주의 교육, 신교육 운동' 특히 듀이의 1916년 저서 『민주주의와 교육』에 이론적 근거를 두었던 것이라고 진술하였다. 이러한 맥락에서 1955년 국가 수준에서 '교과과정'이라는 이름으로 처음 초 · 중등학교 교육과정이 제정되었을 때부터 1963년 '교육과정'으로 개정되었을 때까지 국가교육과정은 듀이의 교육철학을 토대로 하여 '경험 중심'으로 구성되었다.

　듀이에게 있어서 교육과정은 민주주의를 목표로 한 '경험의' '경험에 의한' '경험을 위한' 것이다. 1938년 발간된 그의 저서 『경험과 교육』에 따르면, 아동의 경험이 교육으로 이어지기 위해서는 다음에 가질 경험에 유익한 영향을 미칠 수 있도록 계속성과 상호작용 원리를 적용하여 가치 있는 경험을 선정할 수 있어야 한다. 이러한 이론에 따라 개정된 1963년 국가교육과정에서는 교육과정의 개념을 '학생들이 학교의 지도하에 경험하는 모든 학습 활동의 총화'로 정의하였다.

　1970년대 접어들면서 국가교육과정은, 학문(지식)의 구조를 이해한 학생은 인지 발달 수준에 관계없이 어떤 내용의 지식도 학습할 수 있으므로 교육과정은 학문의 기본적인 구조를 반영하여 설계되어야 한다는 브루너의 이론에 따라 '학문 중심 교육과정'으로 바뀌었다. 하지만 슈바브(Schwab)에 따르면 학문 중심 교육과정은 순수이론에 집착함으로써 교육과정 영역을 쓸모없는 것으로 만들었기 때문에 교육과정이 쓸모 있는 것으로 되기 위해서는 실제성(실용성)을 기준으로 교육과정 참여자들의 '숙의'를 거쳐 교육내용이라 할 수 있는 지식을 재구성할 필요가 있다. 이러한 그의 제안은 후일 한국에서 숙의 과정을 국가교육과정 개정을 위한 하나의 절차로 받아들이게 하는 계기가 되었다.

　그러나 1970년대 이후 현재까지 한국 교육과정 개정에서 실질적으로 적용되고 있는 교육과정 시각은 타일러(Tyler)의 교육과정개발 이론이다. 1949년 타일러는 자신의 저서 『교육과정과 교수(수업)의 기본원리』에서 교육과정이란 학습자, 사회, 교과 등에 대한 연구를 바탕으로 학교가 달성하고자 하는 교육목표를 설정하는 것으로부터 시작하여 학습 경험(교육내용)의 선정, 학습 경험의 조직, 학습 효과의 평가 등의 네 가지 요소를 중심으로 개발되어야 한다고 진술하였다. 이러한 타일러의 교육과정 개발 원리는 국가 수준의 교육과정 개발에서뿐 아니라 학교의 교육과정 설계와 실행에서도 교과의 교육목표, 교육내용, 교수 · 학습, 평가의 일관성 유지가 중요하다는 인식을 심어 주었다.

　교육과정 설계의 관점에서 보면, 타일러의 교육과정개발 이론에 근거한 학교 교육과정은 교육목표, 교육내용, 교수 · 학습, 학습 효과 중 어떤 요소에 초점을 맞추느냐에 따라 다르게 설계된다는 특징이 있다. 만일 목표나 학습 효과에 초점을 맞추게 되면 교육과정은 목표 중심으로, 유아교육과정에서처럼 교수 · 학습 과정에 초점을 맞추면 과정 중심으로, 교육내용에 초점을 맞추게 되면 내용 중심으로 구조화된다. 이러한 기준을 한국 초 · 중등학교 교육과정에 적용해 보면, 국가교육과정은 교과별로 무엇을 가르칠 것인지 교육내용의 선정에 초점을 맞춘 '내용 중심'의 개발과 설계를 강조하는 것이 된다.

3) 학생의 미래역량 중심 교육과정

한국에서 교육과정의 구조를 교과의 내용 중심에서 학생의 미래역량 중심으로 바꾸려는 시도는 '2015 개정 교육과정'에서 이루어졌다. 단순한 교과지식 전달이 아니라 '창의융합형 인재' 양성과 '행복한 학습'에 초점을 맞추어야 한다는 취지에서 개정된 교육과정에서는 '자기관리' 역량, '지식정보처리' 역량, '창의적 사고' 역량, '심미적 감성' 역량, '의사소통' 역량, '공동체' 역량 등 여섯 가지를 핵심역량으로 설정하고 교과와 창의적 체험활동에 반영하였다. 그리고 '내용체계'를 교과의 근본 아이디어라 할 수 있는 핵심개념, 일반화된 지식, 내용요소, 기능 등을 근간으로 재구조화하고, 학생이 학습해야 할 교과의 지식, 기능, 태도 등의 성취기준으로 진술하였다. 이 외에 '교수 · 학습' 과정에서는 학생의 요구에 맞추어 교육내용을 재구성하고, '평가' 과정에서는 수행평가를 포함한 다양한 평가방법을 활용할 것을 강조하였다.

2016년 교육부가 발행한 『2015 개정 교육과정 총론 해설(초등학교)』을 살펴보면, 초등학교 교육과정은 누리과정과의 '연계성'을 고려하여 바른생활, 슬기로운 생활, 즐거운 생활 교과에서 '생활도구의 활용', '자연탐구 활동 및 신체 활동'을 강조하고 있음을 알 수 있다. 이 외에도 초등 1~2학년 과정에서는 누리과정에 제시된 한글 관련 교육내용을 참고하여 '한글을 완전히 깨우칠 수 있도록' 한글 교육을 강화한 것으로 나타난다. 그러나 아직까지는 핵심역량을 중심으로 어떻게 교육목표를 설정할 것이며 교사, 가족, 지역사회가 연대하여 단위학교 차원에서 교육과정을 어떻게 설계하는 것이 좋은지 등에 대한 명확한 지침이 마련되지 않은 상태다.

'2015 개정 교육과정'에서 적용한 미래역량 중심의 시각은 '2030년 성공적인 삶과 살기 좋은 사회를 구현하기 위해서는 어떤 역량이 필요한지'를 밝히고자 한 OECD 의 1997~2003년 'Definition and Selection of Competencies' 프로젝트에서 비롯되었다. 2005년에 발표된 OECD 연구보고서에 따르면, 학생들이 2030년 주역으로서 일상생활이나 직업세계에서 개인적으로 마주하게 될 복잡하게 얽힌 다양한 도전에 교과지식 위주의 교육과정으로는 전혀 대처할 수 없다. 따라서 학교 교육과정은 '자율적으로 행동하기', '이질적 집단에서 상호작용하기', '상호작용하며 도구사용하기' 등의 핵심역량을 중심으로 재구조화되어야 한다는 것이다.

2018년 OECD는 후속 프로젝트(The Future of Education and Skills 2030)를 수행하는 과정에서 'OECD 학습 프레임워크 2030'을 발표하였다. 이 학습 프레임워크에 따르면, 2030년 개인과 사회를 위해 학교가 추구해야 할 궁극적인 교육목표는 '행복(웰빙)'이고, 이러한 목표 달성을 위해 학교는 학술적, 학제적, 인식론적, 절차적인 '지식', 인지 및 메타 인지적, 사회·정서적, 물리·실제적인 '기능(스킬)', 개인, 사회, 환경의 웰빙에 대한 '태도 및 가치' 등의 역량을 기를 수 있는 교육과정을 마련해야 한다. 그러나 이러한 역량을 중심으로 한 교육과정만으로는 '책임감'이 투철하고 '혁신적'이면서 '포용적'인 사고가 가능한 인물을 기르고 개인과 사회가 행복한 '웰빙' 2030년을 기대하기 어렵다. 따라서 학교는 학생들이 '예상-실행-반성'의 과정을 통해 배웠던 지식, 기능, 태도·가치 역량을 보다 진화된 형태로 변형시킬 수 있도록, 즉 '변혁 역량'으로 발달시킬 수 있도록 교수·학습 시스템을 바꿀 필요가 있다.

변혁 역량은 '새로운 가치창출', '긴장 및 딜레마 조정', '책임감'의 세 가지 유형으로 분류된다. '새로운 가치창출' 역량이란 포용적이고 지속 가능한 발전을 목표로 창의적으로 사고하고 새로운 상품, 서비스, 일자리, 삶의 방식, 사회모델 등을 개발할 수 있는 그런 유형의 능력들을 의미한다. 그리고 이러한 능력을 발휘하기 위해서는 적응성, 창의성, 호기심, 개방성 등이 뒷받침되어야 한다는 점에서 이들 또한 포함시키고 있다. '긴장 및 딜레마 조정' 역량은 자유와 평등, 자율성과 공공성, 혁신과 지속성, 효율성과 민주적 절차 등 모순되거나 양립되기 어려운 주제, 관점, 입장에 대해 통합적으로 접근, 사고하고 그에 따라 행동할 수 있는 능력을 의미한다. 마지막으로 '책임감'은 새로운 가치창출이나 긴장 및 딜레마 조정을 위한 기본 전제조건에 해당하는 역량으로서, 개인적, 윤리적, 사회적 목표 및 자신의 경험, 교육 등에 비추어 자기 행위를 반성, 평가할 수 있는 능력과 관련된다고 하겠다.

OECD 학습 프레임워크에서는 학교 교육과정에서 변형 역량의 개념을 보다 쉽게 활용할 수 있도록 40여 개의 구성개념을 예시하였다. 이들 예시개념 중 위기관리, 자기조절, 정체성, 존중(자기, 타인, 문화적 다양성), 공감, 의사소통 및 협업 기능, 창의성 및 창의적 사고, 음악 · 미술 · 체육 관련 기능, 정보 및 소통기술 관련 기능 등은 유아교육과정을 통해서도 기를 수 있는 미래역량이라 볼 수 있다.

OECD는 학생이 미래에 웰빙 할 수 있도록 돕는 학습 프레임워크로 '학습나침반 2030'을 제안하였다. 학습나침반의 그림을 자세히 살펴보면, 학습자가 잠재력을 실현하고 지역사회와 세계의 웰빙에 기여하는 데 필요한 지식, 기능(스킬), 태도 · 가치를 중심축으로 하여 핵심기반, 세 가지 유형의 변혁 역량, 예상-실행-반성의 과정 등이 제시되어 있음을 알 수 있다. '핵심기반'이란 보다 나은 학습을 위한 교육과정 전제조건을 의미하는 것으로 인지적 기반(디지털 및 데이터 문해능력 포함), 건강기반, 사회 · 정서적 기반, 윤리 · 도덕적 기반 등을 포괄한다.

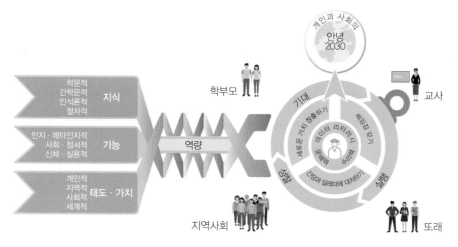

[그림 3-3] OECD 교육 2030 학습 개념틀(제6차 IWG 회의)

출처: 최상덕(2018).

4. 유아교육과정 패러다임 전환의 방향

1) 전제조건

유아교육과정 패러다임을 전환하기 위해서는 최소한 다음의 세 가지 전제조건이 필요하다.

첫째, 초등학교 취학 전 모든 유아의 '건강과 행복'을 보장할 수 있어야 한다. 모든 유아는 차별받지 않고 능력에 따라 균등하게 교육받을 권리가 있다. 각자 가지고 태어난 잠재능력을 최대한 계발할 수 있도록 공평성과 형평성의 차원에서 '교육의 질적 기회균등'을 경험할 수 있어야 한다. 다시 말해, 모든 유아는 개인의 발달 수준, 요구(필요), 상황 등이 반영된 가장 합당한 양질의 교육과정을 통해 후일 건강한 인성, 지성, 창의성, 시민성과 같은 역량을 갖춘 인격체로 성장할 수 있어야 한다. 환언하면, 유아교육과정은 유아의 건강하고 행복한 삶을 일상화하는 차원에서 개별 유아의 발달과 삶의 맥락에 비추어 최적화되어야 한다는 의미다.

둘째, 유아교육과정은 유아교육과 보육이 '융합'된 텍스트로 이해되어야 한다. 교육과정은 인식론만이 아니라 어떤 윤리적 가정을 하느냐에 따라 그 의미, 실체, 구조, 이미지 등이 달라진다. 특히 유아는 성인의 보호 없이는 생존할 수 없는 존재로서 홀로 남겨져서는 안 된다. 그래서 보살핌이나 돌봄, 즉 보육이 없는 유아교육이란 무의미하다. 유아기에 충분한 보살핌을 받지 못한다면 후일 자신은 물론 타인의 삶까지도 위기에 빠뜨릴 수 있다.

그런데 최근의 유아교육과정 담론은 인식론적인 틀에 갇혀 윤리적인 문제를 상대적으로 평가 절하하고 보살핌의 정서나 윤리를 배제한 채 지식 형성에 치중한 면이 적지 않다. 이러한 현상은 유아교육과정이 유아의 인성과 감성을 강조한 활동 중심에서 구성주의에 기초한 인지발달 중심으로 전환된 이후 더욱 강화되었다. 따라서 인식론뿐 아니라 윤리적으로도 합당한 유아교육·보육이 가능하도록 유아교육과정은 돌봄(보살핌, 보육)과 교육이 융합된 텍스트로 이해되어야 한다. 단, 돌봄과 교육에 대한 강조의 정도는 연령에 따라 다소 차이를 두어야 한다. 만 3~6세 유아를 위해서는 교육을 강조하지만, 만 1~3세 미만 영아는 돌봄과 교육(보육과 교육) 모두를,

그리고 만 1세 미만 영아를 위해서는 돌봄을 중시하는 방향으로 교육과정을 구성해야 한다.

셋째, 유아교육과정은 유아의 '미래'만이 아닌 '현재'의 삶에도 주목하여야 한다. 본질적으로 '교육'이 미래 지향적이라면 '보육'은 현재 지향적이다. 이렇게 보면 마치 교육과 보육은 미래와 현재라는 서로 다른 시점을 향하고 있는 것 같다. 이러한 추측은 학생의 현재적 삶을 거의 논외로 해 온 그간의 초 · 중등학교 교육과정 담론을 보면 충분히 나올 법하다. 그러나 유아는 신체, 정서, 사회성, 인지의 모든 면에서 미성숙하기 때문에 전인적으로 성장, 발달할 수 있도록 교육받아야 하는 존재임과 동시에 지금 당장 보살핌을 받고 돌보아야 하는 존재이다. 유아는 미래에도 잘 살아야 하고 현재에도 잘 살아야 한다는 말이다. 한편으로는 미래에 어떤 역량을 가진 사람으로 사는 것이 행복할 것인지에 대해 깊이 생각해야 하지만, 다른 한편으로는 어떤 능력을 계발하는 것이 지금 행복할 것인지에 대해서도 고민해야 한다. 따라서 유아교육과정은 유아의 미래만이 아니라 현재의 일상적인 행복한 삶을 목표로 하여 개발되어야 한다.

2) 아동의 잠재능력 및 미래역량 중심 교육과정으로의 전환

시대가 변하면 유치원 · 어린이집 교육과정 패러다임 또한 변화한다. 머지않아 다가올 인공지능 시대에 부응하기 위해 유치원 · 어린이집 교육과정은 초 · 중등학교 교육과정에서 적용하고 있는 학생의 미래역량 중심 교육과정이론을 도입하여 전환될 필요가 있다. 미래역량 중심 교육과정에 따르면 개인적으로 마주하게 될 다양하고 복잡 미묘한 도전에 대처하고 지속 가능한 발전을 꾀하기 위해서는, 첫째, 성숙한 윤리의식, 자기조절력, 자기효능감, 문제해결력, 적응력 등을 포함한 책임감을 가져야 한다. 둘째, 상품, 서비스, 일자리, 삶의 방식, 사회적 모델 등 새로운 가치를 창출할 수 있는 창의적이고 포용적인 사고력이 있어야 한다. 셋째, 자유나 평등이나, 자율성이나 공공성이나, 혁신이나 지속이나, 효율성이나 민주적 절차나 등의 딜레마나 긴장상황을 조정할 수 있는 소통 및 사회적 연대의 역량이 필요하다.

이러한 가정하에서 다음의 다섯 가지를 미래역량, 즉 중등교육의 과정을 이수한 19세 이상 성인이 갖추어야 할 역량으로 제시하고자 한다. 첫째, 성숙한 윤리의식

과 지적 능력, 자기조절 능력을 구비하여 맡은 바 책임을 다할 수 있다. 둘째, 사회
적 자본, 다양성, 개방, 신뢰의 중요성을 인정하고 의사소통을 통해 사회적인 연대
를 꾀하며 공동선, 사회통합을 이루는 데 기여할 수 있다. 셋째, 창의적인 사고와 표
현을 통해 새로운 지식과 가치를 창출할 수 있다. 넷째, 자신을 둘러싼 자연, 생태
환경 및 사회의 역동성을 이해하고 그들과 융화하며 지속 가능한 발전을 이룰 수 있
다. 다섯째, 공감, 진정성, 참여에 가치를 두고 세상과 적극적으로 소통하며 포용력
있는 사회를 만드는 데 기여할 수 있다.

유아의 잠재능력을 계발하고 미래역량을 함양하기 위해 유치원·어린이집 교육
과정은 건강·안전관리, 자기조절, 의사소통, 창의적 사고 및 표현, 공감 및 협업의
다섯 가지 능력을 중심으로 구성하도록 한다.

- 건강·안전관리 능력: 생존과 건강한 생활을 위해 반드시 구비해야 할 자기보호,
  자기관리 능력 및 기본생활습관 등을 의미한다. 이 범주에는 신체 인식, 신체
  조절 기능, 도구사용 기능, 환경대처 기능, 안전 이해, 의식주와 관련된 일상적
  인 생활 기능 및 태도 등을 포함시킬 수 있다.
- 자기조절 능력: 자기 자신의 생각을 조절하고(인지조절), 정서를 조절할 수 있는
  능력(감정조절)을 의미한다. 인지조절은 목표 지향적인 행동으로서, 유아가 주
  의통제나 주의이동으로 자기능력과 주어진 상황을 고려하여 원하는 행동(활
  동)을 선택할 수 있는 능력, 하고자 하는 활동을 계획하고 점검할 수 있는 능력
  등을 포함한다. 유아기에 가능한 인지조절 능력에는 자기의도 인지, 행동 계
  획, 행동 모니터링 등이 있다. 그리고 감정조절은 자신 및 타인의 감정을 알고
  느낄 수 있는 능력, 순응, 만족지연, 저항 등으로 자신의 정서를 표현할 수 있는
  능력, 외부 자극에 의해 유발된 감정을 억제하고 문제해결을 위해 적절하게 행
  동할 수 있는 능력 등을 포함한다. 유아기에 가능한 감정조절 능력에는 자기감
  정 인지, 타인감정 인지, 감정 억제, 감정 대처 등이 있다.
- 의사소통 능력: 주어진 상황에 비추어 표정, 몸짓, 언어, 상징, 텍스트, 매체를 활
  용하여 자신의 생각과 감정을 표현할 수 있는 능력, 다른 사람의 의견을 들을
  수 있는 능력, 다른 사람이 표현한 생각과 감정을 이해할 수 있는 능력 등을 의
  미한다. 이 범주에는 비언어적·언어적 표현, 타인의 의견 청취, 언어·상징·

텍스트 이해, 자아개념, 자기존중, 민감성, 공감, 협업, 갈등해결 기능 등을 포함시킬 수 있다.

- 창의적 사고 및 표현 능력: 다양한 지식을 융합해서 새로운 지식을 생성하고 창출해 낼 수 있는 능력을 의미한다. 이 범주에는 문제 또는 아이디어의 발굴, 다양한 아이디어 창출, 유연한 사고, 심미적 표상, 동작 이해 및 신체적 표현, 음악 이해 및 음악적 표현, 미술 이해 및 미술적 표현, 정보통신기술(ICT) 스킬 습득, ICT 스킬을 활용한 창의적 표현 등을 포함시킬 수 있다.
- 공감 및 협업 능력: 타인을 존중하고 도와줄 수 있고 다양한 문화를 존중하고 자연 및 생태환경을 보살필 수 있는 능력, 문화적 감수성, 생태적 감수성, 나눔과 베풂의 정서 등과 관련된 능력 등을 의미한다. 공감과 협업 행동을 위해서는 민감성, 자아개념, 자기존중, 자기관리, 배려, 동정심, 개방성, 감사 표현, 공정성 이해, 자기조절 능력 등이 요구된다는 점에서 이러한 요소들 또한 이 범주에서 다룰 수 있다.

3) 아동의 잠재능력 및 미래역량 중심 교육과정 설계 및 운영

교육과정 설계는 계발시키고자 하는 유아의 능력이 무엇인지 결정하는 것에서부터 시작된다. 교사는 개별 유아의 행동을 실시간으로 관찰한 분석 결과를 토대로 최적의 교육내용, 즉 지식, 기능, 태도와 가치를 선정하고 개별 유아의 상태나 발달 수준에 맞추어 교육활동을 조직한다. 개별 유아에 대한 이해와 그에 따른 일대일 맞춤교육을 통해 유아는 잠재능력을 발현하고 미래사회에 필요한 역량을 키울 수 있을 것이다.

아동의 잠재능력 및 미래역량 중심 교육과정에서 핵심적인 교육활동은 자유놀이, 자유선택활동이다. 유아가 자유의지에 따라, 즉 외부의 제지를 받지 않고 자신의 흥미, 관심, 필요, 요구에 따라 놀이활동을 자유롭게 선택하고 행하는 자유놀이, 자유선택활동은 유아교육과정 고유의 강력한 문화적 주제이자 초등학교 교육과정이나 교육문화와 구별되는 특성이다. 그러나 유아교육사적으로 보면 자유놀이와 자유선택활동 중 어떤 용어를 사용하는 것이 적절한지에 대한 입장은 유아교육과정 패러다임 변화와 그 맥을 같이하는 것으로 나타난다.

원래 자유놀이는 프뢰벨이 독일에 유치원을 창설하면서부터 주요 활동으로 적용되었다. 프뢰벨의 교육과정에서 자유놀이 시간은 유아의 자유의지에 따라 행동하게 하기보다 교사의 교시나 안내에 따라 행동하게 하는 시간(guided playtime)이었다. 프뢰벨식 자유놀이 시간은 미국의 아동중심주의자 홀에 의해 교사의 안내를 전적으로 배제하고 유아의 자유의지와 흥미에 따라 마음대로 행하는 시간(unguided playtime)으로 바뀌었다. 그러나 유치원 교육과정이 듀이의 경험 중심, 흥미 중심으로 전환되면서 자유놀이 시간은 유아의 사회화를 이끄는 교사의 안내와 상호작용이 필요한 시간(guided playtime)으로 변화되었다.

한국에서 '자유놀이' 시간은 1960년대 아동 중심 사상이 도입되고 유치원에 아동의 정서와 인성 발달을 중시하는 활동 중심 교육과정이 적용되면서 유아가 위험한 상황에 처하지 않는 한 교사의 안내나 지도보다 유아가 깊숙이 내재하고 있는 자신의 충동이나 욕구 등의 정서적 요구를 표출하는 주요 활동시간(unguided playtime)으로 받아들여지기 시작하였다. 활동 중심 교육과정에서는 유아에게 즐거움과 만족을 준다는 놀이의 감성적 측면에 초점을 맞추어 놀이를 배움의 수단이자 목적이라 보는 입장을 취하기 때문에 위험한 상황 이외에 안내와 같은 교사의 놀이 개입을 필요로 하지 않는다. 유아가 마음 가는 대로 놀 거리를 선택하고 마음껏 자신의 감정을 표출하게 하는 극놀이, 블록놀이, 창작적 표현 활동(점토놀이, 물감풀놀이, 그림 그리기) 등을 통해 일상생활에서 가질 수 있는 긴장과 갈등을 해소할 수 있다고 보았다. 외부의 제약을 받지 않고 자기의 생각이나 감정에 따른 자발성을 띤 자유놀이를 했을 때 유아는 행복하고 정신적으로 건강하게 자랄 수 있다는 것이다.

이러한 자유놀이도 실내·외 중 어떤 장소에서 이루어지는가에 따라 '자유놀이' (실내) 또는 '바깥놀이'(실외) 식으로 다르게 불렸다. 하루 5시간 운영을 기준으로 할 때, 연령별로 다소 차이가 있지만 등원하자마자 실내에서 이루어지는 자유놀이에 대해서는 대략 40~60분을, 그리고 귀가하기 직전에 있는 실내 자유놀이에 대해서는 대략 30~40분 배정되었다. 바깥놀이는 주로 대·소집단활동 이후 시간대에 30~40분가량 배정되었다.

그러나 1980년대 유치원 교육과정이 인지 중심으로 전환되면서 등원과 더불어 진행되는 만 3~6세 유아의 실내 자유놀이는 유아가 흥미, 요구, 관심에 따라 자유롭게 선택한 교육활동이라는 의미에서 '자유선택활동'이라고 바꿔 부르게 되었다.

유치원에서 자유선택활동 시간은, 유아의 발달 특성을 감안하여 놀이 자체가 목적이 되는 목적으로서의 놀이와 배움의 수단으로서의 놀이 두 가지 측면 모두를 중시할 뿐 아니라 놀이활동의 계획, 실행, 평가의 전 과정에 안내와 같은 교사의 참여 또한 중시하는 시간(guided playtime)으로 자리 잡게 되었다. 이 입장은 자유놀이에서 놀이 선택에 대한 책임감을 배제하게 되면 유아는 순간적인 쾌락을 추구하고 자신의 주장만을 관철하려는 아이, 즉흥적이고 충동적인 아이로 자랄 수 있지만 교사가 유아에게 자유로이 선택한 놀이활동에 대해 계획하고 놀이활동 이후에 자신의 실제 활동을 리뷰해 보도록 하면, 예를 들어 언어적 계획(VP)−실행−언어적 평가(VE)의 과정을 경험하게 하면 자신의 선택에 대해 책임을 질 수 있는 아이로 성장할 것이라는 가정에서 출발한다.

필자의 연구(양옥승, 2004a)에 따르면, 유치원·어린이집의 자유선택활동 시간에 교사에게 자신이 선택한 놀이활동에 대한 계획을 말하게 하고, 계획했던 활동을 행동으로 옮기고, 실행 이후 자신의 놀이활동을 점검하며 말하게 하는 VPE 프로그램은 유아가 자유선택에 대한 책임감과 자기조절 능력을 제고하는 데 효과적이었다. 단, 자유선택활동 시간에 일련의 VPE 과정을 포함시키고자 할 때에는 유아의 연령, 선택할 활동의 수, 프로그램의 적용 횟수 등 세 가지 사항을 반드시 고려해야 하는 것으로 나타났다. 만 3~4세 유아를 대상으로 할 때에는 교사의 도움을 받아 놀 거리를 찾은 뒤 교사에게 놀이계획을 말하고(VP), 말했던 놀이계획을 실행에 옮기는 것으로 충분하지만 만 5~6세 유아를 대상으로 할 때에는 일련의 VP−실행−VE, 즉 VPE 전 과정을 경험하는 수준으로까지 확장할 수 있다. 그러나 이 경우에도 유아가 선택할 활동의 수는 '한 가지'로 제한해야 한다. 만일 자유선택활동 시간에 두 개 이상의 놀이계획을 요구하면 놀이가 주는 즐거움이나 만족감은 사라지게 될 것이다. 개인별 VPE 프로그램의 적용 횟수 또한 일주일에 1~2회(회당 7~10분 소요)로 제한해야 한다. 교사가 매일 일상적으로 자유선택활동에 개입하게 되면 유아는 자유선택활동에 차츰 부담감을 느끼고 교사에게 "이제 진짜 놀아도 돼요?"라고 묻는 등 자유선택에 대한 잘못된 인식을 가지게 될 것이다.

모든 아이는 즐겁고 만족스럽게 놀 권리가 있다. 뇌과학의 관점에서 보면, 자기 마음 가는 대로 몸을 움직여 노는 과정에서 유아의 신체, 정서, 자아, 인지 등 전인적 발달은 가능해진다. 앞으로 등원하자마자 진행되는 자유선택활동 시간의 경우,

교사의 안내를 필요로 하는 자유선택활동(guided play)은 연령 이외에 선택할 활동의 수를 한 개로 하고 일주일에 한두 번으로 횟수를 줄이고, 위험한 상황이 아닌 한 교사의 안내나 개입 없이 이루어지는 자유선택활동(unguided play)에 대한 비중은 늘려야 할 것이다. 이 외에 유아발달 특성상 특히 만 3세 미만 영아는 놀면서 쉬고 쉬면서 놀기가 쉽지 않다는 점에서 어린이집은 '놀이'와 '쉼'을 분리하여 하루 일과에 배정하도록 한다. 하루 4~5시간 이상 운영하는 유아 대상 유치원·어린이집 또한 자유놀이를 쉼의 한 방편으로 이용하는 것은 가급적 피해야 한다.

향후 유치원·어린이집 교육과정이 아동의 잠재능력 및 미래역량 중심 교육과정으로 전환된다 할지라도 개별화된 교수와 자기주도학습은 「교육기본법」에 명시된 대로 유아의 '창의력 계발 및 인성 함양을 포함한 전인적 교육'을 위해 여전히 주요 교수·학습 방법으로 활용되어야 한다. 현재의 삶 그 자체가 교육이라고 한다면 일대일 맞춤 교육을 위한 개별화 교수, 그리고 유아가 주도적으로 어떤 목적을 설정하고 행하는 자기주도 학습활동을 교육과정 조직의 기본원리로 삼는 것은 타당하다. 기존의 프로젝트 접근법 또한 적극적으로 활용하도록 한다.

프로젝트 활동을 통해 만 3~6세 유아는 인공지능 기술을 포함한 어떤 과학기술도 할 수 없는 또래와의 소통과 협업을 하게 되고 그 과정에서 근접발달지대를 넓혀 자기조절, 의사소통, 창의적 사고와 표현, 공감 및 협업 등 잠재되어 있는 많은 능력들을 발현하고 미래역량을 기를 수 있을 것이다. 요즘 학생들은 소셜 네트워크를 통해 글로벌하게 실시간 소통할 줄 알면서도 나와 다른 생각이나 가치관, 감성을 가진 또래, 내게 이익을 가져다주지 않을 것 같은 또래와 대화하기 꺼리는 경향이 있다. 이러한 관점에서 보면 프로젝트를 위한 친구 선택에서 편견이나 편애에 치우치지 않도록 유아의 프로젝트 활동에 교사가 개입하여 중재하는 노력은 소통과 협업의 미래역량을 기르는 데 기여할 수 있다.

교사가 개별 유아의 모든 행동을 일일이 관찰할 수는 없다. 유치원·어린이집에 인공지능 카메라를 설치하게 되면 실시간 안면인식을 통해 개별 유아의 출결 상황, 개인 및 학급의 이동상황, 외부인의 출입 등을 체크할 수 있어 유치원·어린이집에서 가장 중시하는 안전과 보안 문제를 해결할 수 있을 것이다. 그리고 얼굴, 표정, 동작 등에 대한 인공지능의 행동분석 기술을 사용하면 개별 유아의 건강 상태, 정서·사회성, 인지 능력 등을 파악할 수 있을 것이다.

교육의 디지털화란 교육활동의 모든 자료가 데이터로 축적된다는 것을 의미한다. 만일 유치원·어린이집에서 개별 유아가 하는 모든 행동을 데이터로 저장하게 되면, 즉 개별 유아에 대한 기본적인 데이터가 쌓이게 되면 개별 유아에게 어떤 교육내용과 교수·학습 자료를 제공하고 개별 유아와 어떻게 상호작용할 것인지 등 개인별 맞춤 교육을 위한 계획을 쉽게 할 수 있다. 그리고 교사·아동 간, 아동·아동 간에 이루어지는 행동들을 모을 수 있는 플랫폼이 마련되면 빅데이터 분석을 통해 교사는 개별 아동을 심층적으로 이해하고 그에 따라 일대일 맞춤 교육을 할 수 있다.

아동의 잠재능력 및 미래역량 중심 교육과정을 설계할 때에는 ICT 스킬 교육을 위해 다양한 미디어를 활용하고 인공지능에 대한 개념 형성을 위해 인공지능 로봇을 활용하는 등의 방안을 모색한다. 이와 아울러 시·공간적인 제약에서 벗어나 유아가 즐겁게 그리고 현실감 있게 콘텐츠에 몰입하고 콘텐츠와 상호작용하며 경험의 폭을 확장할 수 있도록 가상현실과 증강현실 기술을 활용하는 방안모색도 필요하다. 그러나 유아의 발달특성상 감각교육, 실물교육, 체험교육이 우선시되어야 한다는 점에서 과학기술들을 과하게 응용하지 않도록 한다.

유치원·어린이집 교사는 유아 이해의 기초가 되는 실제적 발달 수준과 잠재적 발달 수준을 파악하기 위해 반드시 수행평가를 할 수 있어야 한다. 비고츠키의 근접발달지대 이론에 따르면, 수행평가는 교사가 유아의 실제적 발달 수준에 대한 이해만이 아니라 유아가 또래와의 협업이나 교사의 교육지원을 통해 잠재적 발달 수준을 제고할 수 있다는 이점이 있다. 향후 유치원·어린이집에서 개별 유아에 대한 관찰에 따른 '러닝 맵' 확보로 피드백이 가능한 인공지능 시스템을 도입하게 되면 교사의 수행평가 작업도 훨씬 수월해질 것으로 예상된다. 어찌됐든 유아를 대상으로 하는 교육과정에는 과학기술로 대체될 수 없는 커다란 영역 또한 분명히 존재한다는 사실을 잊지 말아야 한다. 유아에 대한 신체·정서적인 보살핌이 없는 상태에서 교육은 무의미하다는 점을 감안하여 유치원·어린이집은 유아교육과 보육이 결합된 텍스트로 교육과정을 이해하고 설계, 운영할 수 있어야 한다.

제2부

국가 수준 유아교육과정

제4장

유치원 교육과정

우리나라 유치원 교육과정은 2013년 처음 유치원과 어린이집 통합교육과정인 누리과정을 시행하여 현재 '2019 개정 누리과정'이 시행되고 있다. 이 교육과정은 1969년 유치원 교육과정을 처음 제정하여 시행한지 10번째로 정부가 고시한 것이다. 1969년 우리나라는 유아의 바람직한 인격 형성을 위하여 유아의 욕구와 흥미에 알맞은 환경을 만들어 주고자 유치원 교육과정을 최초로 제정하여 고시하였다.

국가가 이미 50년 전에 유아의 교육을 위한 교육과정을 마련하여 시행한 우리나라의 사례는 최근 들어서야 국가 수준 유아교육과정을 마련한 선진국의 경우(영국, 1999, 2000, 2002, 2006; 프랑스, 2002; 독일, 2004~2005; 덴마크, 2004; 핀란드, 2003 등)와 비교해 봐도 희귀하므로, 국가 수준의 유아교육과정이 개발된 시점만으로 볼 때, 우리나라는 다른 어떤 선진국들보다 유아교육에 대한 관심이 높다(나정, 2009)고 볼 수 있다.

이 장에서는 유치원 교육과정의 역사와 2013년 유치원과 어린이집 통합교육과정인 누리과정의 시행 전까지 유치원에서 운영되었던 국가 수준 교육과정의 역사와 각 교육과정의 특성에 대해 살펴보고자 한다.

1. 유치원 교육과정 개발의 역사

1) 국가 수준 유치원 교육과정 제정 이전

유치원이 공식적인 교육기관으로 인정된 시기는 「교육법」이 제정·공포된 1948년이지만, 실질적으로 유아교육의 기본 틀을 형성했던 시기는 미국 선교사에 의해 사립유치원과 유치원 교사 양성기관이 설립되기 시작했던 1910년대 이후라고 할 수 있다(양옥승, 1995).

1897년 부산에 부산유치원이 설립되었고 그 이후에도 몇 개 지역에 유치원이 설립되었다는 기록은 있으나 이는 우리나라에 거주하는 일본인 자녀를 위한 것이었기에 별다른 영향력이 없었다. 우리나라 사람을 대상으로 하여 세워진 유치원으로는 1913년 이완용 등의 친일파가 주축이 되어 설립한 사립 경성유치원이 있었으나 이 유치원 역시 일본인의 자녀를 위한 유치원과 마찬가지로 교육기관으로서 대표성이 없었을 뿐 아니라 교육적 파급 효과도 거의 없었던 것으로 보인다.

우리나라의 유아교육에 실질적으로 영향을 준 교육기관은 1910년대에서 1920년대에 미국에서 온 선교 재단에 의해 설립되었던 기독교계 유치원과 유치원 교사 양성기관이었다. 여러 연구보고서에 따르면 이 기간 동안 설립된 30개 유치원의 3/4에 해당하는 유치원이 교회 부속 유치원으로 미국에서 온 선교사들에 의해 운영되었다. 그리고 이 기간 동안 설치되었던 3개의 유아교사 양성기관(이화, 중앙, 숭의)은 미국에서 파견된 유아교육 전문가들로 구성된 교수진에 의해 교육과정이 진행되었다(양옥승, 1992, 1995). 이로써 우리나라의 유아교육은 독일의 프뢰벨 유치원 교육을 시조로 하고 있는 미국 유아교육의 맥을 이어 가는 전통을 형성하였다.

1945년 광복과 대한민국 수립 후 우리나라는 민주국가로서의 교육 발전을 위해 그 기본이 되는 「교육법」을 1949년 12월 31일자로 공포하면서, 전국의 유치원은 이 법령에 근거하여 교육과정을 운영하게 되었다. 이 「교육법」에 제시된 유치원 교육과 관련된 3개의 조항은 1991년에 「교육법」이 개정되기까지 약 40년 동안 꾸준하게 우리나라 유치원 교육의 법적 근거가 되어 왔다(이기숙 외, 2008).

2) 국가 수준 유치원 교육과정 제정 이후

우리나라 유치원 교육과정은 1969년에 처음으로 제정·공포된 이후, 1979년, 1981년, 1987년, 1992년, 1998년, 2007년에 이르기까지 여섯 차례에 걸쳐 개정이 이루어졌다. 교육과정은 학교 교육의 본질과 방향을 구체화한 것이며, 또한 그 시대와 사회의 가치 및 조류를 반영한 것이다. 따라서 교육과정은 학교 교육의 질적 수준을 나타내는 가장 중요한 척도가 된다. 국가 수준의 유아교육과정의 개발을 위해 교육과정이 개발되는 시점의 사회적 변화와 요구, 유아교육에 대한 주류 담론에 민감하게 반응하고 수용하여 보다 미래 지향적인 유아교육을 실행하기 위한 노력이 이루어져 왔다. 이에 유치원 교육과정도 각 시대의 요구와 유치원 현장의 요구, 사회여건 및 지식의 변화, 유아교육이론의 발전 등을 반영하면서 계속적인 평가와 수정을 거듭해 왔다.

제1차부터 '2007 개정 유치원 교육과정'까지의 유치원 교육과정의 변천 과정을 간략히 살펴보면 다음과 같다.

(1) 제1차 유치원 교육과정(1969. 2. 19. 문교부령 제207호)

1949년 「교육법」이 제정되고 1960년대 들어 수적으로 급격히 증가하는 유치원들을 정비하기 위해 1962년에 공포된 유치원 시설 기준령은 유치원 교육환경을 구성하는 법적 근거가 되었다. 이러한 법령들을 기초로 유치원 교육의 외적 정비가 이루어지기 시작하자 이어서 교육 내적인 정비를 위하여 1969년에 문교부령 유치원 교육과정령도 최초로 제정·공포되었다. 당시의 유치원은 상당히 오랫동안 법적으로 규정된 교육과정이 없었기 때문에 이 교육과정의 제정은 구체적인 유치원 교육의 목표, 영역, 수업일수, 운영방법 등을 제시함으로써 전국의 유치원 교육에 중요한 지침이 되었다(이기숙 외, 2008).

'제1차 유치원 교육과정' 제정의 취지는 어린이의 바람직한 인격 형성을 위하여 어린이의 욕구와 흥미에 알맞은 환경을 만들어 주고자 하는 데 있었다. 건강한 신체와 건전한 정신으로 생활하는 유능한 한국인 양성을 유치원 교육의 목적으로 설정하고, 교육과정의 구성을 편의상 건강·사회·자연·언어·예능의 다섯 가지 생활영역으로 나누어 내용을 조직하였다. 이는 당시의 초등학교 교과 구분과 유사한 교과목 형식이어서, 교과목별 지도를 의미하는 것으로 해석될 여지가 있었다. 따라서 지도상의 유의점에 실제 학습에서는 구분 없이 '혼연된 총합체'로 지도함을 명시하여, 유치원 교육은 통합적으로 접근하여야 함을 강조하고 있다. 교육방법으로는 유아의 흥미 중심, 놀이 중심 교육과 개인차에 따른 교육이 이루어지도록 강조하였다. '제1차 유치원 교육과정'이 고시되고 적용된 당시에는 듀이의 경험 중심 교육과정의 영향이 강하던 시기로, 유아교육 분야도 마찬가지여서 이른바 생활 중심, 경험 중심, 아동의 흥미 중심 교육을 강조하였다. 이러한 점은 현재까지도 승계되고 있는 유치원 교육과정의 성격으로, 우리나라 최초의 유치원 교육과정에서 유치원 교육의 특징을 명확히 제시하고 있다는 점에서 큰 의미가 있다(교육과학기술부, 2008).

(2) 제2차 유치원 교육과정(1979. 3. 1. 문교부 고시 제424호)

'제1차 유치원 교육과정'이 제정되고 10년이 지나, 문교부 고시로 '제2차 유치원 교육과정'이 개정되어 공포되었다. '제2차 유치원 교육과정'은 국민교육헌장 이념의 구현을 위해 국민적 자질의 함양, 인간교육의 강화, 지식·기술 교육 쇄신을 기본 방침으로 하고 있다. 기본 방침으로 지식·기술 교육의 쇄신을 내세우고 지식 구조의 이해, 기본 개념의 파악, 탐구방법을 강조한 점은 '제2차 유치원 교육과정'이 학문 중심 교육과정의 성격을 띠고 있음을 보여 준다. 이러한 용어의 사용 이외에도 유치원 교육의 내용에서 인지발달을 강조하고 있다. 인지발달의 강조는 당시의 세계적 추세로 '제2차 유치원 교육과정' 개정의 주안점이었다(전선옥, 1997). 즉, '제2차 유치원 교육과정'의 두드러진 이론적 특징은 1970년대부터 인지발달을 강조하는 세계적 추세에 맞추어 인지발달을 강조한 것이었다. 이는 당시 1960년경부터 미국에서 나타나기 시작한 학문 중심 교육과정의 영향을 받은 것으로 대표적인 학자인 브루너, 피아제 등의 이론이 우리나라의 교육과정 전반에도 많은 영향을 미쳤다.

유치원 교육과정의 목표로는 다른 사람과 잘 사귀고 남과 더불어 생활하는 것을 즐기게 하며, 표현하는 능력·습관·태도를 기르고, 탐구능력, 언어구사력, 기초적인 운동능력, 건강 및 안전 생활습관을 기르는 것이었다. 교육과정의 영역은 '제1차 유치원 교육과정'이 교과목 형식의 5개 생활영역이었던 데 비해 교육활동을 발달과업의 근거로 사회·정서발달영역, 인지발달영역, 언어발달영역, 신체발달 및 건강영역의 4개의 발달영역별로 구분하였다. 이는 교육과정에서 전인교육을 더 강조하기 위한 것이었으며(전선옥, 1997), 내용 진술의 편의상 구분한 것일 뿐 발달영역별로 지도함을 의미하는 것은 아니었다.

'제2차 유치원 교육과정'부터는 유치원 교육과정이 공포된 후 교육부에서 유치원 교사용 지도서를 개발하여 제작·보급하였다. 이는 1977년 8월 20일에 제정된「교과용 도서에 관한 규정」에 의한 것으로, 이 법령은「교육법」제157조 제2항의 규정에 의하여 학교에서의 교과용 도서에 관하여 필요한 사항을 규정하고 있다. 유치원 교육에서 필요로 하는 도서는 이 규정을 기초로 하면서, 제정·공포된 유치원 교육과정령의 내용에 따라서 제작하게 되는데, 유치원 교육의 경우에는 학생용 교재인 교과서는 편찬하지 않고 교사용 교재인 지도서만을 편찬·제작·보급하였다.

(3) 제3차 유치원 교육과정(1981. 12. 31. 문교부 고시 제422호)

'제3차 유치원 교육과정'은 제5공화국이 들어서면서 유신 말기의 정책 의지가 강하게 반영되어 있던 기존의 교육과정을 전면적으로 새롭게 개정하려는 교육개혁 조치에 따라 개정 2년 만에 다시 개정되었다. 제3차 교육과정은 그 이전과 같이 유치원만이 각급 학교와 분리되어 별도로 개정이 이루어진 것이 아니라 처음으로 초·중등학교 교육과정의 개정과 함께 상호 연계성 속에서 개정되었다. 또한 종래의 문교부 편수관이 주도하여 교육과정을 개정하던 것과는 달리, 문교부가 교육 전문 연구기관인 한국교육개발원에 위탁하여 체계적인 연구에 의해 교육과정 개정이 이루어지게 되었다. 교육과정의 궁극적인 목적은 민주·복지·정의사회의 건설에 적극적으로 이바지할 수 있는 자주적이고 창의적인 국민을 길러 내는 것이었고, 유치원 교육의 목적으로는 유아에게 알맞은 교육환경을 마련해 주어 전인적으로 성장하도록 돕는 것이었다. 교육과정은 신체발달·정서발달·언어발달·인지발달·사회성 발달의 5개 발달영역으로 구성되었는데, 이는 '제2차 유치원 교육과정'의 사회·정서 영역을 둘로 나누어 정서영역의 내용을 더 강조하고, 신체발달 및 건강 영역에서 건강영역을 신체발달영역에 포함시킨 것이었으며, 각 발달영역별로 구체적인 내용을 제시한 것이었다. 처음으로 평가에 대한 지침도 제시하였고, 새로 개정된 교육과정을 해설하기 위한 『유치원 새 교육과정 개요』도 발간하였다.

(4) 제4차 유치원 교육과정(1987. 6. 30. 문교부 고시 제87-9호)

'제4차 유치원 교육과정'은 문교부의 위촉으로 한국교육개발원이 주축이 되어 개정하였다. 이는 '제3차 유치원 교육과정'을 개정했다기보다는 수정·보완하는 입장에서 유치원 개정안의 연구·개발이 이루어졌다. 구체적인 유치원 교육과정의 목표는 건강과 안정에 대한 올바른 생활습관과 신체의 조화로운 발달을 도모하고, 다른 사람의 말을 이해하며, 주변 현상에 대한 느낌을 표현할 수 있고, 자부심 및 가족과 이웃을 사랑할 줄 아는 마음이었다. 교육과정의 영역은 제3차와 마찬가지로 신체·언어·인지·정서·사회성의 5개 발달영역이었으며, 전인발달을 위한 교육을 더욱 강조하기 위하여 각 발달영역별 내용은 제시하지 않고 교육목표 수준만을 제시하고, 교사가 교육내용을 자율적으로 선정할 수 있도록 하였다. 이는 각 발달영역을 교과로 잘못 인식할 수 있는 가능성을 배제하기 위한 것이었다.

'제4차 유치원 교육과정'에서는 '제3차 유치원 교육과정'에서 삭제되었던 '지도상의 유의점'이 다시 첨가되어 각 영역별 운영 시 고려하여야 할 점을 5개 항에 걸쳐 제시하고 있다.

(5) 제5차 유치원 교육과정(1992. 9. 30. 교육부 고시 제1992-15호)

'제5차 유치원 교육과정'은 처음으로 한국유아교육학회가 교육부의 위촉을 받아 전문 연구진을 구성하고 새롭게 개정·고시하였다는 점에서도 그 의의가 크다. '제5차 유치원 교육과정'이 지닌 두드러진 특징을 구체적으로 살펴보면, 우선 1991년에 「교육법」이 개정되어 유치원 취원 연령이 기존의 만 4, 5세에서 만 3, 4, 5세로 조정됨으로써 1992년 3월부터 만 3세의 유치원 입학이 합법화됨에 따라 교육과정의 내용이 Ⅰ수준과 Ⅱ수준으로 구분되어 제시된 것이었다. 또한 '제5차 유치원 교육과정'은 우리나라 교육과정 최초로 중앙 집권형 교육과정을 지방 분권형 교육과정으로 전환한 교육과정이다. 1995년도부터 지방자치제에 의한 교육자치가 실시되었기 때문에 그러한 사회적 추세를 초·중등 교육과정 개정에 반영하게 되었으며, 유치원 교육과정도 지역화를 강조하게 되었다. 각 시·도 교육청과 유치원이 국가 수준 교육과정을 기초로 편성·운영 지침을 마련하여 각 지역의 실정에 맞는 교육을 하도록 강화하였다. 그 밖에 취업모의 증가에 따른 탁아에 대한 관심이 높아지면서 유치원 종일반 운영을 강조함으로써 사회적 요구를 교육과정에 반영하였다.

제5차 교육과정은 「교육법」에 명시된 유치원 교육의 목적과 목표를 기본으로 하고, 건강한 사람, 자주적인 사람, 창의적인 사람, 도덕적인 사람을 이상적인 인간상으로 추구하며, 기본생활 교육의 강조, 유아의 흥미·요구·개별성의 존중, 놀이 중심 교육, 유아의 전인적 성장 발달 등을 교육과정의 구성 중점으로 삼았다.

교육과정의 영역은 제2차, 제3차, 제4차 교육과정이 발달영역별로 구성되었던 것과 달리 건강생활, 사회생활, 표현생활, 언어생활, 탐구생활의 5개 생활영역으로 구성하였다. 즉, 교육목표는 전인적 발달의 방향에서 구분하되, 교육내용은 생활영역에서 선정하여 제공한 것이었다.

(6) 제6차 유치원 교육과정(1998. 6. 30. 교육부 고시 제1998-10호)

'제6차 유치원 교육과정'은 제5차에 이어 한국유아교육학회가 교육부의 위촉을 받아 개정을 주도하였고, '제5차 유치원 교육과정'의 문제점을 분석하고 이를 수정·보완하여 개정하였다.

'제6차 유치원 교육과정'은 초·중등학교 교육과정과 같이 '21세기 세계화·정보화 시대를 주도할 자율적이고 창의적인 한국인 육성'을 기본 방향으로 「초·중등교육법」제35조에 명시된 '유치원 교육은 유아를 교육하고 유아에게 알맞은 교육환경을 제공하여 심신의 조화로운 발달을 조장하는 것을 목적으로 한다.'를 그 교육목적으로 하였다. '제5차 유치원 교육과정'과 마찬가지로 건강생활, 사회생활, 표현생활, 언어생활, 탐구생활의 5개 생활영역으로 내용을 구성하였다. '제6차 유치원 교육과정'의 특징을 살펴보면 '제5차 유치원 교육과정'의 5개 영역별 교육내용을 전반적으로 감축하면서 필수 학습 요소를 추출하여 정선하였고, 특히 I수준과 II수준 간의 모호성을 탈피하고 위계성을 가지도록 수준별 적절성을 도모하였다. 기본 생활습관과 협동적인 생활태도를 길러 줄 수 있는 내용과 인성 교육의 방향 제시에 중점을 두었다. 또한 21세기의 세계화·정보화 시대를 대비하여 유아의 감성 계발 교육과 창의성 및 정보능력 함양 교육이 강화되었고, 전통문화 교육도 충실하도록 하였다.

교육과정의 편성과 운영 지침에는 시·도 교육청에서 '유치원 교육과정 편성·운영 지침'을 작성하고, 지역교육청에서는 이를 기초로 '유치원 교육과정 편성·운영에 관한 실천 중심의 장학자료'를 작성하여 단위 유치원에 제시하고 각 유치원은 이를 바탕으로 유치원의 실정에 알맞은 교육과정을 편성하도록 규정하였다.

(7) 2007년 개정 유치원 교육과정(2007. 12. 19. 교육인적자원부 고시 제2007-153호)

'2007년 개정 유치원 교육과정'은 '제6차 유치원 교육과정'이 1998년 개정된 이래로 약 9년이 경과되었고, 2004년 1월 「유아교육법」이 「초등학교법」으로부터 독립하게 되고, 유치원의 다양한 일과운영에 대한 사회적 요구, 초등학교와의 연계성 강화 등의 이유로 개정이 이루어졌다.

'2007년 개정 유치원 교육과정'은 기본 철학과 체제를 유지하되, 운영상의 문제점을 보완하는 수준에서 개정을 추진하였다. 읽기와 쓰기 전 단계로서의 읽기와 쓰기 기초 교육이 강화되었고, 지도상의 유의점이 새로 마련되었으며, 초·중등학교 교육과정과 연계한 교육과정 문서 체계의 통일 등이 개정 유치원 교육과정에 포함되었다(교육과학기술부, 2008).

추구하는 인간상은 우리나라의 교육이념인 홍익인간의 이념 아래 전인적 성장의 기반 위에 개성을 추구하는 사람, 기초능력을 토대로 창의적인 능력을 발휘하는 사람, 폭넓은 교양을 바탕으로 진로를 개척하는 사람, 우리 문화에 대한 이해의 토대 위에 새로운 가치를 창조하는 사람, 민주시민 의식을 기초로 공동체의 발전에 공헌하는 사람 등으로 하였다. 교육과정의 구성방침은 21세기 지식 정보화시대를 주도할 '사람과 자연을 존중하고 사랑하는 한국인 육성'을 기본 방향으로 하고, 유아에게 알맞은 교육환경을 제공하여 유아를 교육하고 심신의 조화로운 발달을 돕는 것을 유치원 교육의 목적으로 하였다. 또한 교육과정은 건강생활, 사회생활, 표현생활, 언어생활, 탐구생활의 5개 영역으로 구성하였고, 연간 교육일수는 180일, 하루 교육시간은 180분을 최소 기준으로 하되, 연간 교육일수 및 하루 교육시간은 시·도 교육청의 지침과 유치원의 실정에 따라 유치원에서 자율적으로 결정하도록 하였다.

지금까지 살펴본 제1차부터 2007 개정까지의 유치원 교육과정의 내용을 정리해 보면 〈표 4-1〉과 같다.

표 4-1 우리나라 유치원 교육과정 비교

구분	1차	2차	3차
공포 고시	1969년 2월 19일 문교부령 제207호	1979년 3월 1일 문교부 고시 제424호	1981년 12월 31일 문교부 고시 제422호
배경	교육 외적으로 유치원 시설 기준령이 공포되고 교육 내적 정비를 위해 교육과정을 제정·공포	문교부 고시로 개정·고시, 초등교육과의 연계성 없음, 국민교육헌장, 유신 이념 바탕	유신정책 의지가 반영되어 있던 교육과정 전면 개정(한국교육개발원에 위탁), 처음으로 초·중등학교 교육과정의 개정에 맞추어 상호 연계성
교육 목적	건강한 신체와 정신으로 생활할 수 있는 유능한 한국인 양성	• 자아실현 • 국가 발전 • 민주적 가치의 강조	아동의 전인적인 성장 조력
구성	5개 생활영역(건강, 사회, 자연, 언어, 예능)	4개 발달영역(사회·정서, 인지, 언어, 신체발달 및 건강)	5개 발달영역(신체, 정서, 언어, 인지, 사회성)
운영	연간-200일 이상 하루-3시간(180분) 기준	연간-200일 주당-18~24시간 하루-3~4시간	연간-180일 이상 하루-3~4시간 기준
특징	「교육법」에서는 처음 유치원 교육의 목적과 목표, 교육 대상 등을 구체적으로 명시	인지발달 강조, 유치원 교사용 지도서를 개발하여 보급	• 교육과정의 변화 추세인 인간 중심 교육과정과 통합교육과정에 대한 중요성 강조 • 처음으로 평가에 대한 지침 제시, 『유치원 새 교육과정 개요』 발간

4차	5차	6차	7차
1987년 6월 30일 문교부 고시 제87-9호	1992년 9월 30일 교육부 고시 제1992-15호	1998년 6월 30일 교육부 고시 제1998-10호	2007년 12월 19일 교육인적자원부 고시 제2007-153호
주기적인 교육과정 개정의 필요성, 3차 교육과정의 내용 및 운영상 문제점 개선	교육부가 처음으로 한 국유아교육학회에 연구, 개발을 위촉	유아교육의 공교육 체제를 확립하고, 초·중등교육과 맥을 같이 하는 보편화된 교육 체제로 발전하기 위해 개정	「유아교육법」이 「초등학교법」으로부터 독립하게 되고, 유치원 다양한 일과 운영에 대한 사회적 요구, 초등학교와의 연계성 강화 등의 이유로 개정
유아의 전인적인 발달 조력	유치원의 교육목적(「교육법」 제146, 147조)을 달성하는 것	유아의 전인적 성장을 위한 기초 교육(「초·중등교육법」 제35조)	유아에게 알맞은 교육 환경을 제공하여 심신의 조화로운 발달을 조장하는 것
5개 발달영역(신체, 언어, 인지, 정서, 사회성)	5개 생활영역(건강, 사회, 표현, 언어, 탐구)	5개 생활영역(건강, 사회, 표현, 언어, 탐구)	5개 생활영역(건강, 사회, 표현, 언어, 탐구)
연간-180일 이상 하루-3시간 기준	연간-180일 기준	하루-180분 기준	연간-180일 이상
• 각 발달영역별 내용은 제시하지 않고 교육목표 수준만을 제시하고, 교사가 교육내용을 자율적으로 선정할 수 있도록 함 • 지도상의 유의점 다시 첨가	발달영역과 생활영역을 통합, 구체적인 평가의 내용과 방법, 유의점 등에 대해서 간략하게 제시, 수준별 교육과정 제시(I수준, II수준, 공통수준으로 구분), 종일반 운영 강조	수준별 적절성을 고려한 교육, 교육시간 운영의 다양화 추구, 기본생활습관 및 협동적인 생활태도의 강조, 감성계발 교육의 강조, 창의성과 정보능력 함양 교육의 강화, 세계화에 대비한 전통문화 교육의 강조	읽기와 쓰기 전 단계로서의 읽기와 쓰기 기초교육의 강화, 지도상의 유의점이 새로 마련되었으며, 초·중등학교 교육과정과 연계한 교육과정 문서 체계의 통일 등이 포함됨

제5장

표준보육과정

우리나라 어린이집의 경우 국가 수준에서 체계적인 보육과정을 개발·적용해 왔다기보다는 1980년대 「유아교육진흥법」에 의해 새마을 유아원을 위한 프로그램, 「영유아보육법」 제정 이후에는 보육 프로그램 등이 개발되어 왔다. '보육과정'이란 용어는 1991년 「영유아보육법」이 제정되어 '탁아(care)'라는 용어 대신에 '보호'와 '교육'으로 새롭게 정의된 '보육(educare)'이라는 용어를 사용하면서부터다. 그러나 「영유아보육법」 제정 이후에도 보육시설에서는 '보육과정'이라는 용어보다는 '보육 프로그램'이라는 용어를 주로 사용해 왔다. 보육 현장은 단순히 보호 차원에서 서비스를 제공하거나 특기교육 위주의 교과목 수업 또는 유아교육 관련 잡지에서 제공하고 있는 프로그램들을 체계 없이 현장에 적용함으로써 보육의 질이 낮다는 비판이 있어 왔다. 또한 유치원 교육과의 차이를 주장하면서도 실제적으로는 별로 다르게 적용되지 않는 현상도 하나의 문제로 지적되어 왔다. 최근 들어 질 높은 보육에 대한 사회적 요구, 유치원 교육과 보육이 달라야 한다는 인식이 높아지면서 보육시설을 위한 체계적인 '보육과정'의 필요성이 사회적으로 강조되었다. 이에 「영유아보육법」이 2004년 1월 전문 개정되고 2005년 1월 30일 시행된 개정 「영유아보육법」에서는 보육의 개념을 '영유아를 건강하고 안전하게 보호·양육하고 영유아의 발달 특성에 적합한 교육을 제공하는 사회복지 서비스'라고 규정하게 되었다. 이는 모든 영유아를 보육대상으로 규정하여 보육 서비스의 보편성을 더욱 강화하였다는 의미를 담았다고 볼 수 있다. 또한 「영유아보육법」에 '표준보육과정을 개발·보급'하여야 한다고 명시되어 표준보육과정 개발의 근거를 마련하게 되었다. 그 결과 2005년도에 최초로 국가 수준의 표준보육과정이 개발되어 2007년 고시·시행되었다.

표준보육과정은 영유아의 연령 및 발달 수준에 적합한 보육 서비스를 제공하기 위한 국가 차원의 보편적 보육내용으로, 보육시설에서 보육교사가 영유아를 어떻게 돌보고 어떤 경험과 학습활동을 제공할 것인가에 대한 구체적 기준과 교사 지침으로 사용되기 위해 개발되었다. 2007년 처음 고시된 '제1차 표준보육과정'은 2011년 고시된 5세 누리과정에 의해 2012년 '제2차 표준보육과정'으로 1차 개정을 실시하였다. 이후 3~4세 누리과정 고시 및 5세 누리과정 개정 고시에 의해 2013년 '제3차 어린이집 표준보육과정'으로 2차 개정을 실시하였다. '2019 개정 누리과정' 시행으로 2020년 4월 '제4차 어린이집 표준보육과정'이 고시되었다. 이 장에서는 '제1차 표준보육과정'부터 '제4차 어린이집 표준보육과정'의 개발과정과 성격, 목적 및 목표, 구성체계에 대해 살펴보고자 한다.

1. 표준보육과정의 제정

보육의 질적 향상을 위한 사회적 요구에 따라 개발된 국가 수준의 표준보육과정이 2007년 1월 3일 여성가족부 고시 제2007-1호로 고시되어 시행되었다. 이는 영유아의 보육을 위한 시대적 요구를 반영하는 일로, 국가적 수준에서의 개발이라는 점과 실천이라는 점에서 의미가 매우 크다고 할 수 있다. 표준보육과정은 유치원 교육과정, 초등교육과정처럼 국가적 차원에서 우리나라 보육의 바람직한 방향을 설정하여 제시하고 있는 국가 수준의 보육과정이다. 표준보육과정은 보육시설 영유아의 보육 목적과 목표를 달성하기 위한 국가 수준의 보육과정이며, 보육시설에서 운영해야 할 보편적 보육내용을 제시한 것이다(여성가족부, 2007b).

'제1차 표준보육과정'이 추구하는 인간상은 미래사회에서 유능하게 기능하기 위하여 스스로 노력하는 자율적인 인간, 긍정적인 인간관계를 유지하고 창의적으로 사고할 수 있는 인간, 자존감과 긍정적인 인간관계를 유지하고 창의적으로 사고할 수 있는 인간, 자존감과 긍정적인 사회적 관계에 기초하여 우리 사회에 기여할 수 있는 민주적 가치를 지닌 인간, 우리나라 국민으로서의 민족 정체성을 소중하게 여겨 지키고 세계 시민으로 기능하기 위하여 필요한 새로운 가치를 수용하여 활용할 수 있는 인간을 양성하고자 하였다.

'제1차 표준보육과정'은 총 6개 영역으로 구성되었으며, 영역별 내용에는 기본생활, 신체운동, 사회관계, 의사소통, 예술경험, 자연탐구 영역이 포함되었고, 각 영역은 영역의 특성에 따라 적절한 내용범주로 이루어졌으며, 각 내용범주에는 만 2세 미만 영아, 만 2세 영아, 만 3~5세 유아를 위한 구체적인 보육내용이 제시되었다. 각 연령집단 내의 보육내용은 각각의 수준으로 나누어 구분되었는데 만 2세 미만은 3수준, 만 2세는 2수준, 만 3~5세는 3수준으로 구성되었다.

2. 제2차 표준보육과정

'제2차 표준보육과정'은 「영유아보육법」 제29조 보육과정에 근거하여 2012년 2월 29일자로 개정 고시(보건복지부 고시 제2012-28호)하였다. 2007년 제정되었던 '제1차 표준보육과정'에서는 0~5세를 대상으로 한 반면, '제2차 표준보육과정'에서는 0~4세를 대상으로 개정하였다. 만 5세를 위한 누리과정이 유치원과 어린이집 통합교육의 일환으로 2012년부터 적용되었기 때문이다.

'제2차 표준보육과정'은 크게 총론과 영역별 표준보육과정을 두 부분으로 편성하여 안내하였으며, 총론에는 표준보육과정의 기초, 표준보육과정의 운영 등 3개 장을 추가하였고, 영역별 내용에는 기본생활, 신체운동, 사회관계, 의사소통, 예술경험, 자연탐구 영역의 6개 영역별로 표준보육과정 개정 신구 비교표 및 개정의 근거, 목표와 내용, 교사지침, 해설서로 구성하였다. 그리고 추구하는 인간상에 자연을 사랑하는 사람을 추가하여 지속 가능한 생태환경의 중요성을 강조하였고, 영유아가 어릴 때부터 바른 인성과 사회성을 생활과정에서 익힐 수 있도록 구성하였다. '제2차 표준보육과정'은 2013년부터 확대·도입된 유치원과 어린이집 공통과정인 누리과정에 의해 한시적으로 적용되었다.

3. 제3차 어린이집 표준보육과정

'제3차 어린이집 표준보육과정'은 2013년 확대·도입된 유치원과 어린이집 공통 과정인 3~5세 연령별 누리과정에 맞춰 기존의 '제2차 표준보육과정'을 개편한 것 으로 고시 명칭을 '제2차 표준보육과정'에서 '제3차 표준보육과정'으로 변경하였다 (보건복지부 고시 제2013-8호). 이는 어린이집이 만 3~5세(누리과정)뿐만 아니라 만 0~2세(영아보육과정)까지 모든 영유아를 대상으로 보육을 담당하고 있는 점을 반영 한 것이다. 이에 2013년부터 전국의 어린이집에서는 0~2세 영아의 경우에 보건복 지부의 '제3차 어린이집 표준보육과정'에 제시된 내용에 근거하여 보육과정을 운영 하고, 3~5세의 경우는 교육과학기술부와 보건복지부의 3~5세 연령별 누리과정에 기초하여 운영하게 되었다.

어린이집 표준보육과정(이하, '표준보육과정'이라 함)은 어린이집의 만 0~5세 영유 아에게 국가 수준에서 제공하는 보편적이고 공통적인 보육의 목표와 내용을 제시 한 것으로 표준보육과정은 0~1세 보육과정, 2세 보육과정, 3~5세 보육과정(누리과 정 포함)으로 구성한다. 국가 수준의 표준보육과정을 시행함으로써 영유아의 전인 적 발달과 우리 문화에 적합한 내용을 일관성 있고 연계적으로 실천하며, 궁극적으 로 사회에서 추구하는 인간상을 구현하고 전국 어린이집의 질적 수준을 높이는 데 기여하고자 하는 목적이 있다.

4. 제4차 어린이집 표준보육과정

'제4차 표준보육과정'은 '제3차 표준보육과정' 현장 적용 결과 및 '2019 개정 누 리과정'에 따른 보완 요구로 '표준보육과정' 개정(안)을 마련하여 고시 명칭을 '제3차 어린이집 표준보육과정'에서 '제4차 어린이집 표준보육과정'으로 변경하였 다(보건복지부 고시 제2020-75호). '제4차 어린이집 표준보육과정'의 주요 내용은 다음과 같다(보건복지부, 2020).

1) 표준보육과정의 성격

어린이집 표준보육과정(이하, '표준보육과정'이라 함)은 0~5세 영유아를 위한 국가 수준의 보육과정이며 0~1세 보육과정, 2세 보육과정, 3~5세 보육과정(누리과정)으로 구성한다.

가. 국가 수준의 공통성과 지역, 기관 및 개인 수준의 다양성을 동시에 추구한다.
나. 영유아의 전인적 발달과 행복을 추구한다.
다. 영유아 중심과 놀이 중심을 추구한다.
라. 영유아의 자율성과 창의성 신장을 추구한다.
마. 영유아, 교사, 원장, 부모 및 지역사회가 함께 실현해 가는 것을 추구한다.

제1장 총론
I. 표준보육과정의 구성 방향

1. 추구하는 인간상
표준보육과정이 추구하는 인간상은 다음과 같다.

가. 건강한 사람
나. 자주적인 사람
다. 창의적인 사람
라. 감성이 풍부한 사람
마. 더불어 사는 사람

2. 목적과 목표
표준보육과정의 목적은 영유아가 놀이를 통해 심신의 건강과 조화로운 발달을 이루고 바른 인성과 민주시민의 기초를 형성하는 데에 있다.

이를 실현하기 위한 목표는 다음과 같다.

가. 0~2세 보육과정 목표

- 자신의 소중함을 알고 건강하고 안전한 환경에서 즐겁게 생활한다.
- 자신의 일을 스스로 하고자 한다.
- 호기심을 가지고 탐색하며 상상력을 기른다.
- 일상에서 아름다움에 관심을 가지고 감성을 기른다.
- 사람과 자연을 존중하고 소통하는 데 관심을 가진다.

나. 3~5세 보육과정 목표

- 자신의 소중함을 알고, 건강하고 안전한 생활 습관을 기른다.
- 자신의 일을 스스로 해결하는 기초능력을 기른다.
- 호기심과 탐구심을 가지고 상상력과 창의력을 기른다.
- 일상에서 아름다움을 느끼고 문화적 감수성을 기른다.
- 사람과 자연을 존중하고 배려하며 소통하는 태도를 기른다.

3. 구성의 중점
표준보육과정 구성의 중점은 다음과 같다.

가. 영유아는 개별적인 특성을 지닌 고유한 존재임을 전제로 구성한다.

나. 0~5세 모든 영유아에게 적용할 수 있도록 구성한다.

다. 추구하는 인간상 구현을 위한 지식, 기능, 태도 및 가치를 반영하여 구성한다.

라. 표준보육과정은 다음의 영역을 중심으로 구성한다.

- 0~1세 보육과정과 2세 보육과정은 기본생활, 신체운동, 의사소통, 사회관계, 예술경험, 자연탐구의 6개 영역을 중심으로 구성한다.
- 3~5세 누리과정은 신체운동 · 건강, 의사소통, 사회관계, 예술경험, 자연탐구의 5개 영역을 중심으로 구성한다.

마. 0~5세 영유아가 경험해야 할 내용으로 구성한다.

바. 초등학교 교육과정과의 연계성을 고려하여 구성한다.

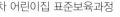

II. 표준보육과정의 운영

1. 편성 · 운영

다음의 사항에 따라 표준보육과정을 편성 · 운영한다.

가. 어린이집의 운영 시간에 맞추어 편성한다.

나. 표준보육과정을 바탕으로 각 기관의 실정에 적합한 계획을 수립하여 운영한다.

다. 하루 일과에서 바깥놀이를 포함하여 영유아의 놀이가 충분히 이루어지도록 편성하여 운영한다.

라. 성, 신체적 특성, 장애, 종교, 가족 및 문화적 배경 등에 따른 차별이 없도록 편성하여 운영한다.

마. 영유아의 발달과 장애 정도에 따라 조정하여 운영한다.

바. 가정과 지역사회와의 협력과 참여에 기반하여 운영한다.

사. 교사 연수를 통해 표준보육과정의 운영을 개선할 수 있도록 한다.

2. 교수 · 학습

교사는 다음 사항에 따라 영유아를 지원한다.

가. 영유아의 의사 표현을 존중하고 민감하게 반응한다.

나. 영유아가 흥미와 관심에 따라 놀이에 자유롭게 참여하고 즐기도록 한다.

다. 영유아가 놀이를 통해 배우도록 한다.

라. 영유아가 다양한 놀이와 활동을 경험할 수 있도록 실내외 환경을 구성한다.

마. 영유아와 영유아, 영유아와 교사, 영유아와 환경 사이에 능동적인 상호작용이 이루어지도록 한다.

바. 각 영역의 내용이 통합적으로 영유아의 경험과 연계되도록 한다.

사. 개별 영유아의 요구에 따라 휴식과 일상생활이 원활히 이루어지도록 한다.

아. 영유아의 연령, 발달, 장애, 배경 등을 고려하여 개별 특성에 적합한 방식으로 배우도록 한다.

3. 평가

평가는 다음 사항에 중점을 두고 실시한다.

가. 표준보육과정 운영의 질을 진단하고 개선하기 위해 평가를 계획하고 실시한다.

나. 영유아의 특성 및 변화 정도와 표준보육과정의 운영을 평가한다.

다. 평가의 목적에 따라 적합한 방법을 사용하여 평가한다.

라. 평가의 결과는 영유아에 대한 이해와 표준보육과정 운영 개선을 위한 자료로 활용할 수 있다.

「영유아보육법」이 전문 개정된 2004년 1월부터 2020년 '제4차 어린이집 표준보육 과정'의 개정까지 개정과정을 살펴보면 〈표 5-1〉과 같다.

표 5-1   표준보육과정의 개정과정

표준보육과정의 개정과정	내용
「영유아보육법」 전문 개정 (2004. 1.)	표준보육과정 개발의 근거 마련 (「영유아보육법」 제29조 제2항, 제4항, 시행규칙 제30조)
표준보육과정 고시 (2007. 1.)	표준보육과정의 구체적 보육내용 및 교사지침 고시함 (여성가족부 고시 제2007-1호)
표준보육과정 보육프로그램 (2008. 7.)	표준보육과정 보육프로그램 총론(1권), 0~5세용 어린이집 프로그램(총 6권), 장애아용 프로그램(1권) 개발 및 보급
5세 누리과정 고시(2011. 9.)	보건복지부, 교육과학기술부에서 어린이집과 유치원 5세를 위한 공통과정으로서 5세 누리과정을 제정 고시함
5세 누리과정에 기초한 어린이집 프로그램(2012. 2.)	5세 누리과정에 기초하여 5세 어린이집 프로그램(4권)과 DVD(4개), 연령연계 프로그램(1권)을 개발하여 보급
제2차 표준보육과정 고시 (2012. 2.)	5세 누리과정 제정과 더불어 0~4세를 포함하여 제2차 표준보육과정을 고시함(보건복지부 고시 제2012-28호)
3~4세 누리과정 고시 및 5세 누리과정 개정 고시 (2012. 7.)	보건복지부와 교육과학기술부가 함께 5세 누리과정 개정과 더불어 3~4세 누리과정을 고시함
제3차 어린이집 표준보육과정 고시(2013. 1.)	0~1세 보육과정, 2세 보육과정, 3~5세 보육과정(누리과정)을 포함하여 전체적으로 고시함(보건복지부 고시 제2013-8호)
3~4세 누리과정에 기초한 어린이집 프로그램(2013. 2.)	3세 누리과정에 기초한 어린이집 프로그램(7권)과 DVD(6개), 4세 누리과정에 기초한 어린이집 프로그램(8권)과 DVD(7개)개발하여 보급
어린이집 표준보육과정에 기초한 영아보육프로그램 (2013. 3.)	제3차 어린이집 표준보육과정에 기초하여 총론(1권) 0~2세용 영아보육프로그램(총7권)과 DVD(1개) 개발
제4차 어린이집 표준보육과정 고시(2020. 4)	0~1세 보육과정, 2세 보육과정, 3~5세 보육과정(누리과정)을 포함하여 전체적으로 고시함(보건복지부 고시 제2020-75호)

제6장

누리과정

우리나라의 유아교육기관은 오랫동안 유치원과 어린이집으로 이원화되어 유치원은 교육부가, 어린이집은 보건복지부가 주무부서로 운영되어 왔으며, 교육과정 역시 나뉘어서 유치원은 1969년부터 국가 수준 '유치원교육과정'을, 어린이집은 2007년부터 '표준보육과정'을 사용해 왔다. 이러한 행정 전달 체계 이원화로 인해 인적 · 물적 자원의 중복과 동일 또는 유사한 정책을 각기 다른 방식으로 추진하는 등 행 · 재정적 비효율성의 문제점이 계속 지적되어 왔다.

이에 정부에서는 2011년 5월 만 5세 교육 · 보육에 대한 국가의 책임을 강화하는 방안을 발표하여 만 5세 유아의 교육과 보육을 통합하여 하나의 과정으로 만들고, 만 5세아의 학비지원을 전 계층으로 확대하며, 지원단가를 연차적으로 현실화한다는 방안을 마련하였다. 즉, 취학 직전 1년의 유아는 부모의 소득수준에 관계없이 정부의 교육비나 보육료를 지원받으며, 유치원을 다니든 어린이집을 다니든 국가가 마련한 수준 높은 공통 프로그램으로 교육 · 보육을 받도록 하고자 '5세 누리과정'을 제정하였다. 교육과학기술부와 보건복지부는 2011년 9월 5일 「유아교육법」(제13조 제2항), 「영유아보육법」(제29조 제2항 및 제4항)에 의거하여 공모를 통하여 선정된 명칭을 사용하여 '5세 누리과정'(교육과학기술부 고시 제 2011-30호, 보건복지부 고시 제2011-106호)을 고시하였다. '5세 누리과정'의 누리는 세상을 뜻하는 순우리말로 국가가 책임지는 교육·보육을 통해 만 5세 유아가 유치원과 어린이집에서 행복한 세상을 열어 가고, 생활 속에서 꿈과 희망을 마음껏 누리도록 하겠다는 의미를 담고 있다. '5세 누리과정'은 2012년 '3~5세 연령별 누리과정'이 공포되고 '5세 누리과정'의 내용이 부분 개정되어 포함되면서 '5세 누리과정'은 2012년 1년 동안만 현장에서 적용되었다.

2012년 7월 10일 유치원과 어린이집에 3~4세 누리과정과 5세 누리과정 일부 개정을 포함하는 '3~5세 연령별 누리과정'이 고시되었다(2012. 7. 10. 교육과학기술부 고시 제2012-16호). 따라서 2013년 3월부터 우리나라의 모든 만 3~5세 유아에게 유아교육·보육과정이 통합된 국가 수준 공통과정인 '3~5세 연령별 누리과정'이 도입되어 취학 전 교육의 질을 제고하고, 생애초기 출발점 평등을 보장할 수 있게 되었다. 이후 2015년 3월, '3~5세 연령별 누리과정'은 누리과정 운영 시간을 3~5시간에서 4~5시간으로 조정하여 개정·고시되었다(교육부, 보건복지부, 2019a).

한편, 2017년 12월 교육부는 국정과제 구현과 출발선 평등 실현을 위해 '유아교육 혁신 방안'을 발표하였다. '유아교육 혁신 방안'의 주요 내용 중 하나로 '유아가 중심이 되고 놀이가 살아나는 유아 중심, 놀이 중심의 교육과정'이 명시되었다. 이에 유아·놀이 중심 교육과정 개편 방향을 반영하여 2019년 7월에 '2019 개정 누리과정'이 고시되었다(교육부, 보건복지부, 2019a). '2019 개정 누리과정'은 유치원과 어린이집에 다니는 3~5세 유아에게 공통으로 적용되는 교육과정으로 2020년 3월부터 시행되었다.

이 장에서는『2019 개정 누리과정 해설서』(교육부, 보건복지부, 2019a)에서 제시한 '2019 개정 누리과정'의 성격, 구성방향, 운영에 대해 소개한 후,『2019 개정 누리과정 해설서』(교육부, 보건복지부, 2019a)의 부록에 있는 '3~5세 연령별 누리과정'과 '2019 개정 누리과정'의 구성방향, 목표, 내용을 비교한 내용을 소개하고자 한다(교육부, 보건복지부, 2019a).

1. 2019 개정 누리과정

1) 누리과정의 성격

국가 수준의 교육과정은 총론에 앞서 교육과정의 '성격'을 먼저 제시하고 있다. 교육과정에서 제시되는 성격은 국가 수준 교육과정의 구성 체계를 확립하는 출발점이다. 개정 누리과정에서도 '성격' 항목을 신설하여 누리과정을 '3~5세 유아를 위한 국가 수준의 공통 교육과정'으로 정의하였다. 개정 누리과정의 성격은 '2015 개정 교육과정' 성격의 구성 체계와 연계하고, 유아기의 고유한 특징을 반영하여 '유아 중심 및 놀이 중심'을 강조하고 있다.

누리과정은 3~5세 유아를 위한 국가 수준의 공통 교육과정이다.

가. 국가 수준의 공통성과 지역, 기관 및 개인 수준의 다양성을 동시에 추구한다.
나. 유아의 전인적 발달과 행복을 추구한다.
다. 유아 중심 및 놀이 중심을 추구한다.
라. 유아의 자율성과 창의성 신장을 추구한다.
마. 유아, 교사, 원장(감), 학부모 및 지역사회가 함께 실현해가는 것을 추구한다.

2) 누리과정의 구성방향

(1) 추구하는 인간상

개정 누리과정은 국가 수준의 교육과정으로서 누리과정이 추구해야 할 교육 비전으로 추구하는 인간상을 제시하고 있다. 누리과정에서 제시한 인간상은 미래의 핵심역량을 반영한 초·중등학교 교육과정의 인간상과 연계되어 있다. 초·중등학교 교육과정의 인간상과 비교하여 누리과정이 추구하는 인간상을 살펴보면 다음과 같다.

표 6-1 2015 개정 초등학교 교육과정과 2019 개정 누리과정

2015 개정 초등학교 교육과정	2019 개정 누리과정
이러한 교육 이념과 교육 목적을 바탕으로, 이 교육과정이 추구하는 인간상은 다음과 같다.	누리과정이 추구하는 인간상은 다음과 같다.
가. 전인적 성장을 바탕으로 자아정체성을 확립하고 자신의 진로와 삶을 개척하는 자주적인 사람 나. 기초 능력의 바탕 위에 다양한 발상과 도전으로 새로운 것을 창출하는 창의적인 사람 다. 문화적 소양과 다원적 가치에 대한 이해를 바탕으로 인류 문화를 향유하고 발전시키는 교양 있는 사람 라. 공동체 의식을 가지고 세계와 소통하는 민주시민으로서 배려와 나눔을 실천하는 더불어 사는 사람	가. 건강한 사람 나. 자주적인 사람 다. 창의적인 사람 라. 감성이 풍부한 사람 마. 더불어 사는 사람

(2) 목적과 목표

추구하는 인간상이 우리나라 모든 학교 교육과정이 공통적으로 추구해야 할 교육적 비전이라면, 목적은 각 학교급에서 학습자의 특성을 고려하여 지향하는 교육목적을 제시한 것이다. 누리과정의 목적에서는 유아기의 특성을 반영하여 누리과정이 지향해야 하는 바를 제시하였다. 누리과정의 목적 아래 제시된 목표는 유아가 추구하는 인간상으로 성장하기 위해 필요한 사항을 중심으로 구성하였다.

> 누리과정의 목적은 유아가 놀이를 통해 심신의 건강과 조화로운 발달을 이루고
> 바른 인성과 민주시민의 기초를 형성하는 데에 있다.

이를 실현하기 위한 목표는 다음과 같다.

가. 자신의 소중함을 알고, 건강하고 안전한 생활 습관을 기른다.
나. 자신의 일을 스스로 해결하는 기초능력을 기른다.
다. 호기심과 탐구심을 가지고 상상력과 창의력을 기른다.
라. 일상에서 아름다움을 느끼고 문화적 감수성을 기른다.
마. 사람과 자연을 존중하고 배려하며 소통하는 태도를 기른다.

추구하는 인간상				
건강한 사람	자주적인 사람	창의적인 사람	감성이 풍부한 사람	더불어 사는 사람

목표				
자신의 소중함을 알고, 건강하고 안전한 생활 습관을 기른다.	자신의 일을 스스로 해결하는 기초 능력을 기른다.	호기심과 탐구심을 가지고 상상력과 창의력을 기른다.	일상에서 아름다움을 느끼고 문화적 감수성을 기른다.	사람과 자연을 존중하고 배려하며 소통하는 태도를 기른다.

5개 영역				
신체운동ㆍ건강	의사소통	사회관계	예술경험	자연탐구

[그림 6-1] **추구하는 인간상과 목표 및 5개 영역 관계 이해**

(3) 구성의 중점

구성의 중점은 개정 누리과정을 구성할 때 주요하게 고려한 점으로 다음과 같다.

가. 3~5세 모든 유아에게 적용할 수 있도록 구성한다.

나. 추구하는 인간상 구현을 위한 지식, 기능, 태도 및 가치를 반영하여 구성한다.

다. 신체운동ㆍ건강, 의사소통, 사회관계, 예술경험, 자연탐구의 5개 영역을 중심으로 구성한다.

라. 3~5세 유아가 경험해야 할 내용으로 구성한다.

마. 0~2세 보육과정 및 초등학교 교육과정과 연계성을 고려하여 구성한다.

3) 누리과정의 운영

(1) 편성ㆍ운영

편성ㆍ운영은 유치원과 어린이집에서 유아ㆍ놀이 중심 교육과정을 편성하고 운영하기 위해 고려해야 할 공통적 기준을 안내한 것이다. 다음의 사항에 따라 누리과정을 편성·운영한다.

가. 1일 4~5시간을 기준으로 편성한다.

나. 일과 운영에 따라 확장하여 편성할 수 있다.

다. 누리과정을 바탕으로 각 기관의 실정에 적합한 계획을 수립하여 운영한다.

라. 하루 일과에서 바깥놀이를 포함하여 유아의 놀이가 충분히 이루어지도록 편성하여 운영한다.

마. 성, 신체적 특성, 종교, 가족 및 문화적 배경 등으로 인한 차별이 없도록 편성하여 운영한다.

바. 유아의 발달과 장애 정도에 따라 조정하여 운영한다.

사. 가정과 지역사회와의 협력과 참여에 기반하여 운영한다.

아. 교사 연수를 통해 누리과정의 운영이 개선되도록 한다.

(2) 교수·학습

교수·학습은 유아가 즐겁게 놀이하며 스스로 배울 수 있도록 교사가 지원할 때 고려해야 할 사항이다. 유아 중심 및 놀이 중심을 추구하는 개정 누리과정에서는 교사는 다음 사항에 따라 유아를 지원한다.

가. 유아가 흥미와 관심에 따라 놀이에 자유롭게 참여하고 즐기도록 한다.

나. 유아가 놀이를 통해 배우도록 한다.

다. 유아가 다양한 놀이와 활동을 경험할 수 있도록 실내외 환경을 구성한다.

라. 유아와 유아, 유아와 교사, 유아와 환경 간에 능동적인 상호작용이 이루어지도록 한다.

마. 5개 영역의 내용이 통합적으로 유아의 경험과 연계되도록 한다.

바. 개별 유아의 요구에 따라 휴식과 일상생활이 원활히 이루어지도록 한다.

사. 유아의 연령, 발달, 장애, 배경 등을 고려하여 개별 특성에 적합한 방식으로 배우도록 한다.

(3) 평가

　개정 누리과정에서 평가는 유치원과 어린이집에서 유아·놀이 중심 누리과정의 운영을 되돌아보고 개선해 가는 과정이다. 개정 누리과정은 유치원과 어린이집에서 유아·놀이 중심의 누리과정을 운영하는 데 도움이 되고자 평가를 간략화하고 각 기관의 자율적인 평가를 강조하였다. 평가는 다음 사항에 중점을 두고 실시한다.

　가. 누리과정 운영의 질을 진단하고 개선하기 위해 평가를 계획하고 실시한다.
　나. 유아의 특성 및 변화 정도와 누리과정의 운영을 평가한다.
　다. 평가의 목적에 따라 적합한 방법을 사용하여 평가한다.
　라. 평가의 결과는 유아에 대한 이해와 누리과정 운영 개선을 위한 자료로 활용할 수 있다.

2. '3~5세 연령별 누리과정'과 '2019 개정 누리과정'의 비교

1) 누리과정의 구성 체계 비교

3~5세 연령별 누리과정(2015)	2019 개정 누리과정
제1장 누리과정의 총론 Ⅰ. 구성 방향 Ⅱ. 목적과 목표 　1. 목적 　2. 목표 Ⅲ. 편성과 운영 　1. 편성 　2. 운영 　3. 교수·학습 방법 　4. 평가	누리과정의 성격(신설) 제1장 총론 Ⅰ. 누리과정의 구성 방향 　1. 추구하는 인간상(신설) 　2. 목적과 목표 　3. 구성의 중점 Ⅱ. 누리과정의 운영 　1. 편성·운영 　2. 교수·학습 　3. 평가

제2장 연령별 누리과정
제1절 3~5세 연령별 누리과정의 영역별 목표
Ⅰ. 신체운동 · 건강
Ⅱ. 의사소통
Ⅲ. 사회관계
Ⅳ. 예술경험
Ⅴ. 자연탐구
제2절 3~5세 연령별 누리과정의 영역별 내용
Ⅰ. 3세 누리과정
Ⅱ. 4세 누리과정
Ⅲ. 5세 누리과정
	제2장 영역별 목표 및 내용
	Ⅰ. 신체운동 · 건강
	  1. 목표
	  2. 내용
	Ⅱ. 의사소통
	  1. 목표
	  2. 내용
	Ⅲ. 사회관계
	  1. 목표
	  2. 내용
	Ⅳ. 예술경험
	  1. 목표
	  2. 내용
	Ⅴ. 자연탐구
	  1. 목표
	  2. 내용

2) 목적과 목표 비교

3~5세 연령별 누리과정(2015)	2019 개정 누리과정

1. 목적
  누리과정은 만 3~5세 유아의 심신의 건강과 조화로운 발달을 도와 민주시민의 기초를 형성하는 것을 목적으로 한다.
2. 목표
가. 기본 운동 능력과 건강하고 안전한 생활 습관을 기른다.
나. 일상생활에 필요한 의사소통 능력과 바른 언어 사용 습관을 기른다.
다. 자신을 존중하고 다른 사람과 더불어 생활하는 능력과 태도를 기른다.
라. 아름다움에 관심을 가지고 예술경험을 즐기며, 창의적으로 표현하는 능력을 기른다.
마. 호기심을 가지고 주변세계를 탐구하며, 일상생활에서 수학적 · 과학적으로 생각하는 능력과 태도를 기른다.
	2. 목적과 목표
	  누리과정의 목적은 유아가 놀이를 통해 심신의 건강과 조화로운 발달을 이루고 바른 인성과 민주시민의 기초를 형성하는 데에 있다.
	이를 실현하기 위한 목표는 다음과 같다.
	가. 자신의 소중함을 알고, 건강하고 안전한 생활 습관을 기른다.
	나. 자신의 일을 스스로 해결하는 기초능력을 기른다.
	다. 호기심과 탐구심을 가지고 상상력과 창의력을 기른다.
	라. 일상에서 아름다움을 느끼고 문화적 감수성을 기른다.
	마. 사람과 자연을 존중하고 배려하며 소통하는 태도를 기른다.

3) 구성의 중점 비교

3~5세 연령별 누리과정(2015)	2019 개정 누리과정
Ⅰ. 구성 방향 　누리과정의 구성 방향은 다음과 같다. 1. 질서, 배려, 협력 등 기본생활습관과 바른 인성을 기르는 데 중점을 두어 구성한다. 2. 자율성과 창의성을 기르는 데 중점을 두고, 전인발달을 이루도록 구성한다. 3. 사람과 자연을 존중하고, 우리 문화를 이해하는 데 중점을 두어 구성한다. 4. 만 3~5세아의 발달 특성을 고려하여 연령별로 구성한다. 5. 신체운동·건강, 의사소통, 사회관계, 예술경험, 자연탐구의 5개 영역을 중심으로 구성한다. 6. 초등학교 교육과정과 0~2세 표준보육과정과의 연계성을 고려하여 구성한다.	3. 구성의 중점 　누리과정 구성의 중점은 다음과 같다. 가. 3~5세 모든 유아에게 적용할 수 있도록 구성한다. 나. 추구하는 인간상 구현을 위한 지식, 기능, 태도 및 가치를 반영하여 구성한다. 다. 신체운동·건강, 의사소통, 사회관계, 예술경험, 자연 탐구의 5개 영역을 중심으로 구성한다. 라. 3~5세 유아가 경험해야 할 내용으로 구성한다. 마. 0~2세 보육과정 및 초등학교 교육과정과의 연계성을 고려하여 구성한다

4) 편성과 운영 비교

3~5세 연령별 누리과정(2015)	2019 개정 누리과정
Ⅲ. 편성과 운영 1. 편성 가. 1일 4~5시간을 기준으로 편성한다. 나. 5개 영역의 내용을 균형 있게 통합적으로 편성한다. 다. 유아의 발달 특성 및 경험을 고려하여 놀이를 중심으로 편성한다. 라. 반(학급) 특성에 따라 융통성 있게 편성한다. 마. 성별, 종교, 신체적 특성, 가족 및 민족 배경 등으로 인한 편견이 없도록 편성한다. 바. 일과 운영 시간에 따라 심화 확장할 수 있도록 편성한다.	Ⅱ. 누리과정 운영 1. 편성·운영 다음의 사항에 따라 누리과정을 편성·운영한다. 가. 1일 4~5시간을 기준으로 편성한다. 나. 일과 운영에 따라 확장하여 편성할 수 있다. 다. 누리과정을 바탕으로 각 기관의 실정에 적합한 계획을 수립하여 운영한다. 라. 하루 일과에서 바깥놀이를 포함하여 유아의 놀이가 충분히 이루어지도록 편성하여 운영한다. 마. 성, 신체적 특성, 장애, 종교, 가족 및 문화적 배경 등으로 인한 차별이 없도록 편성하여 운영한다.

2. 운영
가. 연간, 월간, 주간, 일일 계획에 의거하여 운영한다.
나. 실내·외 환경을 다양한 흥미영역으로 구성하여 운영한다.
다. 유아의 능력과 장애 정도에 따라 조정하여 운영한다.
라. 부모와 각 기관의 실정에 따라 부모교육을 실시한다.
마. 가정과 지역사회와의 협력과 참여에 기반하여 운영한다.
바. 교사 재교육을 통해서 누리과정 활동이 개선되도록 운영한다.

바. 유아의 발달과 장애 정도에 따라 조정하여 운영한다.
사. 가정과 지역사회와의 협력과 참여에 기반하여 운영한다.
아. 교사 연수를 통해 누리과정의 운영이 개선되도록 한다.

5) 교수 · 학습 비교

3~5세 연령별 누리과정(2015)	2019 개정 누리과정
3. 교수 · 학습 방법 가. 놀이를 중심으로 교수 · 학습활동이 이루어지도록 한다. 나. 유아의 흥미를 중심으로 활동을 선택하고 지속할 수 있도록 한다. 다. 유아의 생활 속 경험을 소재로 하여 지식, 기능, 태도 및 가치를 습득하도록 한다. 라. 유아와 교사, 유아와 유아, 유아와 환경 간에 능동적인 상호작용이 이루어지도록 한다. 마. 주제를 중심으로 여러 활동이 통합적으로 이루어지도록 한다. 바. 실내 · 실외활동, 정적 · 동적활동, 대 · 소집단활동 및 개별활동, 휴식 등이 균형 있게 이루어지도록 한다. 사. 유아의 관심과 흥미, 발달이나 환경 특성 등을 고려하여 개별 유아에게 적합한 방식으로 학습하도록 한다.	2. 교수 · 학습 교사는 다음 사항에 따라 유아를 지원한다. 가. 유아가 흥미와 관심에 따라 놀이에 자유롭게 참여하고 즐기도록 한다. 나. 유아가 놀이를 통해 배우도록 한다. 다. 유아가 다양한 놀이와 활동을 경험할 수 있도록 실내외 환경을 구성한다. 라. 유아와 유아, 유아와 교사, 유아와 환경 간에 능동적인 상호작용이 이루어지도록 한다. 마. 5개 영역의 내용이 통합적으로 유아의 경험과 연계되도록 한다. 바. 개별 유아의 요구에 따라 휴식과 일상생활이 원활히 이루어지도록 한다. 사. 유아의 연령, 발달, 장애, 배경 등을 고려하여 개별 특성에 적합한 방식으로 배우도록 한다.

4. 평가

가. 누리과정 운영 평가

(1) 운영 내용이 누리과정의 목표와 내용에 근거하여 편성 · 운영되었는지 평가한다.

(2) 운영 내용 및 활동이 유아의 발달 수준과 흥미 · 요구에 적합한지를 평가한다.

(3) 교수 · 학습 방법이 유아의 흥미와 활동의 특성에 적합한지를 평가한다.

(4) 운영 환경이 유아의 발달 특성과 활동의 주제, 내용 및 효율성 등을 고려하여 구성되었는지를 평가한다.

(5) 계획안 분석, 수업 참관 및 모니터링, 평가척도 등 다양한 방법을 활용하여 평가한다.

(6) 운영 평가의 결과를 반영하여 운영계획을 수정 · 보완하거나 이후 누리과정 편성 · 운영에 활용한다.

나. 유아평가

(1) 누리과정 목표와 내용에 근거하여 유아의 특성과 변화 정도를 평가한다.

(2) 유아의 지식, 기능, 태도를 포함하여 평가한다.

(3) 유아의 일상생활과 누리과정 활동 전반에 걸쳐 평가한다.

(4) 관찰, 활동 결과물 분석, 부모 면담 등 다양한 방법을 사용하여 종합적으로 평가하고, 그 결과를 기록한다.

(5) 유아평가 결과는 유아에 대한 이해와 누리과정 운영 개선 및 부모 면담 자료로 활용할 수 있다.

3. 평가

평가는 다음 사항에 중점을 두고 실시한다.

가. 누리과정 운영의 질을 진단하고 개선하기 위해 평가를 계획하고 실시한다.

나. 유아의 특성 및 변화 정도와 누리과정의 운영을 평가한다.

다. 평가의 목적에 따라 적합한 방법을 사용하여 평가한다.

라. 평가의 결과는 유아에 대한 이해와 누리과정 운영 개선을 위한 자료로 활용할 수 있다.

제3부

유아교육과정 구성

제7장

유아교육과정의 특성

유아교육과정 이론이나 실제에서 자주 사용되는 언어를 통해 유아교육과정의 특성을 이해할 수 있을 것이다. 유아교육의 역사 속에서 또 유아교육 전공 서적에서 오랜 세월 끊임없이 등장하며 유아교육의 정체성과 문화를 표현하는 대표적인 용어로 '유아 중심(또는 아동 중심)' '자유놀이' '상호작용' '보살핌' 등을 들 수 있다. 이러한 용어는 유아교육 분야에서 중요한 교육과정적 의미를 지닌다.

1. 유아 중심

유아교육과정의 특성으로 가장 자주 거론되는 언어 중 하나는 '아동 중심(child-centered)'이다. 유아교육과정 담론의 역사(이은화, 양옥승, 1988)는 아동 중심 교육과정(child-centered curriculum)의 역사라 해도 과언이 아닐 만큼 아동 중심은 유아교육과정의 특성을 함축하는 개념으로 우리나라에서 폭넓게 적용되고 있으며, 오늘날에도 '바람직한 유아교육'(양옥승 외, 2003)과 같은 의미로 대체되어 사용되고 있다.

한편, 3~5세 유아를 위한 국가 수준의 공통 교육과정인 '2019 개정 누리과정'은 '유아 중심과 놀이 중심을 추구한다.'고 명시하고 있다. '유아 중심'을 추구한다는 것은 누리과정을 운영하는 과정에서 유아의 건강과 행복, 놀이를 통한 배움의 가치를 최대한 존중하여 반영하는 것을 의미한다(교육부, 보건복지부, 2019a). 이 장에서는 '유아 중심'으로 소제목을 명시하였으나 본문에서는 참고한 자료에 표현된 용어 그대로 '아동 중심' 또는 '유아 중심'으로 서술하였다.

원래 아동 중심 교육과정은 아동에 대한 인식이 확고하게 형성되기 시작한 근대 이후의 산물(최양미, 1994; Kliebard, 1975; Raines, 1997; Tanner & Tanner, 1990)로서, 사회 중심, 성인 중심, 교사 중심, 서적 중심 등 과거의 전통적 교육에 대항하여 일어난 아동 중심 교육운동에 기원을 두고 있다. 그러나 유아교육의 역사나 현상은 일반 교육과정 분야와는 분리되어 진행되어 왔기 때문에 아동 중심의 의미가 역사적으로 어떻게 변화되었는지를 탐구하는 것은 유아교육과정을 이해하는 데 필요한 절차이고 과정이라 하겠다.

유아교육과정을 최초로 실천에 옮긴 프뢰벨이 생각하는 것과, 유아교육과정에 또 다른 이론적 기초를 제공한 듀이, 그리고 발생학적 인식론에 기초하여 유아의 발달을 논한 피아제에 이르기까지 아동 중심 교육에 대한 해석이 동일하지는 않을 것이다. 교육과정 담론이란 기본적인 교육철학의 차이에서뿐 아니라 삶과 관련된 것으로 정치적 · 경제적 · 사회적 맥락에 따라(Eisner, 1992) 그리고 어떤 텍스트로 이해했느냐에 따라 달라지기 때문이다.

아동 중심 교육운동은 아동을 소중히 여기고 교육의 중심에 놓아야 한다는 소박한 의미를 가지고 시작된 것으로 코메니우스의 실학주의에서 그 뿌리를 찾을 수 있다(최양미, 1994). 그러나 아동 중심 교육의 실질적인 영향은 아동의 본성을 강조하고 아동이 자연(본성)에 따르도록 교육하는 것이 교사의 역할이라고 보았던 루소와 그 후계자들의 낭만적 자연주의(romantic naturalism) 교육사상에서 비롯된 것이다. 이성의 시대를 끝내고 낭만주의 사상의 기반을 닦은 루소는 인간은 원래 선하고 행복하고 자유롭게 태어났으나 인간 사회에 의해 타락했다고 주장하였고, 자신의 저서 『에밀』(1762)을 통해 본성을 유지할 수 있도록 사회로부터 격리된 교육과 연령별 발달단계에 맞는 교육을 제안하였다. 이러한 사상은 페스탈로치를 거쳐 유치원의 창시자로 불리는 프뢰벨에 의해 비로소 교육과정적인 의미를 가지게 되었다.

루소의 교육사상은 20세기 초 홀에 의해 진화론 및 헤르바르트(Herbart) 주의에 기초하여 유아의 개인적 필요(요구)에 절대적 가치를 부여하는 '발달론'으로 계승되었고, 홀의 생각은 유아의 준비도를 교육과정 구성의 기본 자원으로 여기는 게젤의 '성숙론'을 낳았다.

아동 중심 교육과정의 전통은 교육과정의 심리화를 주장한 듀이의 '진보주의'에 의해 유아의 흥미(관심)를 존중한 교육과정으로 구체화되었다. 다른 한편으로 아동 중심 교육사상은 유아의 자유로운 표현활동을 강조한 '활동 중심 교육과정'과 '프로젝트 접근법'을 낳았다. 20세기 후반 이것은 피아제의 '구성주의'와 비고츠키의 '사회적 구성주의'로 발전되었다고 할 수 있다.

유아교육과정은 곧 아동 중심 교육과정이라고 할 수 있을 만큼 유아교육과정에서 아동 중심이라는 개념은 가장 포괄적이고 중요한 의미를 지닌다. 양옥승(2008a)은 아동 중심 교육과정의 의미를 탐구하고 몇 가지로 나누어 설명하고 있다.

첫째, 아동 중심 교육과정은 놀이를 교육과정의 중심에 놓고 발현의 개념에 기초하여 교육과정을 이해하고 실천하는 것을 의미하며, 이러한 생각은 프뢰벨의 유치원 교육 이후 유아교육과정의 근간이 되어 왔다.

둘째, 아동 중심 교육과정은 자유방임 교육과정(laissez-faire curriculum)이다. '레세페르'라는 단어는 무간섭주의, 자유방임 등으로 해석된다. 1920년대의 이 표현은 아동 중심 교육과정이 개인적 필요에 초점을 맞춘 발달론자와 진화론의 영향을 받았음을 의미한다. 역사적으로 볼 때 홀, 게젤의 성숙론, 피아제의 인지발달이론에 기초하여 교육과정이 개념화되었으며, 개인의 발달과 흥미를 강조하며 교사의 개입을 제한하고 개별화를 강조하는 교육과정적 특징을 보인다.

셋째, 아동 중심 교육과정은 성숙과 준비도의 개념이 강조된다. 홀의 제자이기도 했던 게젤은 발생학적 예정설의 개념을 유아교육에 적용하여 성숙(maturation)이라 일컬어지는 개념을 발전시켰으며, 이는 아동 중심의 개념을 성숙론으로 분류하는 데 기초로 작용하였다. 성숙론 입장에서 볼 때 행동의 차이는 유기체의 내적 환경구조의 차이이므로, 교사의 역할은 개인의 학습 준비도를 파악하여 그에 적합한 교육적 경험을 제공하는 것이며 이러한 생각은 1920년대부터 1950년대에 자주 언급되다가 1960년대 이후 사회문화적 영향력에 대해 간과하는 측면이 비판의 대상이 되었다.

넷째, 아동 중심 교육과정은 흥미 중심 교육과정이다. 흥미 중심 교육과정의 핵심적인 이론적 토대를 제공한 듀이는 '흥미(interest)'를 교육내용 선정의 기준으로 삼아야 한다고 보았다. '흥미'는 아동의 경험을 중시하는 아동중심주의자들이 강조하며, '학문'은 교과 중심의 교육과정을 강조하는 인문주의자들이 중요하게 생각하지만, 듀이는 양자가 대별될 만큼 다른 종류의 것이 아니며 흥미와 교육과정은 연속선상에 있다고 보았다. 왜냐하면 아동의 흥미는 성장의 가능성을 내포하고 있으며, 이러한 흥미가 학습의 출발점이 되기 때문이다. 그의 유명한 저서 『민주주의와 교육』(1916)에 따르면, 흥미는 인간 생활을 통하여 계속적으로 나타나는 하나의 힘이며, 일상적인 생활 속에서 이루어지는 개인적인 활동 그 자체를 의미한다. 이러한 관점에서 흥미 중심 교육과정은 곧 생활 중심 교육과정이다.

다섯째, 아동 중심 교육과정은 활동 중심 교육과정과 프로젝트 접근법으로 구체화되어 왔다. 아동 중심 교육과정의 또 다른 표현이라 볼 수 있는 활동 중심 교육과정(activity curriculum)은 많은 부분이 인성과 창의성을 강조한 프로이트의 정신분석이론에 기초한다. 정신분석이론은 아동의 자유로운 표현의 기회를 극대화시키는 교육적 경험이나 교육과정에 심리학적 기초를 제공함으로써 활동 중심 교육과정의 기본 철학이 되었다. 활동 중심 교육과정은 단원학습, 주제 중심, 흥미 중심의 교수학습적 특성을 지닌다. 프로젝트 접근법(project approach)의 역사적 기원은 킬패트릭(Kilpatrick, 1918)의 프로젝트 방법(project method)에 있으며, 1989년 카츠와 차드(Katz & Chard, 1989)에 의해 유아교육과정의 방법 또는 이론으로 널리 알려졌다. 프로젝트 접근법에서는 아동의 선택이 중요한 비중을 차지하는데, 한편으로는 이 때문에 지적 수준이 낮은 활동만을 조장하고 개별화된 교수·학습 과정에 치우침으로써 사회화에 중요한 영향을 미치지 못할 수 있다는 비판도 받고 있다.

여섯째, 아동 중심 교육과정은 인지 중심 교육과정이다. 1970년대 피아제의 인지발달이론은 구성주의 교육으로 소개되기도 했지만 교육과정적인 의미에서 볼 때 인지 지향적 또는 인지 중심이라는 표현이 일반적이다. 피아제의 인지발달이론에 따르면 유아는 성인과 질적으로 다른 사고 수준에 놓여 있으며, 따라서 개인적 경험이나 지식의 상대성은 중요한 의미를 지닌다. 한편, 인지 중심 교육과정은 지식의 형성 과정에서 사회적 맥락의 중요성을 설명하는 데 한계를 보였으며, 비고츠키의 이론은 이 한계를 극복하는 이론적 토대를 제공하였다.

일곱째, 아동 중심 교육과정은 사회문화적 환경으로서의 교육과정을 의미한다. 비고츠키는 지식의 형성 과정을 발달적으로 설명하면서도 사고(고등인지)의 기원을 사회적 세계 속에서 찾으려 하였다. 교육은 삶의 문제로서 아동이 처한 환경과 사회문화적 맥락을 고려한 상태에서 이루어져야 한다는 그의 관점에서 볼 때, 교육과정은 사회문화적 환경의 의미를 갖는다. 특히 근접발달지대와 자기조절의 개념은 교육과정을 유아의 마음 발달을 위해 선택된 사회문화적 환경으로 개념화하는 이론적 토대를 제공한다.

2. 자유놀이

유아교육의 역사적이고 문화적인 이미지를 가장 잘 표현해 주는 용어는 자유놀이(free-play)다. 자유놀이 혹은 자유선택활동(free-choice activity)은 유아가 자유의지나 흥미(관심), 요구(필요)에 따라 자발적으로 놀이를 선택하여 활동하는 것을 뜻하며, 유아교육 과정의 강력한 특징이라고 할 수 있다(양옥승, 최경애, 이혜원, 2015).

자유놀이 혹은 자유선택활동에서 핵심이 되는 개념은 '놀이'다. '2019 개정 누리과정'은 유아 중심 · 놀이 중심을 추구한다고 표방하는데 '놀이 중심'을 추구한다는 것은 어떤 의미일까? 『누리과정 해설서』에서는 다음과 같이 설명하고 있다(교육부, 보건복지부, 2019a, p. 26).

> '놀이 중심'을 추구한다는 것은 유아가 주도하는 놀이를 중심으로 교육과정을 구성하고 운영한다는 것을 의미한다. 유아는 놀이하면서 세상을 탐색하고 자신을 표현하며 다른 사람과 교류한다. 또한 유아는 자신의 흥미와 관심에 따라 즐겁게 놀이하는 과정에서 자연스럽게 배운다. 개정 누리과정은 교사가 계획하여 주도하는 교육과정에서 유아가 주도적으로 놀이하며 배우는 교육과정으로의 변화를 추구한다.

놀이 중심의 교육과정 운영에 대해서는 제12장에서 더 살펴본다. '2019 개정 누리과정'은 기존의 교육과정 실행 시 생활주제에 따라 교사가 계획한 활동을 하는 것에 치우칠 수 있는 점을 우려하여 자유선택활동이라는 용어를 사용하지 않고 '놀이' 또는 자유로운, 주도적인 놀이 등으로 표현하고 있다. 사실 용어의 문제였다기보다는 유아교육과정의 실행과정에서 과도한 활동을 계획하는 실행의 문제, 유치원 평가 시 생활주제 중심의 흥미영역 자료와 활동을 판단의 기준으로 삼았던 점, 유아교육 기관 간의 경쟁 등 다양한 맥락에서 그 원인이 있다고 볼 수 있다.

유아교육 역사를 통해 살펴보면 전통적으로 유아교육기관에서는 유아가 자유롭게 활동을 선택하여 놀게 하는 '자유놀이'가 중요한 일과로 되어 있다. 자유놀이는 어떤 형태의 교육방법보다도 가장 자연스럽게 개인적인 흥미, 요구, 관심을 드러낼 수 있게 하는 자기만족의 수단이며, 편안하고 즐거운 상태에서 유아가 자신의 생각과 감정을 스스로 조절하여 선택할 수 있게 해 주는 자기 교수의 기회로 작용할 수 있다고 보는 관점에서 강조된다. 자유놀이에 대한 이러한 시각에는 유아의 자유의지와 그에 따른 선택을 존중하는 유아교육에 대한 기본 철학과 사고가 깃들어 있다. 유아의 자발적이고 주도적인 놀이 선택을 존중한다는 의미에서 유아교육 학자들은 '자유놀이'를 '자유선택활동'이라고 표현해 왔다(양옥승, 2003). 학문적인 의미로 유아의 '자유선택활동'은 유아에게 자유롭게 활동을 선택할 수 있는 기회를 제공하게 되면서 유아가 스스로 사고와 정서를 조절하고 즐겁게 놀이활동을 전개할 것이라는 공식적인 교육적 기대가 내포되어 있다. 자유선택활동을 통해 유아는 자기조절 능력을 향상할 수 있다는 것이다(양옥승, 2004a).

자유놀이에 대한 논의는 유아교육의 이론에 따라 관점에 다소 차이를 보이는데 발달주의, 사회적 구성주의, 포스트모던 관점으로 구분해 볼 수 있다.

1) 발달주의 관점

발달주의 관점에서 자유놀이는 유아가 자신의 흥미와 필요에 따라 자발적으로 탐구하며 유아 스스로 자유롭게 활동하는 것이다. 전통적 시각에서 자유놀이는 유아가 잠재되어 있는 자신의 흥미와 요구, 자발적인 의지에 따라 놀이활동과 놀잇감을 자유롭게 선택하여 놀이활동을 하게 하는 것으로, 인간의 이성이나 감성에 충실한 교육활동이다(Frost, Wortham, & Reifel, 2005; Johnson, Christie, & Yawkey, 1999). 여기에는 프뢰벨의 놀이론, 홀의 발달론, 듀이의 상호작용론, 프로이트의 정신분석 이론, 피아제의 인지발달이론 등이 작용하였다.

- 프뢰벨은 자연성이자 삶의 특성이고 선의 원천이며 모든 활동 중 가장 자발적인 정신활동으로서의 놀이를 강조하면서 유아교육은 자발성에 근거한 자유놀이를 중심으로 이루어져야 한다고 보았다.

- 홀 등의 아동중심주의자들은 흥미와 필요가 학습의 시작이자 끝이며, 교사의 개입을 철저히 배제하고 유아의 흥미를 슬로건으로 내세운 자유놀이를 강조하였다.

- 듀이 등 진보주의자들은 흥미를 중시한다고 해서 방치하는 것은 바람직하지 못하다고 보고, 교사는 사회적 상호작용을 통해 적극적으로 개입할 수 있어야 한다고 보았다. 즉, 흥미가 학습을 시작하는 출발점이라면 교육과정은 학습을 통해 추구하는 최종 목표이자 결과라는 것이다.

- 프로이트의 정신분석이론에서는 유아가 자신의 요구를 자유롭게 표출할 수 있도록 하기 위해 교사가 지나치게 개입하거나 구조화하는 것을 금지한다.

- 피아제의 인지발달이론에 따르면, 자유선택활동은 유아 자신의 내적 동기, 자발성, 능동성, 재미, 즐거움 등에서 시작된 것으로, 외부에서 부여된 어떠한 규칙에도 예속되지 않은 상태에서 놀이활동을 선택·결정하고 진행하는 과정이다(양옥승 외, 2001a). 이 시각에서 볼 때, 자유선택활동은 놀이과정에서 유아가 지식을 구성할 수 있도록 유아의 능동적 참여를 보장하는 범위 내에서 이루어져야 한다. 유아의 발달 수준을 고려하여 일과에 자유선택활동 시간을 포함시키고 유아의 인지적 흥미에 따라 흥미영역을 구성하며 다양한 놀잇감을 비치하여야 한다. 발달에 적합한 자유놀이가 되기 위해서는 유아의 인지적 흥미와 놀이활동 유형을 언어, 수학, 과학, 조작놀이, 쌓기놀이 등으로 세분화하고 그에 따라 교실 공간을 구획화하고 구조화하는 것이 필요한데, 한편으로는 다분히 인위적이고 성인 중심적이며 구조적이라는 비판이 있다.

[그림 7-1] 실내외 공간에서의 자유놀이
출처: 한림성심대학교 부속 한림유치원.

2) 사회적 구성주의 관점

피아제의 인지발달이론과 다르게 비고츠키는 유아의 사고는 사회적으로 구성된다는 아이디어를 제공함으로써 유아교육 패러다임의 전환에 토대가 되었다. 따라서 전통적 시각과 달리 유아의 자발성이란 유아의 개인적 동기뿐 아니라 사회문화적인 상황이나 역사적 맥락에 의해서도 발생한다는 입장을 가지고 자유선택활동을 논의한다. 이 입장에서 보면, 흥미에는 학습과 무관하게 개인의 자발성에 의해 발현되는 개인적 흥미(individual interest)뿐 아니라 상황이나 학습에 의해 형성된 상황적 흥미(situational interest)도 포함된다는 논리(Hidi, 1990)가 설득력이 있다.

비고츠키의 관점에서 볼 때, 유아는 지식을 생산하고 형성할 수 있는 능력을 가진 존재이기도 하지만 사회문화적 맥락이나 상황과의 상호작용을 통해 사회적으로 지식을 구성하고 근접발달지대를 형성할 수 있다. 유아 개인의 흥미나 요구에 따라 놀이활동을 선택하는 과정에서 언어적인 상호작용을 통해 자기가 처한 사회문화적 맥락이나 상황에 비추어 자신의 생각과 감정을 조절할 수 있도록 도와주는 것이 교사의 역할이다. 교사는 스캐폴더(scaffolder, 단계적 지지자)(Berk & Winsler, 1995)로서 유아가 생각한 것을 언어적으로 표현하게 하고 그에 따라 지지해 주는 상호작용자의 역할을 수행하며, 이를 위해 놀이를 계획-실행-평가하는 경험을 제공하고, 교실의 상황적 의미를 부각하고 최적의 사회문화적 환경으로서 흥미영역을 구성한다.

전통적인 흥미영역처럼 영역을 철저하고 엄격하게 구조화하는 방법은 유아의 자발성과 흥미를 감소시키고 흥미영역 간 소통이나 활동자료에 대한 탐색 시간을 감소시키는 경향이 있으므로, 반구조적 형태를 통해 영역 간 소통과 유아의 자유선택의 폭을 늘려 주며, 공간의 크기와 학급당 유아 수를 고려한다. 유아의 자발성 강조를 위해 교사의 과도한 개입을 줄이면서도 적절하게 스캐폴딩을 해야 한다.

3) 포스트모던 관점

포스트모던 관점에서는 자유선택활동 과정에서 유아가 형성하는 주관적인 의미, 내재적인 구조, 의도 및 동기 등에 대한 기존의 연구 개념과 방법을 해체하고 그에 따른 새로운 대안을 모색하는 데 초점을 맞춘다(양옥승, 2002b; Dahlberg, Moss, & Pence, 1999). 포스트모던 관점에서는 어느 누구의 지식도 확실하거나 객관적, 절대적일 수 없으며, '누가' '어떻게' 지식을 구성하느냐가 중요한 관건이 된다. 이 관점에서 볼 때, 유아가 흥미와 요구에 따라 자발적인 목소리를 내고, 자유로운 상태에서 지식을 구성하는 일련의 경험을 할 수 있는 자유선택활동은 교육과정적인 의의가 있다.

포스트모던적 관점에서 연구한 연구자들은 기존의 자유선택활동 공간에 대한 개념이 해체되어야 한다고 주장한다. 구조화가 높은 흥미영역 구성은 진정한 의미의 자유와 선택을 어렵게 하고 흥미영역 간 원활한 소통을 억제할 가능성이 높다(양옥승, 나은숙, 2005). 획일적·보편적인 지식을 전달하고 습득하도록 사전에 교사에 의해 계획된 공간은 교육공간이 될 수 없으며, 유아에 의해 지식이 구성되는 상황적·과정적·변용적 공간만이 교육공간의 의미를 지니는 것이라고 볼 때, 활동 공간에 대해 제한하는 것은 교사가 유아의 삶과 행동에 대한 통제를 정당화하는 수단이라고 본다. 이러한 관점의 교육자들은 자유선택활동이나 놀이에 대한 성인과 유아의 인식이 다를 수 있다는 전제하에 유아교육기관의 자유선택활동의 문제점과 특징, 대안을 찾으려고 노력한다.

'2019 개정 누리과정'의 놀이공간과 놀이자료에 대한 시각은 이러한 대안을 찾으려는 노력과 고민이 반영된 예로 볼 수 있다(교육부, 보건복지부, 2019a).

복도에 만든 놀이공간 무늬보자기로 구성한 은신처

[그림 7-2] 자신이 창안한 놀이공간에서 놀이하는 유아

출처: 한림성심대학교 부속 한림유치원.

3. 상호작용

유아교육과정의 특성을 나타내는 용어 중 하나는 상호작용(interaction)이다. 사전적으로 상호작용은 '둘 또는 그 이상의 사물, 현상이 작용하여 원인도 되고 결과도 되는 일'(유아교육자료사전편찬위원회, 1996)이나 유아교육과정에서는 보다 폭넓게 언급되며 유아교육과정의 중요한 토대를 이루고 있다. 유아교육과정의 특성으로서 '상호작용'이 무엇을 의미하는가에 대해서 몇 가지로 나누어 설명하면 다음과 같다.

첫째, 상호작용은 '사회적 상호작용을 통한 경험의 통합'을 의미한다. 유아교육과정의 중요한 이론적 기반을 제공한 듀이는 교육을 경험의 재구성으로 보며 성장의 개념을 상호작용 원리로 설명하였다. 상호작용 원리란 인간이 주변의 물리적 · 사회적 환경의 상호작용을 통해 계속적으로 발달해 나간다는 것을 의미한다. 듀이는 개인과 환경의 상호작용을 상황의 형성이라고 하였다. 교육은 교사가 상황을 설정 · 조정함으로써 일어난다. 또한 인간의 성장 · 발달에서 생득적 측면과 환경적 측면을 동시에 강조함으로써 인간이 주변 환경과의 능동적인 상호작용을 통해 내적인 인지구조의 양적 · 질적 변화가 이루어져 전인적이고 통합적으로 발달해 간다는 것이다(유아교육자료사전편찬위원회, 1996). 듀이의 관점에서 볼 때, 흥미 중심의 교육과정이 바람직한 것이 되기 위해서는 교육과정에서는 상호작용의 원리가 고려되어야 하며, 경험의 통합, 교사와 유아, 또래 간 상호작용, 유아의 능동성과 자발성 강조 등의 특성을 지니게 된다.

둘째, 상호작용은 '유전과 환경의 상호작용을 통해 발달한다'는 의미를 지닌다. 유아의 발달과 교육에 대한 관점을 구분할 때 '상호작용'은 유전과 환경의 상호작용을 통한 발달이라는 의미로 쓰인다. 유아교육과정의 접근법을 발달에 대한 접근방법에 따라 크게 세 가지로 나누면 성숙주의, 행동주의, 구성주의 혹은 상호작용주의다. 상호작용주의 입장에서 보면, 유아는 주어진 환경에 수동적으로 반응하는 것이 아니라 선택적인 상호작용을 통해 자신의 지식을 구성해 나간다. 유아의 발달과 행동, 학습은 외부의 영향과 성숙적 과정 모두에 의해 영향을 받는다.

피아제의 관점에서 인지체계가 외부체계와 상호작용을 하며 발달을 이루는데, 이때 상호작용이란 '인간의 지력과 환경이 서로 작용하여 원인도 되고, 결과도 되는 일'이다(유아교육자료사전편찬위원회, 1996). 피아제는 인지가 환경과의 상호작용을 통해 발달한다고 보고 동화와 조절이라는 상호 보완적 적응과정으로 설명하였다. 그의 모형에 따르면, 지식은 내적(인지적) 요인과 외적(환경적) 요인의 계속적인 상호작용을 통해 구성된다. 비고츠키는 피아제와는 달리 상호작용에서 사회적 맥락의 중요성을 부각시켰으며, 브론펜브레너(Bronfenbrenner)는 생태학적 관점에서 인간 발달의 상호 관련성을 이해해야 한다고 보았다. 교육과정의 한 관점인 '상호작용 교육과정(interactional curriculum)'은 듀이의 실용주의 교육철학, 미드(Mead)의 상징적 상호작용론, 비고츠키의 발생학적 인식론을 철학적 배경으로 하여 구성된 것이며, 교육과정의 발달에 대한 견해는 피아제의 인지발달적 상호작용이론을 중심으로 한다.

셋째, 상호작용은 '과정 중심의 교수·학습'을 의미한다. 유아교육과정은 전통적으로 지식의 습득 결과(즉, 내용)보다는 지식이 구성되는 과정(즉, 교수·학습 과정)에 강조점을 두어 왔다. 상호작용의 바람직한 모델이 무엇인가에 대한 생각은 교육에 대한 관점에 따라 차이를 보이지만, 일반적으로 발달 수준에 적합할 것, 개인적 관심과 요구에 기초할 것, 교사-유아, 유아-유아, 유아-사물 간의 의미 있는 상호작용을 장려할 것, 다양한 상호작용 전략을 사용할 것, 비계설정을 통해 고등 정신의 형성을 도울 것 등이 중요시된다. '2019 개정 누리과정'은 교사의 교수·학습 실천방법으로 상호작용을 제안하고 있다. 유아는 놀이를 하면서 크게는 세 가지 대상과

유아-유아

유아-교사

유아-환경

[그림 7-3] 유아의 상호작용 대상

출처: 한림성심대학교 부속 한림유치원, 동은유치원.

유아, 교사, 환경과 능동적으로 상호작용하고 이 과정에서 사물과 현상, 관계에 대해 배운다(교육부, 보건복지부, 2019a).

넷째, 상호작용은 '신체적·심리적 보살핌'을 의미한다. 유아교육과정은 대상 연령의 특성상 이유와 급식·간식, 배변, 낮잠과 휴식, 건강관리 등의 신체적 보살핌 및 가족과 같은 감성적 보살핌과 온정성과 배려 등이 요구된다. 보살핌에 대해서는 다음 절에서 살펴본다.

4. 보살핌

유아교육과정이 초·중등 교육과정과 차별화된 특성을 지닐 수밖에 없는 가장 근본 원인은 학습자인 유아의 연령에 기인한다. 출생부터 초등학교 입학 전까지의 시기는 발달적으로 보호자의 보살핌이 요구되는 시기로, 보살핌의 질이 유아의 삶에 커다란 영향을 미치게 된다. 안아 주고, 수유하고, 기저귀를 갈아 주는 일상적인 보살핌부터 정서적으로 안심시켜 주며 따뜻하게 돌보는 일련의 과정들은 보살핌의 영역이다. 그러나 전통적으로 육아와 보살핌 행동은 여성의 몫이었으며 그 의미는 평가절하 되어 있었다. 그러나 최근의 교육과정에서는 과거에는 여성성이라 규정해 왔던 따뜻함, 배려, 희생, 봉사, 동정심, 사랑, 상호 의존성, 인간관계, 애착, 책임 등과 같은 도덕적 덕목에 중요한 의미를 부여한다. 지적 능력만을 강조하는 교육으로는 한계에 부딪힐 수밖에 없으며, 미래사회를 무한 경쟁보다는 창의ㆍ상생의 사회로 이끌기 위해서는 교육과정 연구에서 보살핌의 윤리가 중요한 요소로 다루어져야 한다.

정신분석적 관점에서 볼 때 '보살핌'의 개념에는 보듬어 안아 주는 환경이나 보살펴 주는 사람과 공유하는 생활환경이라는 의미가 내포되어 있다(Moore & Bernard, 1990).

윤리적 관점에서 보살핌에 대한 입장은 크게 두 가지로 분류되는데, 첫째는 보호를 필요로 하는 대상자를 보살피는 일반적인 행위를 보살핌으로 규정하는 시각이다. 이때의 보살핌이란 실질적인 행동적 측면으로 유아교육 현장에서 교사가 부모를 대신하여 어떤 방식으로 유아의 건강과 안전을 돌보고 보살피는지가 큰 의미를 지닌다. 둘째는 교육을 통해 갖게 되는 윤리의식과 가치관을 보살핌이라 보는 시각이다. 이 입장에서 보살핌의 의미는 보호 대상을 돌보는 행위 이상의 인지적이고 정신적인 요인을 포괄하는 복합적인 사회ㆍ도덕적 특성이 된다(Kyle, 1995).

나딩스(Noddings, 1984, 1989)는 사회적 이슈가 되는 여러 문제들은 교육적인 실패 이상의 도덕적 실패에 따른 것이라고 보고, 이를 해결하기 위해서는 교육이 지적인 학습과 성취보다는 아동과 주변의 다양한 관계에 관심을 갖고, 사랑과 우정, 협력, 보살핌의 덕목을 함양시키는 데 초점을 맞추고 도덕적 성숙을 우선시하는 도덕교육을 강조해야 한다고 본다. 보살핌은 공동체의 일원으로 함께 살아가는 모든 사람에게 필요한 도덕적 덕목임에도 불구하고 '정의(justice)'의 윤리학이라 일컬어지는 현대 윤리학의 전통에 의해 등한시되어 왔다(Gilligan, 1995). 최근 유아교육과정 연구자들은 이러한 사랑과 보호를 포괄하는 보살핌의 윤리에 가치를 부여하고 정의의 윤리와 함께 상호 보완적으로 사용할 필요를 강조하고 있다(양옥승, 2004b, 2008c).

유아의 인성 발달을 위해서는 교육내용과 교수ㆍ학습 방법의 측면에서 보살핌의 의미가 재해석될 필요가 있다. 교육 목적이나 내용의 측면에서 보살핌의 목소리를 담고 있는 역사와 문화를 강조하거나, 자신에 대한 보살핌, 친밀한 또는 멀리 있는 사람에 대한 보살핌, 동식물과 지구, 환경에 대한 보살핌, 인간이 창조한 도구와 이념에 대한 보살핌 등과 같은 내용을 포함하는 것이 필요하다. 보살핌의 텍스트로서 유아교육과정을 이해하게 되면, 유아에게 인간과 자연의 모든 생명체를 존중하고 보존하는 삶을 사는 바탕을 형성하는 교육에 관심을 가질 수 있게 된다.

보살핌의 덕목을 형성하는 교수 · 학습 방법은 결국 사회적 관계나 만남의 과정에서 나올 수 있는 만남의 태도나 행동과 관련성을 갖게 된다. 보살핌의 윤리는 기본적으로 맥락적이고 상대적인 의미에서 관계성(relatedness)을 핵심 개념으로 한다. 유아는 교사의 보살핌으로 접하는 관계 속에서 보살핌의 윤리를 경험하고 인성의 기초를 닦는다. 교사의 일상적 대화, 관용적 자세와 태도는 중요한 의미를 지닌다. 교육의 질을 개선하는 중요 요소로 교직의 전문화가 논의되는데, 여기에는 인지적으로 가르치는 일뿐 아니라 신체적 · 정서적 · 사회적으로 보살피는 전문적 지식과 이해가 포함된다.

어렵게 설명하지 않더라도 유아교육기관을 종일 이용하는 유아의 증가, 안전 사고, 성폭력 및 아동학대 문제, 스마트 미디어 증가와 온라인 학습 증가에 따른 인터넷 윤리, 미세먼지와 감염병 등으로 인한 건강 문제 등은 유아교육기관에서 보살핌의 중요성을 일깨워 준다. 유아들을 교육하는 유아교육기관에서 무엇보다 우선시되어야 하는 것은 건강하고 안전하고 행복하게 지낼 수 있도록 보살피는 일이다.

제8장

유아교육과정 구성–교육목표

교육과정을 구성하는 네 가지 기본 요소로 교육목표, 교육내용, 교수·학습 방법 및 평가를 들 수 있다. 타일러(Tyler)는 『교육과정과 교수(수업)의 기본원리』(1949)를 통해 교육기관의 교육과정과 프로그램을 주의 깊게 분석하는 데 필요한 논리적 근거를 제시하였다.

- 학교가 달성해야 할 교육목표는 무엇인가? (교육목표)
- 교육목표 달성을 위해 어떠한 학습 경험을 제공해야 하는가? (교육내용)
- 학습 경험을 효과적으로 조직하는 방법은 무엇인가? (교수·학습 방법)
- 목표가 달성되었는지 어떻게 평가할 것인가? (교육평가)

교육과정 개발을 위해 타일러가 제기한 이러한 물음은 교육목표의 설정–학습 경험의 선정–학습 경험의 조직–학습 성과의 평가라는 네 가지 기본 요소로 요약되며, 오랫동안 교육과정의 구성 기초로서 교육과정 개발의 이론적 기반을 제시해 주고 있다. 이 네 가지 구성요소는 목표를 중심으로 순환적인데, 교육과정 개발자에 따라서 요소 간의 상호작용성을 강조하며 어디서든 교육과정을 개발할 수 있다고 본다(김대현, 김석우, 2011). 제8장부터 제11장까지는 유아교육과정 구성의 기초로 교육목표, 교육내용, 교수 · 학습, 교육평가에 대해 살펴본다.

1. 교육목표의 의미

1) 목적과 목표

교육과정 구성의 첫 번째 단계는 유치원 또는 어린이집의 '교육 목적과 목표는 무엇인가'라는 질문에 답하는 것이다. 목표란 사전적으로 '어떤 목적을 이루려고 하거나 어떤 지점까지 도달하려고 함 또는 그 대상'이라고 정의되어 있고, 목표와 유사하게 사용되는 '목적'은 '일을 이루려고 하는 목표나 나아갈 방향'이라고 정의되어 있다(민중국어사전). 두 낱말은 구분되지 않고 동의적으로 사용되거나 목적이 목표보다 다소 일반적이고 넓은 의미로 사용된다. 김대현과 김석우(2011)는 목적, 목표(일반적 목표) 그리고 구체적 목표로 구분하여 제시하였다.

- 목적: 교육의 목적은 교육의 방향 또는 중점에 대한 진술로, 일반적으로 교육에 대한 국가나 사회 일반의 요구를 담고 있으며, 장기간의 교육을 통해 개발되는 인간의 다양한 특성들로 진술된다.
- 목표: 목표는 교육의 목적으로부터 도출되며, 교육과정의 구체적 행동 지침이 된다. 교육의 목적에 비해 덜 포괄적이고 적용 기간이 짧다. 학교급별 목표, 기관별 목표, 교과별 목표를 들 수 있다. 유아교육과정에서는 유아교육의 목표, 언어생활영역의 목표 등이 해당된다.
- 구체적 목표: 비교적 단기간의 수업(교육활동)을 통하여 학습자가 성취해야 하는 것들을 상세하게 진술한 것으로 주제별 목표, 단위 활동별 목표 등이 해당된다.

2) 목표의 위계성

목표는 여러 가지 수준으로 나뉜다. 목적과 목표로 구분하는가 하면, 교육과정 목표와 수업 목표로 구분하기도 하고, 총괄 목표와 일반 목표, 장기 목표와 단기 목표로 구분하여 진술되기도 한다. 상위 목표일수록 추상적이며 하위 목표를 도출하는 근거가 된다. 〈표 8-1〉은 누리과정의 목적과 목표, 누리과정 신체운동·건강영역의 목표, 단위활동의 목표가 위계성을 지닌 예를 제시하였다.

표 8-1 목적 및 목표의 위계성

구분	목적 및 목표
유치원교육과정 (2019 개정 누리과정)	누리과정의 목적은 유아가 놀이를 통해 심신의 건강과 조화로운 발달을 이루고 바른 인성과 민주시민의 기초를 형성하는 데에 있다. 이를 실현하기 위한 목표는 다음과 같다. **가. 자신의 소중함을 알고, 건강하고 안전한 생활 습관을 기른다.** 나. 자신의 일을 스스로 해결하는 기초능력을 기른다. 다. 호기심과 탐구심을 가지고 상상력과 창의력을 기른다. 라. 일상에서 아름다움을 느끼고 문화적 감수성을 기른다. 마. 사람과 자연을 존중하고 배려하며 소통하는 태도를 기른다.
신체운동· 건강영역의 목표	**실내외에서 신체활동을 즐기고, 건강하고 안전한 생활을 한다.** 1) 신체활동에 즐겁게 참여한다. 2) 건강한 생활습관을 기른다. 3) 안전한 생활습관을 기른다.
단위활동의 목표: [횡단보도를 안전하게 건너는 방법] 이야기 나누기	**안전한 횡단보도 이용 습관을 기른다.** 1) 횡단보도 신호등의 색깔 신호를 이해한다. 2) 횡단보도를 이용할 때는 안전 수칙을 지킨다.

2. 교육목표의 설정

1) 목표 설정의 원리

교육과정을 체계적으로 연구하기 위해서는 교육기관이 달성하고자 하는 교육목표를 명확하게 설정하는 것이 필요하다. 체계적인 목표 설정을 위해 교육과정 개발자는 학습자에 대한 연구, 학교 밖의 현재적 삶에 대한 연구, 목표에 대한 교과 전문가의 제안 등을 원천으로 하여 목표를 선정한다. 선정된 목표는 철학과 학습심리학에 의해 선별하고, 목표를 구체적으로 진술하는 일련의 과정을 거쳐야 한다. 유아교육과정에서의 목표 설정 원리를 제시하면 다음과 같다.

- 목표는 유아교육과 관련된 맥락을 충분히 검토하여 많은 사람이 합의할 수 있는 보편적 가치를 지녀야 한다.
- 유아교육의 이념, 목적과 관련성을 지니며, 유치원 교육목적이나 보육시설 운영 목적에 부합해야 한다.
- 유아의 현재 삶과 연관성을 지니며 미래의 삶에도 가치 있는 목표가 설정되어야 한다.
- 목표는 사전에 설정되어야 하되, 교수·학습 과정에서 새로운 목표가 설정될 수 있을 만큼 융통성과 수용성이 있어야 한다.
- 목표 설정은 유아의 외현적·내면적 측면을 모두 고려하고, 양적인 기준과 질적인 기준을 포함해야 한다.
- 목표 설정은 학습자로서 유아의 개인차와 다양성, 독특성을 최대한 수용할 수 있어야 한다.

2) 목표의 진술 방법

(1) 타일러의 목표 진술
교육목표를 세분화하여 진술하는 작업은 타일러의 행동목표에서 본격화되었다고 볼 수 있다. 타일러(Tyler, 1949)는 목표 진술을 학습자에게 가르치려는 행동이 무엇이며 이 행동이 활용될 수 있는 내용이 어떤 것인지를 밝혀내는 것이라고 보았다. 행동목표는 목표의 수행 결과, 종착점 행동을 관찰 가능한 용어로 진술하는 것을 뜻한다. 타일러의 목표 진술 방식은 '거북의 특징을 안다'와 같이 내용과 행동을 기술하는 것으로 학교 교육과정에서 보편적으로 사용되어 왔다.

- 거북의 특징을(내용) + 안다(행동).
- 음식을 편식하지 않고(내용) + 골고루 먹는다(행동).
- 손씻기 순서에 따라(내용) + 손을 씻는다(행동).

이와 같은 행동목표는 1960년대에 출현하였는데, 사회에서 교육의 책무성에 대한 요구가 증가하면서 성취하고자 하는 것과 목적 달성을 위한 방법, 목표한 것을 성취했다는 증거를 미리 상세히 기술하는 것에 초점을 두었다(Pinar, Reynolds, Slattery, & Taubman, 1995). 행동목표는 수행목표(performance objectives)라고도 부르며 학습자가 최종적으로 달성하기를 바라는 것을 뜻한다.

(2) 블룸의 목표 진술

블룸은 타일러의 목표를 세분화하여 단점을 보완하고자 하였다. 블룸(Bloom, 1956)은 교육목표에 포함되어야 할 내용과 행동 두 가지 중 행동에 대해 구체화한 '교육목표 분류학(taxonomy of educational objectives)'을 제시하였다. 블룸의 목표는 인지적 영역, 정의적 영역, 운동 기능적 영역으로 구분된다. 블룸의 교육목표 분류학에 따른 목표 진술 사례는 다음과 같다.

- 거북의 이름과 생김새를 안다. (인지적 영역)
- 교실에서 기르는 거북이를 소중하게 보살피는 행동을 한다. (정의적 영역)
- 속도를 조절하며 기어가기 동작을 할 수 있다. (운동 기능적 영역)

(3) 메이거의 행동적 목표 진술

메이거(Mager, 1962)는 목표 도달 여부를 구체적으로 확인할 수 있도록 수업목표 진술 시 잘못 해석될 여지가 없는 명확한 용어를 사용할 것을 제안하였다. 메이거의 교육활동 목표는 학습자가 한 주제 또는 한 학습활동을 이수하였을 때 나타낼 수 있는 관찰 가능한 행동적 용어로 진술한다. 예를 들어, '이해한다' '감상한다'는 교사에 따라 다양하게 해석될 여지가 있으며, '암기한다' '설명한다' '구별한다' 등의 표현은 잘못 해석될 여지가 없는 진술이다. 따라서 교육활동 시 의도한 성취수행 능력이 학습되었는지 확인할 수 있는 유아의 행동을 목표로 기술하며, 어떤 상황에서 그런 행동을 보일 것인지 또한 어느 정도를 성취할 것인지에 대한 내용을 포함하여 진술한다. 행동적 목표의 진술문은 조건+준거+도달점 행동으로 구성한다.

조건(condition) + 준거(criteria) + 도달점 행동(terminal behavior)

여러 가지 도구 중에서 음식 할 때 사용하는 도구 세 종류를 찾을 수 있다.
(조건)   (준거)   (행동)

그림카드를 보고 옛날의 물건과 요즘에 사용하는 물건을 짝 지어 볼 수 있다.
(조건)   (준거)   (행동)

길이가 다른 막대를 제공하면 길이 순으로 5개 이상을 나열할 수 있다.
(조건)   (준거)   (행동)

---

(4) 그론룬드의 목표 진술

그론룬드(Gronlund)는 수업목표를 두 단계의 과정으로 진술한다(주영숙, 김정휘 공역, 1996). 목표를 진술할 때 단원을 포괄할 수 있는 일반 교육활동 목표(상위체계의 목표)를 추상적으로 진술하고, 단위 시간에 학습자가 학습할 내용과 성취되어야 할 행동은 구체적 교육활동 목표(하위체계의 목표)를 진술한다. 유아가 도달해 가야 할 명확한 행동목표, 즉 관찰 가능한 구체적 학습성과를 파악할 수 있는 명시적 목표로 진술한다. 행동진술은 지식, 가치 및 태도, 기술(기능)을 고려한 용어로 표현할 수 있다.

- 일반 교육활동 목표: 일반적인 내용을 포함하여 내재적 행동을 보편적으로 진술

한다(안다, 이해한다, 인식한다 등).

• 구체적 교육활동 목표: 일반 교육활동 목표를 진술한 다음 일반적 목표를 행동적으로 평가할 수 있도록 세부적 행동이 포함된 내용으로 진술한다(구별한다, 말한다, 찾는다 등).

■ 통학버스를 안전하게 이용한다. ─────── 일반 교육활동 목표

　• 통학버스 이용 시 지켜야 할 안전수칙을 안다. (지식)

　• 통학버스의 안전벨트를 혼자 사용할 수 있다. (기술) ─── 구체적 교육활동 목표

　• 교사의 지도에 따라 안전하게 행동한다. (태도)

■ 통학버스 이용 시 예절 바른 태도를 지닌다. ─────── 일반 교육활동 목표

　• 통학버스 안에서 지켜야 할 예절이 있음을 안다. (지식)

　• 다른 사람에게 방해되는 행동을 하지 않는다. (태도) ─── 구체적 교육활동 목표

　• 대상과 상황에 알맞은 인사를 할 수 있다. (기술)

(5) 아이즈너의 표현적 목표 진술

　행동적 목표 진술에 비판적이었던 아이즈너(Eisner, 1979, 1994)는 교육의 구체적 목표를 행동적 목표, 문제해결 목표, 표현적 목표의 세 가지로 구분하고, 기능의 학습을 위해서는 행동적 목표가 필요하지만 그 외의 학습에는 문제해결 목표와 표현적 목표가 필요하다고 보았다.

• 행동적 목표: 메이거의 목표 진술과 마찬가지로 학습 행동의 결과로 나타난 행동을 명확하게 제시하고 있는 목표

• 문제해결 목표: 기준을 사전에 설정하는 행동적 목표와 달리 그 해결 상태를 제한하지 않음으로써 인지적 융통성을 최대한 촉구하는 비명시적인 목표 진술을 시도한다. 따라서 미리 정해져 있는 결과를 요구하는 것이 아니라 다양한 해결책 중 하나 또는 그 이상을 학습자가 스스로 찾아낼 수 있도록 한다.

(예) 몸이 불편한 친구를 돕기 위한 방법을 찾아낸다.

(예) 유치원에서 자원을 절약할 수 있는 방법을 찾는다.

• **표현적 목표**: 학습활동 과정 중이나 그 이후에 얻게 되는 어떤 유익한 결과를 기술하는 것이다. 학습활동 이전뿐 아니라 과정 중에도 형성될 수 있으며, 학습자의 개별적 성향과 다양성 존중에 초점을 두어 학습자가 학습 상황에서 경험하게 될 교육적 내용과 과정을 중요시한다(이성호, 2009). 예를 들어, 음악 감상이나 인형극 관람을 하는 경우 유아들은 지식이나 기능보다는 가치나 태도를 학습하는 경우가 많으며 개인별로 느끼게 되는 경험도 다르므로 이를 관찰 가능한 행동으로 진술하는 것은 어려운 일이다. 이런 경우에 표현적 목표 진술이 필요하다. 표현적 목표는 다음과 같이 상황, 문제, 과제로 진술할 수 있다.

상황(situation) + 문제(problem) + 과제(task)

동시 '거북'을 듣고 느낀 점에 대해 이야기를 나눈다.
　　　(상황)　　　　　　(문제)　　　　　(과제)

음악 감상을 하고 나뭇잎의 움직임을 생각하여 몸으로 표현할 수 있다.
　　(상황)　　　　　　　(문제)　　　　　　　　(과제)

---

(6) 유아를 위한 교육활동 목표 진술

유아교육과정은 놀이 중심으로 운영되는 특징이 있으므로 교육활동의 목표 진술 시에도 유아교육과정의 특성을 반영한다. 분명하고 구체적인 목표 진술은 교수·학습의 효과를 증진시키고, 교수자와 학습자 간의 분명한 의사소통을 높일 수 있다는 긍정적 측면이 있다. 그러나 행동적 목표는 분화된 행동에 초점을 두고 목표를 단순화·상세화시켜 진술하게 되므로 전체적·통합적 경험이나 인성적·심리적 특성을 반영하기 어렵다.

유아를 위한 교육활동 목표의 선정과 진술 시 고려할 점을 알아보면 다음과 같다.

• 유아교육의 목적 및 누리과정의 영역별 목표에 부합되는 목표를 선정한다. 주제를 선정하는 경우 주제 선정의 이유와 목표를 기술하고, 단위 활동은 활동별 목표를 진술한다.
• 교육활동 목표는 유아의 행동이나 성취를 중심으로, 유아 관점에서 진술한다.

목표 진술은 교사를 위한 기록이지만 학습자인 유아의 관점에서 진술하면 학습자 중심의 학습 상황을 도출할 수 있다.

(예) 음식을 먹기 전에 손을 깨끗이 씻을 수 있다. (유아 관점의 진술)

　　식사 전에 유아가 손을 깨끗이 씻도록 지도한다. (교사 관점의 진술)

• 교육활동 목표에는 성취의 정도를 평가할 수 있는 기준을 제시하는 것이 좋지만 유아의 연령 및 개별 발달 수준에 적합해야 한다.

(예) [4세] 세 발 자전거를 도움 없이 탈 수 있다. (O)

　　[4세] 두 발 자전거를 도움 없이 탈 수 있다. (×)

• 목표는 인지적 측면에만 초점을 두기보다 정의적(감성), 운동 기능적(신체적) 측면을 통합해서 지식, 태도, 기능을 고르게 반영한다.

(예) 우리나라를 나타내는 여러 가지 상징이 있음을 안다. (지식),

　　우리나라를 나타내는 상징을 소중하게 다룬다. (태도),

　　애국가를 따라 부를 수 있다. (기능)

• 객관적이고 구체적인 언어로 기술한다. 목적이나 장기 목표, 총괄 목표는 추상적이고 보편적인 진술이 이루어지지만, 단기 목표, 활동별 목표는 교육내용과 평가의 준거가 되므로 구체적으로 진술한다.

(예) 기계와 도구를 안전하게 사용한다. (장기 목표)

　　유아용 가위를 안전하게 사용할 수 있다. (단기 목표)

• 유아가 학습 과정이나 학습을 통해 얻게 되는 유익한 결과는 표현적 진술로 기술한다.

(예) 동화를 듣고 주인공의 마음에 대해 이야기 나눈다.

　　꽃길 산책을 통해 자연의 아름다움을 느낀다.

• 하나의 목표에는 가급적이면 한 가지의 결과를 기술한다.

(예) 가족의 이름을 말할 수 있다. (O)

　　가족의 이름을 말하고 쓸 수 있다. (×)

• 결과의 성취도 중요하지만 유아가 경험하는 과정 자체가 중요한 의미를 갖는 경우 과정 중심의 진술을 한다.

(예) 다른 문화권의 음식을 먹어 보는 경험을 한다.

팁! 목표의 서술

수업내용의 특성을 고려하여 교육활동 목표를 진술한다. 과정 또는 결과 중 어떤 측면에 초점을 맞추는지, 이해·기능·태도 중 어느 것에 해당하는지에 따라 다르게 진술한다. 유아가 성취해야 할 것이 무엇인지 명확히 한 후 이것이 나타나도록 목표를 진술한다. 목표를 진술할 때 어려움을 겪는 것 중 하나는 목표의 내용은 머릿속에 맴돌지만 문장 진술을 어떻게 해야 적합한지의 문제다. 목표에 포함된 내용이 지식, 지적 기능, 운동 기능, 태도 중 무엇인지에 따라 서술 어미를 구분하여 표현하는 연습을 한다. 다음은 목표의 내용에 따라 서술 가능한 서술 어미의 예다.

- 지식(명제적 지식)
  - 안다, 이해한다, 인식한다, 경험한다, 관심 가진다 등
  - (예) 손이 하는 일을 안다.

    물이 오염되는 이유에 관심을 가진다.
- 지적 기능(절차적 지식)
  - 탐색한다, 관찰한다, 비교한다, 말한다, 이야기한다, 표현한다, 만든다, 분류할 수 있다, 말할 수 있다, 표현할 수 있다 등
  - (예) 수집한 나뭇잎을 모양에 따라 분류할 수 있다.

    주말에 가족과 지낸 경험을 이야기한다.
- 운동 기능(절차적 지식)
  - 걸을 수 있다, 행동할 수 있다, 따라 할 수 있다, 칠 수 있다, 활동할 수 있다 등
  - (예) 선을 따라 똑바로 걸을 수 있다.

    시범 보이는 체조 동작을 따라 할 수 있다.
- 태도(암묵적 지식)
  - 기른다, 관심을 가진다, 경험한다, 태도를 기른다, 즐긴다 등
  - (예) 친구들과 함께 놀이하는 것을 즐긴다.

    예절을 지켜 말하는 태도를 기른다.

제9장

유아교육과정 구성 - 교육내용

교육목표를 설정하면 다음 단계는 목표 달성을 위해 어떤 교육 경험을 제공할 것인지, 즉 교육내용을 결정해야 한다. 수많은 내용을 학습자에게 모두 가르치거나 경험하게 할 수는 없으므로 운영목적과 교육목표에 부합되는 가치 있는 내용을 선정해야 한다. 즉, 가치 있다고 판단되는 지식, 기술, 가치와 태도를 선별하고 이를 유아교육과정의 통합적 모형에 적합하게 조직하여야 한다.

1. 교육내용의 선정 · 조직 원리

유아를 위한 교육내용은 유아교육기관의 철학과 목표를 위해 선정한 내용뿐 아니라 국가 수준의 교육과정에 포함된 내용, 가정과 지역사회의 요구가 반영된 내용 등을 반영하여 선정하게 된다. 교육내용의 선정과 조직을 위해 대부분의 유아교육기관은 주제를 선정한 후 연관된 내용을 추출하는 주제 중심 통합 모형을 사용하면서 유아의 자유놀이를 지원하고 안전, 환경 등 범교육과정 내용을 선정하여 교육한다.

1) 교육내용의 선정 원리

교육과정 전문가들의 설명을 바탕으로 교육내용의 선정 원리를 제시하면 다음과 같다(김대현, 김석우, 2011; 양옥승, 최경애, 이혜원, 2015; 이성호, 2004, 2009).

- 내용의 타당성: 교육내용은 목표 달성에 도움을 줄 수 있는 것, 목표를 달성하기에 타당한 내용으로 선정한다.
- 내용의 신뢰성: 교육내용은 신뢰성이 있어야 하며 원칙적으로 참이어야 한다. 윤리적 판단이 따르는 내용의 경우 참이나 거짓을 구분하기 어려울 수 있다. 이러한 경우에는 유아의 지식과 사회적 이해 수준 및 윤리적 판단 수준에 적절한 내용이어야 한다.
- 사회적 유용성: 교육내용은 사회의 유지와 변혁에 도움이 되어야 한다. 학습자가 살아갈 사회에서 필요로 하며 사회를 바람직한 방향으로 변화시키는 데 도움이 되는 지식, 기능, 태도를 포함한 내용이 선정되어야 한다.
- 학문적 중요성: 각 학문 분야의 구조와 핵심 요소, 탐구방법을 고려하여 교육내용을 선정한다. 유아교육과정의 경우 주제 중심의 통합 모형을 많이 사용하는데, 이 경우 교사는 주제와 연관되었는지 여부만 고려하기보다는 각 학문 분야의 특성을 함께 고려하여 내용을 선정한다.
- 학습 가능성: 교육내용은 학습자가 학습 가능한 것이어야 한다. 교육내용의 깊이와 폭이 유아의 이해와 성취 수준에 적합한지, 유아의 발달 수준과 관심에 부합되는지, 교사가 적절한 교수 · 학습 과정을 통해 학습하도록 도울 수 있는지 등을 고려한다.
- 인본주의적 가치: 교육내용은 유아의 성장과 자아실현에 도움을 줄 수 있어야 한다. 이를 위해서는 유아의 감성과 창의성을 북돋울 수 있고, 생활과 연관성을 갖고 유아가 관심을 기울일 수 있는 내용이 선정되어야 한다. 아울러 유아가 자기주도적으로 참여하며 또한 주변 사람과 협력할 기회를 제공할 수 있는 내용이어야 한다.

2) 교육내용의 조직 원리

인간 행동의 변화는 단시일에 이루어지지 않는다. 기본생활습관이나 사고방식, 태도나 흥미는 서서히 변화한다. 인간의 행동은 한 번의 잘 조직된 반복 · 누적된 교육 경험을 통해 변화하며 심오해진다. 따라서 교육의 효과를 높이기 위해서는 학습 경험, 즉 교육내용을 효과적으로 조직해야 한다.

(1) 학습 경험의 조직 구조

학습 경험을 효과적으로 조직하기 위해서는 조직에 필요한 기본 구조를 고려해야 한다. 학습 경험의 조직 구조는 높은 단계, 중간 단계, 낮은 단계로 구분할 수 있다.

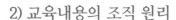 표 9-1 　학습 경험 조직 구조의 단계

단계		예시
높은 단계	'높은 단계'의 조직 구조로는 교과(subject) 중심 교육과정, 광역 교육과정, 중핵 교육과정(core curriculum), 미분화된 교육과정 등이 있다.	• 국가 수준 교육과정(유치원 교육과정, 표준보육과정) • ○○유치원 교육 운영계획
중간 단계	'중간 단계'에서는 교과목을 계열적으로 조직하는 형태와 학기 또는 학년을 단위로 하여 조직하는 형태가 있다.	• 연간 · 월간 교육계획 • 3세반 특색 교육계획 • 5세반 1학기 안전교육계획
낮은 단계	'낮은 단계'에서의 조직 구조는 매일 별개의 학습 경험을 다루는 '과(lesson)' 중심의 조직, 며칠 또는 몇 주 동안 계속할 수 있는 '주제(topic)' 중심의 조직 등으로 구분된다.	• 주제 전개 계획안 • 주간교육계획 • 안전교육 단위활동별 세부 내용

(2) 학습 경험 조직의 기준

유아교육과정은 주제를 중심으로 내용을 선정하는 것이 일반적이어서 주제를 선정하고 주제 연관성이 높은 활동들을 나열하는 것으로 교육내용 선정과 조직을 대신한 경우도 많다. 이에 따라 교육내용의 통합성은 매우 높으나, 목표와의 연관성이나 학습 경험의 계열성은 부족하기 쉽다. 효과적인 교수를 위해서는 수직적 관계와 수평적 관계를 고려하여 학습 경험을 조직해야 한다.

학습 경험을 효과적으로 조직하기 위한 기준으로 계속성(continuity), 계열성 (sequence), 통합성(integration)을 살펴보면 다음과 같다.

① 계속성

계속성은 학습 경험의 수직적 조직과 관계된 것으로 동일한 교육과정 요소(학습 경험)들을 되풀이하는 반복성을 의미한다. 어떤 목표가 학습자에게 학습되기 위해서는 내용 혹은 경험의 여러 요소가 계속적으로 반복되어야 한다는 원리다. 손 씻기, 식습관 지도, 교통안전, 소방대피훈련과 같은 생활 규칙이나 안전교육과 관련된 교육은 계속성이 적용되는 대표적인 예가 될 수 있다. 누리과정의 영역별 내용들도 한 번의 교육으로 마치는 것이 아니라 여러 차례의 교육 경험을 통해 학습하게 된다.

- 4세반에서는 월 1회 재난대비 훈련을 계획하였다.
- 5세반에서는 '의사소통'영역의 '동화, 동시에서 말의 재미를 느낀다'와 연관된 경험으로 1학기 동안 주1회 동화와 동시 활동을 계획하였다.

② 계열성

계열성은 계속성과 마찬가지로 수직적 조직과 관계되며 학습 경험의 폭과 깊이를 단계적으로 확대하고 심화해 나가는 연계성의 의미가 있다. 계속성에서 더 발전한 것으로 다른 말로는 점진성의 원리라고도 할 수 있으며, 유아에게 제공된 선행경험이나 내용을 기초로 다음 경험의 깊이와 폭을 점차적으로 더해 나가는 것을 의미한다. 계열성의 원리는 연령 및 수준별 교육내용의 선정, 3월 학기초에서 학기말까지의 연간교육계획, 생활주제의 전개 초기와 마무리 단계, 주간교육계획의 전개과정과 같이 시계열적 조직에 모두 적용된다.

계열성을 고려하기 위해서는 단순한 것에서 복잡한 것으로, 가까운 것에서 먼 것으로, 구체적인 것에서 추상적인 것으로, 부분에서 전체로 혹은 전체(미분화)에서 부분(분화)으로 등의 원리를 적용하여 점진적으로 확대 · 심화하여야 한다. 다음 〈표 9-2〉는 계열성을 고려하여 조직하는 방법과 그 예다.

표 9-2 교육내용 조직의 계열성을 높이는 방법

연대순 (과거에서 현재, 또는 현재에서 과거로)	• 교육내용이 시간의 흐름과 관련이 있을 때 유용하다. • 만 5세반에서 '시간: 사람의 변화'에 대한 프로젝트를 진행할 때 나의 어린 시절 사진부터 성장 사진 나열하기, 또는 부모님의 현재와 과거 사진 비교하기 등의 활동으로 연대순 접근을 할 수 있다.
단순한 것에서 복잡한 것으로	• 기초적인 내용이 복잡한 내용보다 선행하도록 배열한다. • 만 2세반의 조작영역에 제시하는 퍼즐에서 학기초에는 꼭지 있는 1조각 퍼즐을 준비해 주고, 2~4조각 퍼즐, 꼭지 없는 퍼즐, 6~8조각 퍼즐 등으로 복잡성과 조작의 난이도를 높인다.
가까운 것에서 먼 것으로	• 가깝고 친숙한 것에서 출발하여 시공간적으로 거리가 먼 것으로 진행한다. • '동물' 주제 전개 시 소주제는 우리 유치원에서 키우는 동물, 우리 집에서 키우는 동물에서 출발하여, 동물원의 동물, 농장의 동물 그리고 마지막으로 지금은 볼 수 없는 동물 '공룡'으로 전개한다.
구체적인 것에서 추상적인 것으로	• 구체적이고 오감각으로 탐색 가능한 것에서 출발하여 추상적인 것으로 확장한다. • '아름다운 것'이라는 주제를 위해 처음에는 '예쁘고 아름다운 물건 찾아보기'라는 활동에서 시작하여, 보이지 않지만 생각이나 행동이 아름다운 것으로 확장한다.
부분에서 전체로 혹은 전체(미분화)에서 부분(분화)으로	• 전체에 대한 이해가 부분에 대한 이해에 필수적이거나 또는 그 반대일 때 • 부분에서 전체로: 나의 신체 중 손, 입, 눈 등과 같은 부분에 대한 학습으로 시작하여 나의 신체에 대해 탐구한다. • 전체에서 부분으로: '나의 몸'에 대한 주제 전개 시 나의 몸 중 세밀하게 관찰하고 연구하고 싶은 부분을 정해서 '내 얼굴' 프로젝트나 '나의 눈'에 대한 프로젝트를 진행해 볼 수 있다.
논리적 순서	• 논리적으로 어떤 내용을 학습하기 위해서 반드시 선행되어야 하는 것이 있을 때 • 비상대피훈련을 실시하기 전에 안전 대피의 필요성, 안전 대피 방법 등에 대한 내용을 학습해야 대피훈련을 할 수 있다.
유아의 발달	• 학습자의 인지, 정서, 신체 등의 발달 수준과 진보에 맞추어 배열한다. 연령별, 학기의 진행, 개인별 발달 수준의 변화 등을 고려하여 배열한다. • 누리과정의 3세, 4세, 5세 내용의 수준 차이를 반영한다. • 수학영역의 활동 난이도를 월별로 높여 간다.

교육과정 통합을 강조하는 입장에서 볼 때 전통적인 계열성에 대한 견해는 도전을 받기도 한다. 복잡한 기능을 계열적으로 학습하지 않아도 학습자에게 유의미한 문제에 초점을 두고, 유의미한 과제 안에서 기본 기능을 가르치며, 학생의 문화와 학교 밖의 경험에 관련성을 갖도록 하고, 교수방법의 변화(대화, 스캐폴딩 등) 등 새로운 학습 원리를 적용함으로써 가능하다는 것이다.

③ 통합성

계열성이 학습자의 발달을 심화·확장시키는 것이라면, 통합성은 관련 요소들을 연관시켜 학습자 행동의 통일성을 증가시키는 것이다. 통합성은 학습 경험의 수평적 조직과 관련이 있다. 통합성을 기준으로 학습 경험을 조직한다는 것은 학습자가 통합된 시각을 가지고 경험했던 것들을 연결하여 자신의 행동에 통합시킬 수 있도록 돕는 것이다. 유아교육과정에서는 초·중등교육에 비해 통합성의 원리를 중시하며 주제 중심 교육과정의 적용에 폭넓게 적용해 왔다. 학습자로서 유아의 특성상 학습할 내용을 친숙한 삶과 분리해서 분절된 지식으로 습득하는 것이 어렵기 때문에 생활 주변의 주제를 중심으로 통합하면 학습이 효과적으로 이루어질 수 있다.

[그림 9-1]은 주제 '교통기관'의 하위 주제에 대한 교육과정 통합을 웹망형으로 구성한 예다.

언어

[공통]
- 탈것 수수께끼
- 탈것 빙고게임(탈것의 종류, 관련 시설)
- '지하철을 탈 때 지켜야 할 약속이 있어요' 게임
- 탈것 융판 자료, 자석 자료로 이야기 꾸미기
- '내 친구를 찾아 주세요' 게임 탈것에 관한 컷 자료 사용하여 탈것에 관한 책 만들기
- '내가 최고 자동차' 책 읽기(배경지식) → 책 읽고 교통기관과 관련된 기능과 장소 연결하기 게임
- 탈것 수수께끼 단어책 만들기
- 이야기 듣고 같은 단어 카드 내려놓기 게임

수/과학/컴퓨터

[공통]
- '무엇을 타고 갈까요?' 게임
- 비둘기반 친구들이 좋아하는 탈것 조사하기
- 여러 가지 바퀴(모양, 무늬, 구성 등) 관찰하기
- 자동차 번호판 찾기
- '필요한 것을 찾아주세요' 게임
- '어디로 다닐까요?' 탈것 분류하기 게임
- '자동차 주차하기' 게임
- 탈것 패턴 그림 완성하기

이야기 나누기

[공통]
- 내가 경험한 여러 가지 탈것
- 여러 가지 탈것이 있어요
- 탈것은 다양한 일을 해요
- 지하철은 어떻게 생겼을까
- 비둘기반 지하철에서 무엇을 할까
- 지하철 놀이를 더 재미있게 하려면 무엇이 필요할까 '탈것 장난감 가게' 놀이를 하려면 무엇이 필요할까
- 만약 탈것이 없다면 어떤 일이 생길까
- 탈것을 이용하기 위해 지켜야 할 안전 규칙이 있어요

동화, 동시, 동극

- 동시: 신호등이 말해요, 지하철을 탔어요 바쁜 자동차들, 바퀴는 요술쟁이, 긴 지하철 짧은 지하철, 영희의 자동차, 지하철
- 동화: 파워포인트 동화 '꼬마 곰의 할머니 집 가는 길', 그림동화 '곰돌이의 바퀴', TV 동화 '지하철을 탔어요', 그림동화 '바쁜 바퀴들', 융판 동화 '검피 아저씨의 드라이브', 융판 동화 '장난감 가게에서 생긴 일', 실물화상기 동화 '기관차 아에몽', 동화 '지하철을 타고서', 테이블 동화 '절컹이의 여행', 파워포인트 동화 '잃어버린 상자를 찾아요'
- 동극: 철수의 망가진 자동차, 검피 아저씨의 드라이브

쌓기/역할

[공통]
- '탈것 장남감 가게'에서 역할 정해 놀이하기
- 구조 고려하여 탈것 구성하기
- 지하철에서 역할 나누어 놀이하기
- 정류장, 세차장, 주유소 등 구성하여 역할 놀이하기
- 우레탄 블록과 자석벽돌 블록 이용
- 탈것 모양 찍기 틀을 사용하여 색깔 반죽 찍어 보기

교통기관

조작

- 렉스 블록으로 여러 가지 탈것 구성하기
- 탈것에 대한 퍼즐 맞추기
- 작은 듀플로 블록으로 교통기관 만들기 →교통기관과 관련된 시설 구성하기
- 여러 가지 탈것 끈 꺼기
- 단추를 꺼워서 기차 완성하기
- 듀플로 지하철 놀이로 지하철과 지하철역 구성하여 놀이하기
- 교통기관의 구조에 맞게 못 박기

미술

- 다양한 재활용품 활용하여 탈것 만들기
- 지하철 놀이에 필요한 소품(창문, 문, 표, 내리는 곳 등) 만들기
- 탈것의 다양한 디자인 감상하기 → 나만의 탈것 디자인하기
- 바퀴 그림 그리기
- 같은 무늬 바퀴 짝 짓기 게임

음률/신체표현

- 탈것에서 나는 소리를 악기로 표현하기→'다양한 탈것 이야기' 소리 동화 만들기
- 탈것을 몸으로 표현해 보기
- 다양한 방법으로 바퀴가 되어 몸을 굴러 보기
- '탈것 징검다리' 게임

[그림 9-1] 웹망을 사용한 주제 중심 활동의 통합

출처: 덕성여자대학교 부속유치원(2009), p. 20.

2. 주요 교육내용의 선정

어린이집과 유치원의 교육은 유아 중심, 놀이 중심으로 운영하는 것을 기본 방향으로 한다. 2019년과 2020년에 개정된 유치원과 어린이집의 공통교육과정인 누리과정과 표준보육과정은 이러한 유아·놀이 중심 교육과정을 토대로 영유아기의 교육내용을 제시하고 있다. 유아의 놀이 관찰로부터 발현된 내용으로 놀이를 통한 배움이 이루어지도록 하자는 것이다. 한편, 국가 수준 교육과정에 대한 충분한 이해를 토대로 각 원의 교육철학과 목적을 실현할 수 있는 교육내용을 담아야 하며, 안전교육이나 인성교육처럼 법으로 정한 필수 교육, 소속한 지역의 유아교육 방향에 포함된 중점교육, 그리고 환경교육, 경제교육 등과 같은 범교육과정을 교육내용에 포함해야 한다.

다음은 유치원 교육과정에 포함할 수 있는 주요 교육내용의 예다. 법정 교육 교육내용과 시수가 법령에 근거하여 정해진 교육이므로 필수적으로 포함시켜야 하며 다른 내용은 단위 교육기관에서 자체적으로 선정한다. 기타 교육의 예는 서울유아교육계획(서울특별시교육청, 2020)을 반영하였다.

- 국가 수준 교육과정의 교육내용: 유치원 교육과정, 표준보육과정의 영역별 내용
- 원의 건학이념이나 교육신념이 반영된 교육내용: (예) 자연친화교육
- 법정 교육: (예) 학교안전교육, 아동복지법에 따른 교육, 인성교육
- 연계 교육: (예) 어린이집, 초등학교 연계교육
- 건강 교육: (예) 건강교육, 영양교육
- 기타 교육: (예) 독서교육, 과학·정보교육, 생태·환경교육, 경제교육, 문화·예술·체육교육, 역사교육, 다문화 이해 교육
- 현장 학습
- 학급별 특색교육: (예) 노랑반 손끝교육, 보라반 텃밭 요리교실

3. 교육 주제의 선정

유아의 관심과 발달 수준, 놀이주제와의 연관성을 고려하여 교실에서 실행할 수 있도록 교육내용을 선정하고 조직하는 것은 교사의 역할이다. 유아를 위한 교육과정은 주제 중심 통합 모형을 가장 많이 사용하므로 주제의 선정은 유아가 경험의 내용과 밀접한 연관을 갖게 된다. 주제별 주요 내용은 주제 및 관련 학문 분야에 대한 연구와 브레인스토밍, 교사 협의, 수업 중 추출된 개념과 아이디어를 정리하여 추출할 수 있다.

1) 생활주제와 놀이주제

유아를 위한 교육내용은 생활주제를 선정한 후 하위 주제로 세분화하는 방법을 많이 사용하였으나 '2019 개정 누리과정'은 생활주제보다는 유아로부터 발현되는 놀이주제로부터 확장할 것을 권장한다. 생활주제도 놀이를 중심으로 전개하는 것은 같은 원리이나 여기서는 교사가 사전에 예측하여 선정한 주제를 생활주제, 유아의 놀이를 따라가면서 전개한 놀이의 주제를 놀이주제로 구분하여 표현하였다. 〈표 9-3〉에는 교사가 선정한 생활주제와 유아로부터 발현된 놀이주제를 예시하였다.

2) 주제 선정 및 배치 시 고려 사항

연령별 또는 학급별 교육계획안은 주제의 선정을 중심으로 이루어진다. '2019 개정 누리과정' 이전에는 생활주제 중심의 연간계획안을 작성하는 방법을 주로 사용하였으나, '2019 개정 누리과정'과 2020년의 '제4차 표준보육과정'은 유아 중심의 놀이로 교육과정을 채울 것을 기본 방향으로 하므로 연간 단위의 사전 주제 선정은 권장하지 않는다. 한편, 유아교육과정은 주제 중심 모형을 오랫동안 적용해 왔으므로 교사가 놀이와 학습 활동의 계획 과정에서 참조하게 될 많은 교육 자료가 주제 중심으로 누적되어 있다. 경력 교사들은 주제를 중심으로 통합 모형을 전개하는 것이 매우 익숙한 상황이다. 교사는 사전에 주제를 선정하여 전개 계획을 수립하고 교육과

표 9-3 주제의 예

교사가 사전에 선정한 주제		유아로부터 발현된 놀이주제
2세	3~5세	3~5세 놀이 사례
• 어린이집이 좋아요 • 봄나들이 가요 • 나는요 • 재미있는 여름이에요 • 나는 가족이 있어요 • 동물놀이해요 • 알록달록 가을이에요 • 겨울과 모양을 즐겨요 • 나는 친구가 있어요	• 유치원/어린이집과 친구 • 나와 가족 • 우리 동네 • 동식물과 자연 • 건강과 안전 • 생활도구 • 교통기관 • 우리나라 • 세계 여러 나라 • 환경과 생물 • 봄·여름·가을·겨울	• 이야기, 이야기, 또 다른 이야기 • 블록과 이야기 • 내가 좋은 생각이 났어 • 종이컵 놀이, 해 봐야 알아요! • 그럼 우리가 수박을 심자 • 색 철사의 변신 • 몸으로 놀아 보자! • 종이 벽돌 블록과 나무 블록으로 놀기 • "간질간질 예헤헤헤" 물감으로 놀기 • "준이는 뭐 하는 거지?" • 그림 그리는 현이 • 자전거 길을 만들어요 • 구슬치기, 바깥에서 교실에서 • 숲에서 놀아요. '꽉 파바바꽉! 꽉꽉 꽉!' • 뛰고 잡고, 또 뛰고 잡고 • 방해하는 건지? 같이 놀고 싶은 건지? • 소리를 배달하는 아이들 • 나비반 매트 • 매일 팽이만 가지고 논다고요?
만 2세 표준보육과정(중앙육아종합지원센터, 2013) 예시 주제	3~5세 누리과정 교사용 지도서(교육과학기술부, 2013a, b, c)의 생활주제	2019 개정 누리과정 놀이이해자료(교육부, 보건복지부, 2019b)에 포함된 놀이 사례

정의 실행 과정에서 유아들의 놀이에서 발현되어 나오는 주제를 적극적으로 반영하여 융통성 있게 전개한다. 연간교육계획 단계에서는 예상되는 생활주제와 하위주제를 예측해 보고 사전연구를 해 둔다고 표현하는 것이 적합하다. 교사가 유아들과 다뤄 보고 싶은 놀이주제, 행사 등을 미리 연구해 두면 자원을 준비하고 교사의 교육과정 운영이 용이하다는 장점이 있다. 주제 선정 및 배치 시 고려할 사항은 다음과 같다.

- 연령별 또는 학급별로 유아들과 보편적으로 다룰 수 있는 주제 목록을 만든다. 당해 유아교육기관의 중점 목표, 교육청의 교육 방향, 지역사회의 문화와 행사, 자연 환경 요인 등 다양한 변인을 고려하여 주제를 선정할 수 있다. 당해 교육목표 달성에 필요한 주제와 유아들이 높은 관심을 보일 수 있는 주제를 안배하여 교육과정이 역동적이면서 의미 있게 흘러갈 수 있도록 해야 한다.

- 동일한 주제여도 유아의 연령, 사전 경험 등을 고려하여 주제에 포함되는 내용과 깊이를 달리할 수 있다. 예를 들어, 만 2세 유아는 '나'에 대한 주제를 다룰 때 '나의 얼굴' '나의 손' '나의 발' 등과 같이 자신의 신체를 구체적으로 탐색할 수 있도록 주제 전개 계획을 세우며 주제 전개 시기도 2~3주에 걸쳐서 진행할 수 있을 것이다. 이에 비해, 만 5세반의 '나'라는 주제는 신체 탐색 중심의 만 2세와 달리 '나의 몸'은 1주 정도로 짧게 전개하고, '나의 생각과 느낌' '나의 꿈' 등 추상적 내용을 2~3주 동안의 기간으로 구성할 수도 있을 것이다. 〈표 9-4〉는 '나와 가족'이라는 주제에 대한 3세, 4세, 5세의 소주제를 비교한 것이다.

표 9-4 연령 차이를 고려한 소주제 선정의 예

주제 \ 연령	3세	4세	5세
나와 가족	• 내 이름은 친구 이름과 달라요 • 내 몸을 살펴봐요 • 내가 좋아하는 것 • 우리 가족	• 나는 특별해요 • 내 몸을 살펴보아요 • 나와 가족이 좋아하는 것이 있어요 • 우리 가족은 소중해요	• 나는 특별해요 • 가족 속의 나 • 가족의 역할 • 가족과 친척 • 나는 커서 무엇이 될까

- 주제를 시간적 순서에 따라 배열하는 과정에서 주제를 통해 다루게 될 교과 또는 학문의 위계성을 고려한다. 주제의 관련성이나 활동에 포함된 지식, 태도, 기술의 계열적 특성을 파악할 필요가 있다. 유아가 친숙하게 접하고 있는 주제, 구체적인 경험이 가능한 주제로부터 유아와의 관련성이 적고 추상적인 주제로 확대해 나가고, 주제를 통해 다루게 될 교육내용의 위계성을 고려하여 배열한다. 예를 들어, '나'라는 주제를 '유치원 친구'라는 주제보다 먼저 다룰 수 있으며, '유치원 친구'라는 주제를 다룬 후 '세계 여러 나라의 어린이 친구'라는

주제로 확장할 수 있다. 또한 '동물'이 주제인 경우 유치원에서 키우는 동물 → 동물원의 동물 → 야생동물 → 멸종된 동물의 순서로 소주제를 선정하는 방법 등으로 연간 주제를 배열한다.

• 학급의 유아들이 흥미를 갖고 몰입하며 주도적으로 놀이하고 확장해 나갈 수 있는 신나는 주제를 발굴해 본다. '2019년 개정 누리과정'은 이전의 교육과정이 생활주제를 중심으로 전개하는 과정에서 교사주도적이며 경직된 형태로 교육과정이 운영되는 경향이 있음을 비판하고 놀이 중심, 유아 중심의 교육과정으로 운영할 것을 장려한다. 유아로부터 발현될 수 있는 놀이주제들을 예상해 보며 그 중 몇 가지를 연간계획 단계에서부터 연구하고 자원을 준비해 둔다.

4. 교육계획

놀이 중심의 교육과정으로 놀이로부터 발현되는 경험을 중시하고 있으나 예비교사나 저경력 교사가 놀이로부터 발현되는 유아의 경험을 따라가며 시기적절하게 균형 잡힌 교육과정을 운영하는 것이 쉬운 일은 아니다. 교사는 주제와 통합하여 선정한 교육내용 및 하위 내용을 얼마나 자주 교육할 것이며, 또 내용의 위계성에 따라 어떻게 배열할 것인지, 낱낱의 내용들을 어떠한 관련성이나 연계성에 의해 조직할 것인가를 결정해야 하는데, 이는 연간, 월간, 주간, 일일 교육계획과 단위활동계획안을 통해 반영된다.

1) 연간교육계획

연간교육계획은 교육기관에서 1년 동안 이루어지는 교육에 대한 포괄적인 계획으로 새 학년이 시작되기 전에 수립한다. 교육과정을 계획하고 운영하는 가장 핵심적인 주체는 교사이며, 특히 연령별 교육과정 운영 시에는 각 연령 담당 교사가 중요한 역할을 하게 되므로 모든 교직원의 토론과 협의를 거쳐 수립한다. 연간교육계획안 계획·운영 시 다음과 같은 점을 고려한다(교육과학기술부, 2009; 양옥승, 최경애, 이혜원, 2015).

- 연간교육계획은 해당 연도의 연간 교육운영계획 수립 단계에서 작성한다. 교육운영계획서는 원의 철학과 목표에 따른 당해 연도의 교육과 운영관리를 어떻게 할지에 대한 총괄적인 방향과 계획이 포함된다. 따라서 전년도의 교육과정을 평가하고 개선할 점을 협의하는 과정을 거친 후 당해 연도의 교육계획을 수립해야 한다.

- 연간교육계획은 학사일정, 계절, 명절, 주요한 행사 등을 고려하여 연령별로 일 년간 예상되는 내용을 중심으로 계획한다. 아울러 안전교육, 인성교육, 현장체험학습 등을 연계하여 계획한다. 교사의 교육과정 운영 자율성과 유아 · 놀이 중심의 교육을 강조하려면 전체의 연간계획은 학사일정과 방향성 제시 중심으로 간략히 수립하고 학급별 운영 및 교육계획을 수립하는 것을 권장한다.

- 연간교육계획을 수립 전에 전 학년도 연간교육계획 및 실행 내용을 분석하고 평가한다. 기관 자체평가서(유치원평가 또는 어린이집평가)의 내용도 분석하여 교육계획 시 반영할 부분을 검토한다. 이러한 평가 내용을 토대로 다음 학년도 운영계획 및 교육계획을 수립한다.

- 연간교육계획의 수립 시 연령별 차이를 고려하여 차별성을 둔다. 이를 위해서는 연령별 교사 간의 협의뿐 아니라 타 연령 담당 교사와의 협의도 필수적이다. 동일한 시기에 같은 유아교육기관에서 생활하고 활동하는 특성상 다른 연령의 활동은 게시판, 복도의 게시물이나 공유 공간에서의 활동을 통해 공유하게 된다. 또한 명절, 행사 등을 함께 지내게 되므로 이와 관련된 내용은 공통성을 지니게 된다. 따라서 연령별 차이와 학문적 계열성, 연계성을 고려한다.

- 범교육과정과의 연관성을 고려하여 연간교육계획을 수립한다. 안전교육, 성교육, 유아교육기관의 특색교육, 인권교육, 환경교육, 다문화교육 등은 연간교육계획의 수립 시 연관성을 고려하여 계획한다. 특히 반복적 · 지속적으로 다루어야 할 내용과 안전교육이나 인성교육 등과 같은 법적 시수가 정해져 있는 교육내용은 연간계획 단계에서부터 포함시켜서 누락되지 않도록 한다.

- 가족 및 지역사회와의 협력을 고려하여 계획한다. 가족 협력과 참여는 가정연계교육, 부모교육, 수업참관, 가족참여 행사 및 체험활동, 학부모 회의 등 다양한 형태로 이루어질 수 있다. 또한 국가 및 지역사회 행사를 반영함으로써 유아가 속한 문화적 맥락과 연관성을 가질 수 있으며, 교육과정운영의 역동성도

증가시킬 수 있다.

2) 월간·주간 교육계획

월간·주간 교육계획은 연간교육계획에 기초하되 전월의 교육 흐름을 고려하여 당월에 필요한 교육내용과 일정으로 월간·주간 교육계획안을 작성한다. 원에 따라 차이는 있으나 월간교육계획은 당월의 주요 학사일정을 중심으로 계획하며 학급별 교육계획은 주간 단위 또는 2주 단위로 작성하게 된다. 주간교육계획은 한 주간의 놀이와 교사 주도적 활동, 현장학습, 가정참여 내용 등을 담은 일주일의 계획안으로 학급별 또는 연령별로 수립한다. 연간, 월간 교육계획의 학사일정과 주제 계획을 반영하되, 현재 시점에서 관찰한 내용을 토대로 다음 주에 경험할 예정인 놀이와 교사 주도적 활동을 계획하게 되므로 유아가 실제 경험하게 될 내용과 가장 근접한 교육계획이 될 수 있다.

월간·주간의 교육 주제는 연간교육계획 시 선정해 둔 예상 주제 중 계획할 수도 있고 유아의 놀이 흐름을 따라가며 선정된 주제로 계획할 수도 있다. '2019 개정 누리과정' 이전에는 월 단위로 대주제를 계획하고 주 단위로 소주제를 계획하는 방법을 일반적으로 사용했으나 '2019 개정 누리과정'은 월 단위 생활주제를 선정하여 교사 계획에 따라 활동을 전개하는 것보다 유아의 자유놀이로부터 발현되는 것에 따라 변경해 나가는 것에 중요한 의미를 부여하고 있다.

3) 일일교육계획

일일교육계획은 유아가 등원해서 귀가할 때까지 하루 동안 진행하게 될 교육 내용과 일과를 구체적으로 명시한 계획서이다. 일일교육계획서에는 일과 시간표, 놀이주제, 목표, 자유놀이, 교사 주도의 활동, 바깥놀이, 주요활동의 계획(목표, 내용, 교수·학습 방법, 준비물, 평가 등), 관찰 사항과 평가 등이 포함된다. 일일교육계획 시 다음의 사항을 고려한다.

• 유아가 하루를 예측하고 안정감 있게 생활할 수 있도록 규칙적인 시간 패턴으

로 계획한다. 등원, 자유놀이, 정리정돈, 이야기 나누기, 손 씻기, 간식, 대 · 소
집단활동, 바깥놀이, 점심, 휴식활동, 대 · 소집단활동, 귀가 준비 등의 일과를
유아의 생활리듬을 고려하여 일관성 있는 순서로 배치한다. 다른 날과 변화를
두어 진행하는 경우 유아들이 예측하여 안정감을 느낄 수 있도록 사전에 알려
주어야 한다.

• 유아의 신체적 욕구나 리듬을 고려하여 시간을 계획한다. 유아는 놀이에 열중
하다 보면 화장실 가는 것을 잊기도 하고, 몸이 많이 피곤하고 지쳐도 놀이를
멈추지 않고 계속하기도 한다. 또 간식이나 점심이 늦어지면 배가 고파서 짜증
을 내고 친구와 다투기도 한다. 따라서 교사는 연령 및 개인의 신체적 욕구를
파악하여 시간 계획에 반영해야 한다. 등원 · 하원 시간을 고려하여 간식 시간,
점심시간을 배치하고, 등원 시간이 빨라서 아침 식사를 제대로 하지 못하는 유
아는 간식 시간을 조절해 줄 수도 있다. 화장실 이용은 개별적으로 하는 것이
원칙이지만 놀이 정리 후 손 씻기 전이나 산책 전에 화장실에 반드시 들르도록
하면 실수를 줄일 수 있다.

• 개별 유아의 흥미와 욕구를 파악하여 일일교육계획에 반영한다. 일일교육계획
은 주간교육계획에 기초하며 유아 개인보다는 전체의 관심사를 중심으로 작성
되므로 교사가 유아 개인의 관심이나 욕구를 반영하려는 노력을 체계적 · 의도
적으로 하지 않으면 교사 중심의 계획이 되어 버릴 수 있다. 놀이 시간에 개별
유아를 관찰하는 것은 필수적이며, 이야기 나누기 시간에 놀이에 대해 함께 토
의하고 의견을 제시할 기회를 만들며, 유아의 산출물을 평가하여 다음의 계획
에 반영한다. 또한 학급에서 공유되고 있는 주제 이외에도 유아가 개별적으로
관심을 가진 내용이 있으면 놀이 공간과 자료, 관심사를 탐구할 수 있는 시간을
계획해 준다. 개별 유아의 관심사가 전체 학급의 주제로 확장될 수도 있다.

• 하루 동안 이루어지게 되는 활동은 다양성을 지니면서 활동 간 균형이 잡히도
록 계획한다. 유아의 자유로운 놀이와 놀이의 발현을 따라가는 것을 중요하게
생각해야 하지만, 한편으로 교사는 특정한 영역으로 편중되지 않도록 2~3개
의 영역에 변화를 주며 정적 활동과 동적 활동을 안배한다. 또한 공간적으로도
인접한 영역에 새로운 활동을 내어 주면 교실 공간의 이용이 한쪽으로만 몰리
게 되는 수도 있다.

- 다양한 유형의 상호작용이 일어날 수 있는 활동을 계획한다. 교사-유아(개별 또는 집단), 유아-유아(개별 또는 집단), 유아(개별 또는 집단)-사물 간 상호작용이 이루어질 수 있도록 하고, 대집단, 소집단, 개별 활동을 통한 상호작용의 다양성도 고려한다. 예를 들어, 이야기 나누기 시간(교사-유아 집단), 미술 활동(유아-사물), 협동하여 블록으로 탑 쌓기(유아-사물-유아), 아픈 친구 도와주기(유아-유아), 교사와 판 게임하기(교사-유아 개별) 등의 다양한 상호작용이 이루어지는 활동이 하루 일과 속에 포함될 수 있다.
- 융통성 있는 운영을 염두에 두고 계획한다. 유아의 흥미와 욕구, 특정 유아의 반응, 우발적인 사건, 날씨 등에 의해 예측하지 못한 상황이 발생할 수 있다. 유아의 흥미와 발달 수준에 적합하고 교수매체 등을 연구하여 준비한 활동은 유아들이 흥미를 갖고 참여하는 것이 일반적이지만, 유아들이 다른 것에 관심을 보이거나 더 몰입하는 놀이가 있는 경우, 교사가 예상하고 준비한 것이 제대로 적용되지 않는 경우는 융통성 있게 내용이나 방법을 전환할 필요가 있다. 또한 바깥놀이 활동은 날씨 상황에 따라 변수가 발생할 수 있으므로 대체활동을 계획해 두어야 한다.
- 유아 스스로 하루의 놀이를 계획하고 결정할 수 있도록 한다. 특히 놀이 중심, 유아 중심의 교육과정은 교사가 계획하고 주도하는 활동의 전개보다 유아들의 놀이 흐름에 따라 시간을 구성하는 것이 적합하다. 이를 위해서 자유놀이 시간을 충분히 제공하고 무엇을 하며 놀이할 것인지에 대한 결정을 할 때 유아에게 권한을 위임하는 교사의 자세도 필요하다.
- 일일교육계획 시 평가를 염두에 두고 계획하여, 실행 후에 평가의 준거로 삼을 수 있도록 한다. 목표가 어느 정도 달성되었는지, 유아의 반응은 어떠했는지, 문제점이나 준비가 미흡한 점은 없었는지, 수정·보완할 점은 무엇인지 기록하고 다음의 계획에 반영한다.

4) 단위활동의 계획

단위활동 또는 놀이의 계획은 활동별로 교육 목표와 내용, 교수·학습 방법, 평가 등을 기록한 가장 작은 단위의 구체적인 교육계획이다. 교사 주도적 활동인지 유아

주도의 놀이 계획안인지에 따라 교사의 계획 내용은 달라진다. 교사 주도적 활동 계획안은 교사가 유아에게 가르치려고 하는 목표를 명확하게 명시하고, 교육내용, 시간과 공간의 배치, 자료, 교수·학습 과정(도입-전개-마무리), 교사와 유아의 역할, 목표와 관련된 평가 등을 구체적으로 제시한다. 유아 주도의 놀이 계획안은 놀이 전개과정에서 교사의 상호작용과 발문, 유아의 다양한 아이디어를 어떻게 확장하도록 도와줄지의 계획과 예상되는 자원 등을 계획한다.

제10장

유아교육과정 구성-교수 · 학습

교수 · 학습은 교수와 학습을 합한 말인데 사전적 의미로 교수(教授, teaching)는 전문적인 학문이나 기예를 가르치는 것, 학습(學習, learning)은 지식이나 기술 등을 배워서 익히는 것을 의미한다. 교육목표를 달성할 수 있는 교육내용을 선정하면 그 내용을 효과적으로 교수하기 위해 학습 경험은 어떻게 조직할지, 즉 어떤 방법으로 교수 · 학습할지 결정해야 한다.

1. 교수 · 학습에 대한 관점

교수 · 학습은 유아교육과정의 일부이므로 교육관이나 프로그램에 따라 강조점에 차이가 있다. 교수 · 학습에 대한 관점은 발달이론에 따른 구분, 교사 중심 또는 유아 중심의 구분, 교수 · 학습 패러다임의 변화로 나누어 살펴본다.

1) 발달이론에 따른 관점

발달이론에 따라 성숙주의적 관점, 행동주의적 관점 및 상호작용주의적 관점 (또는 구성주의적 관점)으로 구분할 수 있다(양옥승 외, 2001; 양옥승, 최경애, 이혜원, 2015).

(1) 성숙주의적 관점

성숙주의적 관점에서는 유아가 어떤 것을 학습할 준비가 되어 있을 때 그것을 학습하는 방법도 터득하고 있다고 가정한다. 그래서 특별한 교수방법을 적용할 필요 없이 유아의 준비도에 맞는 활동과 따뜻하고 안정된 환경만 제공된다면 학습이 이루어질 수 있다고 본다. 교사는 유아의 요구와 흥미에 의해 자발적으로 활동을 선택하고 놀이를 할 수 있도록 흥미영역을 구성하고 자료를 준비해 주며, 유아를 관찰하고 그에 반응해 주어야 한다. 유아가 선택한 활동을 충분히 할 수 있도록 자유선택 활동 시간과 유아가 선택할 수 있는 활동을 충분히 제공하고, 교육계획은 유아의 흥미에 반응할 수 있도록 융통성이 있어야 한다.

(2) 행동주의적 관점

행동주의적 관점에서 유아는 환경의 반응자이고, 학습이란 자극에 대한 반응과 정보의 흡수, 특정 행동에 대하여 강화되는 것이다. 발달의 지연은 성숙의 문제가 아니라 자극-반응의 연결이 부적절했거나 효과적인 강화가 이루어지지 못했기 때문이다. 교사는 유아에게 필요한 행동을 구체화하고 세분화하여 계층적으로 조직하고 이를 순서적으로 제시하여 유아가 학습할 수 있도록 해야 한다. 이를 위해 언어적/비언어적인 지시와 안내, 보상과 칭찬을 하며 목표로 하는 행동이 수정되도록 한다.

(3) 구성주의적 관점

구성주의적 관점은 피아제와 비고츠키의 구성주의 이론에 기초한다. 이 관점에서 볼 때, 유아는 환경과의 상호작용을 통해 대상을 해석하고 재구성하는 존재이며, 의미 있는 사회적 상황에서 타인과 협동하면서 정신과정을 만들어 가는 능동적인 존재이다. 비고츠키의 이론을 따르는 교사는 교육적 환경을 조성하며 유아의 근접발달지대를 알고 비계설정 등 적절한 도움을 제공하여 외부에서 주어진 고도의 정신적 과정이 유아에게 내면화되도록 상호작용하는 것을 중요하게 생각한다.

브랜스콤브와 동료들(Branscombe, Castle, Dorsey, Surbeck, & Taylor, 2003)은 구성주의 이론에 입각해서 볼 때 유아들이 학습을 위해 물리적 지식, 논리 수학적 지식, 사회적 지식을 사용하므로 유아교육자들은 이러한 지식에 대한 이해가 필요하다고 지적하면서, 다음과 같은 교수 · 학습 방법을 제시하였다(강현석 외 역, 2005).

- 지식 유형에 근거하여 유아에게 반응하라. 예를 들어, 물리적 지식은 구조 활동과 사물을 통한 실험, 논리 수학적 지식은 관계성 이해, 이론의 형성과 검증, 사회적 지식은 요일의 이름 등과 같이 구성 불가능한 내용에 대해 이야기한다.
- 암기가 아니라 지식 구성 중심으로 교수한다.
- 논리적 사고, 관점 전환, 문제해결을 야기한 질문을 한다.
- 탐구의 모델을 보여 준다.
- 유아가 흥미롭고, 목적성이 있으며, 도전적인 활동에 몰입하도록 한다.
- 포트폴리오 등으로 유아의 실제 활동물을 평가하고 유아 스스로 자신의 활동물을 평가하게 한다.

한편, 드브리스와 동료들(DeVries, Zan, Hildebrandt, Edmiaston, & Sales, 2002)은 구성주의 교육의 교수원리를 다음과 같이 제시하였다(곽향림 외 역, 2007).

- 협동하는 사회도덕적인 분위기를 확립해야 한다. 물리적으로 안전하고 심리적으로 안정감 있는 환경에서 존중받는 유아는 편안하게 자신의 지적 · 사회적 흥미를 추구할 수 있다.
- 유아의 흥미를 고려한다. 이를 위해 교사는 유아가 무엇을 자발적으로 하는지 관찰하고 마음을 끄는 활동을 제시하며 선택할 수 있는 충분한 기회를 제공한다.
- 물리적 지식, 논리 수학적 지식, 사회적 지식의 세 가지 지식 유형에 알맞게 가르친다.
- 유아가 도전받을 수 있는 내용을 선택한다. 개방된 탐색을 증진하며 지적 능력

에 적합한지, 단답형이 아닌 광범위한 반응을 가능하게 하는지, 유아의 호기심과 흥미를 두루 유발하는지, 유아가 지속적인 사고를 하도록 조장하는지 등을 고려한다.

• 적절한 질문과 개입을 통해 유아의 추론 능력을 증진한다.
• 탐색과 심층적 몰입에 필요한 적정 시간을 제공한다.
• 문서화 작업과 평가를 교육활동과 연결하도록 한다.

2) 교사 중심 교수 · 학습과 유아 중심 교수 · 학습

교사의 교수 · 학습 방법은 교사와 학습자 중 누가 주도하느냐에 따라 교사 중심과 유아(학습자) 중심 교수 · 학습으로 구분할 수 있다. 교사 중심 교수 · 학습 방법은 교사가 능동적인 주도자로서 교사가 수립한 목표에 따라 교수과정이 이루어지는 데 비해, 유아 중심 교수 · 학습 방법은 유아가 능동적인 참여자이고 유아의 생각, 느낌, 표현이 중시된다(이성호, 1999).

〈표 10-1〉은 교사 중심 교수 · 학습 방법과 유아 중심 교수 · 학습 방법을 비교한 것이다.

3) 교수 · 학습 패러다임의 변화

어떻게 학습자를 가르칠 것인가의 문제는 교수 · 학습에 대한 패러다임의 변화와 연관된다. 백영균 등(2010)은 교수 · 학습의 패러다임을 전통적 패러다임, 경험-과학적 패러다임, 공학적 패러다임으로 구분하여 설명하였다(백영균 외, 2010; 이영자, 박미라, 최경애, 2019).

표 10-1　교사 중심 교수 · 학습 방법과 유아 중심 교수 · 학습 방법

준거	교사 중심	유아 중심
중심 인물의 행동	• 교사가 능동적 주도자이며, 유아는 수동적 수용자다. • 교사가 목적, 내용, 방법, 절차 등 모든 것을 결정한다. • 교사의 사고, 가치, 태도, 흥미 등이 수업을 지배한다. • 교사의 강력한 자아상이 수립되고 제시된다. • 교사가 수업활동의 거의 전부를 차지한다.	• 유아가 능동적 주도자다. • 유아가 개인 또는 집단으로 방법과 절차를 결정하는 경우가 많다. • 유아의 사고, 가치, 태도, 흥미 등이 수업에 적극 반영된다. • 유아 개개인의 자아상 확립을 존중한다. • 유아가 교육활동의 많은 부분을 차지한다.
교수 · 학습의 목적 및 절차	• 교사가 설정한 목표대로 유아를 변화시키는 것이 교수 · 학습의 목적이다. • 교사가 수업목표를 제시해 주고 학습내용을 개관해 준다. • 교사는 유아의 발달 수준, 능력, 흥미에 대한 큰 배려 없이 목표와 내용, 방법을 선정한다. • 교수 · 학습 과정에서 교사−유아, 유아−유아 간의 상호작용 기회가 별로 많지 않다. • 교사가 유아의 인지구조나 사전 지식 및 경험을 정리해 준다. • 교사가 중요한 정보를 선택하고 강조해 준다. • 교사는 유아의 기억을 돕기 위해 다양한 전략을 동원한다. • 교사는 자신이 생각하는 정답을 유아가 맞히기를 기대한다. • 교사는 유아의 표현이나 느낌을 경청하거나 해석하거나 반응을 보이지 않는다. • 교사는 자신이 선정한 기준에 따라 학습 성패를 획일적으로 진단한다. • 측정 평가는 교사의 고유 권한이다.	• 교사와 유아가 함께 목표를 결정한다. • 유아가 학습목표를 인식하고 학습내용을 계획한다. • 교사는 학습자의 발달 수준, 능력, 흥미 그리고 개인차를 고려하여 목표, 내용, 방법을 선정한다. • 교수 · 학습 과정에서 교사−유아, 유아−유아 간의 상호작용 기회가 풍부하다. • 유아 스스로 자신의 인지구조와 사전 지식 및 경험을 활성화시킨다. • 유아는 무엇이 중요한가를 자기 스스로 발견한다. • 유아는 자신의 기억을 높이기 위해 자기에게 적절한 방법을 탐색한다. • 유아 개개인이 생각하는 문제해결 방식이나 만들어 내는 답을 존중한다. • 유아는 자신의 표현이나 느낌을 존중하고 반응을 기꺼이 내보인다. • 유아는 스스로 자신의 학습 성패를 가름하는 방법을 찾고 또 성패 기준도 각기 정할 수 있는 기회를 부여받는다. • 유아도 측정 평가에 교수자와 함께 참여한다.

출처: 이성호(1999), p. 47.

(1) 전통적 패러다임

교사가 학습자에게 가르쳐야 할 교육내용으로 지식과 경험을 선정하고 조직하여 언어를 중심으로 전달하는 교수 · 학습 패러다임이다. 전통적인 타일러의 목표-내용 선정-경험조직-평가의 네 가지 질문을 주요 탐구 문제로 생각하는 패러다임이 여기에 해당된다. 교수 · 학습 이론의 토대가 되지만 교사 중심, 지식 중심, 결과 중심의 교수 · 학습으로 치중하는 문제가 있다.

(2) 경험-과학적 패러다임

교사가 지식과 경험을 선정하고 조직한다는 점은 전통적 패러다임과 크게 다르지 않으나 교사-학습자 간 상호작용, 학습자-학습자 간 상호작용을 포함하는 패러다임이다. 전통적 패러다임이 교사에 의한 전달식 교육에 초점이 있다면 경험-과학적 패러다임은 쌍방향적 상호작용을 통해 학습을 촉진할 수 있다고 본다. 교육의 과정과 교사-유아, 유아-유아의 상호작용을 중시하는 유아 교실은 전통적 패러다임보다는 경험-과학적 패러다임을 더 많이 반영하고 있다.

(3) 공학적 패러다임

미래의 교수 · 학습 패러다임으로 교수 · 학습 과정이 정보통신기술과 사회의 변화를 반영하게 되는 공학적 패러다임이다. 지식은 교사를 통해서만 습득되는 것이 아니며 대면학습 이외에도 다양한 방식의 학습이 가능하고 어떤 지식이 더 중요한가에 대한 생각도 다양화 · 개별화되었다. 우리 사회는 코로나19 등의 감염병으로

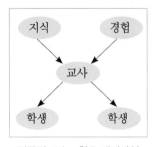
전통적 교수 · 학습 패러다임

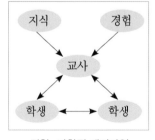
경험-과학적 패러다임

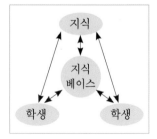
미래의 공학적 패러다임

[그림 10-1] **교수 · 학습 패러다임의 변화(과거-현재-미래)**

출처: 백영균 외(2010, pp. 61-63); 양옥승 외(2015, p. 131).

인해 대면학습에 어려움이 생기면서 온라인수업, 원격수업 등의 필요성과 학습자의 자율성과 자기 관리가 중요하다는 점을 경험하였다. 학교뿐 아니라 유아교육에서도 교수 · 학습에 대한 새로운 관점과 준비가 필요하다는 것을 절감하였다. 스마트한 학습 환경의 구축이 필수적이 되었으며 초소형 컴퓨터와 무선컴퓨터, 유비쿼터스 세계, 인공지능, 증강현실 등을 교수 · 학습의 영역과 연결하려는 노력이 증가할 것이다.

2. 유아를 위한 교수 · 학습 원리

1) 유아 교수·학습의 원리

유아교육자들이 일반적으로 동의하는 교수 · 학습의 원리를 몇 가지로 나누어 설명하면 다음과 같다(교육과학기술부, 2009; 교육과학기술부, 보건복지부, 2013; 양옥승 외, 2001; 양옥승, 최경애, 이혜원, 2015; 중앙육아종합지원센터, 2013; NAEYC, 1991).

(1) 놀이 중심

놀이 환경과 놀이활동을 중심으로 계획하고 지도한다. 유아는 놀이를 통해 배운다. 놀이는 지식을 구성하는 데 필요한 탐색과 조작, 표상의 기회를 제공할 뿐 아니라 감정을 해소하고 조절하며, 또래와 상호작용의 장을 마련해 준다. 놀이는 발달의 모든 영역을 제공하며 동기를 부여하고 학습을 능동적 과정이 되도록 이끌 뿐 아니라 개인적 차이를 허용해 준다. 교수 · 학습에서 놀이 중심 원리는 유아의 놀이가 학습 그 자체라고 보고, 교육활동이 놀이를 통해 이루어지도록 하는 것이다. 놀이가 교육적 의미를 가지도록 하기 위해 교사는 교육목표와 내용에 기초하여 놀이 환경과 놀이활동을 제공하고 다양한 자료를 제시하여 유아가 흥미를 가지고 선택하여 놀이하도록 지도해야 한다.

(2) 생활 중심

유아가 친숙한 일상생활 및 경험을 통해 사물과 상황에 대한 지식, 기술, 태도를 학습하도록 한다. 생활 중심 원리는 유아가 친숙한 일상생활 및 경험을 통하여 사물과 상황에 대한 지식, 태도, 기술을 학습하도록 하는 것이다. 이를 위해서 교사는 유아의 매일의 일상생활과 관련된 사물과 사건, 친숙한 일과, 가족과 친구, 지역사회의 여러 생활 모습과 환경, 자연현상 등 매일 실제로 접하는 생활을 중심으로 교수 · 학습이 이루어지도록 한다.

(3) 개별화

개별 유아의 흥미 및 발달 수준에 따라 학습 경험을 선정하고 조직한다. 개별화의 원리는 개별 유아의 흥미 및 이해 정도에 따라 교육활동을 선정하고, 학습 속도에 맞게 제시하며, 교수 · 학습 방법을 달리 적용하는 것을 말한다. 유아는 발달의 진행 속도에 차이를 보일 뿐 아니라 지능, 성격, 흥미, 욕구, 경험 등에서 개인차를 보인다. 따라서 교사는 유아의 개별성을 이해하고 존중하며 그에 알맞은 교육이 이루어지도록 해야 한다. 최근에는 발달심리학적 특성뿐 아니라 개인과 가족의 문화적 배경의 다양성에 대한 차이를 존중하고 교육과정에 이를 반영할 필요성이 부각되면서, 우리나라에서도 다문화에 기초한 프로그램과 교수 · 학습 방법이 많이 개발되고 있다.

(4) 자발성

유아가 자기 내부의 원인과 힘에 의하여 학습하고 스스로 지식을 구성해 나갈 수 있도록 한다. 자발성의 원리란 외부의 강제나 영향 없이 자기 내부의 원인과 힘에 의하여 학습이 이루어지는 것을 의미하는데, 이는 학습이 학습자 스스로 배우고자 하는 자발적 의욕을 가지고 있을 때 가장 효과적으로 이루어진다는 신념에 기초한다. 교사는 유아가 흥미와 목적을 가질 수 있게 하고, 활동이나 교수자료의 수준이 너무 쉽거나 어렵지 않아서 적정 수준에서 도전할 수 있도록 유지하며, 자유롭고 수용적인 분위기를 조성해 주어야 한다. 자유선택활동 시간은 이러한 교수 · 학습의 자발성의 원리를 최대한 적용한 시간이라 볼 수 있으며, 대 · 소집단의 운영 시에도 유아가 흥미와 목적을 가지고 참여할 수 있도록 조직해야 한다. 한편, 교사는 유아가 충동에 의해 마음대로 하는 것은 자발성의 원리가 아니라는 점에 유의해야 한다. 자발성의 원리를 적용하기 위해서는 유아의 자기조절과 통제, 선택과 책임, 연령 수준에서의 반성적 사고를 장려하는 교수·학습이 함께 이루어져야 한다.

(5) 융통성

예측하지 못했던 유아의 흥미, 요구, 사건 등에 순발력 있고 융통성 있게 반응하여 학습자 중심 교육, 발현적 교육이 이루어지도록 한다. 이러한 융통성의 원리는 활동 내용이나 방법의 계획 및 적용 시 사전에 예측하지 못했던 유아의 흥미, 욕구, 우발적 사건을 순발력 있고 적절하게 반영하여 교육적 효과를 높이는 것을 의미한다. 유의할 점은 융통성의 원리를 적용한다는 것이 사전에 충분히 계획하지 않아도 된다거나 교육적 필요를 충분히 검토하지 않고 유아의 흥미를 좇는다는 것을 의미하지는 않는다는 것이다. 교육적 필요가 있으나 유아가 흥미와 관심을 보이지 않는다면 교수·학습 과정을 세밀하게 조직하여 유아의 흥미를 유발할 수 있다.

(6) 신체적·심리적 안정

유아는 특성상 신체적 편안함과 심리적 안정을 느낄 때 가장 잘 학습할 수 있다. 유아는 신체적으로 활발하게 발달해 나가는 시기이지만 아직 대소변, 낮잠과 같은 생리적 욕구 및 대·소근육에 대한 조절능력이 부족하다. 또한 신체적 움직임이 왕성하고, 오랜 시간 앉아 있거나 집중하는 것을 어려워한다. 교수·학습은 유아의 이러한 신체적 특성을 고려하여 계획되어야 한다. 심리적으로는 친숙하고 안정감을 느낄 수 있는 사람, 장소, 상황에서 놀이에 참여하고 적극적으로 탐색하는 특징이 있으므로 편안하고 친숙한 분위기의 교수·학습 상황이 요구된다.

(7) 사회적 상호작용

교사-유아, 유아-유아 간 사회적 상호작용을 통해 구성원 간에 역동적인 힘과 영향을 주고받을 수 있도록 한다. 유아는 친숙한 성인 및 다른 유아와의 상호작용을 통해 학습한다. 유아교육 현장에서 유아 간, 유아-교사 간에 서로 역동적인 힘과 영향을 주고받으면 모든 활동에 상승적 효과를 일으키게 된다. 다양성과 차별성을 지닌 구성원 간의 상호 교섭을 통해 정보를 공유하고, 지적 자극을 주며, 탈 중심화를 촉진하고, 상호 협동함으로써 효과적인 학습이 이루어지도록 할 수 있다. 이를 위해 일방적인 교수가 아닌 교사-유아 간의 상호 이해와 상호작용이 이루어져야 하며, 유아-유아 간 상호작용과 협동, 문제해결을 위한 토론과 논쟁, 협상과 협력이 이루어질 수 있는 경험을 제공해야 한다.

(8) 활동의 균형

유아의 일상생활과 활동이 조화를 이루어야 하며, 활동의 유형에 따른 균형도 고려해야 한다. 만 0~1세아, 만 2세아는 일상생활 및 개별활동, 휴식 등이 균형 있게 이루어지는 것이 중요하며, 3~5세아는 실내 · 실외 활동, 정적 · 동적 활동, 대 · 소집단활동 및 개별 활동, 일상생활 및 휴식 등이 균형 있게 이루어져야 한다.

(9) 유아 중심 환경구성

유아를 위한 교수 · 학습은 학습 환경과 긴밀한 관계를 가진다. 환경 구성 자체가 유아에게 무엇을 어떻게 놀이하고 학습할 것인가에 대한 메시지를 주기 때문이다. 다양하고 질 높은 교수 · 학습 자료로 구성된 흥미영역과 충분한 크기의 공간, 유아 신체에 적합한 가구와 시설은 유아가 자유롭게 탐색하고 능동적으로 학습하는 상황을 마련해 준다. 최적의 물리적 환경이 되려면 유아의 건강과 안전을 보장하는 것은 기본이고, 유아의 성장 발달단계에 알맞아야 하며, 교육목표의 성취와 유아의 성장에 도움을 줄 수 있어야 하고, 교육주제에 연관성을 지니며, 흥미와 탐색을 조장하는 환경이어야 한다.

(10) 학습주기

학습이 효과적으로 이루어질 수 있도록 인식-탐색-탐구-활용의 순환적인 학습주기를 고려한다. 새로운 것에 대한 학습이 이루어지기 위해서는 그 현상에 대해 의식하는 인식(awareness)이 필요하며, 인식한 대상이나 현상에 대해 자신의 오감각과 가능한 수단을 동원하여 탐색(exploration)하는 과정이 뒤따르게 된다. 탐구(inquiry)란 탐색을 통해 산발적으로 수집한 정보를 토대로 구성 요소를 이해하고 비교 · 분석하여 개념을 형성해 나가는 과정이다. 마지막으로 학습한 것을 새로운 상황에 적용하거나 여러 가지 목적으로 사용하는 활용(utilization) 과정이 이루어진다. 교사는 하나의 단위 활동에 대한 교수 · 학습뿐만 아니라 주제의 전개 과정이나 연간 · 월간 교육계획과 실행 시에도 학습주기를 고려함으로써 학습 효과를 높일 수 있다.

2) 누리과정의 교수·학습 원리

놀이 중심, 유아 중심을 추구하는 '2019 개정 누리과정'에서 교사는 놀이지원자이다. 『2019 개정 누리과정 해설서』에 제시된 교수 · 학습 원리를 살펴보면, 교사는 유아가 즐겁게 놀이하며 스스로 배울 수 있도록 지원할 때 다음과 같은 사항을 고려해야 한다(교육부, 보건복지부, 2019a, pp. 44-52).

- 유아가 흥미와 관심에 따라 놀이에 자유롭게 참여하고 즐기도록 한다. 유아는 놀이하며 자신의 유능함을 드러내고 즐겁게 배우며 성장하는 존재이다. 그러므로 교사는 유아가 자신의 흥미와 관심에 따라 자유롭게 참여하고 주도하는 놀이를 지원한다. 교사의 간섭과 통제를 최소화하며 실내의 제한된 영역에서 미리 준비한 놀이를 선택하는 방식보다는 유아가 자유롭게 즐기며 다양한 놀이 환경과 만나 활발하게 놀이하도록 분위기를 조성한다.
- 유아가 놀이를 통해 배우도록 한다. 유아는 자유롭게 놀이하며 배우며 교사의 지원을 통해 더욱 유의미한 배움이 될 수 있다. 교사는 유아가 놀이를 통해 경험하는 배움을 5개 영역과 연결 지어 이해하며 유아가 즐겁게 놀이하면서 의미 있고 가치 있는 배움을 이룰 수 있도록 지원한다. 이를 위해 사전에 선정한 생활주제 중심의 활동을 일방적으로 전개하는 것보다는 현재 유아의 놀이에 부합하면서 흥미를 가질 수 있는 다양한 활동을 놀이하는 방식으로 진행하는 것이 바람직하다. 교사는 유아의 특성, 안전, 놀이 환경, 자료, 날씨, 기관의 상황 등을 고려하여 놀이를 지원하기 위해서 교육적 판단을 자율적으로 할 수 있어야 한다.
- 유아가 다양한 놀이와 활동을 경험할 수 있도록 실내외 환경을 구성한다. 놀이 환경은 유아가 놀이하는 실내외 모든 공간과 놀이자료를 포함하므로 교사는 다양하고 풍부한 놀이자료를 제공하여 유아의 놀이가 활성화되도록 돕는다. 교실의 흥미영역은 유아들이 가장 좋아하는 놀이를 중심으로 구성하며 관심의 변화에 따라 새로운 영역을 구성하거나 영역을 통합할 수 있다. 실외 공간은 마음껏 뛰어놀며, 자연과 계절의 변화를 만나고 탐색할 수 있는 안전한 공간으로 준비한다. 인근 공원과 놀이터, 텃밭 등도 놀이공간으로 활용할 수 있다. 놀

이자료는 일상의 사물, 자연물, 악기, 미술재료, 그림책, 재활용품 등을 적절히 제공하며, 비구조적인 열린 자료를 풍부하게 제공하여 유아가 자신만의 방식으로 놀이할 수 있도록 한다.

• 유아와 유아, 유아와 교사, 유아와 환경 간에 능동적인 상호작용이 이루어지도록 한다. 교사는 유아가 놀이에서 만나는 다양한 관계에 관심을 기울이고 함께 상호작용하며 배움을 지원해야 한다. 유아는 놀이에서 친구, 교사, 환경과 적극적으로 상호작용하면서 세상을 이해하고 배움을 이루어 간다.

• 5개 영역의 내용이 통합적으로 유아의 경험과 연계되도록 한다. 5개 영역의 내용을 다양한 방식으로 유아의 경험과 연계되도록 한다. 교사는 유아가 놀이를 하며 통합적으로 경험하도록 지원한다. 생활주제뿐만 아니라 계절, 국경일, 동화, 놀이하면서 관심을 보이는 곤충 등 다양한 주제를 중심으로 통합적으로 연계하여 지원할 수 있다.

• 개별 유아의 요구에 따라 휴식과 일상생활이 원활히 이루어지도록 한다. 하루 일과는 놀이와 휴식을 적절하게 안배하여 계획하며 개별 유아의 요구를 반영한다. 유아의 건강, 날씨, 기관 상황 등에 따라 융통성 있게 운영할 수 있어야 한다.

• 유아의 연령, 발달, 장애, 배경 등을 고려하여 개별 특성에 적합한 방식으로 배우도록 한다. 유아는 서로 다른 관심과 능력을 가지고 있으며 가정의 문화적 특성도 다양하며 이를 존중받을 수 있어야 한다. 교사는 유아의 발달, 장애, 문화적 특성 등을 파악하고 이에 적합한 지원을 한다.

3. 교수 · 학습 방법

유아를 위한 교수 · 학습 방법은 다양하다. 지시적 수업 방법으로 직접교수와 강의, 비지시적 교수법으로 문제해결학습 · 탐구학습 · 발견학습 및 개념학습, 상호작용 중심 수업으로 문답법과 토의, 협동학습, 문제기반학습을 살펴본다(이영자, 박미라, 최경애, 2019). 최근에 감염병 상황으로 유아교육기관에서도 원격수업이 이루어지면서 미래의 교육방법으로 탐구대상이 되었으므로 이에 대해서도 살펴본다.

1) 직접교수와 강의

　직접적 교수방법은 교사가 유아에게 학습시키고자 하는 내용을 직접적, 언어적으로 전달하는 교수법이다. 특정한 개념과 기술을 가르치기 위한 방법으로 널리 활용되어 왔다.

　직접적 교수법의 대표적 유형은 강의법으로 사실적 정보나 개념을 짧은 시간에 다수의 학습시간에 효율적으로 전달할 수 있다는 장점이 있으며 명확한 설명이 필요한 학습자, 순응형 학습자에게 효과적이다. 그러나 언어적 설명을 잘 이해하지 못하는 유아에게는 유의해서 적용해야 한다.

2) 문답법과 토의

　문답법과 토의법은 유아와 다른 사람의 상호작용을 기반으로 하는 교수법이다. 문답법은 질문법(발문법)이라고도 하며 여러 수업의 형태에서 다양하게 사용된다.

표 10-2 발문의 유형

발문 유형	특징	예시
인지 · 기억 재생 발문	인식, 기계적 기억 또는 선택적 기억 등과 같은 과정들을 사용해서 기억하는 단순한 재생. 깊은 수준의 사고가 필요하지 않으며 암기와 회상에 의존하여 대답	오늘 유치원 텃밭에서 무엇을 가져왔지?
수렴적 사고 발문	주어진 자료의 분석과 종합을 요구하는 발문으로 사실을 연상하고 관계 지으며 구분하고 예시하고 설명하는 등의 정신적 활동을 자극하는 발문	텃밭에서 따온 것 중 김치를 담글 수 있는 재료는 무엇일까?
확산적 사고 발문	상황의 결과나 불확실한 미래를 예측하거나 추론 · 상상하고 창의적 대답을 요구하는 발문. 학습자 스스로 고안 · 종합하고 정교화하는 등 확산적인 정신적 조작을 요하는 발문	우리 텃밭의 옥수수나 호박이 아주 커다랗게 자란다면 어떤 일이 생길까?
평가적 사고 발문	사실 문제보다는 가치의 문제를 다루는 발문으로 응답자의 판단, 가치, 선택, 의사 결정을 요하는 발문. 방법과 절차에 대한 평가, 가치 판단과 비판, 의견 제시 등이 포함	김치담그기를 해 보았는데 어떤 점이 즐거웠니? 불편했던 점도 있었니?

블로서(Blosser, 1973)는 폐쇄적 발문으로 인지·기억 재생 발문과 수렴적 사고 발문, 개방적 발문에 확산적 사고 발문과 평가적 사고 발문으로 구분하였다(송용의 역, 2002; 이영자 외, 2019).

토의법은 단순한 질의응답이 아니라 상호작용이 강조되는 공동학습의 한 형태다. 토의법의 종류로는 원탁토의, 배심토의, 심포지엄, 공개토의(포럼), 세미나, 버즈토의, 브레인스토밍 등이 있으나 유아들과의 교수·학습에는 원탁토의나 브레인스토밍이 가장 많이 사용된다. 원탁토의는 가장 기본적인 토의 형태로 5~10명 정도의 토의자가 형식에 구애되지 않고 자유롭고 평등하게 토의하는 방법이다. '뇌습격법'이라고도 불리는 브레인스토밍은 두뇌에 폭풍을 일으키듯이 기발한 생각을 포착해 낸다는 의미를 지니는데, 단시간에 주제에 몰입하여 많은 아이디어를 개발하고 발표하는 토의법이다.

3) 문제해결학습, 탐구학습, 발견학습

문제해결학습은 학습자가 여러 상황에서 학습활동을 진행하는 가운데 스스로 문제해결에 접근하도록 하는 방법으로 학습자 개개인이 당면한 문제에 대한 해답을 스스로 획득할 수 있는 능력을 양성하기 위한 학습 방법이다. 문제해결학습은 듀이에 의해 제안된 것으로 반성적 사고 능력 배양을 통한 학습자의 문제해결능력의 함양을 목적으로 한다. 듀이의 반성적 사고에 기초한 탐구학습, 브루너의 발견학습과 이에 기초한 교수·학습 방법들이 여기에 포함되는데 저자에 따라 발견학습을 탐구학습으로 설명하기도 하고 탐구학습에 발견학습과 문제해결학습을 포함시키기도 한다.

듀이의 교육 이론에 따르면 인간의 사고는 행해진 것과 그 결과 사이의 관련을 정확하게 또는 의도적으로 확립시키려는 노력인데 사고는 무엇인가 불확실한, 의심스러운 또는 문제되는 것이 있을 때 일어난다. 문제를 해결하려는 반성적 사고는 문제의 인식, 잠정적 가설의 형성, 현 사태의 조사, 가설의 정련, 가설의 검증 과정을 거치게 된다(이영자 외, 2019; 이홍우 역, 1987).

킬패트릭은 듀이의 탐구학습을 바탕으로 프로젝트법(구안법)을 창안하였고, 카츠와 차드는 유아교육에 적용 가능한 프로젝트 접근법을 제시하여 교육 현장에서 널리 활용되고 있다. 프로젝트 접근법은 제16장에 소개하였다.

브루너의 발견학습은 기본개념과 원리를 능동적인 탐구과정을 거쳐 깨닫게 하는 교수 · 학습 방법이다. 브루너는 학습자가 지적 호기심을 가지고 작은 일부터 과학적 현상에 이르기까지 능동적으로 문제점을 발견하여 해결하는 탐구자 또는 연구자의 역할을 하는 것을 중시한다. 어떤 교과든 지적으로 올바른 형식으로 표현한다면 효과적으로 가르칠 수 있다고 보고 학습자의 수준에 맞도록 학습내용을 구조화하는 것을 강조한다. 이러한 지식의 구조는 발견학습의 핵심으로, 학습자 스스로 지식의 구조를 이해하며 발견하는 과정을 거치게 된다.

4) 개념학습

개념학습 모델은 유아의 개념 이해를 돕고 가설 검증의 실천 기회를 통해 분석적 사고 기술을 갖도록 도와주기 위한 모델로, 브루너의 연구에 기초하여 조이스(Joyce)와 웨일(Weil)이 제시한 구성주의적 교수 · 학습 방법의 하나다. 구성주의적 접근의 개념학습 모델은 개념학습을 위해 미리 조직된 형태의 개념을 제시하기보다는 학습자 스스로 개념에 대한 이해를 구성하도록 돕는다. 개념이란 '정의 내리기, 예 제시하기, 예가 아닌 것 제시하기, 특징 찾기, 다른 개념과의 관계 제시하기 등을 통해 묘사될 수 있는 추상적 아이디어'이다(이영자 외, 2012; 이영자 외, 2019).

표 10-3 개념학습 모델의 교수 · 학습 과정

	절차	예시
계획 하기	소주제 선정하기	소주제는 개념 자체다. −안경
	명확한 목표 설정하기	안경의 용도, 종류, 모양에 대해 이해하기
	개념의 예 선정하기	개념 이해에 도움이 될 수 있도록 개념의 특성을 잘 나타내는 예를 선정한다. • 안경, 선글라스, 수경, 스키 고글
	개념의 특성을 확정 짓고 사례 검증하기	안경은 눈이 하는 일을 도와준다. (돋보기) 안경은 눈을 보호해 준다. (선글라스, 수경)

실행 하기	개념의 예 제시 및 가설 생성하기	유아에게 개념과 구체적인 예를 제시하여 개념에 대한 가설 설정을 돕는다. 바른 예를 더 많이 제시하고 예가 아닌 것은 분명한 것으로 제시한다. • (유아) 안경은 눈이 안 보일 때 써요. • 그럼 멋을 내려고 쓴 이 선글라스는 안경일까?
	가설 분석하기	가설의 바른 예와 틀린 예를 통하여 가설을 분석한다. • 바른 예: 돋보기, 틀린 예: 선글라스
	종결하기	예들이 검증되어 가설이 성립되고 활동이 종결된다. • 유아: 안경은 눈이 안 보일 때도 쓰지만 해를 가리거나 멋을 낼 때, 운동할 때도 써요.
	적용하기	개념에 대한 정의를 일반화시키는 단계다. • 게임 '어떤 안경이 필요할까?', 미술 '안경디자인'

출처: 이영자 외(2019), pp. 118-120을 요약하여 제시함.

5) 협동학습

협동학습은 학습능력이 각기 다른 학생들이 동일한 수업목표하에 소집단으로 함께 활동하는 수업방법으로(고재희, 2008; 이성흠, 이준, 2009), 학습자를 교실환경 내에서 능동적으로 참여할 수 있는 존재로 해석한다. 혼자서는 힘든 과제를 함께 해결하면서 자신감을 가지며 또래로부터 배울 기회를 갖게 된다. 유아들이 협동학습에 참여하기 위해서는 다른 사람의 말을 듣고 이해하며, 서로 도움을 주고, 함께 생각하고 지지하고 인정하기, 긍정적으로 상호작용하기 등의 사회적 기술을 연습할 기회가 필요하다. 대표적인 협동학습 모형으로 모둠성취분담모형(Student Teams Achievement Devision: STAD), 과제분담모형(Jigsaw), 모둠탐구모형(Group Investigation: GI) 등을 들 수 있다.

5세반 유아들은 동극, 조사하기, 공동으로 만들기, 공연이나 전시 준비하기 등의 활동에서 협동학습을 경험한다. 유아를 위한 협동학습은 보다 큰 학습자들에 비해 모둠의 역할과 절차를 간소하게 계획한다.

표 10-4	모둠탐구모형(Group Investigation: GI)	
	절차	예시(주제: 거북선 만들기)
1	소주제 및 모둠 구성	이순신 장군 위인이야기를 경험하며 유아들이 거북선에 관심을 가진다. 모둠으로 나누어 자신들만의 거북선을 만들기 활동을 하기로 한다. 대집단의 유아들과 이야기 나누기를 통해 거북선 만들기 활동의 과정과 모둠이 정해지면 할 일에 대해 토의하고 기록한다. 팀은 어떻게 나눌지 정한 후 팀을 나눈다(주재료로 희망자를 나누는 방법—상자팀, 점토팀 등, 제비뽑기로 결정할지 등)
2	탐구 계획 수립 및 역할 분담	모둠별로 어떤 모양으로 만들지, 어떤 재료를 사용할지 의논한다. 역할을 정한다(설계도 그리기, 재료 모으기, 구성하여 만들기, 표지판과 설명서 만들기 등)
3	모둠별 협동학습	모둠별로 협동하여 만든다.
4	모둠별 발표 준비	모둠별로 준비한 거북선과 발표 자료를 마무리한다.
5	모둠의 전체 학습 보고	대집단으로 모인 후(또는 전시 코너를 만든 후) 모둠이 함께 노력한 과정과 결과를 발표한다. 다른 모둠의 발표를 경청하고 친구들의 노력을 격려한다.

위인전 읽기   거북선 설계도 토의하기   함께 거북선 만들기

[그림 10-2] 협동학습에 참여하는 5세 유아

출처: 동은유치원.

6) 문제기반학습

문제기반학습(Problem Based Learning: PBL, 문제기반학습 또는 문제중심학습)은 구성주의 인식론에 기반을 두고 개발된 학습자 중심의 교육방법으로 실천적인 문제를 중심으로 학습자가 능동적으로 문제를 해결해 나가는 자기주도적 학습 방법이다. 처음에는 배로우스 교수에 의해 의과대학 교수법으로 도입되었으나 이후 구성주의 교수 · 학습 원칙을 실천하는 모형으로 평가받으며 일반 교육 프로그램에서 다양하게 활용되고 있다. PBL학습은 특정 상황을 기반으로 하는 복잡하고 비구조적인 문제에서 출발하며 학습자들은 자기주도적, 협동적으로 문제를 해결하는 경험을 하게 된다.

어린 학습자들도 PBL에서 요구하는 구성주의적 사고 활동에 쉽게 참여할 수 있다고 보고 유아에 적용 후 학습흥미도를 중심으로 효과를 분석한 연구 결과, PBL은 유아의 주의집중, 흥미도, 자신감, 성실성, 언어 활동에 대한 관심 등에서 긍정적인 효과가 있었다(최봉선, 2009). 교수 · 학습은 실제적 문제가 주어지고 문제의 원인과 해결방안을 제시하고, 결과를 발표하고 평가하는 과정으로 이루어지는데 배로우스와 메이어스(Barrows & Mayers, 1993)는 수업분위기 조성-문제 제시-잠정적 문제해결 지도-자율학습-협동학습 및 토의학습-토론결과 발표-정리 및 평가의 7과정으로 제시하였다. 조연순(2006)은 문제 개발 절차-문제 만나기-문제해결 계획 세우기-탐색 및 재탐색하기-해결책 고안하기-발표 및 평가하기, 최봉선(2009)은 사전학습(궁금증, 동기유발)-문제 제시-과제 수행 행동(모둠 모임, 개인 과제 수행)-반추활동으로 구성하였다.

4. 교사의 상호작용

1) 상호작용의 유형

교사의 상호작용은 교수 · 학습 과정의 핵심적 요소다. 교육목표와 선정된 교육내용이 아무리 훌륭해도 학습자가 실제적으로 접하게 되는 교사와의 상호작용에서 유아의 성장을 지원하는 상호작용이 적절하지 않다면 그 효과를 기대하기 어렵다.
교사의 상호작용은 유아교육에 대한 교사의 관점과 아동관, 교육방법에 대한 생각
을 실천적으로 드러내는 것으로 결국 교사의 전문성이 요구되는 부분이다. 유아를
보살피고 교육하는 것은 유아에 대한 애정만으로는 부족한 일이기 때문이다.

　교사의 교수유형 또는 상호작용에 대한 구분 중 널리 알려진 것은 지시성에 따라
구분하는 방법이다. 브레드캠프와 로즈그란트(Bredekamp & Rosegrant, 1992)는 교
사의 개입 정도에 따라 비지시적 · 중재적 · 지시적 교수유형의 연속선상으로 교수
유형을 구분하여 인정하기, 모델 보이기, 조성하기, 지지하기, 비계설정하기, 공동
구성하기, 시범 보이기, 지시하기로 나열하였다(〈표 10–5〉 참조).

표 10-5　교사의 개입 정도에 따른 교수유형

비지시적	인정하기 (acknowledge)	유아가 활동에 지속적으로 참여할 수 있도록 관심을 보이고 긍정적인 격려를 한다.
↑ 중재적 ↓	모델 보이기 (model)	유아에게 단서, 힌트, 코치를 통해 바람직한 기술이나 행동을 보인다.
	조성하기 (facilitate)	다음 수준의 기능을 성취할 수 있도록 잠시 도움을 제공한다.
	지지하기 (support)	다음 수준의 기능을 성취할 수 있도록 미리 계획된 보조를 제공한다.
	비계설정하기 (scaffolding)	유아의 현재 능력에 도전적인 활동을 제공하여 도움을 받아 성취할 수 있게 함으로써 발달 수준을 높인다.
	공동구성하기 (coconstruct)	모형이나 블록을 함께 쌓아 올리는 것처럼 유아와 공동으로 문제나 과제를 학습하거나 해결해 나간다.
	시범 보이기 (demonstrate)	유아가 결과물을 관찰할 수 있도록 교사가 적극적으로 행동을 보이거나 활동에 참여한다.
지시적	지시하기 (direct)	착오 없이 학습이 이루어지도록 행동을 구체적으로 지시한다.

출처: Bredekamp & Rosegrant (1992).

　이 연속선은 교사의 개입 정도에 따른 구분이며 유아에게 바람직한 정도를 의미
하는 것은 아니지만 일반적으로 비지시적 유형이 지시적 유형에 비해 유아의 탐색
과 놀이를 촉진한다고 본다. 이 여덟 가지 교수유형은 유아를 위한 바람직한 교실에

서 나타나며 어느 한 가지만 사용하는 것은 비효과적이다. 여러 가지 상호작용 행동들이 각기 다른 영향을 미치거나 상황에 따라 효과적일 수 있으며 유아의 발달 정도나 상황에 따라 지시적인 상호작용이 효과적일 경우도 있으므로 교사는 교수 · 학습 상황에 따라 적절한 개입을 해야 한다.

2) 상호작용의 질적 수준

교사의 상호작용에서 중요한 측면은 상호작용의 질적 수준이다. 교수 · 학습에 대한 관점에 따라 다소 차이는 있으나 어떠한 상호작용이 질적으로 우수한 상호작용인가에 대해 일반적으로 동의하는 내용과 수준이 있다.

〈표 10-6〉은 우리나라 어린이집평가제 평가지표 [놀이 및 활동지원]에 포함된 상호작용 기준이다.

표 10-6 **놀이 및 활동지원을 위한 교사의 상호작용(어린이집 평가제 지표 일부)**

1-3-1	교사는 놀이와 활동이 영유아의 자발적 선택에 의해 주도적으로 이루어지도록 격려한다.
평가내용	① 교사는 놀이 시간에 영유아가 자유롭게 탐색하여 놀이나 활동을 자발적으로 할 수 있도록 지원함 ※ 영아: 의도적인 대집단 활동을 실시하지 않음 ② 교사는 개별 영유아가 좋아하는 놀이와 활동을 주도적으로 진행하도록 격려함 ③ 놀이에 참여하지 못하고 배회하거나 방관하는 영유아가 있는 경우, 영유아가 놀이에 자발적인 흥미를 가질 수 있도록 지원함
평정기준	3개 모두 충족해야 Y로 평정
1-3-2	교사는 영유아의 놀이 상황을 관찰하면서 놀이와 관련된 상호작용을 한다.
평가내용	① 교사는 놀이 시간에 놀이와 활동이 이루어지는 장소 전체를 수시로 살펴 영유아의 놀이 진행 과정을 파악함 ② 교사는 영유아의 놀이 상황을 관찰하면서 놀이와 관련하여 적절한 수준의 지원을 함 ③ 교사는 영유아의 놀이와 활동에 즐겁게 참여함
평정기준	3개 모두 충족해야 Y로 평정

1-3-3	영유아의 다양한 놀이와 활동에 필요한 자료를 제공한다.
평가내용	① 교사는 영유아의 연령, 발달 수준, 사전경험을 고려하여 놀이 및 활동자료를 준비함 ② 현재 이루어지고 있는 놀이 및 활동에 필요한 자료를 제공함 ③ 놀잇감과 활동자료는 영유아가 수월하게 꺼내어 사용할 수 있도록 배치함
평정기준	3개 모두 충족해야 Y로 평정

5. 교수 · 학습 환경

1) 유아 교수 · 학습을 위한 공간의 특성

"환경은 하나의 생활이며 변화하는 체계다. 환경은 물리적 공간 이상으로 시간이 구조화되는 방식과 놀이에서 우리가 기대하는 여러 가지 역할을 포함하며, 생각하고 느끼고 행동하는 방식을 좌우하며, 삶의 질에 영향을 미친다"(임부연 외 역, 2008). 따라서 공간을 어떻게 구성하는가는 유아교육과정의 질과 밀접한 연관성을 지닌다.

유아교육기관의 공간은 크게 놀이와 배움을 장려하기 위한 공간과 일상생활을 위한 공간으로 구분할 수 있다. 놀이와 학습을 위한 공간은 자유선택활동영역, 대집단활동을 위한 공간, 실외놀이 등이 포함되며, 일상생활을 위한 공간은 개인적 공간과 휴식 및 낮잠을 위한 공간, 수유, 이유, 급식 · 간식을 위한 공간, 기저귀 갈이, 배변, 씻기 위한 공간, 그리고 수유나 헤어짐 등을 준비하는 공간 등으로 구성된다.

유아교육과정 운영을 위한 공간 구성은 다음과 같은 특성을 지닌다.

(1) 놀이공간

유아교육기관의 교육과정은 놀이 중심 교육과정으로 운영되므로 공간 구성 시 놀이를 위한 환경 구성이 핵심적인 요소다. 놀이지원자로서 교사는 교수 · 학습 실천을 위해 놀이공간을 구성해야 한다. 유아가 공간에 부여하는 의미를 이해하기 위해 놀이의 전개를 지켜보면서 유아의 의견을 반영한 놀이공간을 구성하고 운영해야 하는데 이때 공간은 실내뿐 아니라 실외와 지역사회 공간까지도 포함한다. 자유놀이를 위한 교실 배치는 흥미영역별로 구성한 후 놀이 흐름에 따라 융통성 있게 재배치하는 것이 일반적이다. 원격수업도 수업운영의 한 형태로 자리 잡고 있으므로 가상공간이나 원격수업을 위한 공간 창출도 교수 · 학습의 연구 대상이 되었다.

(2) 오감을 활용하는 교수매체

유아교육에서는 추상적 · 상징적 매체보다는 오감을 활용하는 교수 · 학습 자료를 사용한다. 유아는 구체물을 사용하여 놀이하고 성장하므로 추상적이고 상징적인 매체보다는 오감을 직접 활용하는 놀잇감이 중요한 학습자료다.

(3) 일과를 위한 공간

일과지도가 교육과정의 중요한 일부분이므로 일과지도를 위한 환경 역시 세심하게 계획되고 배치되어야 한다. 특히 영아보육이 확대되었으며 종일제가 대부분의 기관에서 이루어지고 있으므로 이를 위한 환경적 배려가 필요하다. 교실 이외에도 식당, 화장실과 세면대, 낮잠과 휴식을 위한 공간을 안전하고 쾌적하게 구성하는 것이 필수적이다.

(4) 개인적 공간

연령 차이뿐 아니라 개인 간 발달 차이도 크므로 이러한 차이를 반영할 수 있는 환경 준비가 필요하다. 크기가 다른 가구, 발달적 성숙과 학습 난이도를 고려한 자료, 유아의 놀이 선호도를 반영할 수 있는 다양한 종류의 놀잇감, 개인의 생활 리듬과 성향에 따라 이용할 수 있는 특별한 공간이 필요하다.

(5) 자유로운 공간

모든 공간과 환경이 교사에 의해 체계적으로 계획되고 준비되어야 하지만 일부 공간은 다목적으로 사용할 수 있어야 하며 특히 유아들이 즐겁게 마음대로 놀이할 수 있는 공간이 필요하다. 이러한 공간은 유아들이 창안한 놀이를 실행하거나 놀이의 확장을 위해서도 필요하지만 집단으로부터 떨어져 나와 쉬고 싶거나 혼자만의 공간을 필요로 하는 유아에게 유용하게 쓰일 수 있다.

2) 놀이영역 배치하기

놀이공간을 흥미영역으로 구성하는 목적은 유아가 개인적 요구와 발달 수준에 따라 선택할 수 있는 다양하고 균형 잡힌 놀이를 제공하는 것이다. 흥미영역별 구성을 통해 학문적 유사성이 높은 내용을 동일한 공간에 제시할 수 있으며, 관심이 비슷한 유아 간 상호작용을 격려하고 교수 · 학습의 효율성을 높일 수 있다. 따라서 교실에는 다양하고 균형 잡힌 놀이영역을 배치한다.

흥미영역 구성은 교실 크기, 연령, 유아 수, 자료의 양 등에 따라 달라질 수 있으나 유아를 위한 교실에는 쌓기놀이영역, 언어영역, 역할놀이영역, 수 · 조작영역, 과학영역, 음률영역, 미술영역 등의 흥미영역을 구성할 수 있다. 유아반의 흥미영역은 영아반에 비해 세분화되며, 복잡성도 증가하게 된다. 하나의 영역 내에서도 하위 활동의 특성에 따라 배치하면 좋은데, 예컨대 언어영역은 말하기, 듣기, 읽기, 쓰기 활동이 이루어지기 쉽도록 준비해 준다. 이에 비해 영아를 위한 환경은 크게 놀이 및 교육 환경과 일상적 양육환경으로 구분할 수 있다. 일상적 양육환경은 일상생활을 지원하는 환경으로 개인 사물함, 휴식영역, 기저귀 갈이 영역, 수유 및 급식 · 간식 영역, 배변지도 및 화장실 영역, 세면 및 목욕 시설 등이 포함된다. 실외영역은 자연탐구영역(식물재배장, 동물사육장, 산책로 등), 대근육놀이시설, 그네, 극놀이영역, 물 · 모래놀이영역, 부드러운 바닥이 있는 공놀이영역 등으로 구분된다.

트레위크-스미스(Trawick-Smith, 1992)는 자유놀이영역의 공간 구성 시 공간과 자료를 합리적으로 배치하고, 융통성 있도록 설계하며, 개인적인 휴식 공간을 제공하는 것이 필요하다고 강조하였다. 공간과 자료의 합리적 배치란 호환성이 높은 자료는 인접하게 배치하고, 간섭효과가 일어날 수 있는 자료나 영역은 떨어지게 배치하며, 물이 필요한 자료는 물과 가까이 배치하고, 조용한 놀이는 소음이 적은 공간에 배치하는 것 등을 말한다.

프로스트와 키신저(Frost & Kissinger, 1976)는 물이 있는 곳과 건조한 곳, 조용한 곳과 활동적인 곳을 기준으로 네 개의 공간으로 구분하여 활동실을 구성할 것을 제안하였다. 융통성 있는 개방적 공간으로 설계한다는 것은 영역별 독립성과 동시에 상호 교류가 가능하도록 개방성도 지녀야 함을 의미한다. 영역은 시각적 구획물을 이용하여 구분하되 주제의 전개에 따라 공간 배치가 바뀔 수 있다. 개인적인 휴식

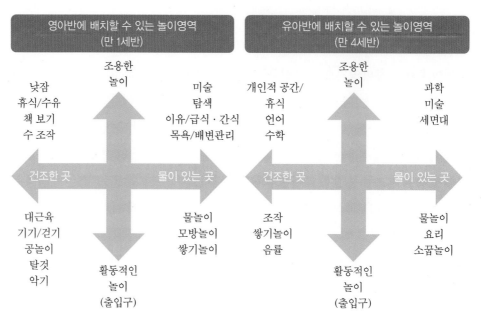

[그림 10-3] **놀이영역의 배치**

공간과 은신처는 유아가 혼자 있거나 쉬고 싶을 때 자유롭게 이용할 수 있는 공간으로 부드러운 소재와 색채로 심리적 안정감을 줄 수 있는 작은 공간을 뜻한다.

교사는 놀이 흐름에 따라 놀이영역을 재배치해 주는 융통성이 있어야 하며, 실내외 전체 공간을 놀이를 위해 다양하게 활용하려는 노력이 필요하다. 이를 위해서 놀이공간을 융통성 있게 배치하기, 놀이하는 공간을 넓혀보기, 유아에게 공간 배치의 주도권 주기, 다른 놀이공간 찾아보기 등의 몇 가지 방법을 사용할 수 있다(교육부, 보건복지부, 2019c).

3) 시간 구성

(1) 유아 교수 · 학습을 위한 시간 구성의 특성

유아교육과정을 구성할 때 간과할 수 없는 중요한 부분은 시간을 어떻게 조직하는가의 문제다. 교사는 선정한 활동을 일과 중 언제 할지, 몇 분 또는 며칠 동안이나 지속할지, 몇 개의 활동을 어떤 순서로 나열할지, 학기 중의 어느 시기에 할지 등을 결정해야 한다.

유아교육과정에서 시간 구성의 특성을 몇 가지로 정리하면 다음과 같다.

- 일과와 놀이 또는 학습이 자연스럽게 병행되도록 한다. 배변지도, 휴식 및 낮
잠, 급식 · 간식 등의 일과활동이 유아의 삶에서는 발달적으로 매우 중요한 의
미를 지닌다.
- 놀이(학습) 시간은 크게 자유놀이와 대 · 소집단활동으로 구분된다. 자유놀이
시간은 한 번에 1시간 이상을 배치하여 유아가 놀이에 집중할 시간을 충분히
제공한다. 대 · 소집단활동은 교사의 계획과 주도로 이루어지는 시간으로 이야
기 나누기, 동화 또는 동시 감상, 동극, 집단 게임, 노래 배우기, 신체표현 등이
대표적이다. 정적 활동 시간과 동적 활동 시간이 균형 잡히도록 배치한다.
- 연령에 따라 시간 구성에 차이를 보일 수 있다. 연령이 어릴수록 주의집중 시
간이 짧으며 자기 자신의 동기에 따라 선택한 활동이 아닌 것에 주의를 기울이
는 것은 어려운 일이다. 영아반은 교사가 주도하는 시간은 최소화하는 것이 바
람직하며, 유아반이라 하더라도 하나의 집단활동이 20~30분 이상을 넘지 않
아야 한다. 또한 연령이 어릴수록 전체 유아를 중심으로 일과계획을 수립하기
보다는 영아 일인별로 일과 및 교육계획을 수립하는 것이 적절하다. 영아마다
발달 특성, 성장 속도, 관심, 신체리듬, 등원 · 하원 시간 등이 다르기 때문이다.
- 유아교육과정의 시간 구성은 개인차에 반응적이어야 한다. 유아는 동일한 활
동을 긴 시간 동안 할 수도 있고, 매우 짧게 하고 그만둘 수도 있다. 자유선택활
동 시간에 포함된 선택의 의미에는 이와 같이 놀이를 시작하고 끝내는 시간에
대한 선택도 포함된다. 집단활동은 자유선택활동 시간에 비해 개인의 요구에
반응하기 쉽지 않다. 집단활동 시간을 지속하려는 교사와 다른 것으로 관심을
돌리려는 유아의 요구 차이 때문에 때로는 교사와 유아가 갈등을 빚기도 한다.
유아교육과정에서는 동일 시간대에 모든 유아가 참여하는 방식의 집단활동 운
영보다는 상황에 따라 먼저 끝내거나 참여하지 않는 것에 대해서 융통성 있게
반응할 수 있는 시간 계획을 선호한다.

(2) 일과 시간의 조직 원리

유아를 위한 일과 시간의 조직 시 일과 패턴, 속도, 다양성, 균형을 고려한다

(Kostelnik, Soderman, & Whiren, 2004).

- 일과 패턴: 일과 시간의 하위 단위들을 어떻게 배열할지, 일과별 시간의 길이는 얼마나 계획할지, 규칙적으로 배치할지 등을 조직하는 문제로 유아의 연령, 교육기관에 머무르는 시간, 프로그램 유형 등에 따라 결정된다.
- 속도: 일과활동의 진행 속도에도 유의한다. 유아마다 개인차가 있으므로 활동이나 일상생활에 필요한 어떤 일들을 수행할 때 시간차가 날 수 있다. 교사는 성인의 수행 속도에 익숙하기 때문에 자꾸 서두를 수 있는데 유아들의 속도에 맞추어 계획하고, 또 개인차를 수용할 수 있는 방법도 생각해야 한다. 평균적인 유아의 속도를 고려하면서 시간이 더 필요한 유아나 빨리 끝낸 유아를 위한 계획을 세워야 한다.
- 다양성: 각기 다른 유아들이 모여서 한 학급을 이루게 되므로 활동 내용, 방법, 집단 크기, 집중이 요구되는 시간 등 모든 차원에서 다양성은 필수적이다.
- 균형: 정적인 시간과 동적인 시간이 적절히 안배되어야 하고, 긴 단위의 활동과 짧은 시간이 필요한 활동을 효과적으로 조직한다. 또한 교사 주도적인 활동과 유아 주도적인 활동 시간의 균형도 필요하다.

(3) 일과 시간의 단위

영아와 유아를 위한 시간 구성에 포함되는 일과운영 시간은 다음과 같은 단위로 구분된다.

- 등원/하원
- 놀이계획
- 자유놀이
- 정리정돈
- 신체활동
- 바깥놀이
- 대 · 소집단활동
- 휴식 및 낮잠

- 급식/간식/수유
- 화장실/배변지도/기저귀 갈기
- 전이시간

일과 시간의 구성원은 학급 연령, 시간 편성(교육과정반/방과후 과정반, 기본보육/연장보육 등), 유아의 개별적 요구 등에 따라 달리할 수 있다.

6. 첨단기술과 원격교육

1) 원격교육의 필요성

최근 첨단기술의 발달로 가상현실, 유비쿼터스 등의 개념이 교실에 도입되고 있다. 첨단기술을 활용한 교육은 스마트 교육, 미래 교육 등의 패러다임으로 교육정책과 방향의 수립에도 반영되고 있다.

혁신성장을 위한 사람 중심의 4차 산업혁명 대응계획 비전 및 추진과제(4차 산업혁명위원회, 관계부처합동, 2017)에서는 미래사회 변화 대응을 위한 미래사회 교육혁신을 포함시키고 있다. 과학기술과 인간, 웰빙(well-being)으로 풀어내야 한다는 주장이 설득력을 얻고 있는데, 그 예로 유아 중심, 놀이 중심의 아동친화적인 스마트시티를 계획하고 첨단기술을 이용하여 공동육아 시스템을 구축하는 것도 좋은 사례가 될 수 있을 것이라고 제안한다. 교육 프로그램 측면에서는 창의적인 인재 양성을 위한 교수ㆍ학습 방법으로 교육과정을 첨단기기를 활용하여 가상현실을 통해 학습 효과를 높일 수도 있을 것이며, 이러한 접근은 교육격차 해소에 공헌할 가능성도 높으며 안전과 교사양성 방법의 측면에서도 혁신이 기대된다고 보고 있다. 이에 4차 산업혁명 시대의 창의적인 인재 양성을 위한 핵심역량에 기반한 교수ㆍ학습 방법, 로봇기반교육, STEAM 교육 등이 중요해질 가능성도 높다(박창현 외, 2018).

2020년 코로나19라는 전례 없는 감염병은 테크놀로지를 통합한 학습이 더 이상 선택이 아닐 수 있다는 점을 일깨워 주었다. 첨단기술과 사회 변화에 따른 미래교육의 패러다임은 코로나19로 그 필요성이 더 앞당겨졌다. 교육부(2020)는 원격수업의 운영 형태로 실시간 쌍방향 수업, 콘텐츠 활용 중심 수업, 과제 수행 중심 수업, 기타 유치원 여건에 따라 정한 수업으로 구분하였다(강원도교육청, 2020). 〈표 10-7〉은 유치원 원격수업의 유형이며, 표의 우측에는 유치원에서 운영할 수 있는 수업 형태를 예시하였다. 원격수업 계획에는 놀이 중심 · 유아 중심 교육과정을 바탕으로 수업 목표 · 내용을 반영하며, 유아 참여 및 학습권 보장 노력 등이 포함되어야 한다.

표 10-7 원격수업 유형

구분	운영 형태	수업 형태 예시
실시간 쌍방향 수업	실시간 원격교육 플랫폼을 활용하여 교사-유아 간 화상 수업을 실시하며, 실시간 토론 및 소통 등 즉각적 피드백	웹캠과 쌍방향 플랫폼을 이용하여 서로 다른 공간의 유아-유아, 교사-유아가 화상으로 소통할 수 있도록 함.
콘텐츠 활용 중심 수업	유아는 지정된 녹화강의 혹은 학습 콘텐츠를 시청하고 교사는 학습내용 확인 및 피드백	홈페이지에 교사의 동영상 수업을 게시하거나, 외부 콘텐츠를 안내하여 콘텐츠를 이용한 수업을 함.
과제 수행 중심 수업	교사가 온라인으로 유아의 학습내용을 맥락적으로 확인 가능한 과제 제시 및 피드백	학습 과제를 원격으로 제시하고 활동한 결과물을 교사에게 전송하거나 등원수업 시 가지고 오도록 함.
기타	유치원 여건에 따라 별도로 정할 수 있음	놀이꾸러미를 드라이브 스루로 전달하여 가정에서 놀이할 수 있도록 함.

출처: 교육부(2020), 한림성심대학교 부속 한림유치원(2020).

오감 중심의 탐색과 놀이를 강조하는 유아교육기관에서도 미디어의 활용이 증가하고 있다. 지역사회의 박물관, 체험학습장과 여러 기관의 교육 프로그램은 멀티미디어를 활용한 스마트 러닝, 로봇 활용, 가상현실과 증강현실 등의 테크놀로지를 적극 활용하고 있는 추세다. 단위 유아교육기관에서는 구체물을 이용한 놀이와 경험을 중심으로 교육과정을 운영하면서 하루가 다르게 변화되는 스마트 매체를 활용하여 교수 · 학습을 진행하는 사례가 증가하고 있다.

2) 첨단기술을 활용한 교수·학습의 유형

첨단기술을 활용하는 교수·학습 관련 용어는 컴퓨터 보조수업, 스마트러닝, e-러닝, m-러닝, u-러닝, r-러닝, 가상현실과 증강현실 등 매우 다양하다. [그림 10-4]는 컴퓨터 기반 교육부터 u-러닝에 이르기까지의 상호작용 범위이다(고재희, 2008, p. 466).

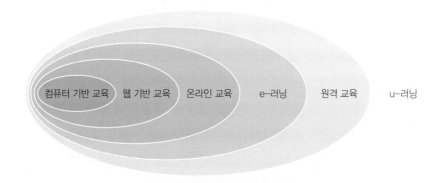

[그림 10-4] **첨단기술 활용 교수·학습의 상호작용 범위**
출처: 고재희(2008), p. 466.

첨단기술이 활용된 교수·학습에 대한 개념 이해를 위해 이영자, 박미라, 최경애 (2019)가 정리한 내용 중 몇 가지 용어를 중심으로 간략히 알아본다.

- e-러닝(electronic learning): 광의의 의미는 교수와 교육, 학습 등의 일부 또는 전체를 정보기술을 이용하여 지원하거나 전달하는 교육 전체의 총칭으로 방송통신망을 통한 온라인 교육과 저장형 교육 콘텐츠 전달매체를 통한 오프라인 교육을 포함한다. 협의의 의미로는 유무선 방송통신망이나 인트라넷을 통하여 시간과 공간의 제약 없이 관련 지식과 정보에 접근하여 양방향으로 학습, 또는 교육하는 방식을 뜻한다. 우리에게 친숙한 대표적인 e-러닝 프로그램으로 EBS 수능방송과 사이버 가정학습이 있다. e-러닝의 유형은 보조학습형, 사이버형, 블렌디드형으로 구분된다.

- m-러닝(mobile learning): 휴대용 단말기를 교육적으로 활용하는 학습을 통칭하는 개념으로 위치 또는 이동에 제약을 받지 않는 모바일 미디어에 무선 컴퓨팅 기술이 기반이 되어 이루어지는 휴대성과 편리성이 뛰어난 e-러닝을 의미하며, e-러닝의 발전된 형태로 설명하기도 한다(계보경, 이지향, 2017; 임미숙, 2015). m-러닝은 자기주도성, 편재성(시간과 공간에 상관없이 실시간 학습 가능), 즉시접속성, 학습공동체 형성, 개인성 등의 특징을 지닌다(임미숙, 2015; 황재훈, 김동현, 2005). 오감 체험과 놀이를 중시하는 유아교육기관의 교육과정 특성상 과도한 미디어 노출에 대한 우려로 m-러닝이 활발하지는 않으나 가정용 앱이나 어학용 앱은 활발하게 이용되고 있다.

- u-러닝(ubiquitous learning): m-러닝과 e-러닝이 공학적으로 발전한 조합이다. u-러닝(유비쿼터스 학습)은 유비쿼터스 교육환경을 기반으로 학생들이 시간과 장소에 구애받지 않고 일상생활 속에서 원하는 학습을 할 수 있는 교육방법이다. 유비쿼터스는 물이나 공기처럼 '언제, 어디에나 존재한다'는 뜻을 지니며, 모든 사물을 네트워크로 연결하여 시간과 장소에 관계없이 다양하게 이용할 수 있는 기술을 뜻한다. 유비쿼터스 기술은 생활 주변의 기기나 사물에 컴퓨터를 넣어 정보통신이 가능하도록 한 기술로 사물인터넷과 사물로봇의 연구가 활발하다.

- 가상현실(Virtual Reality: VR): 디지털 양식으로 구성된 인위적 공간으로 그래픽 등을 통해 현실이 아닌 환경을 마치 현실과 흡사하게 만들어 가짜 세계를 실제처럼 체험할 수 있게 해 준다. 문화체험, 안전교육, 현실에서 경험하기 힘든 경험의 확장, 시뮬레이션 환경에서의 탐구 기회 제동 등에 다양하게 활용되고 있다. 미술관의 VR 체험전, VR 수영으로 물에 대한 공포 줄이기, VR 화재대피 훈련을 예로 들 수 있다.

- 증강현실(Augmented Reality: AR): 가상의 콘텐츠가 실제로 존재하는 것처럼 화면상에 보여 주는 기법으로, 현실에 존재하는 이미지에 가상 이미지를 겹쳐 하나의 영상으로 보여 준다. 가상현실이 실제 환경을 볼 수 없는 반면, 실제 환경에 가상정보를 섞는 증강현실은 더욱 심화된 현실감과 부가정보를 제공하여 몰입감과 현실감을 제공한다. 2016년에 닌텐도가 증강현실 기술을 적용한 게임 '포켓몬GO'를 출시하여 큰 인기를 얻었고, 증강현실 안경은 게임, 교육 매

체, 체험 분야에서 다양하게 활용되기 시작하였다. 박물관의 AR 도슨트, AR 앱으로 가구 배치하기(가구 마케팅), 증강현실 동물 체험을 예로 들 수 있다.

- 혼합현실(Mixed Reality: MR): 가상현실과 증강현실의 경계가 허물어진 상태로, 가상현실과 증강현실의 경계를 나누지 않고 가상현실의 몰입감과 증강현실의 현실 소통의 특징을 융합한 기술이다. 자신의 얼굴을 가상의 캐릭터로 변형하는 셀프 카메라 앱(예: 스노우), 매직리프 동물 체험, MR 스포츠 체험(KT) 등이 MR의 예이다. 현실세계에 생생한 3D 이미지를 띄우며 무거운 장비 착용 없이 참여할 수 있는 MR 기술은 게임이나 미디어를 넘어 원격의료, 공동 프로젝트 업무, 스포츠체험, 집단 가상학습 등 다양한 분야에서 적용될 전망이다.

- r-러닝(robot learning): 로봇과 인간의 상호작용을 교육적 매개로 활용하는 학습 방법이다. 통신로봇이 인터넷과 접속하고 모니터에 교사가 나와 교육을 하는 로봇 기반 원격 수업 또는 로봇을 플랫폼으로 하여 학습자가 콘텐츠를 활용하는 로봇 활용 수업이 이루어질 수 있다. r-러닝의 최대 장점은 교사와 학생이 직접 마주하는 오프라인 교육의 학습 효과를 온라인을 통해 구현한다는 점이다. 인공지능은 사고나 학습 등 인간이 가진 지적능력을 컴퓨터를 통해 구현하는 기술이다. 유아교육용 로봇 개발은 초기 단계이지만 인공지능 기술의 발전으로 다양한 로봇 활용 학습이 등장할 것으로 예측된다.

[그림 10-5] 4세와 5세 학급 간 원격화상수업(직접 만든 상자 놀잇감을 나눠 주기 위해 설명하는 5세아)
출처: 한림성심대학교 부속 한림유치원.

제11장

유아교육과정 구성-교육평가

최근 교육학 이론과 교육과정에서 평가는 인간의 학습 정도를 구별하던 관점에서 교수·학습을 개선하고 학습을 극대화하며 학교의 책무성을 높이는 중요한 과정으로 자리매김하였다. 보육시설의 평가인증과 유치원 평가가 실행되면서 유아평가, 수업평가 수준에서 교육과정 전반에 대한 평가로 확대되었으며, 유치원 교사의 책무성을 강조하는 교원평가도 도입되었다. 이 장에서는 평가의 개념과 유형을 간략히 살펴보고, 평가 대상에 따라 유아평가, 교사평가, 유아교육기관 평가로 구분하여 알아본다.

1. 평가의 개념

평가(evaluation)란 어떤 목적을 가지고 아이디어, 작품, 방법, 소재 등의 가치를 판단하는 능력과, 내적·외적 준거에 비추어 자료, 사물, 정책 등을 판단하는 능력이 포함된다. 타일러의 이론에서 평가의 과정은 본질적으로 교육과정과 교수 프로그램에 의해 교육목표가 어느 정도로 실현되었는지를 결정하는 과정이다. 오늘날에는 평가가 교육과정의 마지막 과정이라기보다는 교육과정 전반에 걸쳐서 이루어져야 하는, 그리고 교육과정과 관련된 모든 것을 평가의 대상으로 포함시키는 계속적이고 종합적인 과정으로 이해되고 있다.

교육평가의 유형은 평가기준이 절대적 혹은 상대적인지, 교수·학습 과정의 어느 시기에 평가가 이루어지는지, 평가 대상이 무엇인지, 혹은 평가의 주체가 누구인지 등에 따라 구분할 수 있다.

- 평가기준에 따라 임의평가, 상대평가, 절대평가로 나눈다. 임의평가는 체계적이고 객관적인 기준 없이 교사의 주관적 판단에 의하여 이루어지는 평가로 평가자나 평가 시기에 따라 다른 기준이나 시각에 따라 평가될 수 있다. 따라서 타당도와 객관도가 부족하고 목적적 또는 계획적인 평가가 어렵다. 상대평가는 규준이 평가기준이 되므로 규준참조평가라고도 불린다. 규준이란 전체 집단의 평균치와 같은 값을 의미하며, 이러한 규준과 비교하여 개인의 위치를 상대적으로 평가하는 방법이다. 선발 인원이 제한되어 있거나 비교하여 서열을 부여해야 하는 경우에 효과적이나 태도와 가치 같은 정의적 영역의 평가는 불가능하다. 절대평가는 준거(목표)지향평가라고 하는데, 이는 평가 결과를 다른 사람의 점수와 비교하는 것이 아니라 수업목표나 수행기준과 비교하는 것이다. 즉, 목표를 얼마나 달성하였는지를 평가하는 것이다. 유아교육기관에서는 매일의 일과에서 교사가 유아에 대해 관찰한 것을 자유롭게 평가하여 기록하고(임의평가), 수업목표 달성 정도를 평가하며(절대평가), 정기적으로 규준에 따라 평가한 후 다른 유아에 비해 수행 수준이 어떠한지 상대적 수준을 파악하는 등(상대평가) 세 가지 유형의 평가가 모두 이루어지게 된다.

- 교수·학습 과정의 어느 시기에 평가가 이루어지는지에 따라 진단평가, 형성평가, 총괄평가로 구분한다. 진단평가는 학습 전에 학습자의 현재 수준을 진단하여 교육의 출발점을 찾고자 하는 평가로 학습자를 이해하고, 교수·학습 방법을 탐색하며 결정하는 데 중요한 자료가 된다. 유아교육기관에서는 입학 전이나 초기, 또는 특정한 주제나 프로그램을 시작하기 전에 유아에 대한 진단평가를 실시할 수 있다. 형성평가는 교수·학습이 진행되는 동안 교육과정이나 수업방법

을 개선하기 위해 실시하는 평가로 수업 상황에 참여 중인 교사에 의해 평가가 이루어지고 비형식적 방법을 동원하여 자료를 수집하게 된다. 총괄평가는 교육과정의 질을 총체적으로 평가하는 것을 목적으로 하며 이미 완성된 프로그램의 효과에 대한 평가에 많이 사용된다.

• 평가 대상이 누구 혹은 무엇인가에 따라 유아평가, 수업평가, 교사평가, 프로그램에 대한 평가 등으로 구분한다. 최근에는 유아교육 분야에서도 대상별로 체계적인 평가를 실시하려는 노력이 이루어져서 보육시설 평가인증제, 유치원 평가 등 프로그램 실시 기관의 교육과정을 총체적으로 평가하고 있다.

• 평가의 주체가 누구인지에 따라 교사의 평가, 학습자의 평가, 학부모의 평가 등으로 구분할 수 있다. 유아교육 현장에서 이루어지는 학습자 자신의 평가로 대표적인 것은 자유선택활동에 대한 언어적 계획-실행-검토(VPE) 프로그램이다(양옥승, 2004a).

2. 유아평가

전통적으로 유아에 대한 평가를 기피하는 경향이 있었는데 그 이유는 다음과 같다. 첫째, 유아교육자들은 유아의 구체적인 경험과 능동적 참여를 중시하고, 개별적 흥미와 발달 수준의 차이를 중요시하므로, 상대적으로 비교하거나 준거 달성 결과와 서열화에 초점을 두는 전통적인 평가방법은 부적절한 것으로 판단하였다. 둘째, 유아평가방법이 부족하였다. 유아는 언어 이해와 표현력이 부족하므로, 다른 시기의 학습자처럼 언어화된 평가도구를 사용하기 어렵고, 대부분의 활동이 놀이를 통해 이루어지는데 이러한 활동 과정이나 수행 결과를 평가하는 방법도 마땅하지 않았다. 셋째, 평가의 중요성에 대한 이해 부족과 시간 부족으로 교사가 평가에 많은 노력을 기울이지 못하였다.

그러나 유아의 주요 성장 및 발달 영역, 개별 유아에 대한 프로그램의 기대 성과, 발달, 지식, 태도, 흥미의 독특한 패턴, 특정 유아나 집단에 대해 우려되는 문제 등에 대한 유아평가를 통해 발달과 학습을 모니터할 수 있으며, 수업 계획과 결정을 안내할 수 있고, 특별한 도움이 필요한 유아를 규명할 수 있으며, 다른 교사나 교육

관련 집단, 학부모와의 의사소통 자료로 사용할 수 있다(김경철 외 역, 2008).

유아 발달 평가 시에는 행동에 대한 객관적 기록, 기록을 위한 적합한 방법의 선정, 편견에 대한 재인식, 개별 발달 과정의 강조, 객관적 자료에 근거한 평가, 관찰 자료에 근거한 추론의 타당성, 이론이나 규준 자료의 신중한 사용 등이 요구된다. 평가 실제에 영향을 주는 요소는 다양하므로 교사는 유아와 가정의 다양성이나 발달과 학습에 대한 견해에 따라 평가에 대한 관점도 차이를 보일 수 있다는 점을 인식할 필요가 있다. 또한 표준화된 검사의 제한성이나 부적절성에 대한 지적도 많으므로 이를 활용할 때에는 유의해야 한다.

일반적으로 교사가 사용하는 유아 행동 관찰 및 평가 방법에는 다음과 같은 것이 있다.

- 관찰법: 관찰법(일화기록법, 행동목록법, 평정척도법)은 가장 보편적으로 사용되는 평가방법으로 유아의 모습을 관찰자가 본 대로 기록하는 것을 기초로 일화를 기록하거나, 행동목록에 체크하거나, 평정하는 방법이다. 관찰법의 장점은 비교적 쉽게 사용할 수 있는 방법이고 어떠한 발달영역이나 상황에서도 적용이 가능하다는 점이다. 그러나 관찰자의 능력에 따라 관찰의 신뢰성에 차이를 보일 수 있으며, 관찰되지 못하는 내용은 평가가 어렵다.
- 검사법(표준화 검사, 비표준화 검사): 표준화 검사는 검사의 목적과 내용, 실시 방법, 적용 대상, 채점 및 해석 방법이 표준화되어 있는 검사로 연구를 통해 타당도와 신뢰도를 확보하였기 때문에 있는 그대로 적용하면 된다. 그러나 수량화를 통해 유아 간 서열화를 조장하고, 과정보다 결과에 민감한 풍토를 낳을 수 있는 단점이 있다. 표준화 과정을 거치지 않은 검사도구는 교사의 평가 목적에 부합하며, 해석에 주의를 기울인다면 선별하여 사용할 수 있다.
- 면담법: 면담은 면접과 대화를 통해 이야기를 나누는 검사법으로 유아나 부모님과의 면담을 통해 필요한 정보를 얻을 수 있다. 어린 유아의 경우 언어 표현이 미숙하므로 면담을 통해 유아를 이해하는 데는 한계가 있다.
- 포트폴리오: 포트폴리오(portfolio)는 미술, 의류, 사진, 문학 분야에서 이미 오래전부터 사용된 것으로 작업의 결과나 작품 혹은 어떤 수행의 결과를 모아 놓은 자료집이나 서류철을 의미하는데, 유치원에서 유아의 그림, 글씨, 작품, 사진

등을 파일에 모아 포트폴리오를 구성하여 평가하는 것을 말한다. 포트폴리오를 평가에 활용한다는 것은 유아의 활동 과정 및 결과를 증명할 자료를 장기간에 걸쳐 수집하고 유아가 보이는 변화를 평가하는 것이다. 포트폴리오에는 작업표본, 날짜, 자기 반영, 조언, 내용 목차, 관찰 기록 등의 내용물이 포함된다. 포트폴리오는 유아의 변화, 특히 장점에 초점을 맞춘 긍정적 평가이며 자기주도적 학습과 개별화된 교육과정을 이끈다(황해익 외, 2003). 이러한 포트폴리오 평가는 유아에 대한 평가뿐만 아니라 교사 자신의 수업 개선을 위해서도 유용하게 활용될 수 있다.

3. 교사평가

　교사평가의 목적은 교사의 역할 수행이 책임감 있게 이루어지고 있는지 판단하고, 교사의 전문성을 신장하는 것이다. 일반적으로 교사에 대한 평가는 승진, 임용, 봉급 인상 등 행정적인 영역에 관한 의사결정의 자료로 이용하기 위한 용도, 또는 교사 자신의 자기계발에 도움을 주어 양질의 교육 수행이 이루어지도록 하기 위해 이루어진다.

　교사평가방법은 주체가 누구인가에 따라 자기평가와 타인에 의한 평가로 구분할 수 있다. 자기평가는 자기 자신의 교수능력을 개발하기 위해 지식, 수행, 결과, 신념 등의 적절성과 효과성을 스스로 판단하는 과정(김정환, 이계연, 2005)으로, 자율성과 교사의 반성적 사고 및 실천 능력이 요구된다.

　교사의 전문성 증진에 교사의 반성적 사고가 중요한 영향을 미친다는 인식이 확산되어 있으며, 수업에 대한 반성을 통해 수업을 평가하고 개선하려는 노력이 이루어져 왔다(강숙현, 2000; 권정숙, 2002; 이진향, 2002). 타인에 의한 평가는 동료, 원장, 학부모, 전문가, 평가위원 등에 의해 이루어질 수 있다.

　유치원에서는 교육의 책무성을 강조하는 평가 방법의 일환으로 교원능력개발평가가 적용되고 있다.

표 11-1 초임교사의 자기평가 항목

전문적 자질	(1) 매우 부족	(2) 부족	(3) 보통	(4) 충분	(5) 매우 충분
[지식]					
1. 나는 다양한 영역에 지식이 풍부하다.	1	2	3	4	5
2. 나는 유아의 신체운동 · 건강을 신장시킬 수 있다.	1	2	3	4	5
3. 나는 유아의 의사소통 능력을 향상시킬 수 있다.	1	2	3	4	5
4. 나는 유아의 사회관계를 촉진시킬 수 있다.	1	2	3	4	5
5. 나는 유아의 예술경험을 확장시킬 수 있다.	1	2	3	4	5
6. 나는 유아의 자연탐구를 도울 수 있다.	1	2	3	4	5
7. 나는 여러 영역에서 아동 발달을 촉진시킬 수 있는 다양한 활동들을 계획하고 실시한다.	1	2	3	4	5
8. 나는 유아의 발달과 학습에 있어 직접적인 경험과 놀이의 중요성을 이해한다.	1	2	3	4	5
9. 나는 유아의 행동을 관찰 · 기록하여 평가한 것을 교육과정에 반영할 수 있다.	1	2	3	4	5
10. 나는 유아의 발달과 학습과정에서 나타나는 개인내 차와 개인간 차를 이해한다.	1	2	3	4	5
[교수기술]					
11. 나는 교과과정을 유아의 발달 수준에 맞게 재구성하여 실시한다.	1	2	3	4	5
12. 나는 교육목표에 적절한 내용 및 방법을 계획 · 실시한다.	1	2	3	4	5
13. 나는 여러 가지 활동들을 통합적으로 조직한다.	1	2	3	4	5
14. 나는 계획한 프로그램을 현장에 잘 적용한다.	1	2	3	4	5
15. 나는 다양한 발달영역을 통해 유아를 평가한다.	1	2	3	4	5
16. 나는 유아 및 교육과정에 대한 평가 자료를 효율적으로 활용한다.	1	2	3	4	5
17. 나는 유아가 이해하기 쉽고, 유아의 사고를 촉진할 수 있는 언어를 사용한다.	1	2	3	4	5
18. 나는 일상생활 속에서 유아들 간의 의견과 생각을 교환하도록 장려한다.	1	2	3	4	5
19. 나는 창의적으로 사고하여 문제를 해결한다.	1	2	3	4	5
20. 나는 예기치 못한 사태나 유아의 요구에 따라 활동을 변화시킬 수 있는 융통성이 있다.	1	2	3	4	5
21. 나는 정기적으로 부모들과 의사소통하고 부모가 유아의 학습과정에 적극적으로 참여할 수 있도록 격려한다.	1	2	3	4	5
22. 나는 교육프로그램의 계획이나 실천에 있어 지역사회의 자원과 인사를 적절히 활용한다.	1	2	3	4	5
23. 나는 아동의 흥미와 요구를 고려하여 재료 및 교수매체를 선정, 조합 혹은 수정한다.	1	2	3	4	5
24. 나는 학급 규칙을 긍정적이고 이해하기 쉽게 만들어서 일관성 있게 적용한다.	1	2	3	4	5
25. 나는 적합한 문제해결 방법을 이용하여 유아들이 기본생활습관을 기를 수 있도록 지도한다.	1	2	3	4	5
[교육관]					
26. 나는 유아교사직에 대한 확고한 신념과 사명감을 가지고 있다.	1	2	3	4	5
27. 나는 유아의 능력을 인정하고, 독립적인 개인으로 대한다.	1	2	3	4	5
28. 나는 유아의 권리 옹호를 위해 노력한다.	1	2	3	4	5
29. 나는 유아교육과 관련된 최근 동향과 문제점들을 알고 개선하려고 노력한다.	1	2	3	4	5
30. 나는 전문성 신장을 위한 활동에 지속적이고 적극적으로 참여한다.	1	2	3	4	5

출처: 김창희(2014)의 초임교사용 자기평가 체크리스트 중 전문적 자질 부분만 발췌함, pp. 73-78.

4. 유아교육기관 평가

유아교육기관의 평가는 유치원이나 어린이집의 제반 구조와 요인이 교육목표 달성 및 새로운 교육적 가치 창출을 위해 구체적으로 어떻게 기능하고 있는가에 대한 점검을 통해 교육의 질을 제고하고 유치원의 경영 개선을 위한 정보를 제공하기 위한 것이다. 유아교육기관 평가는 유아교육기관의 기능과 성취 정도를 전반적으로 점검하고 이를 토대로 유아교육기관의 강점 · 약점을 파악하여 개선을 위한 정보를 제공하는 일련의 과정이다.

유아교육기관 평가는 국가 차원에서는 체계적인 질적 관리 체계로 국제 경쟁력을 높이고 정책 수립의 기초 자료가 되며, 지역 차원에서는 각 지역의 특성을 포함한 유아교육 정책 수립과 교육 서비스의 질을 점검하는 교육 자치의 실현을 위한 자체적인 노력을 기울임으로써 사회적 책무성을 강화할 수 있다(양옥승, 2001c).

우리나라에서는 유치원 평가와 어린이집 평가제를 시행하고 있다. 어린이집 평가제는 「영유아보육법」에 근거하여 보육 · 양육에 대한 사회적 책임 강화 실현 및 안심 보육환경 조성을 위해 국가 차원에서 모든 어린이집을 주기적으로 평가하여 상시적인 보육서비스 질을 확보하고자 하는 제도이다. 어린이집 평가제(보건복지부, 한국보육진흥원, 2020)의 평가지표는 4영역 18지표(59항목)이며, 평가등급은 4등급(A, B, C, D)으로 구분하며 A, B등급은 3년, C, D등급은 2년의 평가주기를 부여한다.

유치원 평가는 「유아교육법」에 근거하여 유아교육을 효율적으로 하기 위해서 유치원 운영실태 등에 대한 평가하는 제도다. 제5주기(2020~2022년) 유치원 평가 추진 계획(교육부, 2020)은 유치원 평가의 현장 적합성 제고를 위해 자율적인 유치원 교육 활동의 진단 및 개선을 통한 유치원 교육의 질을 향상하며, '2019 개정 누리과정'을 충실히 운영할 수 있는 유치원 운영체계 구축 및 유아의 건강 · 안전 관리 강화를 통한 유치원의 책무성 및 공공성을 강화하고, 유치원 교육공동체의 참여 · 소통 · 협력을 통한 자율과 책임의 유치원 자치문화 조성을 목적으로 한다. 유치원 평가 주기는 3년이며 자체 평가, 서면평가를 실시한다.

〈표 11-2〉는 어린이집 평가지표, 〈표 11-3〉은 유치원 평가지표의 구성을 제시하였다.

표 11-2 2020 어린이집 평가지표의 구성

평가영역(항목수)	평가지표	평가항목수
1. 보육과정 및 상호작용(18)	1-1. 영유아 권리 존중(필수)	2
	1-2. 보육계획 수립 및 실행	6
	1-3. 놀이 및 활동 지원	3
	1-4. 영유아 간 상호작용 지원	4
	1-5. 보육과정 평가	3
2. 보육환경 및 운영관리(14)	2-1. 실내 공간 구성 및 운영	4
	2-2. 실외 공간 구성 및 운영	3
	2-3. 기관 운영	4
	2-4. 가정 및 지역사회와의 연계	3
3. 건강 · 안전(15)	3-1. 실내외 공간의 청결 및 안전	3
	3-2. 급 · 간식	3
	3-3. 건강증진을 위한 교육 및 관리	3
	3-4. 등 · 하원의 안전	3
	3-5. 안전교육과 사고예방	3
4. 교직원(12)	4-1. 원장의 리더십	3
	4-2. 보육교직원의 근무환경	3
	4-3. 보육교직원의 처우와 복지	3
	4-4. 보육교직원의 전문성 제고	3

* 3-2, 3-4, 3-5 지표 내 필수요소 8개 포함

출처: 보건복지부, 한국보육진흥원(2020), pp. 58-59.

표 11-3 제5주기 유치원 평가(2020~2022) 평가지표

영역	지표	교육부 지침 항목수	강원도 지침 항목수
교육과정 등	1-1. 교육계획 수립	3	3
	1-2. 일과운영	2	0
	1-3. 교수학습 및 평가	4	3
	1-4. 교사와 유아 상호작용	3	0
	1-5. 방과후 과정 운영	2	2
교육환경 및 운영관리	2-1. 놀이공간의 다양성	2	1
	2-2. 시설 설비의 적합성	2	1
	2-3. 놀이자료의 구비 및 관리	2	2
	2-4. 행·재정관리	3	3
건강·안전	3-1. 시설 및 환경	5	4
	3-2. 건강 및 안전 증진	4	3
	3-3. 급·간식 건강 및 안전	3	3
	3-4. 등·하원 안전	2	2
교직원	4-1. 원장의 전문성	3	2
	4-2. 교직원의 전문성	2	1
	4-3. 교사의 업무지원	2	1
	4-4. 교직원 복지	3	2
자율항목	시·도 자율항목	1	0
계	17개 지표 47개 항목/자율지표		15개 지표 33개 항목 (자율지표 없음)

출처: 강원도교육청(2020), 교육부(2020).

제4부

유아교육과정의 운영

제12장 유아교육과정 운영의 기초
제13장 영아를 위한 교육계획 및 운영
제14장 유아를 위한 교육계획 및 운영

제12장

유아교육과정 운영의 기초

유아교육과정은 발현적, 놀이 중심 그리고 교과의 통합이라는 특성을 모두 적용하여 이를 기초로 운영된다. 이 장에서는 이해를 돕기 위해 발현적 교육과정, 놀이 중심 교육과정, 통합교육과정으로 세분하여 설명하고자 한다. 발현적 교육과정은 스테이시(Stacey, 2009)의 저서를 주로 참조하여 소개하며, 놀이 중심 교육과정은 유아 중심·놀이 중심 교육과정을 표방하고 있는 『2019 개정 누리과정 놀이실행자료』(교육부, 보건복지부, 2019c)에 예시한 내용을 소개하였고, 통합교육과정은 생활주제 중심 교육과정 운영 방법을 적용한 '2007년 개정 유치원교육과정'의 『유치원 교사용 지도서』(교육과학기술부, 2009)에 제시된 과정을 기초로 제시하였다.

1. 발현적 교육과정

1) 발현적 교육과정의 의미

유아교육과정을 설명하는 중요한 특징의 하나는 발현적 교육과정(emergent curriculum)이다. 교육과정을 계획하고 개발하는 것에는 두 가지 상이한 접근방법이 있는데, 하나는 사전에 준비하는 것이며 또 다른 하나는 발현되는 것이다. 사전에 계획되는 교육과정은 우리에게는 익숙한 일반적인 교육과정으로 교사가 계획한 내용과 절차에 따라 교수·학습을 계획에 따라 운영한다. 그러나 유아는 자신이 흥미를 느낄 때 더 잘 학습한다는 점에 주목할 필요가 있다. 발현을 강조하는 교육과정은 교육과정 자체가 초점이 아니라 유아가 초점이 된다(김동연, 2018). 유아의 흥미와 요구가 교육의 내용과 시기를 결정하는 중요한 요소이며, 교육과정은 유아와 교사의 상호 협상을 통해 개발된다.

발현적 교육과정을 실행하기 위해서는 교사가 유아에 대해 학습자로서의 능력을 믿고 존중하는 아동 중심 사상을 가지고 있어야 한다. 즉, 유아가 자신이 접한 상황 속에서 상호작용을 통해 의미를 구성하고 지식을 구성해 나갈 수 있다고 전제할 때 실현될 수 있다. 아동 중심 사상은 제2장에서 설명한 바와 같이 유아교육의 중요한 전통으로 프뢰벨의 유치원부터 현재에 이르기까지 바람직한 유아교육과정을 설명하는 중요한 특성이다. 아동 중심 교육과정의 전통은 듀이의 '진보주의'에 의해 유아의 흥미(관심)를 존중한 교육과정으로 구체화되었고, 유아의 자유로운 표현활동을 강조한 '활동 중심 교육과정'과 '프로젝트 접근법'을 낳았으며, 피아제의 '구성주의'와 비고츠키의 '사회적 구성주의'로 발전되었다고 할 수 있다.

최근 세계에서 가장 우수한 유아교육 프로그램의 하나로 일컬어지는 레지오 에밀리아 유아교육은 발현적 교육과정을 실현하는 성공적 사례로 평가되고 있다. 레지오 에밀리아 교육은 발현적 교육과정을 중요한 특성으로 설명하는데, 이는 교육과정이 비형식적·비구조적 특성을 지니기 때문이다. 유아가 학습을 하는 과정은 직선적이거나 단계적이 아니므로, 발현적 교육과정은 직선적이지 않으며 유기적이고 끊임없이 성장하고 진보하는 특성을 지닌다(Stacey, 2009). 유아는 끊임없이 탐구하고 개념을 형성하며 이미 형성한 개념을 깨뜨리고 새로운 개념을 받아들이고 타협하며 학습해 나간다. 따라서 교육과정은 교사가 처음 수립한 계획을 반드시 따라가야 하는 것이 아니라 활동이 진행되는 것을 근거로 차후 교육경험에 대한 결정과 선택이 이루어지는 연속의 과정이어야 한다. 즉, 발현적 교육과정이란 미리 정해진 주제나 활동에 따라 운영되는 것이 아니라, 유아의 관심이나 학습 진전 상태와 교사의 관찰에 따른 판단 간의 상호 협상을 통해 주제가 선정되고 발현되는 교육과정이다. 발현적 교육과정을 실행하는 교사는 일반적인 교육목표 및 활동 목표를 세워 놓지만 각 프로젝트나 활동을 통해 도달하고자 하는 세부 목표는 미리 결정하지 않는다. 과거의 경험과 유아에 대한 지식과 경험을 토대로 가설을 세우고, 이 가설과 함께 유아의 관심과 욕구에 맞출 수 있는 융통성 있는 목표를 세워 프로젝트를 진행시킨다(황해익 외, 2008). 따라서 교육과정은 역동적이며 항상 발달과정 중에 있고, 결코 완벽하게 예측되지 않으며, 교사와 유아의 실제 활동 및 상호작용으로부터 생겨나는 유기적 과정이 유아와 교사에게 동기를 부여하고 학습을 자극하게 된다(이영석, 임명희, 이정화, 2007).

　　전통적인 단원 중심 교육과정과 비교할 때 발현적 교육과정은 유아에게 반응적이고 과정 지향적이다. 사전에 계획되는 교육과정은 개별 학습자와 상황적 맥락의 다양성을 수용하기 어렵지만 발현적 교육과정에 기초하게 되면 이러한 다양성은 교육과정의 장애물이 되지 않는다. 교육은 유아의 개개인의 목소리에 귀 기울이고 이로부터 발현되기 때문이다.

2) 발현적 교육과정의 특성

(1) 상호교수자로서의 교사

　　발현적 교육과정은 교사에 의해 일방적으로 교육계획이 이루어지거나 주도되는 교육이 아니고, 학습자와 교사의 상호 협력과 상호 교수를 통해 개발된다는 측면에서 교수공동체, 지식공동체로 설명된다.

　　스테이시(Stacey, 2009)는 많은 교사와의 작업을 통해 발현적 교육과정은 교사를 더 바쁘게 하지만, 교실이 경이로움과 도전으로 가득 차 있으며 더 재미있고 교육적이라고 확신하고 있다. 많은 유아교육자는 교육이 유아 개개인의 목소리에 귀 기울이고 이로부터 발현된다는 것에 동의한다. 이렇듯 발현적 교육과정의 우수한 점을 인식하지만 현장의 교사들은 기존에 해 오던 연간 생활주제 중심 교육과정을 모두 하면서 유아의 관심이 발현되는 순간을 포착하여 프로젝트를 진행한다는 데서 두 마리의 토끼를 쫓아야 하는 큰 부담감을 느끼게 된다(김은희, 2006).

발현적 교육과정을 처음 실행하는 교사는 대부분 힘들고 위험을 감수해야 하는 일이라고 생각하지만 유아와 교사 자신을 발현적 학습자로 인식하고 실천해 나가려는 의지가 있다면 융통성 있게 교육과정이 변형, 적용되면서 원활하게 전개가 가능하다는 것을 경험하게 된다.

다음은 발현적 교육과정을 실천하려는 교사에게 필요한 태도다(Hyun, 2006).

- 놀이 과정에서 실수가 일어날 수 있음을 허용하며 이를 수용하고 감수할 수 있는 의지
- 사전에 구체적으로 수립한 계획이 없어도 개방된 프로젝트로 교수·학습을 진행하려는 의지
- 예상하지 못한 상황에 대한 개방성과 그러한 순간에 더 심층적으로 탐구하고 기간을 연장하여 지속적인 학습을 촉진하려는 의지
- 유아에 대한 믿음과 유아의 생각을 존중하고 지지하는 태도
- 유아뿐만 아니라 교사 자신도 발현적 학습자로 인식하며 유아 주도적 학습을 반응하고 지지하는 교사 자신에 대해 신뢰하는 태도
- 학부모와 협력하며 존중하는 태도

(2) 발현적 교육과정의 진행과정

발현적 교육과정은 특정 주제에 관심을 갖는 유아에 의해 소규모 프로젝트로 시작될 수도 있고, 또는 교사의 관찰과 기록의 해석을 통해 교사가 제안하여 시작하거나, 단순히 교사에 의해 설계된 계획으로 시작할 수 있다. 프로젝트가 진행되는 동안 교사는 예기치 않은 방향으로 흘러가는 유아의 관심을 관찰과 대화를 통해 잘 포착하여 원래 계획에서 더 확장된 아동 주도의 발현적인 프로젝트가 될 수 있도록 도울 수 있다.

발현적 교육과정의 진행과정은 [그림 12-1]과 같다.

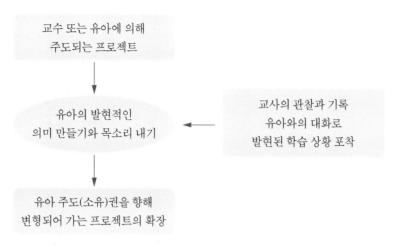

[그림 12-1] 발현적 교육과정의 진행과정

(3) 발현적 교육과정의 교수·학습 특성

스테이시(Stacey, 2009)는 발현적 교육과정이 무엇인가에 대해 설명하기 위해 다음과 같이 특성을 정의내리고 있다. 유아로부터 출발하기, 유아의 흥미에 반응하기, 유아의 깊이 있는 탐구 조성하기, 융통성 있는 계획하기, 학습과 사고에 대해 기록하기 등이 그것이다. 그의 정의에 유아교육자들의 견해와 사례를 덧붙여 살펴본다.

① 유아로부터 출발하기: 관찰하기

교사에 의해 조직되기보다는 유아와 교사가 협력하며 모든 구성원의 목소리를 경청한다. 발현적 교육과정은 유아의 목소리를 존중하며 유아와 교사 둘 모두의 학습 방식과 그들이 가진 재능에 중요한 의미를 부여한다. 유아로부터 출발하기 위한 중요한 수단은 관찰이다. 교사는 유아가 무엇을 어떻게 놀이하며, 어떠한 개인적 이야기들을 만들어 내는지 경청하고 이를 토대로 교육과정을 개발한다.

유아의 관심과 경험은 관찰을 잘하는 교사에 의해 실행으로 옮겨질 수 있다. 관찰을 통해 교사는 유아가 더 심층적인 의문을 갖고 보다 깊은 이해를 할 수 있도록 지도할 수 있다.

〈표 12-1〉은 유아의 낙서처럼 보이는 그림에 대한 교사의 관찰기록이다. 10여 장의 낙서 같은 그림을 그린 종이를 바닥에 버려 두고 간 유아의 그림에 대한 교사의 이해는 교사가 무엇에 초점을 두어 관찰하는가에 따라 차이를 보인다. 실제로 이

표 12-1 관찰 기록 및 해석의 예시

이름: 김○○(만 4세반)	20○○년 ○월 ○일 오전	미술영역

관찰 장면:

　　조형영역의 도화지를 꺼내 색연필로 팔을 돌려서 원을 몇 개 그리더니, 다시 종이를 꺼내 크고 작은 원을 그렸다. 처음에는 무의식적으로 그리는 것 같았는데, 몇 장 그린 후부터는 원의 안쪽부터 그려 나오면서 점점 커지게 만들었다. 10여 장의 종이에 계속 반복하더니 그림과 같은 원을 그리고 뒷면에 아주 큰 원을 그려 넣었다. 다른 종이에 원을 그린 것과 비슷하게 네모 모양으로 점점 커지는 네모를 그려 넣었다. 몇 개 시도해 보더니 그만두고 종이를 바닥에 버려 두고 다른 놀이를 하러 갔다.

　　교사의 의견: 처음에는 낙서처럼 무엇인가를 그려 보려고 했던 것 같은데 팔을 돌리면서 원이 점점 커지는 것에 관심을 갖고, 여러 장을 만들어 보았다. 이 그림은 가장 마지막에 만든 원이고, 이것을 하고는 아주 흡족해하면서 네모를 점점 커지게 만드는 것을 시도하려고 했던 것 같다. 집중해 있었으므로 중간에 질문을 하지 않았는데 끝나고 무엇을 그렸는지 묻자 아무 말도 하지 않았다. 아마 형태를 그리려고 시도한 것은 아니어서 대답하기 난처해했던 것 같다. ○○는 팔을 크게 돌리면서 그려지는 선이 만들어 내는 커다란 공간에 관심을 가진 것 같다. 아주 작은 점부터 커다란 원까지 13개(뒷면에 큰 원 1개가 있다)를 의도적으로 커지게 한 것은 크기의 서열을 만든 것이다.

　　그림과 관찰 상황을 필자가 현장 교사들에게 보여 주었을 때, 일부 교사는 유아가 그리려고 의도한 형태를 찾으려고 노력하였으며, 또 어떤 교사는 무질서하게 도화지를 버려 둔 행동에 대해 지도해야 한다고 보았다. 그러나 기록에서와 같이 교사가 관찰하면서 발견한 것은 유아가 크기에 관심을 가졌다는 것이고, 이러한 관찰에서의 발견을 통해 교사는 학습 상황을 포착하고 다음의 교육활동을 계획하는 데 반영할 수 있다.

② 유아의 흥미에 반응하기

　　발현적 교육과정에서의 교수·학습은 주제 전개나 활동계획이 고정되어 운영되기보다는 전개과정에서 유아의 아이디어, 흥미, 요구가 반영됨으로써 학습과정이 더욱 풍요롭고 흥미 있도록 한다. 유아는 자신에게 의미 있고 흥미 있는 활동에 더 잘 몰입하고 새로운 아이디어를 만들어 내며 학습한다.

교사가 유아의 놀이와 아이디어를 세심하게 관찰한다고 해서 그들의 흥미에 기초한 교육을 실행할 수 있는 것은 아니다. 관찰을 토대로 교사 주도적인 교육계획을 수립하고 실행할 수도 있으며, 주제 선정의 단계에서만 반영할 수도 있고, 주제 선정 후 주제가 진행되는 전반적인 과정에서 유아에 대한 관찰과 그들의 관심을 교육과정 전개의 중요한 원칙으로 삼을 수도 있다. 다음은 주제 '탈것'의 전개과정에서 유아의 흥미를 교육계획에 반영하여 자동차 프로젝트로 변경한 만 4세반 교사의 저널을 요약한 것으로 유아로부터 출발하는 발현적 교육과정의 예를 보여 준다. 주제가 발현적으로 전개되는 과정을 볼 수 있으나 분량 관계상 상세한 저널은 3일(6월 10일, 13일, 16일)분만 소개하였다.

탈것 프로젝트(만 4세반)

-교사의 저널을 통해 발현적 교육과정 다가가기-

• 주제 전개 과정

만 4세반 교사는 '탈것'을 생활주제로 선정하기로 계획하고 주제 활동망을 작성하였다. 이 주제는 약 3주간 진행되었는데, 교사가 세운 처음의 계획은 주제 전개 과정에서 유아들의 관심에 따라 변경되었다.

5월 27일: 주제의 시작, 물길에 띄울 배가 필요해

주제의 시작은 바깥놀이터에서 물길 만들기 도중 물길에 띄울 배에 대한 아이디어가 출발점이 되었다. 교사는 처음에 물로 다니는 탈것을 시작으로 땅으로 다니는 탈것 만들기, 하늘에 날아다니는 탈것에 대해 알아보기 등으로 주제를 계획하고 전개하였다.

6월 2~4일: 탈것 장난감 가게를 만들자

유아들이 탈것 장난감 가게 만들기를 제안하였고, 며칠 동안 탈것 장난감 가게를 꾸미고, 가게놀이가 진행되었다.

6월 5~10일: 자동차에 대한 깊이 있는 탐구

유아들이 토론을 통해 깊이 있게 알아보고 싶은 탈것으로 '자동차'를 선정하였고, 이에 따라 자동차 프로젝트가 진행되었다. 유치원 주차장에 있는 원장님 승용차를 자세히 관찰하면서 자동차의 구조에 관심을 가지게 되었으며, 주유소와 세차장 견학은 유아들이 자동차와 관련된 다른 요소들에 대한 탐구로 이어졌다. 자동차의 구조를 탐색하면서 승용차와 이전에 보았던 시각자료들을 재방문하면서 유아들의 관심이 깊어지고 아이디어가 다양해졌다.

6월 11~18일: 커다란 자동차를 만들다!

쌓기놀이영역에서 드디어 커다란 자동차를 만들기로 하면서 유아들은 고민에 고민을 거듭하고, 친구들과 역할을 나누고 또한 협동하는 경험을 하였다. 자동차의 구조에 대해 탐구했기 때문에 블록과 미술재료, 상자를 이용한 구조물은 매우 정교하였다. 처음에 만든 자동차가 핸들이 진짜처럼 돌아가지 않고, 트렁크도 열 수 없다는 사실을 발견한 유아들은 아이디어를 내서 돌아가는 핸들, 열 수 있는 트렁크 그리고 안전벨트까지 갖춘 멋진 자동차를 만들었다.

• 프로젝트 전개 과정에서 교사가 기록한 저널

6월 10일	오늘은 어제 탐색한 자동차의 겉모습(앞에서 본 모습, 뒤에서 본 모습, 옆에서 본 모습)을 전지에 표현해 보았다. 유아들이 흥미를 가지고 자동차를 그리기 시작하였다. 실제 본 활동과 대조하면서 모양, 색깔, 크기 등을 관찰해 표현하여 보았다. 　처음에 노란색 색연필이나 살구색 색연필로 그림을 그리고 매직과 크레파스로 덧칠을 하면서 조금씩 수정해 나갔다. 열선은 철끈으로, 와이퍼는 빨대로, 전조등은 불빛이 나기 때문에 반짝이 가루를 뿌리자는 의견을 수렴하여 표현해 보았는데 자동차 모습을 그리면서 유아들이 비교적 팔 힘이 좋아서 크레파스로 진하게 색칠하게 되면서 자동차의 모습이 화사해지고 형태가 잘 드러나게 되었다. 그러자 관심이 없던 친구들도 몰려들면서 "우와, 친구들 잘 그린다." "우리가 그린 자동차 옆모습 멋있다." "윤서, 잘한다." 등의 표현을 하였다. 이에 옆에서 앞모습을 표현하고 있던 여자 친구들도 다시 진하게 덧칠하기 시작하였는데 큰 면적을 채우기 위하여 조금 힘이 들자 윤서와 재현이가 "여자 친구들 힘드니까 우리가 도와줄게." "여자 친구들은 왜 마무리를 다 안하고 가냐, 우리가 다 하자."라고 하는 등 협력하는 모습을 보였다. 　유아들은 자신들이 그린 자동차 옆, 앞, 뒤 모습을 관찰하며 다시 한번 자동차 구조와 이름, 기능을 자세하게 알게 되는 계기가 된 것 같다. 평면에서 입체로 옮겨지면 더 생각이 확장될 것 같다. 

오늘은 자동차 만들기 3일째 되는 날이다.

앞 범퍼와 뒤 범퍼 작업과 함께 전조등, 브레이크등을 다는 작업이 이루어졌고, 문을 뚫고 기둥으로 고정시키는 주요 작업이 시작되었다. 세부적으로는 사이드미러나 룸미러, 손잡이, 와이퍼 등을 더 만들고 설치하였다.

작업을 하면서 인상적이었던 점은 형록이가 책상에 놓여 있던 자동차 내부 책자를 가지고 와서 펼치며 "야, 애들아, 이걸 좀 보면서 해."라고 자발적으로 이야기하는 것을 목격하게 된 것이다.

항상 창의적으로 자신의 생각대로만 표현해 보라고 격려받던 아이들이 프로젝트라는 활동을 통하여 자기가 만들고 싶은 대로 아무렇게나 생각나는 것을 모두 표현하는 것이 아니라, 어떤 것이 작업하는 데 더 쓸모가 있고 어울리는지 실제 자동차처럼 만들기 위해 무엇을 고쳐야 하는지를

6월 13일   짚어 보는 경험을 하면서 좀 더 구체적이고 정교한 사고를 하게 되어 큰 의의가 있었다.

유아들은 오늘까지 만든 자동차 구조에 지붕을 달고 룸미러, 햇빛 가리개를 만들어야 한다는 것을 찾아냈다. 창문이 달린 후 뒷부분에 열선을 다는 작업을 하고 내부에 안전벨트를 만들기 위하여 끈이나 백업재료를 선택하였는데 안전벨트를 채우는 곳도 만들자고 하였다. 안전벨트를 하기 위한 재료가 적당하지 않고 모자라서 다음 날 더 구해 올

수 있도록 하였다. 그리고 제일 중요한 바퀴를 만들기 위해 여러 가지 의견이 나왔는데—원통블럭 달기, 공달기, 박스 동그랗게 오려서 붙이기 등—원통블록과 공을 앞에 대어 본 후 자동차 크기와 너무 차이가 나서 어울리지 않다는 것을 느끼고 또 다른 생각을 해 보기로 하였다.

오늘은 자동차 만들기를 시작한 지 4일째 되는 날이다. 유아들과 함께 뒤 창문을 비닐로 붙여 달고 열선을 붙였다. 또 트렁크와 내부의 안전벨트를 장착하는 작업을 하였다. 처음에는 반달 모양의 책상으로 뒤 트렁크를 대신하려고 하였는데 평가시간에 유아들이 "선생님, 그런데 트렁크가 왜 안 열려요?"라고 물어 트렁크를 다시 제작하게 되었다.

트렁크 제작은 유아들에게 매우 많은 생각을 하는 계기가 되었던 것 같다. 즉, 트렁크가 열리기 때문에 트렁크 안에 무엇이든 짐을 싣고 넣을 수 있게 되면서 유아들이 조작하는 부분이 더 첨부되어 놀이 진행 시 더 다양하게 진행될 수 있는 부분이 생기게 되었다. 이것을 계기로 유아들은 이미 만들어 부착해 놓았던 운전대를 보면서 "선생님, 운전대도 진짜 돌아갔으면 좋겠어요."라는 의견을 내놓았다. 즉, 또 다른 자동차 부품들에까지 생각이 전이되어 더 구체적이고 창의적인 새로운 생각이 첨부되면서 발전된 방향으로 구성하게 된 것이다. 유아들은 다 함께 운전대를 돌아가게 할 수 있는 방법에 대하여 생각해 보았는데, 지난번 땅으로 다니는 탈것 만들기를 할 때 바퀴 부분을 달면서 했던 방법인 큰 빨대 안에 작은 빨대를 넣는 방법으로 큰 원통에 작은 원통을 넣어 돌아갈 수 있게 제작하였다. 교사가 가운데 구멍을 뚫어 주기로 하고 나머지는 하우, 유빈, 재은이가 바퀴 구멍에 원통블록을 끼우고 은재가 지난번에 만들었던 운전대 가운데 부분으로 막았다. 완성된 운전대는 준영이와 재은이가 설치하였다. (이미 만들어진 운전대는 아이스크림 막대로 만들어서 많이 부분 파손이 되고 힘을 받을 수 있는 부분이 없어 다시 박스를 오려 만들자는 의견이 나와 다시 제작하게 되었다.)

6월 16일

트렁크를 제작하고 운전대도 다시 제작하면서 자동차의 구조 위치에도 다소 변화가 생겼는데, 지난번 브레이크등을 뒤 범퍼 위치에 붙이고 회사 이름과 번호판을 트렁크 뚜껑 윗부분에 대충 붙여 놓았던 것을 다시 설계도와 실제 뒷모습을 확인해 가면서 브레이크등은 트렁크 옆부분에, 번호판은 트렁크 앞부분에 다시 달게 되면서 자동차 뒷모습을 좀 더 자세하게 탐색하게 되는 계기가 되었다. 또한 트렁크 열쇠 구멍을 만들면서 실제로 자동차 열쇠가 들어갈 수 있도록 형석이가 "위로 뚫자."라는 의견을 내놓고 태윤이가 열쇠를 만들어 왔다. 내일은 자동차 앞 유리와 지붕을 달기로 했다.

출처: 파랑새유치원.

③ 유아의 깊이 있는 탐구 조성하기

교사는 유아가 무엇을 보고 듣는지 이해하고, 더 많이 더 깊이 있게 탐구하고 지식을 구성해 나갈 수 있는 기회를 조성해 준다. 유아는 자신에게 의미 있는 맥락에서의 사회적 상호작용을 통해 학습해 나간다는 사회적 구성주의 시각에서 볼 때 유아의 탐구과정에서 교사의 상호작용은 중요한 역할을 하게 된다. 교사는 유아와 교사가 함께 관심 가질 수 있는 공유 영역을 알아내고, 유아가 관심과 흥미를 이해하며, 지식 구성에 공동 협력자가 되어야 한다.

④ 융통성 있는 계획하기

일반적으로 유아교육과정은 유치원 교육활동 지도자료를 통해 전문가들이 유아에게 필요하다고 판단하는 가치와 지식을 미리 생활주제로 선정하고 그것을 주요 개념들로 분류한 다음 그 개념들을 다양한 영역의 활동들로 다루면서 주제를 중심으로 통합하는 방식으로 운영된다. 그러나 발현적 교육과정에서는 포괄적인 교육목표를 의식하는 교사와 유아가 자신들의 관심을 사로잡는 관심사, 질문 혹은 개념의 탐색을 통해서 자신들에게 의미 있는 질문과 현상에 대해 개인으로 혹은 집단으로 이해를 구성해 나가며 의미를 찾아 나가는 것을 교육과정 전개로 본다. 레지오에밀리아 유아교육의 예를 들면 주제는 유아에 대한 지속적인 관심과 관찰을 토대로 선정되거나 또는 교사와 유아가 상호 협력하고 토의하여 선정된다. 활동이 사전에 계획된 순서에 따라 진행되는 것이 아니므로 관찰과 재방문을 통해 표상의 깊이를 더해 간다. 교사는 프로젝트 수행에 필요한 자원을 미리 탐색하고 이를 토대로 프로젝트 운영계획을 세우며 유아의 흥미에 부합되는 목표를 설정하지만 여기에도 항상 융통성이 있다.

발현적 교육과정에서 계획은 교사 주도적인 사전계획의 형식에 익숙한 교사에게 당혹스러운 부분이다. 발현적 교육과정에서 교육계획에 대한 중요한 아이디어는 융통성이다. 앞서 설명하였듯이, 이는 유아에 대한 교사의 주의 깊은 관찰에서 출발한다.

전통적으로 사전에 작성하는 교육계획에 익숙한 교사는 융통성 있는 계획을 실행하기 위해 다음과 같은 노력을 기울여 볼 수 있다(임부연 외 역, 2008).

- 유아의 질문과 흥미가 무엇인지 알아내기 위해 노력하고 경청한다.
- 연간교육계획에만 초점을 두기보다는 유아의 생활 속에서 생겨나는 사건들로부터 주제를 찾기 위해 노력한다.
- 시간적 측면에서 주제의 끝부분을 개방된 상태로 남겨 둠으로써 유아가 자료를 재방문하고 복잡하게 사용해 볼 기회를 준다.
- 유아가 교실의 자료와 사물을 어떻게 사용하는지 주목하고 교사가 계획한 방법이나 개념을 가르치는 것보다 유아의 자유로운 사용에 집중한다.
- 유아가 현재 연습하고 있는 발달과업을 관찰하고 성장을 지원해 줄 방법을 계획한다.
- 유아의 흥미가 새로운 방향으로 확대될 수 있도록 한다.
- 주 교육과정의 규정과 학습목표에 너무 속박되기보다는 진행한 프로젝트의 완수 후에 역추적을 통해 기준 목표와 어떻게 연결되는지 확인해 본다.
- 브레인스토밍과 동료 교사와의 협동 작업을 통해 새로운 시도를 해 본다.

⑤ 학습과 사고에 대해 기록하기

유아의 학습과 교사의 사고는 다양한 형태의 기록물로 시각화될 수 있다. 기록은 탐구와 발견의 전환점을 보여 주고 개인과 집단 작업의 과정 및 성과를 요약해 준다. 기록은 유아와 주고받은 대화의 내용, 그림과 조형물 등의 유아 작품, 활동과정의 사진과 비디오, 활동에 대한 교사진의 해석과 주석 등을 포함한다(오문자, 2010).

발현적 교육과정에서 기록하기는 평가의 수단이라기보다는 유아를 존중하고 그들의 목소리에 경청하는 것을 의미한다. 따라서 기록은 유아-교사, 유아-유아, 교사-부모, 유아-부모, 교사-교사, 유아 자신의 교류와 의사소통의 수단이 되며, 전후 지식 간의 시간적 연결 도구가 된다. 발현적 교육과정의 우수한 사례로 손꼽히는 레지오 에밀리아 교육에서 기록화는 교육과정에서 중요하며 프로젝트의 성공을 위해 필수적인 요소로 인식하고 있다.

이러한 발현적 교육과정에 기초한 실제는 유아교육 이론서에 머물러 있는 것이 아니라 많은 유아교육 현장에서 가시화되고 있다. 최근 영아보육의 증가는 유아교육에서 발현적 교육과정의 필요성을 부각시키고 있다. 영아의 특성상 집단적으로 동일한 활동에 참여하는 것이 어렵고, 발달과 관심, 욕구, 생물학적 리듬 등의 개인

차도 크기 때문에 사전에 수립된 계획에 따라 놀이를 진행하기 어렵다. 따라서 개인별 교육계획과 발현적 교육과정은 영아보육에서 필연적인 특성이 되고 있다.

'2019 개정 누리과정'은 유아의 놀이를 따라가며 교육과정을 발현적으로 전개하는 놀이 중심의 발현적 교육과정의 특징을 지닌다. 다음은 놀이 중심 교육과정의 역사와 '2019 개정 누리과정'의 놀이에 대한 이해를 중심으로 놀이 중심 교육과정에 대해 알아본다.

2. 놀이 중심 교육과정

1) 놀이 중심 교육과정의 역사

놀이 중심 교육은 유아교육과정의 가장 오래되고 전통적인 관점이다. 놀이는 유아교육의 정체성을 대표하는 중요한 특징으로 프뢰벨 이후 현재까지 유아교육과정의 기초로 논의되어 왔다. 놀이 중심 유아교육과정의 기초를 마련한 사람은 프뢰벨이다. 그는 유아의 놀이를 교육과정의 중심에 놓고 발현과 통합의 개념에 기초하여 유아교육과정을 이해하고 실천하였다. 프뢰벨(Fröebel, 1826)에게 있어서 유아교육은 인간의 타고난 본성(자연)을 '발현(개화)'하는 것이다. 그에게 있어 놀이는 내면세계에 잠재한 요구(필요)를 표상하는 활동이자 타고난 인간의 이성과 활동적 본성을 발현할 수 있는 최고의 교육적인 활동이다. 놀이는 모든 활동 중에서 가장 자발적인 정신활동으로, 사람과 사물의 내면에 잠재해 있는 자연성이자 삶의 특성이고 선의 원천이기도 하다. 유아교육과정 발달의 초창기에 있었던 프뢰벨의 입장에서 보면 교육은 아동의 흥미나 발달에 따른다는 의미보다는 아동의 본성을 지원하기 위한 통합적인 교육과정이 마련되어야 한다는 의미를 담고 있다(Chung & Walsh, 2000). 이러한 입장에서 보면, 프뢰벨이 제작한 은물의 형상 또한 유아교육의 형이상학적 핵심이라 할 수 있다. 은물은 '정신이 객관화된 것'이라는 믿음에서 연유한다(이은화, 양옥승, 1988). 위계적인 순서에 따라 유아에게 이것들을 제시함으로써, 교사는 확실히 유아 이해를 초월한 상태라고 여겨지는 형이상학적 패턴을 직관할 수 있도록 촉진할 수 있다는 것이다. 그리고 유치원은 유아가 놀이를 통해 자발적으로 성장·발달하는 일종의 정원이다. 그의 생각에 기초하면 유아에게 자유로움, 즐거움, 만족, 휴식 등을 가져다주기 위해 유아의 자발성에 근거한 자유놀이가 강조된다. 프뢰벨 이후에 놀이는 유아교육과정의 핵심으로 자리 잡았다.

유아교육 분야에서는 전통적으로 유아의 놀이를 무의식 내지 전의식의 세계 속에 깊이 잠재해 있는 정서적 욕구인 요구와 흥미를 표현하고 분출하게 하는 일종의 출구로 규정하기도 한다. 이러한 생각의 기저에는 유아가 놀이를 통해 정서적으로 표출함으로써 사회적으로 유용하게 승화하고 초자아를 내면화한다는 프로이트의 정신분석이론이 있다. 이 관점에서 볼 때, 유아는 놀이를 통해 요구를 자유롭게 표현하고 스스로를 통제하는 방법을 배우며 창의성을 개발해 나갈 수 있게 된다.

한편, 정신의 구성 과정을 과학적이고 발생학적으로 설명하고자 했던 피아제(Piaget, 1962)는 자유놀이를 유아만이 지닌 고유의 특성이자 보편적인 발달 양상으로 보고 인지발달에 따라 기능놀이, 상징놀이, 규칙 있는 게임의 단계로 발달해 나간다고 보았다. 피아제는 놀이의 개념을 자기목적성, 자발성, 즐거움, 조직화의 결여, 갈등으로부터 자유로움, 과다동기 등의 여섯 가지 특성을 가진 활동이라고 정의하면서 연령이 증가할수록 자발성보다 즐거움이 중요한 요인으로 작용한다고 설명하였다. 이 관점에서 볼 때, 놀이는 '재미있는 것'과 '재미없는 것' 또는 '발달적으로 적합한 것'과 '발달적으로 적합하지 않은 것' 등으로 이분화되며, 발달에 적합한 놀이가 되기 위해 흥미영역을 구성할 필요가 제기된다. 이러한 논리는 한편으로는 초·중등학교가 교육과정을 교과 중심으로 조직하는 것처럼 구조적이고 성인 통제적인 놀이를 정당화하게 만든다는 우려와 비판도 받고 있다.

피아제의 놀이에 대한 관점은 카미와 드브리스의 집단게임 연구 실제의 기반이 되었으며, 스밀란스키와 동료들(Smilansky, 1968; Smilansky & Shefatya, 1990)의 놀이 연구를 통해 확대되었다. 그러나 스밀란스키는 놀이가 감각운동기부터 전조작기, 구체적 조작기에 이르는 발달의 자연스러운 부산물이라는 피아제의 견해에는 동의하지 않았으며, 놀이의 발달이 사회적 맥락과 성인의 지도에 의해 좌우된다고 보았다(Bodrova & Leong, 1996). 성인은 유아의 놀이 수준을 성공적으로 증진시킬 수 있다는 것인데, 이러한 교사의 역할에 대한 생각은 비고츠키의 이론을 기반으로 유아교육 현장에서 실제화되었다.

비고츠키(Vygotsky, 1976)는 놀이가 유아 자신의 행동을 지배할 수 있도록 하는 정신적 도구라고 보았다. 놀이는 유아의 근접발달지대를 창조하고, 행동과 대상물들로부터 사고의 분리를 촉진하며, 자기조절의 발달을 촉진함으로써 발달을 주도하게 된다. 모든 놀이가 발달을 주도하는 것은 아니며 상징적 표상과 행동이 포함된 놀이, 복잡하게 짜인 주제와 역할이 있는 놀이가 중요하며 놀이와 역할의 지속을 위한 놀이 시간의 확장도 필요하다(Bodrova & Leong, 1996). 이렇듯 유아교육과정에서 놀이는 교육과정의 핵심이나 놀이에 대한 접근에 따라 교육과정에 차이를 나타낸다.

프로스트와 동료들(Frost, Wortham, & Reifel, 2005)은 놀이에 대한 접근에 따라 유아교육 프로그램을 다음의 네 가지로 분류하였다.

- '학습 중심의 접근(nonplay approach)'으로 놀이는 학습과 구분되는 것이고 학습보다 덜 중요한 것으로 보는 관점이며, 베라이터와 엥겔만 프로그램이 대표적이다.
- '비개입의 놀이 접근(hands-off play approach)'으로 성인의 개입을 최소화하고 개방적인 놀이 자료를 이용하여 자기주도적으로 놀이하는 것을 강조하는 관점이며, 프로이트의 이론을 지지하는 프로그램이 여기에 포함된다.
- '협의의 놀이에 초점을 둔 접근(narrowly focused play intervention)'으로 특정한 놀이(특히 사회극 놀이, 규칙 있는 게임)를 강조한다. 카미와 드브리스의 집단게임, 피아제, 스밀란스키의 놀이 연구 등이 여기에 포함된다.
- '광의의 발달적 접근(broad-based developmental approach)'으로 비고츠키 이론에 기초한 연구자, 레지오 에밀리아의 간디니, 하이스코프 프로그램의 와이카트 등이 이 관점의 연구자로 분류된다.

2) 놀이 중심 교육과정의 이해: '2019 개정 누리과정'을 중심으로

우리나라의 유치원교육과정과 표준보육과정 모두 교수·학습 방법으로 놀이를 강조해 왔다. 『유치원 교육과정 해설서』(교육과학기술부, 2008)에서는 유아교육의 정체성을 대표하는 표현이 '놀이 중심의 통합적인 교육과정'이라고 언급하면서 교수·학습 방법의 첫 번째 항목으로 '놀이 중심의 통합적인 교육활동'을 제시하고 있다. '놀이'가 유아에게는 학습의 수단이면서 동시에 교사에게는 교수의 방법이 되며, 놀이의 가장 중요한 조건은 유아에게 즐거움을 주어야 하는 것이고, 유치원 교육에서 계획되고 실시되는 교육활동은 기본적으로 이와 같은 놀이의 조건을 갖추어야 한다는 것이다.

그러나 한편으로는 유아를 위한 교육과정의 실행 과정에서 유아가 중심이 되는 충분한 놀이가 이루어졌는가에 대한 반성과 비판도 끊임없이 제기되어 왔다. '2019 개정 누리과정' 개정의 취지를 살펴보면, 그동안 일부 현장에서 교사용 지도서에 의존하여 누리과정을 획일적으로 운영하거나 교사가 계획한 자유선택활동을 중심으로 놀이를 운영하여 유아가 자유롭게 주도하는 놀이를 실천하는 데 한계가 있었음을 지적하고 있다(교육부, 보건복지부, 2019a).

따라서 '2019 개정 누리과정'에서는 교사가 유아 놀이의 가치와 의미를 이해하고, 유아의 놀이를 통한 배움을 지원하도록 하는 데 중점을 둔 유아 중심·놀이 중심의 교육과정을 강조하고 있다. 놀이 중심 교육과정의 특성과 실행 사례는 '2019 개정 누리과정'과 『놀이이해자료』, 『놀이실행자료』를 통해 알아본다.

(1) 놀이 이해하기

유아는 놀이를 좋아하고 놀이를 하면서 가장 잘 배운다. 놀이하면서 배우는 유아의 유능함은 타고난 것이며, 다양한 놀이 경험을 통해 점점 성장해 간다. 따라서 교사는 '유아는 놀이에 유능하며 스스로 배워 나간다'는 믿음을 가지는 자세가 무엇보다 중요하다. 유아의 놀이를 관찰해 보면 많은 의미와 특성을 발견할 수 있는데, 놀이는 자유로움, 주도성, 즐거움, 몰입, 상상력 등을 수반하는 특성을 가지고 있다. 『2019 개정 누리과정 놀이이해자료』(교육부, 보건복지부, 2019b)에서 밝히고 있는 놀이의 의미와 특성을 살펴보면 다음과 같다.

① 놀이는 자유롭다

놀이에서의 자유는 계획된 목적으로부터의 자유, 미리 결정된 규칙으로부터의 자유, 사실로부터의 자유, 시간과 공간의 제약으로부터의 자유를 포함한다. 놀이는 뚜렷한 목적을 가지고 계획된 활동으로부터의 자유를 포함하므로 교사는 놀이에서 특정 학습 목표를 달성하도록 일방적으로 안내하기보다는 유아가 놀이하는 흐름을 읽고 따라가야 한다. 그래야 놀이의 특성이 살아난다.

② 놀이는 주도적이다

놀이에서의 주도성은 유아의 자발성, 능동성, 내재적 동기, 즉흥적 전개와 같은 특성과 관련되어 있다. 유아는 놀이하면서 신체적, 사회적, 인지적으로 능동적이며 자발적인 참여를 끊임없이 이어 간다. 이처럼 놀이는 유아 스스로 의지를 발동시키고 표현하며 자발적 조율이 전제되는 맥락에서 유지된다. 이러한 자발성은 유아의 내부에서 일어난 욕구와 동기가 무엇보다도 중요한 원동력이 된다. 내재적 동기는 자신의 신체, 정신, 행위를 스스로 통제하고 주의를 기울이고 끈기 있게 집중하게 한다. 따라서 유아의 놀이는 외부에서 계획하여 제공한 학습 목표의 범위 안에 머무르는 일련의 과제 수행과는 다른 속성을 가진다.

③ 놀이는 즐겁다

놀이에서는 재미와 기쁨, 몰입, 실험, 마주침, 해소, 심미성, 유머 등의 정신적, 정서적 상태를 수반하는 즐거움이 있다. 때로는 재미와 기쁨이라는 정서를 넘어 몰입의 상태로 들어가기도 한다. 유아는 놀이를 반복하고 변화를 발견하는 재미를 가지며 놀이를 지속하기도 한다. 놀이는 감정의 분출구가 되기도 하고 심미적 경험의 원천이 되기도 한다. 유아는 놀이에서 정서적 긴장, 두려움, 갈등을 해소하고 따뜻함, 배려, 아름다움과 같은 심미성을 통합함으로써 즐거움을 경험한다.

(2) 놀이 실행하기

① 놀이 중심 교육과정 운영을 위한 교사의 역할

놀이 중심 교육과정의 핵심은 유아가 주도하는 놀이에 배움이 있고, 유아는 놀이하며 배울 수 있는 학습의 주체라는 것이다. 또한 놀이가 배움의 내용, 방식, 과정이므로 놀이를 통해 유아의 배움을 이해할 수 있어야 한다. 놀이 중심 교육과정이 제대로 실현되기 위해서는 교사의 '자율성'과 '책무성'이 강조된다(교육부, 보건복지부, 2019c).

'자율성이란 학급의 고유한 특성이 드러나도록 유아의 놀이를 중심으로 교육과정을 운영하는 것'을 의미한다. 개정 누리과정은 교사의 자율성을 지원하고 놀이 중심 교육과정이 운영될 수 있도록 국가 수준 교육과정인 누리과정을 간략화하였다. 교사는 생활주제에 따라 계획된 활동보다는 유아와 교사가 동시에 주체가 되어 유아가 마음껏 놀이할 수 있도록 지원하기 위한 자율성을 지닌다.

'책무성이란 유아의 놀이 중심 교육과정에서 놀이, 일상생활, 활동이 잘 이루어질 수 있도록 고민하고 지원하는 교사의 역할 인식 및 실천'을 의미한다(교육부, 보건복지부, 2019c). 교사 책무성의 핵심은 놀이 속에 녹아 있는 배움과 누리과정 5개 영역의 내용을 읽어 내고 지원하는 것이며, 이를 위해서 미리 계획된 계획안에 기반하여 실행하는 것에서 벗어나 지속적인 놀이지원 계획을 수립하도록 노력할 것이 요구된다.

따라서 놀이 중심으로 교육과정을 운영하기 위해서는 보다 높은 수준의 전문성이 요구된다. 놀이 중심 교육과정을 잘 운영하기 위해 교사가 수행해야 할 역할을 네 가지로 요약하여 살펴보면 다음과 같다(교육부, 보건복지부, 2019c).

- 놀이 중심 교육과정을 이해하고 실천하기
  - 누리과정 개정의 중점 중 하나는 놀이 중심 교육과정 운영이다. 따라서 누리과정을 잘 이해하고 실행한다는 것은 일과에서 놀이 시간을 충분히 제공하고 유아들의 흥미와 무관한 활동을 교사가 계획해서 실시하지 않는다는 것을 의미한다.
  - 유아 및 놀이 중심이 강조된다고 하더라도 교사가 계획한 활동이나 법적으로 요구되는 활동(예: 안전교육)을 실시할 수 있다. 교육적으로 필요하다고 판단되는 주제 및 활동을 계획하여 실시하되 유아가 주도적으로 즐겁게 참여하는 활동으로 진행하는 것이 중요하다. 이를 위해서는 유아의 놀이나 일상생활을 잘 관찰하고 이와 연계할 수 있는 활동을 실시하는 것이 필요하다.
- 놀이를 통한 유아의 배움을 지원하기
  - 유아의 놀이를 잘 관찰하고 지원하기 위해서 교사는 교육과정 공동 구성자로서 유아의 놀이를 주의 깊게 바라보고 유아를 이해하려는 민감성을 갖추려고 노력하는 동시에 유아가 놀이를 통해 경험하는 것, 스스로 배우는 것이 무엇인지 이해하려고 노력할 필요가 있다. 이때 유아들이 구성하고 만들어 내는 총체적 의미를 충분히 읽어 내기 위해 노력해야 한다.

- 놀이와 배움을 기록하고 평가하기
  - 유아의 배움을 잘 기록하고 평가하기 위해서 교사는 결과가 아닌 과정에 주목해야 한다.
  - 진행된 주제 및 놀이나 활동에 따라 누리과정 5개 영역 중 일부 영역이나 인간상이 두드러질 수 있으므로 평가를 함에 있어서 단편적인 놀이 에피소드나 활동보다는 전개된 놀이와 일상생활, 활동에 대한 누적된 기록을 총체적으로 고려해야 한다.
- 함께 배우며 성장하기
  - 놀이 중심 교육과정을 실행하기 위해 교사는 자신과 유아의 역량을 신뢰하고, 유아의 자율성을 보장하는 학급의 문화를 만들어야 한다. 이를 위해서 교사는 주기적으로 자신의 교육철학과 개정 누리과정에 대한 이해를 점검하고 배움을 이어 가야 한다.

② 놀이 중심 교육과정의 사례

다음의 놀이실행 사례인 '공간의 변화를 통해 놀이를 지원한 사례: 이어지고 이어지는 길'은 『2019 개정 누리과정 놀이실행자료』(교육부, 보건복지부, 2019c, pp. 99-110)에서 제시한 것을 요약하여 소개한 것이다. 놀이 사진을 포함한 상세한 원문은 원자료를 참고하기 바란다.

- 놀이의 배경

  우리 동네는 고가도로, 사거리, 좁은 골목까지 다양한 길들이 복잡하게 얽혀 있다. 5세 유아들은 교실 한 켠에 있는 지도를 자세히 살펴보고, 지도 속 우리 마을과 길에 대해 궁금해하며 다양한 방법으로 놀이를 시작하였다.

- 관심의 시작: 지도 속 여러 가지 길

  지도를 살펴보던 유아들은 다양한 길에 대해 관심을 갖기 시작하였다. 이렇게 시작된 관심은 특정 장소까지 갈 수 있는 다양한 길을 찾아보는 것으로 진행되었다. 실내놀이 시간 중 근처의 병원까지 가는 가장 빠른 길과 느린 길에 대해 논쟁이 오갔다. 교사는 인터넷을 활용하여 유아가 지도를 자세히 볼 수 있도록 지원하였다.

• 놀이: 종이에 길 그리기

"차가 다니는 길, 지하철이 다니는 길,

사람이 다니는 길이 있어."

"지하철길은 서로 이어져 있어. 그리고 3호선과

2호선이 만나는 곳도 있어. 거기서 갈아탈 수 있는 거지."

"지도에 색깔이 있는 길은 특별한 길이야.

고속도로도 있고 지하철도 있어."

교사의 놀이 지원 실제	편성 및 교수 · 학습
일반도로와 관련된 표상뿐 아니라 다른 종류의 길(지하철, 고속도로 등)에 대한 표상도 이루어지는 것을 관찰함	상호작용 (관찰하기)
길을 더 큰 종이에 그리기를 원하는 유아들의 의견에 따라 교사는 큰 종이를 제공하여 유아들이 함께 의견을 나누며 길을 그릴 수 있도록 함	자료의 변화 (유아가 발견한 자료 지원)

• 놀이: 바닥에 테이프로 길 만들기

점점 더 큰 종이를 요청하던 유아는 교실 안에 큰 종이를 놓을 공간이 부족함을 이야기하였다. 이를 해결하기 위해 이야기를 나누었을 때 복도에 나가 큰 종이에 길을 그리기로 하였다. 복도에 나가서 그림을 그리면서도 종이는 계속 이어 붙이기 어려워, 바닥에 그림을 그리고 싶어 하였다. 다음 날 교사와 함께 자료실에 가서 바닥에 그리고 쉽게 지울 수 있는 적절한 그리기 도구가 있는지 찾아보기로 하였다. 다음 날, 유아들과 교사는 자료실에서 바닥에 그리기 적절한 그리기 도구를 찾다가 유아들이 테이프로 바닥에 길 만들기를 원하여 해 보기로 하였다.

교사의 놀이 지원 실제	편성 및 교수 · 학습
유아가 복도에서 큰 종이에 길 그리기, 테이프로 길 만들기를 하며 자유롭게 놀이할 수 있도록 지원함	공간의 변화 (교실 밖으로 확장)
교사와 유아들이 바닥에 그리고 지우기 적합한 자료를 찾으러 자료실에 갔을 때, 유아가 그리기 도구 대신 선택한 테이프를 놀이 자료로 제공함	자료의 변화 (유아가 발견한 자료 지원)

• 놀이: 벽에 테이프로 건물 만들기

"선생님, 색깔이 있는 테이프가 필요해요."

"노란색은 고속도로, 파란 선은 1호선, 초록 선은 2호선, 빨간 선은 3호선이야."

유아들은 벽에 테이프로 여러 가지 건물과 아파트를 만들었다.

"지하철에서 내리면 아파트가 있지."

"아파트는 바닥에 있는 게 아니지. 서 있잖아!"

"그럼 벽에다 그려."

교사의 놀이 지원 실제	편성 및 교수 · 학습
유아의 색 테이프 요청을 수용하여, 교사는 4가지 색(빨강, 노랑, 파랑, 초록)의 테이프를 제공함	자료의 변화 (유아가 발견한 자료 지원)
교사는 유아가 만든 길이 복도 바닥에서 벽으로 올라가 아파트가 되고, 더 크고 긴 길이 될 수 있도록 공간을 확장함	공간의 변화 (교실 밖으로 확장)

• 놀이: 기관 전체로 확장된 길

복도의 길은 점차 미로, 경사 길 등 다양한 주제와 이야기를 담으며 진행되었다. 유아는 더욱 계속해서 길을 이어 나가기를 원하였다.

"선생님, 여기서 멈춰야 해요?"

교실에서 시작된 '길'은 계속해서 기관의 계단과 강당까지 이어졌다.

교사의 놀이 지원 실제	편성 및 교수 · 학습
계단과 강당 등 기관 건물 내 다양한 공간을 열어 주어, 유아의 놀이가 확장될 수 있도록 지원함	공간의 변화 (교실 밖으로 확장)
마을의 "길"에 대한 놀이가 미로, 경사 길 등으로 주제가 확장되고 변화하는 것을 관찰하고, 유아의 놀이를 수용함	상호작용 (정서적 지원하기)
계단이나 강당은 넓기 때문에 유아가 스스로 안전하게 놀이할 수 있도록 안전하게 놀이하는 방법에 대해 이야기 나눈 후 이어서 놀이하도록 함	기타 (안전)

• 마무리와 새로운 관심의 시작: 테이프 공 만들기

교사의 놀이 지원 실제	편성 및 교수 · 학습
놀이참여도가 낮아지고, 복도에서 무질서한 상황이 발생하자 유아의 의견을 물어 놀이를 마무리하기로 함. 정리의 방법도 유아의 의견을 물어 함께 정함	상호작용 (질문하기)
유아가 떼어낸 테이프를 사용하여 새로운 놀이를 시작하자, 정리시간이 즐거운 놀이가 되도록 충분한 시간을 제공함	일과의 변화 (놀이 시간 확장)

• 유아관찰에 기반한 놀이기록의 예

놀이 시작과 동시에 수민이와 지은이는 아이스크림 마을을 어떻게 만들지에 대해 이야기를 나누었다. 전체적인 형태와 색의 사용, 각 공간의 쓰임 등에 대해 정하고 검정색 테이프로 전체적인 형태를 먼저 만들었다.

수민: 과자는 한 칸이 집이야. 가족들이 사는 집이니까 작게 만들어야 해. 그래야 아파트가 되거든.

지은: 그건 아니지 않아? 여기에다 해야지. 여기에 아파트를 하기로 했잖아.

수민: 그래도 과자에 작은 네모가 있으니까 더 아파트 같지 않아? 잘 봐. 여기 아이스크림 네모 칸 있지?

(서로 마주보며 침묵)

지은: 우리 계획이랑 달라지기는 하는데······. 그래. 과자가 더 아파트 같기는 하겠다. 그러면 여기는 빨간색 엘리베이터야. 초록색 말고.

수민: 알았어. 그렇게 하자.

수민이는 아이스크림 마을을 완성하기 위해 전체적인 건물의 형태, 위치와 방향에 대한 의미를 부여하며 놀이를 진행하였다. 지은이는 의견이 일치하지 않을 때는 자신의 생각을 먼저 이야기하기보다는 상대방의 이야기를 먼저 들어주는 모습을 관찰할 수 있었다. 수민이와 지은이는 맡은 공간에 대한 역할을 나누고 서로 의견을 물으며 공간을 구성해 나갔다.

• 놀이실행 및 지원을 기록한 주간교육계획안

주제	우리 동네	목표	내가 살고 있는 곳에 대해 궁금한 것을 알아본다.

요일	실행	지원
…	…	…
목	• 교실 한 편에 있는 지도에 대해 관심을 가지고 가장 빨리 가는 길에 대한 대화를 나눔	✓ 인터넷을 활용하여 유아가 지도를 잘 볼 수 있도록 지원함
금	• 인터넷으로 본 지도를 보며 그림으로 길을 표상함. 교실에 있는 종이가 작다고 하면서 점점 더 큰 크기의 종이를 요청함	✓ 더 큰 종이 제공함: 도화지 → 4절지 → 전지 → 전지 이어 붙여서 그림 그리기
월	• 지난주 금요일에 이어 길을 그림으로 표상함. 그림에서 일반도로뿐 아니라 다양한 길(예: 지하철, 고속도로 등)에 대한 표상이 나타남 • 종이를 이어 붙이는 것의 불편함과 더불어 이어 붙인 종이 위에 올라가서 그림을 그리자 다시 그릴 공간이 좁아지는 상황이 벌어짐	✓ 문제 해결 방법에 대해 유아들과 토의하였고 복도에 나가서 그림을 그리기로 결정함 ✓ 종이는 계속 이어 붙이기 어려워 바닥에 그림을 그리면 좋겠으나 바닥을 훼손하면 안 되므로 다음 날 교사와 함께 자료실에 가서 바닥에 그리기 적절한 그리기 도구가 있는지 찾아보기로 함
화	• 자료실에 가서 바닥에 그리고 지우기 적절한 그리기 도구를 찾다가 우연히 테이프를 발견하고 테이프로 길을 만들자고 함 • 유아가 선택한 자료인 테이프로 유아는 복도에서 길을 만들기 시작함	✓ 교사와 유아가 함께 자료실에 가서 유아가 선택한 자료(절연 테이프)를 제공함 ✓ 교실 외 놀이공간(복도)을 활용함
수	• 복도에서 이어서 놀이함. 길이 더 길어지고 커짐 • 색테이프를 요청함 • 테이프로 벽에도 표상을 시작함　　노랑-고속도로 / 파랑-1호선 / 초록-2호선 / 빨강-3호선	✓ 벽까지 올라가서 어떻게 다 떼어 정리하나 걱정도 되었지만 유아들의 놀이를 지켜보기로 함 ✓ 요청에 따라 다양한 색깔의 테이프를 추가 제공함 ✓ 테이프로 만든 길 위에 입체적으로 동네를 구성할까 싶어 종이벽돌블록과 소품 일부를 제시해 보았음
목	• 제시한 블록, 소품에 관심을 보이지 않음. 오로지 테이프로만 길 만들기에 집중함 • 복도도 테이프 길로 거의 꽉 차고, 멈춰야 되는지 다른 공간으로 길을 확장해도 괜찮은지 묻기 시작함 • 유아들과 토의 후 계단, 강당까지 가기로 함 • 길/미로/경사 길 관련 대화가 오감	✓ 유아가 안전하게 놀이하도록 교사도 전체를 관찰하지만, 평소 놀이하던 공간이 아니고 다른 학급의 유아들도 오가는 공간이므로 안전하게 놀이할 수 있도록 안전에 대해 짧게 이야기를 나눔 ✓ 유아들의 의견을 받아들여 복도에서 계단, 강당까지 기관 전체로 이어서 놀이하는 것으로 함
금	• 테이프로 길 만드는 유아들이 줄어들고, 복도나 계단에서 길 만들기 놀이를 하기보다는 뛰어다니는 유아들이 많아짐 • 테이프를 떼어 정리하는 과정에서 돌돌 말린 테이프가 공처럼 되었고 테이프 공은 다시 유아들에게 새로운 놀잇감으로 보이기 시작함	✓ 길 만들기 놀이에 대한 관심이 줄어들었음 ✓ 정리도 유아들과 함께 진행함. 정리하는 과정에서 새로운 놀이자료(테이프 공)를 발견함 ✓ 테이프 공을 활용하여 놀이할 수 있는 방법을 유아들 스스로 창안하기 시작함

3. 통합교육과정

1) 통합교육과정의 의미

(1) 통합교육과정의 정의

교육과정 분야에서 통합이 무엇인가에 대한 정의는 간단하지 않은데, 이는 무엇을 또는 어떻게 통합하는지에 대한 다양한 이해가 공존하기 때문이다. 가장 일반적으로는 교과의 통합을 의미하지만, 이 외에도 학습 경험의 통합, 인격의 통합, 학문 간 통합 등이 있다(김재복, 1985; 이기숙 외, 2008). 교육과정 통합(curriculum integration)은 교육과정의 요소가 어떤 기준에 의해 분리·독립되어 있는 것들을 서로 관련짓고 통합함으로써 하나의 의미 있는 체계로 발전시키는 과정이나 시도이며, 그러한 시도와 노력으로 산출된 결과를 통합교육과정(integrated curriculum)이라 한다(김영옥, 2008; 민용성, 2005; 이영덕, 1987). 즉, 통합교육과정은 교육과정의 여러 내용 요소를 특정의 단일 원리에 의거하여 관련되는 것끼리 한데 묶거나 단일화하는 것을 말한다. 일반적으로 교과목의 경계가 없어지고 개별적으로 구분되는 교과목들이 사라지는 교육과정 조직을 의미하며 경험형 교육과정은 거의 이런 형태를 취하고 있다(고려대학교 교육문제연구소, 2007; 김재복, 2000; 서울대학교 교육연구소, 2011).

교육에서 통합이라는 개념은 1920년대에서 1950년대에 걸친 미국의 진보주의 교육운동을 통해 중요한 논제로 대두되었으며, 통합교육과정에 대한 생각은 활동 중심 교육, 프로젝트 학습 등으로 실제화되었다. 그 후에도 통합교육과정을 구성하려는 노력은 교과 간에 상관되는 요소를 통합하거나 주제를 중심으로 필요한 교과 내용을 통합하거나 발현적 교육과정을 운영하는 등의 다양한 형태로 변화하였다(교육과학기술부, 2009). 유아의 학습은 엄격하게 구분된 교과별로 이루어지지 않는다는 가정하에서 유아교육과정은 통합교육과정의 형태를 취한다. 어떤 내용을 어느 정도 어떻게 가르칠 것인지를 사전에 설정하는 교육과정 구조는 유아의 흥미와 요구, 발달단계에 맞춘 교육뿐 아니라 유아의 전인적인 성장과 발달을 위해서도 적절하지 않다고 본 것이다.

　　유아교육과정에서는 이러한 통합교육에 대한 접근은 '교육과정의 통합적 접근' '통합적 교육과정' '의미 있는 교육과정' '통합된 단원' 등 다양한 이름으로 불리고 있으며, 통합에 대한 개념 또한 학자에 따라 다소 다르게 정의되고 있다(교육과학기술부, 2009). 유아교육과정의 통합에 대한 정의를 살펴보면 다음과 같다.

- 유아를 전인적 인격체로 보고 발달영역별, 교과영역별, 흥미영역별로 통합하여 통합된 전체 경험 속에서 학습하도록 도와주는 교육과정이다(한국유아교육학회 편, 1996).
- 유아의 전인교육과 효율적인 학습을 위하여 유아의 경험, 흥미 및 요구와 교육내용 및 교수·학습 방법을 통합하고, 유아와 유아 주변의 인적 및 물적 환경을 통합하며, 유아의 몸과 마음, 지성과 감성, 현실과 상상, 지식과 태도 및 기능 등을 통합할 수 있도록 교과목들을 통합적으로 재조직하고, 보고 듣고 느끼고 생각하고 표현하는 방법을 배우도록 하며, 학습한 지식 또는 사고 방법을 일상생활에서 활용하고 통합하여 새로운 지식과 사고 방법을 학습해 가도록 하는 것이다(교육과학기술부, 2009).

(2) 유아교육과정 통합의 중요성

① 통합의 필요성

　　오늘날의 교육은 항상 변화하는 상황 속에 있다. 현재와 같은 정보 폭발의 시기에 학습자에게 모든 것을 가르친다는 것은 불가능하며, 분리된 교과나 학문으로 나누기 힘든 수많은 정보를 접하게 된다. 교육의 목적은 무엇인가, 알아야 할 가치가 있는 것은 무엇인가, 최상의 학습방법은 무엇인가, 누가 교육을 통제하는가와 같은 질문에 대해 전통적인 방식을 유지하려는 입장과 학생 중심, 구성주의적 접근 등 새로운 접근을 시도하는 입장이 양극단에 있다.

　　새로운 접근은 학생은 능동적인 학습자이며 교사는 학생의 학습 경험을 촉진시켜 주는 사람, 의미 구성을 도와주는 사람이라는 것이다. 여기에는 지식의 불확실성, 다양성, 학문의 통합적 특성에 대한 가정이 존재한다. 학문의 경계는 인위적이며, 학습자는 적극적인 참여와 경험을 통해 의미를 구성하고, 이러한 학습은 다른 영역으로 전이될 수 있다. 따라서 이러한 변화된 접근방법은 전통적인 분리된 교육과정이 아닌 통합적 접근을 탐구하도록 한다.

우리나라 유치원 교육과정은 1969년에 제정된 제1차 교육과정부터 통합성을 고려하여 구성되었으며 새로 만들어진 누리과정도 통합적 접근을 강조하고 있다. 통합교육에 대한 논의에서는 사람의 감각, 느낌, 판단, 상상, 직관 등은 분리되어 기능하는 것이 아니라 통합적으로 기능하므로 이들을 통합할 수 있는 교육이 이루어져야 하며, 무엇을 배워야 하는 것뿐 아니라 어떻게 보고 듣고 말하고 느끼고 표현해야 하는지도 배워야 한다는 점을 중시한다. 누리과정 총론의 교수·학습 방법에서도 주제를 중심으로 활동을 통합할 것을 제시하고 있다.

② 통합교육과정의 교육적 가치

통합교육과정은 인식론적, 심리적, 사회적 측면에서 교육적 기능을 한다. 이러한 통합교육과정의 가치를 세분화하여 알아보면 다음과 같다(김대현, 김석우, 2011; 김재복, 2000; 문미옥, 2008; Ingram, 1979).

- 학습자의 흥미와 관심을 반영함으로써 학습동기와 책임감을 갖고 참여함으로써 자율성과 자기학습능력을 기를 수 있다. 주제나 관심을 가진 프로젝트를 중심으로 주제가 발현되고 관심을 가진 소주제를 중심으로 탐색·탐구하는 학습과정은 자발적인 참여를 높일 뿐 아니라 책임감을 가지고 깊이 있고 지속적으로 탐구하도록 장려하는 심리적 기능을 한다.
- 학습할 정보를 의미 있는 개념으로 조직하도록 돕고 유아 스스로 의미를 구성하도록 돕는 인식론적 기능을 한다(Bredekamp & Rosegrant, 1992). 학습자 자신의 삶과 관련이 있을 때 학습이 촉진된다는 구성주의 학습이론과 부합된다.
- 유아에게 필요한 교육내용을 선정하는 데 도움을 준다. 지식의 폭발적 증가에 따라 교육내용을 선정하는 일이 더욱더 어려운 문제가 되고 있으므로, 교과별로 상호 관련되는 내용을 묶어 제시함으로써 필수적인 교육내용을 선정하는 데 도움을 준다. 유아의 경우 의미 있는 문제를 중심으로 내용을 선정함으로써 삶의 맥락에서 필요한 교육내용을 다룰 수 있다.
- 학습을 총체적으로 받아들이고, 학습과 실제 생활의 연관성을 높일 수 있다.

대부분의 교과영역들은 다른 영역들과 분리되어 학습되거나 응용되기보다는 다른 학습영역과 밀접한 관련성을 갖는다. 교과의 통합적 운영은 교과들 간의 관련성을 파악하는 데 도움을 주고, 교과 학습과 생활의 연관성을 높여 교과 학습의 의미를 삶과 관련지어 인식하고 사회문제에 대처하는 능력을 기르는 등 사회적 기능을 한다.

- 탐구력과 비판적 반성 및 심도 깊은 이해능력 등 이해력과 사고력을 길러 주는 데 도움이 된다. 주제에 대한 브레인스토밍과 소집단 토의, 아이디어를 분류하고 생각망 짜기, 관심 있는 문제에 대해 조사하기, 다양한 방법으로 표상하기, 토론하기, 경청하기, 협동하기 등 통합교육과정에서 요구되는 학습자의 학습방법은 유아의 사고력 발달에 도움이 된다.

③ 통합교육과정의 단점

통합교육과정은 교육 경험 조직 구조로서 교과교육과정, 광역교육과정, 중핵교육과정과 대별되는 의미로서의 미분화된 교육과정(혹은 통합교육과정)을 일컫는다. 교과 중심 교육과정과 통합교육과정을 비교해 보면, 교과 중심 교육과정에서는 계속성과 계열성이 중시되고 그에 따라 내용을 조직하는 반면, 통합교육과정은 통합성을 강조하여 교육내용을 조직한다고 할 수 있다. 그러다 보니 교사의 행동목표 진술과 교육과정의 수직적 관계에 초점을 맞추어 교육활동의 사전계획을 강조하는 전통적인 교육과정의 관점에서 보면 교육과정의 통합적 접근은 체계가 없다는 비난을 받기도 한다.

통합교육과정은 인간 중심적인 가치를 지님에도 불구하고 몇 가지 단점이 있을 수 있다.

- 전체적인 교육과정 내에서 기능과 개념을 계열화하는 것이 덜 체계적이다(김재복, 2000). 따라서 필수적인 내용이 누락되거나 혼란스럽게 조직될 수 있다.
- 통합교육과정을 단순히 주제상의 연관성을 중심으로 활동을 수집하여 나열하는 것으로 이해하여 많은 내용이 서로 긴밀하게 연결되지는 못하고 단순한 나열로 끝나기 쉽다. 특히 교육과정 조직에 대한 교사의 자율성이 높고, 하루 일과를 통합적으로 운영하는 유아교육기관은 그러한 위험에 놓일 확률이 높아지게 된

다. 교사가 미숙한 경우 비구조화되고 비계획적인 방만한 교육과정을 운영하면
서 통합교육과정을 운영하는 것으로 잘못 판단할 수 있다(이기숙 외, 2008).
* 과정 평가, 질적 평가에서 강점을 보이지만 반대로 유아가 많은 것을 경험하고
학습했다 하더라도 표준화된 검사나 성취도에서는 낮게 나타날 수 있다(김재
복, 2000).

2) 교육과정 통합 모형

학자들에 따라 통합교육과정의 모형을 구분하는 방법은 다양하다. 여기서는 포가
티(Fogarty)와 드레이크(Drake)의 통합 모형을 살펴본다.

(1) 포가티(Fogarty)의 통합 모형

포가티(Fogarty, 1991)는 통합의 유형에 따라 단일 교과 내, 여러 교과 간, 학습자
간 통합으로 구분하였으며 이를 열 가지 모형으로 세분화하였다. 교육과정 통합에
는 공통적으로 세 가지 차원이 포함되어 있다(Fogarty, 1991). 첫 번째 차원은 나선형
교육과정으로 유아교육과정부터 중·고등학교에 걸쳐서 내용이 통합되는 수직적
차원이다. 두 번째 차원은 수평적 차원으로 교과의 폭과 깊이를 나타낸다. 세 번째
차원은 교과 간의 개념, 기능, 주제, 소재 등의 통합으로 어떤 교과의 아이디어가 다
른 교과의 아이디어와 연결되고 활용되는 것이다. 이 세 가지 차원에서 통합이 이루
어진다고 본다면 교과 내에서의 통합과 교과 간의 통합은 교육과정 통합에 필수적
이라는 것을 의미한다.

〈표 12-2〉는 서로 다른 관점으로 교육과정을 통합하는 열 가지 모형으로 단일
교과 내에서의 통합, 여러 교과 간 통합, 학습자 간의 통합으로 구분된다. 이 중 거
미줄형은 하나의 주제를 중심으로 교과를 통합하는 방법으로, 유아교육과정에서
가장 많이 사용되는 통합적 접근 모형이다. 유아교육과정은 전통적인 교과가 아닌
교육과정영역이나 활동영역을 주제를 중심으로 통합하는 방법을 많이 사용하고 있
다. 포가티(1991)의 이론을 김영옥(2008)이 유아교육과정에 적용하여 설명한 자료
는 유아교육과정의 통합적 접근을 이해하는 데 도움이 된다.

표 12-2	포가티(Fogarty, 1991)의 열 가지 교육과정 모형의 특성			
방법	유형	교육과정 특성	장단점	적용
단일교과내통합	1. 단절형	독립되어 있는 개별적 교과들을 강조하므로 각 교과나 학문은 뚜렷하게 구분되고, 학문 내, 학문 간 연계나 통합에 대한 시도를 하지 않음	장점: 개별 교과의 순수성이 명확하게 유지됨 단점: 학습의 전이가 발생하지 않을 수 있으며, 교과의 많은 내용을 학습하기 어려움	(예) 과학, 문학, 수학, 사회 수업이 분리되어 이루어짐
	2. 연관형	교과는 분리되어 있으나, 각 교과영역 내에서 주제와 개념, 기능들을 다른 주제, 개념, 기능과 결합시키고, 그날의 학습을 다음 날의 학습, 한 학기를 다음 학기와 연관시키는 데 초점을 둠. 교육과정 통합의 초기 단계에서 유용함	장점: 의도적으로 교과 내에서 관련성 있는 내용이나 시간상으로 연관시킴으로써 개념 습득이나 학습 전이를 촉진함 단점: 교과 간 확장이나 교과 담당자 간 협력이 없음	(예) 수학 내에서 연관(분수개념-십진법-화폐). 또는 사회과에서 '우리 동네' 주제하에 지리(지도 구성)-경제(생산과 소비)의 연관
	3. 동심원형	각 교과 내에서 사회적 기능, 사고 기능, 특정한 내용과 관련된 기능을 복합적으로 동시에 다루는 것에 초점을 둠. 목표로 하는 내용을 다루면서 사고 기능과 사회적 기능을 함께 다루고자 할 때 유용함	장점: 숙련된 교사가 활용하기 좋으며, 한 명의 교사가 폭넓은 교육과정의 통합을 제공할 수 있음 단점: 여러 학습목표를 단일한 수업에서 복합적으로 포함시켜야 하는데, 동심원화가 제대로 이루어지지 않으면 혼동 초래. 수업의 우선순위를 어디에 둘지 애매해짐	(예) '다양한 직업'에 대해 가르치고자 할 때, 사회적 기능(적극적 청취: 자원인사 초빙)과 사고 기능(분류: 직업별 물건 분류)과 같은 다양한 기능을 복합적으로 통합
여러교과간통합	4. 계열형	• 각 교과의 주제나 단원의 연관성을 고려하여 재배치하고 계열화함 • 쉽게 연합될 수 있는 교과를 활용하여 통합하는 초기 단계에서 유용함	장점: 주제, 단원을 재배치하여 교육과정상의 우선순위를 결정할 수 있으며, 다른 교과와의 통합으로 전이를 도울 수 있음. 교과의 순수성은 유지됨 단점: 다른 교과, 다른 교사와의 타협과 협력, 유연성이 필요하고 자율성을 포기해야 함	(예) 문학과 사회 교사는 문학작품과 역사적 시기를 연결하여 배치함(로빈후드-중세시대, 안네 프랑크의 일기-제2차 세계대전) (예) 종일반 프로그램의 미술과 과학 강사가 유치원의 주제 '여름'에 맞추어 활동을 재배치함

	5. 공유형	• 2개의 상보적 교과 내에서 공유된 개념, 기술, 태도 등에 초점을 맞추어 통합 • 폭넓은 교과는 여럿을 포괄하는 교육과정으로 묶임. 즉, 수학과 자연과학은 과학, 문학과 역사는 인문학 등 • 팀티칭으로 교수·학습을 공유함. 이 모형의 핵심은 교육과정 간의 공통성을 찾는 것임	장점: 주요 교과들을 포괄하는 통합 모형으로 나아가는 초기 단계로, 2개의 교과를 통합하므로 사용하기 쉬움. 교육과정 통합의 초기 단계 촉진 단점: 모형을 개발하기 위한 시간, 팀티칭을 위한 유연성과 협동, 타협과 신뢰, 심층적 대화와 의사소통이 필요	(예) 학교의 과학과 문학 교사는 팀티칭으로 공유할 수 있는 개념, 태도, 기술을 선정함. 〈과학(광합성)과 문학(인물 인터뷰)의 공유되는 조직 요소〉 -개념: 순환(생태계-일생) -태도: 배려(생명 존중-관점 존중) -기술: 계열(생물계열도-생애사 구성도)
여러 교과 간 통합	6. 거미줄형	• 하나의 주제를 중심으로 교과를 통합하는 방법. 전체를 관망할 수 있는 광범위한 시야를 제공 • 학습자에게 쉬운 통합 모형. 개발 시간이 오래 걸리는 접근 방법이므로, 교사가 주제를 충분히 탐색할 수 있는 시간 필요. 2~4주간의 간학문적인 예비 단원을 시도할 때 활용할 수 있는 최상의 모형. 이 모형을 잘 실행하려면 집중적인 계획이 요구됨	장점: 흥미로운 주제의 선정으로 동기 부여. 노련한 교사와 경험이 부족한 교사 모두 이해할 수 있는 명료한 교육과정 통합방법. 교과 간의 공동작업을 위한 팀워크가 필요 단점: 좋은 주제 선정의 문제. 또한 교과 본래의 논리적이고 체계적인 계열이나 영역이 무시됨. 주제가 장기간 다뤄지지 못하므로 시간보장의 문제. 개념보다 활동에 초점을 둠으로써 주제와 관련된 유용한 내용이 제대로 다뤄지지 못하는 경우가 있음	(예) '동물의 생김새'라는 주제를 중심으로 수학(동물 인형의 키 측정), 과학(동물의 성장), 사회(동물이 우리에게 주는 것), 미술(동물가면), 언어(동물 이름 카드) 등에서 내용을 추출하여 통합
	7. 실로 꿰어진 형	메타 교육과정적 접근으로 다양한 교과를 관통하는 사고기능, 사회적 기능, 다중지능, 기술공학, 학습 기능 등을 실로 펜 듯이 연결하여 통합. 모든 교과내용의 핵심을 대신할 수 있는 메타 교육과정에 초점을 둠	장점: 메타인지적인 행동을 강조하고, 학습자는 자신이 학습하는 방법에 대해 학습. 각 교과가 순수하게 남아 있으면서 학습자의 사고능력을 생활 기능으로 전이시켜 줌 단점: 교과 간 내용 연관이 명확하지 않으며, 교사의 전략과 이해도가 높아야 함	사고기능(또는 메타 교육과정)에 초점을 두고 있을 때 유용. (예) 메타인지: 분류 사회(직업 분류하기), 과학(동물 생태에 따른 분류), 수학(모양 분류)

여러 교과 간 통합	8. 통합형	공유형과 유사하나 3~4개의 주요 교과를 각각 교육과정 우선순위에 따라 배치하고 공통되는 기능, 개념, 태도를 찾아내어 통합함. 거미줄형처럼 하나의 주제(아이디어)로 교과를 덮는 것이 아니라, 공유형처럼 교과내용에서 아이디어를 걸러 냄	장점: 학습자 중심 모형. 학습자가 교과 간의 내적 관련과 상호 관련으로 이끌어지기 쉬움 단점: 너무 복잡한 모형이어서 상당한 수준의 훈련과 탐구가 필요하며 충실하게 실행하기 어려움. 교사는 여러 교과에 들어 있는 개념, 기능, 태도에 정통해야 함	학교의 수학, 과학, 사회, 미술, 언어 교사는 모형들의 유형을 탐색하고 이러한 유형들을 통해 내용에 접근함
학습자 간 통합	9. 몰입형	• 학습자 개인의 관심, 흥미가 중심이 되어 교과의 지식을 내부적으로 통합. • 학습자는 각 교과 전문지식을 통해 관점을 형성하고, 내용을 여과하며, 자신의 경험에 몰두함. 의도적인 계획이라기보다는 학습자 내부에서 통합되는 것	장점: 학습자에게 통합이 발생함. 학습자는 자기지향적이며 욕구가 높음. 관심사에 집중하여 몰입 가능 단점: 협소하거나 미성숙한 수준의 미시적인 접근이 될 수도 있음. 다양성이 결여될 수 있음. 깊이 있게 관심 분야에 몰입하려는 전문가에게 적합	(예) 학위 논문을 준비하는 대학원 학생이 연구 분야의 선행연구, 연구방법, 관련 정책에 대해 깊이 있게 탐구 (예) 곤충에 흥미가 높은 유아가 곤충책을 읽은 경험을 토대로 곤충 만들기, 키우기를 하며 곤충 탐구에 집중
	10. 네트워크형	전문가의 안목을 가진 학습자가 관련 영역에서 다양한 영역의 전문가들과 네크워킹을 형성하여 지식을 탐색. 학습자는 스스로 필요한 네트워크를 선정함으로써 통합을 이끎	장점: 학습자가 탐색을 주도하며 새로운 네트워크 경로를 생성하는 활동적 모형. 동기화된 학습자에게 적용하기 적절함 단점: 목표로 하는 아이디어에서 벗어나서 부수적인 아이디어로 빠져들기가 쉬움. 흥미가 낮거나 전문 지식이 부족한 학습자 간에는 부적절함	여러 분야의 전문가가 네트워크를 이루고 협력, 융합하여 새로운 분야를 발달시킬 때 적합함 (예) 나의 몸 프로젝트 수행 시 자신의 경험과 지식을 기초로 전문가인 내과의사와 네트워킹

출처: Fogarty(1991); 김영옥(2008); 양옥승, 최경애, 이혜원(2015)을 수정 게시함.

(2) 드레이크와 번스(Drake & Burns)의 통합 모형

드레이크와 번스(Drake, 1993: Drake & Burns, 2004)는 통합의 정도에 따라 다학문적, 간학문적, 초학문적으로 구분하였다(박영무 외, 2006, 2009).

전통적 교육과정은 통합의 정도가 가장 낮으며 교과 내 통합, 다학문적 통합, 간학문적 통합, 초학문적 통합의 순으로 통합의 정도가 높다([그림 12-2] 참조).

'전통적 교육과정 통합'은 하나의 학문을 통해서만 가르치는 것(예: 과학, 사회)이며, '융합'은 하나의 주제가 여러 교과영역으로 스며드는 것(예: 환경 문제나 사회적 행동을 과학, 지리와 같은 단일한 코스 속으로 융합한다), '교과 내 통합'은 하위 학문들이 물리, 화학, 생물과 같은 과학으로 통합된 어느 한 교과영역에 통합되는 것이다.

'다학문적 통합'은 학문들이 같은 기간 동안 가르쳐지는 테마나 쟁점을 통해 연결되지만 독립된 수업에서 가르치는 것이다. 이에 비해 '간학문적 통합' 교육과정에서는 교과들이 공통의 주제나 쟁점을 넘어서 어느 정도 상호 관련되어 있다. 교육과정은 질문, 공통 개념이나 표준 등으로 묶일 수 있다. 포가티의 주제 중심 접근 모형인 거미줄형은 전형적인 다학문적이고 간학문적인 통합방법이며 유아교육과정 분야에서 널리 활용되는 모델이다. 공유된 모형은 선택된 외부의 주제로부터 나온 개념을 공유하지 못하며, 실로 꿰어진 모형은 기능에 기반을 두고 있으며 내용을 연결하는 것은 아니다.

'초학문적 통합' 접근방법은 학문을 초월하며, 특정 학문으로부터 시작하기보다는 실생활 맥락에서 나온 사회적 문제나 쟁점에서 시작하므로 다른 접근방법과는 차이가 있다. '초학문적' 접근은 다학문적 접근이나 간학문적 접근을 넘어서 오히려 학문을 하나의 전체로 통합하기보다는 초월한다는 의미에서 '초학문'이라는 용어가 사용된다. 즉, 토픽 속에 학문적 요소가 들어 있다고 하여도 학문 자체가 중요한 초점이 되지 않으며, 교육과정의 계획 시 특정 학문에서 시작하기보다는 실생활 맥락, 사회적 문제나 쟁점과 이야기로부터 출발한다는 점에서 차이를 보인다. 토픽들은 사전에 결정되기보다는 학생들의 사회적·개인적 쟁점에서 출발한 심오한 질문으로부터 제기된다. 질문을 활용하는 것은 교육과정 통합의 중요한 접근방법이 된다.

'일상생활 속에서'를 강조하는 유아교육과정에서는 간학문적 통합과 초학문적 통합이 중요한 의미를 갖는다. 유아의 자발적 놀이로부터 발현되는 배움을 강조하는 '2019 개정 누리과정'은 이전 누리과정에 비해 초학문적 통합의 성격을 많이 반

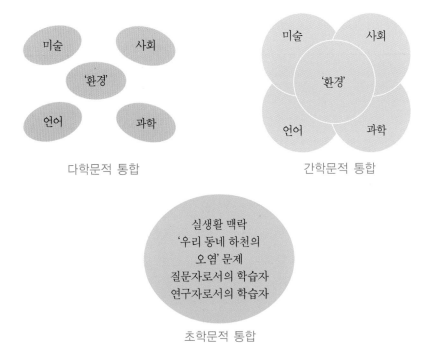

[그림 12-2] 다학문적 · 간학문적 · 초학문적 통합의 통합 정도

영하였다고 볼 수 있다.

3) 유아교육과정의 통합적 접근

　유아교육과정에서의 통합은 교과의 통합이라는 것 이외에도 여러 가지 의미를 지닌다. 유아의 과거 경험과 현재의 요구 및 흥미의 통합, 유아가 한계 내에서 원하는 곳으로 자유롭게 갈 수 있다는 의미에서 공간과 유아의 통합, 학교와 지역사회의 통합, 다양한 연령 집단을 경험하는 연령의 통합, 교사 상호 간의 생활과 유아 생활의 통합, 유아의 가정생활과 학교생활의 통합 등이 있다. 통합교육과정은 이러한 유아교육에서의 통합의 의미를 포함한 형태로 구성되어야 하는데, 교육과정의 통합에 익숙하지 않은 교사에게는 매우 혼란스러운 일이다. 여기서는 유아교육과정의 통합을 위한 방법을 교사의 교육과정 계획, 유아에 의한 유아 내 통합, 표준과 교육과정의 연결로 나누어 살펴본다.

(1) 교육과정 통합 계획하기

통합교육과정의 효과는 교육과정의 통합적 운영을 위한 충분한 경험과 지식, 열정이 있는 교사가 있는가의 여부와 관련성이 높다고 한다. 통합교육과정의 성공적이지 못한 사례를 분석한 연구자들은 성공한 사례와의 중요한 차이 중 하나가 교사의 태도라는 점을 지적하고 있다. 통합적 접근의 이점을 이해하지 못하고 학습자에게 도움이 되지 않는다고 생각하거나 적절한 교수·학습 과정을 개발하여 적용하지 않으면 통합적 접근의 가치를 보장하기 어렵다는 것이다. 교육과정의 통합적 계획과 운영을 위해 교사가 고려해야 할 요인을, 첫째, 계속성, 계열성, 통합성 고려하기, 둘째, 유아와의 통합 고려하기, 셋째, 교과 간 통합과 교과 내 통합 계획하기, 넷째, 교육적 의도 고려하여 통합하기, 다섯째, 통합이 필요한 정도에 따라 구분하기로 나누어 살펴보면 다음과 같다.

① 계속성, 계열성, 통합성 고려하기

학습 경험을 효율적으로 조직하기 위해 전통적으로 교육과정 분야에서는 계속성, 계열성, 통합성이라는 세 가지 조직 기준을 고려한다.

계속성은 주된 교육과정 요소들을 반복해서 경험할 수 있도록 조직하는 것이며, 계열성은 주된 교육과정 요소에 대한 경험의 폭과 깊이를 단계적으로 더해 가며 조직하는 것이라는 점에서 차이가 있다. 통합성은 수직적인 관계에 초점을 맞춘 계속성이나 계열성과 달리 수평적으로 관련짓는 것이다. 교육내용을 조직할 때 계속성, 계열성, 통합성은 기본적인 기준이다(제9장 참조).

유아교육과정을 통합적으로 운영한다는 것은 교육과정영역 간 수평적인 관련성을 반영하여 학습 경험을 통합적으로 조직한다는 통합성(integration)을 계속성이나 계열성보다 중시한다는 의미가 포함된다. 자연탐구영역의 '공간과 도형의 기초개념 알아보기'라는 내용을 교육활동으로 구성할 때 신체·운동·건강영역이나 예술경험영역을 통해서도 적용될 수 있는 방법은 없는지 살펴보는 것이 중요하다. 즉, '공간과 도형의 기초개념 알아보기'가 자연탐구영역에서만 적용되는 고립된 내용으로 머물게 하지 않고, 미술이나 음악적 활동 또는 언어활동을 하는 데까지 그 영역과 내용의 범위를 넓혀 갈 수 있다는 것이다.

② 유아와 통합하기

어떤 개념을 학습 경험으로 선정하여 조직할 때에는 그 개념이 유아의 태도, 지식, 기능 등의 조직요소와 통합될 수 있도록 계획한다.

이들을 고려하여 조직된 학습 경험이 실제 학습으로 이어지기 위해서는 학습 경험을 서로 연결하고 꿰어 주는 과정(webbing)이 필요하다. 일반적으로 태도, 지식, 기능 등이 이러한 실의 역할을 하게 된다. 예를 들어, '수' 개념은 자연탐구영역뿐 아

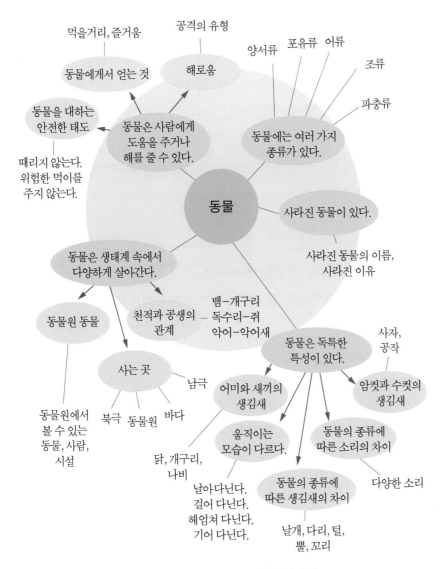

[그림 12-3] 만 3~5세반의 개념망의 예

출처: 이영자 외(2009), p. 187.

니라 예술경험이나 의사소통 등 다른 영역에서도 통합적으로 경험을 선정하여 조직할 수 있는데, 이때 수 개념은 통합성과 계속성 또는 계열성을 이루는 조직요소가 된다. '나의 감정 알고 조절하기'와 같은 태도나 '도구나 기계 활용하기-주변의 여러 가지 물건 조립하기'와 같은 기술도 마찬가지다.

이와 같이 실로 꿰어진 형태로 통합하는 방법 외에 유아교육과정 분야에서 교육과정영역 간 통합을 위해 가장 일반적으로 사용하는 방법은 거미줄(web)형 통합이다(앞에 기술한 포가티의 여섯 번째 통합 모형). 거미줄 형태로 통합한다는 것은 주제 접근의 방식을 통해 교육과정의 영역을 통합하는 것으로, 예를 들어 '동물'이라는 주제를 중심으로 교육과정영역 전반에 걸쳐서 다양한 교육 경험을 조직할 수 있다([그림 12-3] 참조). 주제 중심의 통합 방식은 '협력' '변형' 등과 같이 간학문적 주제를 다루는 데 효과적이라는 장점이 있으며 덜 숙련된 교사도 쉽게 활동 경험을 선정할 수 있다는 장점이 있다. 그러나 교사의 전문적 지식이나 충분한 준비가 없으면 개념보다 활동 자체에 초점을 맞추어 개념이나 활동을 선정하고 조직할 수 있다는 취약점이 있다. 거미줄형 통합을 하면서 실로 꿰어진 형을 적용하여 심도 깊고 체계적인 교육과정 운영도 가능하다.

③ 교과 간 통합과 교과 내 통합 계획하기

유아교육과정은 일반적으로 주제를 중심으로 통합되므로, 하나의 주제를 중심으로 교육활동을 전개할 때 교과 간 통합과 교과 내 통합이 이루어지도록 계획해야 한다.

교과 간 통합은 한 주제 및 소주제 또는 주요 내용을 중심으로 수, 과학, 언어, 조형, 음률 등의 교과영역들을 통합하는 것이다. 교과 내 통합은 하나의 주제 또는 하나의 활동을 중심으로 하나의 교과영역 내에서 여러 영역을 통하는 것이다. 누리과정의 의사소통영역을 예로 들면, 말하기, 듣기, 읽기, 쓰기가 통합되는 것이다. '동물'이라는 주제 전개 시 교과 간 통합의 예로 '유치원에서 키우는 동물의 움직임'이라는 내용을 중심으로 동물의 움직임을 관찰하고 기록하기(과학), 동물의 움직임을 관찰하고 동시 짓기(언어), 동물의 움직임을 신체로 표현하기(음률) 등의 활동이 계획될 수 있다. 또한 교과 내 통합의 예로 '동물을 건강하게 키우기 위해서 알아야 할 것들이 있다.'라는 내용과 관련하여, 동물을 키우면서 우리가 할 수 있는 일 토의하기(말하기), 동물 병원 의사 선생님 말씀 듣기(듣기), 동물 과학책 읽기(읽기), 동물 수첩 만들기(쓰기) 등의 활동이 이루어질 수 있다.

④ 교육적 의도 고려하기

교육과정의 영역 간 또는 내용 간 통합을 할 때 교육적 의도, 즉 교육목표와 유기적인 관계없이 통합하는 것을 피해야 한다.

많은 교과목 또는 학문 분야에서 연계와 위계를 고려하지 않고 이리저리 통합할 경우, 깊이 없는 단순한 사실들로 구성될 수 있다. 예를 들면, 교사들은 활동을 선택할 때 무엇이 가치 있는지와 어떠한 이유에서 그 활동을 선택해야 하는지를 고려하기 전에 단지 그 활동이 주제에 맞고 유아가 재미있어 한다는 이유로 선택하기 쉽다는 것이다(교육과학기술부, 2009). 예를 들어, '금붕어'라는 주제를 전개할 때 '수학영역'의 활동을 선정한다면 수학적 내용의 연계나 위계에 대해서는 깊이 생각하지 않고 '금붕어'라는 주제와의 연관성만을 고려하는 경우가 많이 있다.

⑤ 통합이 필요한 정도 구분하기

과도하게 통합된 교육과정은 개별 교과영역의 특성에 대한 명료성을 잃게 되며, 이에 따라 개별 교과영역이 다양한 유형의 지식을 인식하는 방법과 표상하는 방법에 기여하는 장점을 잃게 될 수도 있다. 또한 각각의 교과/학문적 영역에 참여할 수 있는 충분한 시간을 확보하지 못한다는 점도 문제점으로 지적되고 있다(교육과학기술부, 2009). 예를 들어, '환경'이라는 주제를 전개하게 되면 과학적 내용을 선정하는 것은 어렵지 않으나 주제와 연관하여 신체 운동과 관련된 내용은 많지 않을 수 있다. 이때 억지로 주제와 연관성을 가진 활동을 선정하려 하기보다는 일련의 위계성을 고려하여 신체 운동과 관련된 교육계획을 수립하는 것이 더 바람직하다. 또한 개별 교과영역의 내용 및 위계성을 고려한 연간·월간 교육계획을 수립하여 주제의 변화가 이루어지는 속에서도 각 학문의 특성과 장점이 잘 드러나도록 해야 한다.

이 외에도 실제로 통합적 교육과정을 운영할 수 있는 토대가 마련되어 있는지를 점검해야 한다. 교육과정이 통합될 수 있는 정도는 학습이 일어날 수 있는 상황에 영향을 받는다. 유아에게 유용하고 다양한 정보와 자료, 적절한 경험을 충분하게 제공하고, 유아의 작업 결과물을 존중하는 교실 상황이 제공될 때 비로소 교육과정의 바람직한 통합이 가능하다(교육과학기술부, 2009).

(2) 유아에 의한 유아 내 통합하기

유아교육과정 분야에서는 전통적으로 유아의 자유를 중시하여 유아가 자기의 흥미, 관심, 요구, 필요에 따라 목표를 설정하고 활동할 수 있다고 본다. 유아가 경험하는 활동 그 자체가 교육내용이 되는 경우가 많으므로 학습자인 유아에 의한 통합, 유아가 경험하는 과정에서 스스로 통합해 가는 유아 내에서의 통합을 강조한다. 이는 유아가 학습 경험을 자신도 모르게, 드물게는 의식한 상태에서 내적으로 통합할 수 있다는 믿음을 전제로 하며, 이러한 접근은 아동 중심 교육과정, 활동 중심 교육과정, 프로젝트 접근법 등의 형태로 전개되며 자유선택활동이나 소집단활동을 통해 폭넓게 적용되고 있다. 따라서 유아교육과정에서 통합성은 유아로 하여금 생각, 감정, 행동에 대한 자신의 학습 경험을 통합하도록 도와줌으로써 교육과정 통합을 달성하는 형태가 된다. 유아 내 통합을 위해서 고려할 점은 다음과 같다(교육과학기술부, 2009; 양옥승, 2009).

- 교육과정 통합 시 유아가 감각을 활용하여 적극적으로 관찰하기, 몸으로 생각하기와 느끼기, 유추하기, 상상하기, 감정 이입하기, 통합하기 등 다양한 방법을 활용할 수 있는 교육 경험 및 내용과 교수 · 학습 방법을 고려하여 구성해야 한다.
- 유아가 학습한 지식 및 기능을 일상생활에서 활용하고 통합하여 새로운 지식을 창조해 가도록 교육과정을 구성해야 한다.
- 유아 내 통합이 이루어지기 위해서는 교사의 관찰과 상호작용이 중요한 역할을 하게 된다. 교육과정의 통합 시 교사에 의해 숙고되고 걸러지는 과정을 거치지 않거나 교사의 세심한 관찰에 기초한 상호작용이 이루어지지 않는다면 자유방임적 활동으로 흐르거나 유아를 보다 성숙하게 할 가능성을 놓칠 수 있다. 이를 보완하기 위해 최근의 많은 연구자와 교육자들은 스캐폴더로서 교사의 상호작용을 강조하고 있다.
- 유아 내 학습 경험의 통합과정으로서의 자유선택활동이 가지는 의미에 주목할

필요가 있다. 자유선택활동은 유아가 자유의지나 흥미, 요구에 따라 자발적으로 활동을 선택하여 놀이하는 것으로, 학습자로서 유아가 주체가 되어 교육 경험을 스스로 선정하고 조직함으로써 교육과정을 통합하는 특징이 있다. 이 때문에 유치원 교육과정에서는 교육과정을 놀이 속에서 통합적으로 실현해 가는 것으로 규정하며 놀이의 중요성을 강조하고 있다. 통합교육과정으로서 자유선택활동은 유아 스스로 선택하고 결정하는 경험을 해 볼 수 있는 시간으로 자유의지에 따라 선택한 활동이므로 능동적인 학습(active learning)이 이루어지며 개별적인 흥미, 요구, 관심에 따라 놀이하게 되므로 학습이 자율적이고 적극적으로 이루어질 수 있다. 또한 또래와 바람직한 관계를 자연스럽게 형성해 주고 유아와 교사의 상호작용을 통해 개별 학습(personal learning) 또는 개별화 학습(individualized learning)을 가능하게 해 주며, 일정한 시간 동안 유아 주도로 통합교육이 이루어지는 가장 효과적인 시간이다(양옥승, 2009).

(3) 표준과 교육과정 통합하기

교사는 학습자의 흥미와 요구 중심, 생활 맥락을 중심으로 주제를 선정하여 교육과정을 운영하거나 유아의 발현적 놀이를 따라가며 교육과정을 운영하다 보면, 꼭 다루어야 할 내용을 다루지 못하고 주제 중심의 활동만 하는 것은 아닌지, 학문적으로나 유아에게 가치 있는 내용을 잘 선정하였는지, 어떤 것을 표준으로 삼아야 할지 등에 관해 스스로에게 질문하게 된다.

이때 국가 수준 교육과정이나 전문가가 제시하는 교육내용은 교사에게 중요한 지표가 될 수 있다. 특히 국가 수준 교육과정은 어린이집과 유치원 교육과정에 중요한 영향력을 갖게 되며, 내용 선정과 수행 표준의 기반이 된다.

유아의 놀이나 교사가 선정한 활동과 누리과정 내용의 관련성을 찾아 기록하는 방법, 한 주간 진행될 예정인 놀이와 연관된 내용을 체크해 보고 다루어지지 않는 내용은 무엇인지 파악해 보는 방법 등으로 관련성을 검토해 본다. 이 과정을 반복하면 자주 다루지 못하는 내용이 무엇인지 발견할 수 있고, 이러한 내용은 의도적으로 교육계획에 포함시킬 수 있다.

(4) 주제 중심의 통합적 접근법

유아교육과정에서 통합의 구성 방식으로 가장 일반적인 것은 웹망(거미줄형)으로 조직하는 방법인데, 주제를 통합적 접근의 핵심에 둘지 아니면 개념이나 흥미 경험(문제)을 통합적 접근의 핵심에 두고 웹망으로 조직할지, 또한 웹망의 가장자리 바퀴를 교육과정영역으로 분류할지, 활동 유형으로 분류할지 혹은 다중지능영역으로 분류할지 등은 교육과정의 강조점에 따라 다를 수 있다.

유아교육과정의 통합적 접근 중 유아교육 현장에서 활용하는 가장 일반적인 방법은 주제접근법이다. 유아는 분리된 교과별 학습보다 통합된 경험을 통해 더 잘 배운다. 따라서 학습 경험을 교과로 분리하기보다는 주제를 중심으로 놀이를 통해 통합하는 것이 바람직하다. 즉, 유아에게 친근하며 관심 있는 주제를 중심으로 통합 교육과정이 운영될 때 유아는 각 교과 혹은 학문영역 간의 사실을 서로 잘 연관 지을 수 있고 추상적인 개념을 이해할 수 있게 된다. 주제 중심의 통합적 접근은 유아교육과정을 통합적으로 운영하는 가장 보편화된 방법이지만 교사가 사전에 선정한 주제를 중심으로 활동을 계획하고 실행하는 과정에서 진정한 의미의 유아 중심 교육과정이 전개되지 못하였다는 비판도 있다. 이런 맥락에서 '2019 개정 누리과정'은 교사가 사전 선정한 생활주제보다는 유아로부터 발현되는 놀이 자체에 초점을 두고 있다.

제13장

영아를 위한 교육계획 및 운영

영아를 위한 교육과정은 어린이집을 중심으로 운영되며 통상적으로 보육과정이라고 칭하지만, 이 책에서는 교육과정이 논의의 대상이므로 용어의 일관성을 위하여 영아를 위한 교육과정 또는 영아교육과정으로 지칭하였으며, 보육계획도 교육계획 등으로 명명하였다. 이 장에서는 영아를 위한 교육과정의 특성을 고찰하고, 환경구성, 일과운영, 교육계획의 수립에 대해 살펴보면서 영아반 놀이의 사례를 제시하고자 한다.

1. 영아를 위한 교육과정의 특성

유아교육과정의 특성은 제7장에서 유아 중심, 자유놀이, 상호작용, 보살핌으로 나누어 살펴보았다. 이에 더하여 여기서는 영아를 위한 교육과정의 특성을 살펴본다. 영아는 유아의 축소판이나 수준이 낮은 어린이가 아니기에 영아를 위한 교육과정도 유아를 위한 교육과정을 단순화하거나 수준을 낮추는 것으로 접근해서는 안될 것이다. 김희진 등(2005)은 영아교육과정의 특징으로 자극이 아닌 교육으로 접근하여 영아의 능동성을 중시할 것, 영아의 흥미와 요구를 고려할 것, 일상생활을 교육과정에 통합할 것, 자발적 놀이가 중심이 되는 교육과정을 계획할 것, 일상의 세상을 이해하고 문제를 해결하며 스스로 배울 수 있도록 지원할 것, 우연한 사건을 교육의 기회로 활용할 것 등을 들고 있다.

다음에서는 영아교육과정의 특성을 양육과 교육이 균형 잡힌 교육과정, 개별적인 발달 요구를 고려한 교육과정, 자극이 아닌 교육으로서의 교육과정, 일상적 생활과 통합된 교육과정, 자발적 놀이 중심의 교육과정, 흥미와 우연한 사건에 반응적인 교육과정, 상호작용이 중심이 되는 교육과정으로 나누어 살펴본다.

1) 양육과 교육이 균형 잡힌 교육과정

유아교육을 교육과 보살핌으로 구분하여 논의한다면 두 가지 모두 유아교육과정에서는 중요한 요인이다. 연령이 어릴수록 보살핌의 비중이 높고, 교사의 양육활동이 더 많이 요구될 것이며, 성장할수록 교육활동에 대한 요구가 높아지지만 어느 한쪽만으로는 영아 교육이 제대로 이루어질 수 없다. 영아는 각 월령에 따라서 발달차이가 크므로 보육계획이 세분화되고 일상생활 전반에 걸쳐 보호와 교육이 계획되고 실행되어야 한다.

영아의 보살핌이 질적으로 우수하고 교육적 의미를 지니기 위해서 교사가 고려할 사항은 다음과 같다(김지은 외, 2006; 삼성복지재단, 2005; 이옥주 외, 2007).

- 영아를 위한 교육계획은 영아의 신체적·생리적 욕구가 충족되면서 이러한 과정이 교육적으로 의미 있게 진행되도록 한다. 즉, 일상생활과 관련된 잠자기, 먹기, 씻기, 기저귀 갈아 주기, 배변훈련, 옷 입고 벗기 등이 영아와 친밀감을 나누고 일상생활의 자조능력을 키울 수 있도록 개별 영아의 생리적 리듬에 대한 관찰을 토대로 해서 세밀하게 계획된다. 또한 이러한 보살핌이 다양한 유형의 교육활동과 연관성을 지니도록 계획한다.
- 가정에서처럼 편안하고 안정된 분위기와 환경에서 기본생활습관 등을 경험하고 반복할 수 있도록 해야 한다. 영아에게 익숙한 집과 매우 다른 분위기의 물

리적 시설에서 생활하는 것은 영아를 긴장과 당황스러움에 빠뜨릴 수 있다. 가정처럼 편안한 환경이 가정과 동일한 환경을 의미하지는 않는다. 대부분의 가정은 영아보다는 가족(특히 성인)의 삶에 초점이 맞추어져 있으므로 보육시설이 가정과 동일하다면 전문성이 부족한 환경일 수도 있다.
- 일상적 양육을 지원하는 심리적 환경을 마련하고 양질의 상호작용을 수행한다. 교사의 따스하면서도 발달을 돕는 상호작용은 영아보육에서 그 무엇보다도 중요하다. 영아는 애정적이고 친숙하면서 세심하게 돌보는 교사와의 상호작용을 통해 안정감과 자신감을 얻을 수 있다.
- 영아기에 보살핌의 가치가 높다고 해서 질적으로 우수한 놀이와 교육의 가치가 적은 것은 결코 아니다. 영아기는 대 · 소근육발달이 왕성하며, 놀라운 수준으로 언어가 증폭하는 시기다. 또한 독립심의 발달로 자신에 대한 긍정적인 이미지를 형성하며 주변을 탐색하고 도전하는 시기다. 따라서 영아교육과정의 계획은 이러한 영아의 특성을 고려하여 성장을 지원하는 교육내용과 활동으로 조직해야 한다.

2) 개별적인 발달 요구를 고려한 교육과정

영아기는 유아기와 발달 차이가 클 뿐 아니라 월령차 및 개인차가 이후의 인간 발달 시기보다 크다. 따라서 영아를 위한 교육과정을 계획할 때는 반드시 영아기의 일반적인 발달 특성을 이해할 뿐 아니라 개별 영아에 대한 관찰과 학부모 상담을 토대로 개별적으로 적합한 교육계획을 수립한다.

발달적 정보에 기초하여 교육과정을 계획하기 위해서는 영아의 개별적인 발달 수준과 특성, 기질, 이전에 경험한 양육 방식과 애착 유형, 생물학적 리듬과 생활 패턴 등에 대한 정보를 수집해야 한다.

어린 영아일수록 기질적인 개인차가 뚜렷하며 발달 특성에도 차이를 보인다. 이러한 차이는 놀이, 낮잠, 급식 · 간식, 배변 등 다양한 영역에서 드러나므로 교육활동을 계획하고 운영하는 데 있어서 영아의 발달적 개인차를 고려하여 교육계획을 지속적으로 조절하고 변화시켜 주도록 한다.

3) 자극이 아닌 교육으로서의 교육과정

영아기의 발달적 중요성에 대한 연구결과에 따라 영아기 교육에 대한 가능성이 높아지면서 무조건적으로 많은 자극을 제시하는 것을 교육으로 오인할 우려가 있다(김희진 등, 2005). 영아기는 성인 입장에서 볼 때 발달적으로 미숙하고 무능력해 보이며 의사소통에 한계가 있으므로 영아에게 도움이 된다고 생각되는 자극을 선별하여 일방적으로 제공하고 발달이 이루어질 것으로 기대하는 경우가 많다는 것이다. 만 1세도 안 된 영아에게 숫자나 외국어 플래시 카드를 눈앞에서 계속 제시해 준다거나, 모니터를 계속 응시하도록 함으로써 자극을 통해 학습시키려는 프로그램이 대표적이다.

영아는 인적 · 물리적 상호작용을 통해 주변의 환경을 알아가려는 성향을 지니고 있는 능동적인 존재다. 따라서 교사는 보편적 발달 수준과 영아의 개별적 관심에 기초하여 물리적 환경과 놀잇감을 준비하고 각 영아에게 필요한 교육활동을 계획하되, 이를 일방적으로 제시하기보다는 영아가 현재 관심을 보이는 것에 기초하여 교육적 기회로 확장해야 한다.

4) 일상적 생활과 통합된 교육과정

영아보육은 먹고 자는 일상생활이 교육과정과 자연스럽게 통합되는 특징을 지니며, 따라서 수유 및 이유, 급식 · 간식, 낮잠과 휴식, 씻기, 옷 입고 벗기, 놀이하기, 교사와 상호작용하기, 화장실 가기 등 모든 일과가 교육과정적 의미를 지닌다.

일상적 생활이 교육과정에 통합되어야 하는 이유는 다음과 같다. 첫째, 이러한 일상적 생활은 영아기의 중요한 발달적 과업이기 때문이다. 걷고, 언어를 습득하며, 인지를 발달시키는 등의 과업뿐 아니라 영아기는 젖을 빨고, 음식을 씹고 삼키며, 배변을 조절하고, 점차 규칙적인 리듬으로 잠을 자면서 건강하게 성장해 나가야 하는 시기다. 둘째, 영아기 일과에서 차지하는 시간 비율이 높으며 유아교육기관을 이용하는 영아의 경우 일일 보육시간도 길기 때문에 잠자는 시간을 제외하면 가정보다는 유아교육기관에서 일상생활이 더 많이 이루어진다. 따라서 교육활동 이외의 어떤 부수적인 것으로 생각하기보다는 양질의 교육적 경험이 될 수 있는 시간으로 통합해야 한다. 셋째, 영아는 이러한 일상생활과 교육활동을 분리하여 실행하기 어려우며 연령이 어릴수록 스스로 조절하지 못하므로 교사의 도움과 계획이 필요하다. 영아의 경우는 먹고, 자고, 화장실 가고, 놀이하는 등의 모든 시간이 분리되기 어려우며, 개인차를 지니고 있다는 점을 고려해야 한다.

5) 자발적 놀이 중심의 교육과정

놀이는 자발적이다. 놀이는 영유아의 삶을 나타내는 대표적 이미지이며 유아교육과정의 특성이다. 놀이를 무엇으로 정의하며 놀이의 어떠한 특성에 주목하는가에 따라 놀이를 설명하는 이론에 차이는 있다. 그러나 놀이는 어떤 문화권의 영유아에게나 나타나며, 인간 발달에 중요한 영향을 미친다는 점, 그리고 외부에서 시켜서 하는 것이 아니라 내적 동기에 의해 유발되는 자발적 활동이라는 점에는 이견이 없다. 또한 최근 신경과학 연구는 뇌의 발달과 놀이의 연관성을 설명해 주고 있다. 신경과학자들과 놀이연구자들이 제시하는 기본적인 원리를 살펴보면 다음과 같다 (Frost, Wortham, & Reifel, 2005).

- 건강한 모든 포유동물은 놀이를 한다. 인간과 동물은 태어날 때부터 신경기제를 이용하여 출생 후 바로 놀이에 참여하고 양육자에 의해 격려되고 중재된다.
- 신경세포가 서로 연결되면서 놀이의 범위와 복잡성은 놀라운 속도로 증가한다.
- 동물과 인간의 초기 게임과 놀이는 이후의 생활에 필요한 기술로 연결된다.
- 놀이는 건강한 발달에 필수적이다. 생후 첫 1년 동안 뇌 발달과 부수적인 인간의 기능에 긍정적인 차이를 가져오는 것은 놀이를 수반한 활동이며, 직접적 교수나 격리, 실조, 학대가 아니다.

앞서도 언급하였듯, 놀이가 발달에 중요하다고 해서 일방적이고 강제적인 자극으로 자발적인 놀이를 대체할 수는 없다. 또한 모든 놀이가 건강하고 합리적인 것은 아니므로 자발적인 놀이를 강조하는 것을 마음대로 내버려 두고 안전만 지도하면 되는 것으로 생각해서는 안 된다.

6) 흥미와 우연한 사건에 반응적인 교육과정

영아를 위한 교육과정은 영아의 자발적인 흥미에 반응적이어야 하며, 우연한 사건을 교육의 기회로 활용하여 교육과정에 통합할 수 있어야 한다.

'흥미'는 모든 학습자를 위한 교육계획에서 적극적으로 고려해야 할 요인이지만, 영아를 위한 교육과정에서는 그 중요성이 더 강조된다. 영아를 교육의 동반자로 인식하고 영아로부터 출발하는 교육과정을 운영하기 위해서 학습자의 '흥미'는 교사가 출발하는 시작점이 될 수 있다. 영아의 관심과 흥미의 흐름은 교육과정의 전개에 중요한 영향을 미치므로 교육과정은 반응적이고 융통성이 있어야 한다. 교사 입장에서 볼 때 영아의 흥미는 두 가지 근원을 지닌다. 사전에 계획하고 준비한 활동에 대해 영아가 흥미를 갖도록 외부에서 교사가 흥미를 유발하는 것과, 교사의 계획이나 상호작용과 관계없이 영아가 자발적으로 보이는 흥미와 관심이다. 두 가지 흥미모두 중요하며, 교사는 영아의 자발적 흥미를 놓치지 않도록 유의해야 한다. 영아의 경우 의식적으로 관심의 방향을 조절하는 것이 쉽지 않으므로 오히려 영아의 흥미와 관심, 요구를 파악하고 이에 반응하는 교육과정을 운영하는 것이 합리적이다.

흥미를 중심으로 교육과정을 운영한다고 해서 교사가 사전에 계획을 하지 않아도 된다는 의미는 아니다. 계획의 구조화 정도에 차이가 있을 수 있으나 교사는 사전에 각 영아의 발달과 관심, 그리고 이 시기에 다뤄야 할 필요가 있는 내용을 선정하여 물리적 환경, 놀잇감, 교수·학습 방법 등의 측면에서 계획을 수립할 필요가 있다. 영아의 흥미나 우연한 사건이 포착되었을 때 이를 교육적 경험으로 활용할지 판단하여 필요하다고 여기면 교육과정 안으로 끌어들이는 융통성을 지녀야 한다.

흥미와 우연한 사건이 교육과정으로 통합되는 것은 발현적 교육과정의 특성 중 일부다. 일반적으로 주제 중심으로 통합되는 교육과정 모형을 사용하고 있는데, 영아교육과정은 유아에 비해 발현적 교육과정의 특성이 강하다. 이는 영아에게는 매일, 바로 지금 접하는 일상의 경험이 더 중요한 의미를 지니기 때문이다.

7) 상호작용이 중심이 되는 교육과정

영아교육과정은 상호작용의 교육과정이라고도 말할 수 있을 만큼 교사와 영아의 상호작용을 통해 교육의 많은 부분이 이루어진다. 영아 교사의 상호작용에는 생물학적 요구를 지원하는 상호작용, 교수 · 학습 과정으로서의 상호작용, 정서적 교류를 위한 상호작용이 포함된다.

- 영아 교사의 상호작용은 영아의 생물학적 욕구 충족을 지원하는 상호작용이다. 생의 출발 초기는 먹고 자고 씻고 배변하는 등의 생물학적 욕구의 충족이 전적으로 양육자 또는 영아 교사에게 달려 있다. 따라서 영아 교사의 역할 중 생물학적 욕구를 충족시켜 주는 상호작용은 영아의 건강한 삶과 직결되는 중요한 부분이다.
- 모든 영아는 자발적으로 놀이하며 이러한 놀이는 발달적 의미를 지니므로 영아 교사는 상호작용을 통해 놀이 과정을 돕고 교수 · 학습 과정이 효율적으로 수행되도록 한다. 다른 시기에 비해 영아 교사의 상호작용과 모델링을 통해 교육적으로 의도된 내용의 학습이 이루어진다.
- 영아 교사는 항상 온정적인 태도로 영아를 돌보며 동시에 영아가 주변 사물, 현상, 사람에게 호기심을 갖고 적극적으로 탐색하고 상호작용하도록 도와야 한다. 교육적 의도라 하더라도 영아의 정서발달에 부정적 영향을 미칠 수 있는 상호작용 방법은 적절하지 않다. 또한 영아의 요구에 소극적으로 반응하기보다는 영아의 반응을 이끌어 내는 적극적이고 체계적인 상호작용이 필요하다.

2. 영아를 위한 환경구성

최근에는 영아보육이 증가하여 영아의 삶의 질을 높여 주는 보육공간에도 관심이 높아졌다. 영아를 위한 보육공간은 전통적인 교실의 개념으로 접근하기 어려운 특수성을 지닌다. 영아에게 보육실은 생활공간이며, 놀이와 탐색이 일어나는 교육공간이다. 영아를 위한 공간 구성 시 고려해야 할 원리를 살펴보면 다음과 같다.

- 영아를 위한 환경은 이용 영아의 신체적 · 인지적 · 사회정서적 발달 수준에 적합해야 한다. 수유기, 포복기, 걸음마기 초기 또는 걸음마기 후기 영아의 신체

조정 능력 차이를 고려하여 탐색공간의 크기와 놀잇감 배치를 결정한다. 감각 운동기의 하위 단계별 인지발달 차이를 고려하여 탐색 환경을 조성해 준다.

- 영아의 건강과 안전을 위한 청결하고 위생적인 환경과 관리가 필수적이다. 보육실의 수유, 급식, 배변지도 영역은 기본적으로 위생 관리가 용이하게 설계되어야 하며, 매일 청결하게 관리해야 한다.

- 정서적 안정감과 행복감을 주는 환경을 구성한다. 시각적ㆍ촉각적으로 포근하며 안정감을 줄 수 있는 색상, 디자인, 재질을 선택하고 배치한다. 지나치게 자극적인 색감이나 장식물보다는 부드럽고 아늑한 느낌이 필요하다. 다른 영아들과 함께 지내기도 하지만 때로는 조금 떨어져서 편안히 쉴 수 있는 공간도 필요하다.

- 영아의 움직임과 이동성을 고려한다. 영아기는 기기, 잡고 서기, 걷기 등을 배워 나가는 시기로, 일정 시간 대근육 움직임을 하지 않고 정적 활동에 집중하거나, 욕구를 참았다가 기거나 뛰어다니는 것은 매우 어렵다. 자연스러운 대근육활동 욕구에 따라 마음껏 움직일 수 있는 공간이 보육실 내 또는 인접 공간에 배치되는 것이 좋다.

- 탐색과 발견의 기회를 제공하는 환경을 구성한다. 영아기는 주변 환경을 능동적ㆍ감각적으로 탐색하려는 경향이 있으므로 주변에 탐색하기 적합한 자료를 준비해 준다. 오감을 활용하며 손으로 조작할 수 있는 자료는 영아기의 인지발달과 문제해결에 도움을 준다.

- 가정과 같은 친근함을 주는 환경을 준비한다. 그러나 이 말이 가정과 동일하게 구성하는 것이 바람직하다는 의미는 아니다. 영아반은 가정과 달리 여러 명을 한 명(또는 두 명)의 성인이 보살피며, 성인 중심 공간에 자녀를 위한 공간이 첨가되는 가정과 달리 영아 중심 공간으로 구성된다. 또한 가정의 목적과 영아 교실의 목적은 같지 않다. 이는 갑자기 영아가 보육시설에 와서 가정과 단절된 느낌이 들지 않고 일관성과 편안함을 느끼도록 해야 한다는 의미다. 또한 등원지도 시 가족과의 헤어짐을 자연스럽게 수용해 줄 수 있는 전이 공간도 필요하다.

3. 영아를 위한 일과운영

1) 영아반 일과운영 원리

영아의 하루 일과가 질적으로 우수한 수준에서 이루어지려면 다양한 조건들이 조화를 이루어야 한다. 영아반 관찰과 담당 교사와의 심층면접을 통해 영아보육 일과에 나타난 질적 보육의 장애요인 분석에 따르면(최경애, 2004), 영아반 프로그램의 질을 저하시키는 중요한 요인이 몇 가지 관찰되었는데, 물리적 환경의 열악함, 특히 협소한 영아보육실과 놀잇감의 부족, 불편한 일과 관리 시설이 첫 번째였다. 또한 교사의 영아교육과정에 대한 이해 부족 및 영아를 위한 교수·학습 전략의 부족 문제가 지적되었는데 현장 관찰 결과, 영아기 발달에 부적합한 활동을 계획하여 실행하거나, 특별한 목적 없이 '애 보기' 비디오를 이용하고 있었으며, 애정적이지만 수준이 낮거나 부적절한 상호작용 전략을 사용하는 교사도 많이 있었다. 교육과정과 일과지도에 집단성이 높은 점도 개선해야 할 사항으로 관찰되었다. 영아반의 일과를 운영함에 있어 등원에서 귀가까지 거의 정해진 일과 순서대로 운영하기는 어렵지만, 영아와 하루를 효율적으로 지내려면 시간을 나누어 어떻게 보낼 것인지를 미리 계획하는 것이 필요하다. 하루 일과가 잘 계획되어 있을 경우, 영아는 심리적인 안정감을 얻으며 다양한 경험을 할 수 있기 때문이다. 영아반의 일과운영이 효율적으로 이루어지게 하기 위한 전략을 살펴보면 다음과 같다(삼성복지재단, 2003).

- 영아의 일과운영은 간식·배변·잠자기·휴식 등 영아의 신체 리듬에 맞게 일상생활 중심으로 계획하며, 신체·탐색·표현·언어 등의 활동이 균형 있게 이루어질 수 있도록 한다. 영아반의 하루 일과는 개별적인 욕구가 배려되는 따뜻한 보호와 교육적인 경험이 동시에 이루어져야 하기 때문이다.
- 각 시기의 영아는 빠른 속도로 성장하게 되므로 영양소의 공급이 중요하다. 개별 영아의 생리적 요구에 맞추어 제공한다.
- 하루 일과를 정해진 시간보다는 정해진 순서대로 융통성 있게 진행한다. 정해진 순서대로 운영하면 매일 반복되는 일과 순서에 의해 영아가 앞으로 일을 예

측할 수 있어 심리적 안정감을 느낄 수 있기 때문이다. 그리고 매일의 활동시간은 개개인의 욕구를 충족시킬 수 있도록 융통성이 있어야 한다.

- 놀이나 활동은 영아 한 명 혹은 소집단으로 진행되도록 한다. 영아는 대집단활동을 하기에는 어리기 때문에 개별적 상호작용과 배려를 더 필요로 한다. 경우에 따라 대집단활동을 계획할 때는 횟수가 많지 않아야 하며, 그 활동 시간이 너무 길지 않도록 한다.
- 혼자서 걸을 수 있게 되면서 활동영역이 넓어지고, 신체적 활동의 욕구가 강한 시기이므로 충분히 움직일 수 있는 기회를 준다. 따라서 산책 및 실외놀이에 보다 긴 시간이 필요하다.
- 만 1세를 넘어서면서 규칙적인 수면을 취할 수 있고 낮잠시간도 줄어들어 오후에 1회 정도만 낮잠시간(1~2시간)을 계획하며, 낮잠시간에 영아가 집에서 가져온 이불이나 장난감을 가지고 잘 수 있도록 배려한다.

2) 영아반의 일과활동

영아반의 하루 일과는 영아의 등원 및 자유놀이활동(신체, 언어, 감각·탐색, 역할, 쌓기, 미술, 음률), 기본생활습관, 휴식(낮잠), 평가 및 귀가 지도 등으로 이루어진다. 이러한 활동은 흥미영역에서의 개별활동과 교사가 주도한 집단활동을 통해 균형 잡히게 제공되어야 한다. 영아반의 하루 일과의 진행요령 및 교사의 역할에 대해 일과별 활동을 중심으로 살펴보면 다음과 같다.

(1) 등원

등원 시 교사는 부모와 영아의 전날 건강상태·심적 상태·식사 여부·배변·투약 의뢰 등에 대한 정보를 교환한다. 부모를 직접 만나지 못할 경우 부모가 일일보고서에 기입한 내용을 자세히 확인한다. 교사는 영아와 부모가 안정된 상태에서 헤어질 수 있도록 배려하고, 영아가 부모와 헤어짐에 대해 심하게 거부할 경우에는 조금 시간을 주어 마음을 편안하게 안정시킨 후 떠날 수 있는 분위기를 만들어 준다.

(2) 실내·실외 자유선택활동

자유선택활동 시간은 교사가 구성한 흥미영역에서 자유롭게 놀이하는 시간으로 다음은 교사가 자유선택활동을 통한 영아의 학습을 도와주기 위하여 고려해야 할 점이다(김혜경, 유희정, 2004; 이옥주 외, 2007).

- 가능한 영아 자신의 흥미에 따라 자유롭게 놀 수 있도록 격려한다. 영아반은 유아반에 비해 개별적인 자유놀이 시간의 비중이 크다. 그 이유는 영아가 계획한 집단활동에 집중하거나 또래와 협력해서 놀이하는 것이 발달적으로 쉽지 않으며 주의집중 시간이 짧기 때문이다. 따라서 계획된 집단활동보다는 자신의 흥미와 요구에 따라 활동을 선택하고 변경하는 자유선택활동 시간을 효율적으로 이용하는 것이 필요하다.
- 교사는 한 흥미영역에 주제와 관련된 다양한 교재교구와 활동을 계획하고 개별적인 상호작용으로 영아의 놀이를 격려해 주어야 한다. 영아의 참여를 유도하기 위해서는 흥미 있는 방법으로 활동을 구성하고 전개시켜 나가야 한다.
- 영아는 성장함에 따라 놀이 시간이 차츰 길어, 활동을 너무 오래하면 신체적·정서적으로 지치게 되므로 정적 활동과 동적 활동의 균형이 이루어져야 하며, 하루 중에 방해받지 않는 시간을 마련하여 쉬게 한다. 특히 움직임이 많은 대근육활동 후에는 반드시 휴식을 할 수 있는 음악감상 활동이나 책 읽기 활동 등으로 활동의 양을 조절해 준다.
- 실외놀이는 영아에게 대근육을 발달시킬 수 있는 기회를 제공하고 실내에서 경험하는 것과 다른 환경을 탐색할 수 있으므로 산책, 자연물에 대한 탐색과 물놀이, 모래놀이, 그림 그리기 등의 다양한 형태를 계획할 수 있다. 실외놀이는 매일 제공해야 하며, 걷기 단계 이전의 영아인 경우에도 날씨가 좋은 날에는 돗자리를 깔아 주어 기기, 구르기 등을 하도록 계획한다. 실외에서 자유선택활동을 하거나 산책하게 되는 경우, 나가기 전에는 영아의 기저귀 상태를 확인하고 대소변 가리기가 가능한 영아는 화장실에 미리 다녀오게 한다.
- 실외놀이 시간이나 하루 일과 중에 어린이집 주변을 산책할 수 있는 시간을 계획하는 것이 좋다. 산책은 단순히 대근육활동의 기회나 동네 돌아보기 이상의 가치를 지니는 활동이다. 산책을 통해 영아는 나무, 돌, 하늘, 정원, 젖은 땅, 연

못, 새와 곤충 등 교육실과는 다른 환경을 접하면서 자연에 대한 친숙함과 긍정적인 상호감을 지니게 된다. 걷지 못하는 영아도 유모차를 태워 정원이나 인근 공원을 산책하는 시간을 자주 갖는다.

(3) 대·소집단활동

집단활동은 함께 모이고, 집단으로 이야기를 듣고 나누고 문제를 해결하는 사회적 장이다. 그러나 영아의 발달 특성상 집중 시간이 매우 짧으며, 대집단활동 자체를 이해하는 데 시간이 오래 걸리므로, 교사 주도의 대집단활동보다는 개별적으로 탐색하고 조작하는 활동이 주를 이루어야 한다. 따라서 영아를 대상으로 한 대집단활동은 매일 집에 가기 전에 모여서 함께 인사를 나누거나 동화 듣기 정도로 하루에 단 1회 정도로 운영하는 것이 좋다.

만 2세 무렵이면 또래와 함께하는 놀이를 즐기며, 교사가 준비한 활동에 대한 참여와 주의집중 시간이 늘어나게 되는데, 약 10분 정도의 대집단활동을 계획할 수 있다. 이 시간에 노래도 부르고, 신체운동 활동이나 동화 듣기 등 활동을 훨씬 더 다양하게 계획할 수 있다. 그러나 영아의 발달적 수준에 맞고 활동 시간이 너무 길지 않아야 한다. 또한 다른 활동을 하고 싶어 하는 영아는 집단활동에 방해가 되지 않는 범위에서 다른 활동을 하도록 수용한다. 활동의 진행도 영아의 반응에 따라 융통성 있게 운영한다. 영아반의 집단활동 계획 및 실행 시 유의할 사항은 다음과 같다(김희진, 김언아, 홍희란, 2004; 이옥주 외, 2007).

- 집단활동은 영아가 이해하거나 실행할 수 있는 수준이어야 한다. 추상적이거나 발달 수준을 넘어서는 활동은 영아의 주의를 끌 수 없을 뿐 아니라 어린이집의 생활에 대한 부정적인 이미지를 형성하게 만든다.
- 활동 시간이 너무 길지 않아야 한다. 학기 초에는 거의 2~3분 정도 의자 없이 카펫에 모여 앉아 이름 불러 주기만 하다가 점점 조금씩 시간을 늘려 가는 것이 좋다. 따라서 영아의 월령과 개인적 특성에 따라 5~10분 이내의 활동으로 계획하고 영아의 반응에 따라 조절한다.
- 시청각적 매체를 활용하면 영아의 주의집중과 이해에 도움이 될 수 있다. 손가락 인형이나 손 인형, 녹음자료, 입체적 그림자료, 실물자료 등 다양한 매체를

활용한다.

- 참여하고 싶어 하지 않거나 다른 활동을 하고 싶어 하는 영아는 방해가 되지 않는다면 수용해 준다.

(4) 간식 및 식사

어린이집에서 많은 시간을 보내는 영아는 하루 동안 필요한 영양소의 상당 부분을 어린이집에서 섭취하게 된다. 따라서 어린이집에서는 영아의 영양과 건강상의 책임뿐만 아니라 영아의 식습관 지도를 포함한 폭넓은 개념으로 접근해야 한다. 되도록 영양의 균형을 이루며 다양한 재료를 골고루 사용하여 식단을 작성하되, 인스턴트 음식보다는 자연 식품 위주의 간식과 식사를 준비한다. 영아를 위한 효과적인 식습관 지도를 위한 교사의 역할은 다음과 같다.

- 음식을 먹는 시간에는 즐거운 마음으로 편안하게 음식을 먹을 수 있도록 분위기를 배려한다. 이 시기의 교사는 어느 정도 영아의 서툰 기술에 허용적이어야 하며 인내를 가지고 지도해야 한다.
- 식습관 지도는 되도록 일찍부터 시작하는 것이 좋다. 1세~1세 반(半)의 시기에는 스스로 먹을 수 있도록 준비를 시켜야 한다.
- 간식 시간, 식사 시간을 음식을 먹을 때 가져야 하는 바른 태도를 기르는 시간으로 활용한다. 숟가락이나 포크 바르게 잡기, 혼자 먹기, 흘리지 않고 먹기, 한 자리에 바르게 앉아서 먹기, 골고루 먹기, 꼭꼭 씹어 먹기, 남기지 않기 등 좋은 태도를 기를 수 있는 시간으로 활용한다. 또한 손 씻기, 정리하기 등의 기본생활습관을 형성하는 시간으로도 활용할 수 있다.
- 정해진 시간 내에 먹지 못할 때는 그날 영아의 특성, 식성, 정서적 · 신체적 상태 등을 고려하여 융통성 있게 대처한다.
- 영아가 특정 음식을 꺼려 하거나 새로운 음식을 거부하는 경우 억지로 다 먹게 하려고 애쓰지 않는다. 처음에는 조금만 맛보도록 권유하고 서서히 점진적으로 양을 늘려 주거나 미리 적은 양을 배식하여 다 먹었을 때의 긍정적인 경험을 갖도록 하는 것이 바람직하다.
- 12~18개월은 혼자서 먹으려고 시도하는 시기다. 가능한 영아 스스로 먹어 볼

수 있도록 허용하고 발달 수준을 고려해서 도구 사용방법을 지도한다. 교사에 의해서 억지로 먹는다는 생각을 갖게 되면 식사 중의 문제가 반복해서 발생하게 된다.

• 가정과의 연계를 가지고 일관성 있게 이루어져야 한다.

(5) 낮잠

낮잠과 휴식은 건강한 생활을 위해 필수적이며, 영아의 생활 리듬, 유쾌한 성격의 형성에 많은 영향을 주며 에너지 재충전의 시간이다. 또한 영아의 생리 리듬은 대체로 오전 9시부터 상승하다가 11시가 지나게 되면 하락한다. 에너지를 재충전하여 효율적인 오후 활동과 하루 일과를 진행하기 위해서는 낮잠이 꼭 필요하다. 그러므로 어린이집의 낮잠 시간은 다른 교육활동과 마찬가지로 중요시되어야 한다. 영아를 위한 효과적인 낮잠 지도 방법은 다음과 같다.

• 교사는 영아가 편히 잘 수 있도록 실내의 습도와 온도, 채광 등을 잘 조절하는 등 편안하고 안정된 분위기를 만들어 준다. 그리고 조용한 음악을 들려주거나 동화를 읽어 주고, 손을 잡아 주거나 등을 가볍게 두드려 주는 것이 좋다.
• 이불, 베개는 집에서 사용하던 것이나 친숙한 것을 준비하여 편안한 잠자리가 되도록 하고, 잠자는 동안 땀이 많이 나거나 침을 흘리는 영아도 있으므로 정기적인 세탁을 하여 위생적으로 관리한다.
• 잠이 깬 후에는 개별적인 활동을 하면서 영아가 기분 좋게 잠에서 깨어나도록 도와준다. 잠에서 깬 후 일상적인 활동을 하기까지 시간이 필요하다.

(6) 대소변 가리기

기저귀를 사용하는 영아는 개인의 생리적 욕구에 따라 수시로 기저귀를 점검하고, 적절하게 대응해 주어야 한다. 교사는 기저귀를 갈아 줄 때 영아와 눈을 맞추면서 질적인 상호작용이 일어나도록 한다.

보통 2세 무렵이면 대소변을 가리기 시작하는데, 대소변 가리기는 영아가 태어나서 스스로 해 나가야 하는 첫 번째 중요한 일이다. 따라서 대소변 가리기를 성공적으로 해내는 것도 중요하지만 작은 일이라도 스스로 성취해 냈다는 경험을 하는 것이 중요하다. 배변훈련 시 영아에게 심리적 압박감을 주는 것은 부정적인 영향을 미칠 수 있으므로 조심스럽게 시도한다. 영아에게 강압적 훈련을 시키면 신체적으로나 정신적으로 심한 스트레스가 되어 영아가 자신감을 잃고 부정적이고 소극적인 성격의 소유자가 되거나, 반항심을 갖거나 외고집만 부리는 성격을 가진 사람이 될수도 있다. 따라서 대소변 가리기를 시작할 때는 우선 영아가 준비가 되었는지부터 살피는 것이 가장 중요하다. 배변훈련 지도를 위한 교사의 역할은 다음과 같다.

- 영아가 변기를 사용하도록 유도하기 전에 먼저 영아가 변기를 관찰하고 만져 보고 앉아 보아 편안함을 느끼도록 한다. 배변영역을 놀이실의 한 영역에 두는 것도 좋은 방법인데, 대소변 가리기를 시작하기 전에 영아가 놀이 삼아 변기에 옷을 입은 채로 앉아 보도록 하여 점차 대소변 보는 것에 익숙해지도록 한다.
- 기저귀를 빼고 변기에 앉히는 시기를 판단한다. 영아가 대소변을 보기 전에 변의를 느끼고 있음을 어떤 식으로 표현하는가 관찰한다. 예를 들면, 대변을 보기 직전에 몸이 굳어지면서 얼굴이 빨개지거나 구석에서 혼자 서 있거나 교사의 옷자락을 만지는 등의 개별적인 사건을 파악한다.
- 아무리 급해도 서두르지 않는다. 용변 가리기는 영아가 원할 때만 가능하다. 얼굴이 빨개지면서 금방이라도 변을 볼 것 같아도 싫다고 하면 억지로 변기에 앉히려 해서는 안 된다.
- 가끔 일어나는 대소변 실수나 대소변을 참는 행위는 자연스러운 일이며 대소변 가리기를 완전하게 하기 위한 과정에서 흔히 나타날 수 있는 일이다.
- 일정한 시간에 배변훈련을 한다. 어느 정도 시기가 되면 영아의 배변 시간이 규칙적으로 된다. 보통은 아침에 일어나서, 낮잠 전후, 식사 전후, 밤에 잠자기 전에 소변을 보게 되므로 그 시간을 활용해 본다.
- 배변훈련이 이루어진 다음에는 화장실 사용 순서와 같은 그림 자료를 통하여 영아에게 스스로 화장실 가기, 옷 벗고 입기, 용변 후 물 내리기, 손 씻기 등을 안내해 준다.

(7) 정리정돈 및 전이활동

정리정돈은 대부분의 활동이나 자유선택활동의 끝에 꼭 이루어져야 하는 것으로, 놀이가 끝난 다음에는 영아가 사용하던 놀잇감을 정리정돈할 수 있도록 돕는다. 교사는 영아가 쉽게 수납할 수 있도록 교재·교구를 낮게 배치하고, 교재·교구 밑에 모양의 밑그림판을 붙이거나 바구니에 담긴 교재·교구에 사진이나 그림 등을 잘 보이도록 붙여 정리정돈이 용이하도록 한다. 정리정돈 규칙을 정하여 다른 영아에게 피해를 주지 않으며 사회적 책임을 다하는 태도를 기르도록 도와준다.

배변훈련, 정리정돈, 식습관 등과 같은 기본생활습관에 관련된 활동은 하루 일과 중에서 자연스럽게 반복적으로 경험할 수 있도록 다양한 기회를 제공해야 한다. 기본생활습관의 지도는 학기 초, 학기 중간, 학기 말에 따라 혹은 각 개별 영아의 수준에 따라 다르게 하는 것이 바람직하다.

(8) 귀가

교사는 영아가 귀가하기 전에 배변, 수유 및 이유, 수면, 특별한 전달 사항 등을 일일보고서에 기록하여 부모가 하루 동안 영아의 상태에 대해 알아볼 수 있도록 한다. 부모가 데리러 오면 하루 동안 영아의 기분과 건강상태, 특이행동 등에 대해 충분한 대화를 나눈 후에 귀가 인사를 나누고 귀가시킨다.

4. 영아를 위한 교육계획의 수립

1) 영아를 위한 교육계획 수립 원리

영아를 위한 교육과정은 발현적 교육과정으로서의 특성이 크다. 따라서 교육계획은 웹망 형태로 구성하는 것이 일반적이나, 영아마다 개별적인 목표를 수립하여 활동을 계획하고, 개별 영아의 욕구에 따라 자연스럽게 활동을 선택하고 놀이하도록 한다. 영아라고 해서 놀이, 교사, 또래 등에 대한 선호도가 없는 것이 아니다. 이 시기의 영아는 흥미 있는 활동을 반복해서 하기를 즐기기 때문에 새로운 활동과 함께 영아에게 친숙한 활동도 계속해서 경험할 수 있도록 배려해 준다.

교사는 영아를 위한 교육계획 시 목표나 표준을 매일의 경험과 어떻게 통합시킬지, 주제는 어떻게 또는 무엇을 선정할지 고민하게 된다.

첫째, 교육계획 시 직면하는 갈등 중 하나는 상위 수준에서 설정된 목표와 내용(예: 표준보육과정)을 매일의 경험과 욕구에서 발현하는 교육과정으로 통합시키는 문제다. 보건복지가족부에서 표준보육과정을 기초로 개발하여 보급한 보육 프로그램(2008)에서 제시하고 있는 영아반 프로그램 계획 및 운영 시 고려할 사항은 다음의 세 가지다.

- 제시한 보육 프로그램을 기초로 하되, 보육시설이 위치한 지역적·문화적 배경, 영아의 흥미나 발달적 특성, 학부모의 요구 등을 반영하여 재구성하여 운영한다.
- 영아의 전인적 발달을 위하여 기본생활, 신체운동, 사회관계, 의사소통, 자연탐구, 예술경험 각 영역의 목표를 균형 있게 설정하고, 이전에 다루었던 내용이나 기술, 태도를 보다 증진시킬 수 있도록 수준을 높여 주는 데 중점을 두어야 한다.
- 교육계획안을 반드시 그대로 실시하기보다는 영아의 관심이나 흥미, 신체적, 심리적 상태, 일과가 진행되는 날의 날씨나 우연히 일어난 상황 등을 고려하여 융통성 있게 실시한다.

둘째, 영아를 위해 어떤 주제를 선정하는 것이 바람직할까? 자칫하면 영아의 삶과 분리된 채 내용 중심, 지식 중심의 교육계획이 이루어질 수도 있다. 영아를 위한 주제 선정 시 고려할 점은 다음과 같다(보건복지가족부, 2008).

- 영아의 발달 특성과 능력 및 흥미에 기초한다.
- 표준보육과정의 전 영역이 포함될 수 있도록 한다.
- 영아에게 가장 친숙하고 구체적이며 자주 경험하는 가까운 환경에서부터 점차 멀어진 환경에 대한 주제가 포함되도록 한다.
- 다른 연령과의 연계를 고려한다. 계절의 변화나 영아가 관심을 가지는 것은 다른 연령과 동일하게 선정하되 생활주제에 포함되는 개념과 목표 및 활동 선정에 있어 수준의 차이를 둔다.
- 일상생활과 관련된 주제는 독립된 주제로 분리하기보다 1년 동안 진행되는 모든 생활주제에 걸쳐 통합되도록 한다.

2) 영아반의 교육계획 실제

(1) 연간교육계획

영아의 발달 특성을 고려하여 학기 초에는 변화된 생활에 적응할 수 있도록 우선적으로 적응 프로그램을 운영하고 가정이나 일상생활에서 경험한 친숙한 활동으로 시작하여 점차 새로운 경험이 더해지도록 한다. 가능하면 표준보육과정의 내용을 고르게 포함시키고 개념의 위계, 활동의 난이도 등을 고려한다. 특히 1세 미만의 영아는 신체적인 성장이 급격히 증가하고, 영아 개인마다 생리적 리듬에 차이가 있으

표 13-1 연간계획안(주제별)의 예(0~2세)

0세		1세		2세	
주제	소주제	주제	소주제	주제	소주제
낯설어요	엄마와 함께해요	새로운 것이 낯설어요 (8주)	어린이집에 왔어요	어린이집이 좋아요 (7주)	나는 ○○반이에요
	선생님을 만나요		만나고 친해져요		엄마, 아빠와 헤어질 수 있어요
	선생님을 만져 봐요		우리 반에 무엇이 있을까요?		우리 반 선생님과 친구들이에요
	선생님과 놀아요		밖으로 나가 보아요		재미있는 놀잇감이 있어요
	익숙해졌어요				내가 좋아하는 놀잇감이에요
					편안하게 지내요
					안전하게 놀아요
느껴 보아요	썹으며 느껴요	느낄 수 있어요 (10주)	만져 보아요	봄나들이 가요 (5주)	바깥놀이가 재미있어요
	입으며 느껴요		살펴보아요		안전하게 바깥놀이해요
	먹으며 느껴요		들어보아요		꽃구경은 즐거워요
	놀며 느껴요		맡아 보아요		벌레가 꿈틀꿈틀해요
	자연을 느껴요		맛보아요		봄나들이 갈까요
			온몸으로 느껴 보아요		
움직여요	누워서 움직여요	놀이할 수 있어요 (8주)	놀잇감은 재미있어요 1	나는요 (5주)	나는 ○○○이에요
	앉아서 움직여요		놀잇감은 재미있어요 2		내 몸을 살펴보아요
	기어요		물놀이는 재미있어요		나는 느껴요
	서고 걸어요		까꿍놀이는 재미있어요		내가 좋아하는 것이 있어요
	잡아 보아요				혼자서도 잘해요

놀이는 재미 있어요 I	움직이는 놀잇감 구멍이 있는 놀잇감 굴러가는 놀잇감 까꿍 놀잇감 소리가 나는 놀잇감	나는 할 수 있어요 (5주)	즐겁게 할 수 있어요 말할 수 있어요 찾을 수 있어요	재미있는 여름 이에요 (7주)	날씨가 더워졌어요 비가 많이 와요 깨끗하게 씻어요 물놀이가 재미있어요 1 물놀이가 재미있어요 2 여행을 가요
놀이는 재미 있어요 II	통·상자놀이 헝겊·천놀이 공놀이 악기놀이 그릇놀이	움직이는 것이 재미 있어요 (7주)	바깥놀이는 재미있어요 몸을 움직여요 움직이게 할 수 있어요	나는 가족이 있어요 (5주)	엄마 아빠가 좋아요 우리 가족을 흉내 내요 1 우리 가족을 흉내 내요 2 우리 가족을 소개해요 1 우리 가족을 소개해요 2
좋아 해요	마주봐요 안아줘요 같이 해 봐요 함께 웃어요 사랑해요	좋아하는 놀이가 있어요 (8주)	그림책으로 놀아요 춤추고 놀이해요 흉내 내요 응가, 쉬 놀이가 좋아요	동물놀이 해요 (6주)	여러 가지 동물이 있어요 엄마동물 아기동물 동물처럼 소리를 내어 보아요 동물처럼 움직여 보아요 ○○반이 좋아하는 동물 동물을 사랑해요
		새로운 것도 좋아요 (4주)	함께 놀아요 선생님이 좋아요	알록달록 가을 이에요 (6주)	가을이에요 가을나들이 단풍이 물들어요 자연물로 놀이해요 알록달록 색깔나라 재미있는 그리기 나라
				겨울과 모양을 즐겨요 (5주)	여러 가지 모양이 있어요 모양놀이해요 즐거운 성탄이에요 추워요 따뜻하게 지내요
				나는 친구가 있어요 (6주)	내 친구가 좋아요 친구와 함께하는 놀이가 있어요 우리는 ○살(설날) 형·언니가 되었어요 즐거웠던 우리 반이에요

출처: 보건복지부(2013).

므로 연간교육계획은 모든 발달영역이 균형 있게 발달되도록 함과 동시에 개별성이 최대한 보장되도록 반영되어야 한다. 또한 양육자와의 따뜻하고 긴밀한 관계를 형성하는 것이 무엇보다 중요하므로 교육시설에 처음 들어오는 학기 초에는 적응프로그램도 고려하여 작성한다. 〈표 13-1〉은 연령별 연간계획안(주제별)의 예다.

(2) 월간교육계획

월간교육계획에는 기관의 행사일정 및 견학, 영아의 생일, 공휴일, 계절적인 특별한 활동을 구체적으로 제시한다. 소주제 개수는 해당 반 영아의 흥미 지속 정도, 발달 수준을 고려하여 가감한다. 소주제는 일반적으로 한 주 단위로 계획하지만 영아의 흥미와 교육적 필요에 따라 지속할 수 있다. 〈표 13-2〉는 월간계획안(주제별)의 예다.

(3) 주간교육계획

주간교육계획을 작성할 때 고려해야 할 사항은 대상 연령, 일일 교육시간과 일과 시간표, 영아와 교사의 수, 흥미영역 배치와 공간 크기, 실외놀이 환경 등이다. 예를 들어, 영아기는 발달 속도에서 월령에 따라 차이가 있으므로 2세 미만 영아의 경우는 2세 영아보다 제시되는 활동의 수도 적어야 하고, 한 가지 활동을 반복하면서 영아가 충분히 탐색할 수 있도록 시간도 더 많이 제공해야 한다. 주간교육계획의 활동은 표준보육과정에 근거하여 소주제 간 활동이 연계되도록 작성하며, 표준보육과정 영역의 균형을 고려한다. 각 활동은 연속성을 가지고 며칠에 걸쳐 진행될 수 있다. 단순한 기술이라도 꾸준히 매일 반복하여 영아가 익숙해지도록 한다. 그다음 주에는 이전 주에 학습하였던 기술과 연계된 내용을 다룬다. 〈표 13-3〉은 주간계획안(주제별)의 예다.

표 13-2 월간계획안(주제별)의 예(1세)

구분	소주제	1주 만져 보아요	2주	3주 살펴보아요	4주	5주 들어보아요	6주	7주 맡아보아요	8주	9주 맛보아요	10주 온몸으로 느껴 보아요
등원 및 맞이하기		부모와 교사가 반갑게 인사하기 / 영아의 옷차림과 건강에 대해 이야기하기									
일상 생활	기본생활 및 안전	혼자서 양말을 벗어요					양말을 서랍에 넣어요				내 물건을 찾아요
	식사 및 간식	즐겁게 먹어요					숟가락, 포크를 사용해요				꼭꼭 씹어 먹어요
	낮잠	내 이불, 내 베개를 찾아요					편안한 옷 입고 잠을 자요				이불을 덮고 잠을 자요
	기저귀 갈이/ 배변활동	친구들도 기저귀가 있어요					기저귀를 휴지통에 버려요				쉬, 응가라고 표현해요
실내 자유 놀이	신체	둥근 고리 끼우기 놀이해요	촉감신발 신고 걸어요	굴러가는 공을 따라가요	데굴데굴 새장 물병	소리나는 구슬블록 지나가요	부엌 물건으로 '쿵짝 쿵짝'	향기 주머니 나무	쿵쿵 쿵쿵!!	조물조물 바나나 주스를 만들어요	감각터널을 지나가요
	언어	내 이름을 부르면 대답해요	울긋불긋 종이에 끄적여요	이게 뭐야?	물로 기적인 그림을 보아요	속닥속닥 작은 소리	토닥토닥 별해요	끄끄끄	음식 관련 그림책을 보아요	과일 이름을 말해요	몸을 부딪혀서 소리내요
	감각·탐색	선생님과 도넛을 발라요	누구의 기저귀 일까요?	세안정을 씨요	신문지로 놀이해요	종이가 궁궁	놀잇감으로 소리내요	간식 냄새를 맡아요	음식 봉지 2조각 궤즐	과일을 맛보아요	순방로 물도장을 찍어요
	역할·쌓기	소꿉놀이에 일기구를 반복을 담아요	촉감블록으로 놀이해요	원통블록으로 놀이해요	가방을 메고 다녀요	소리나는 블록 쌓아요	동물소리 듣고 흉내 내요	우유 팩을 쌓아요	주스 따르는 흉내 좋아해요	모형 음식을 식판에 담아요	하얀 블록에 끄적여요
실외놀이		모래로 놀아요		새장판으로 공원을 보아요		소리 나는 신발을 신고 걸어요		향기 나는 꽃과 풀을 찾아요		그늘이 시원해요	바람이 불어요
가가 및 가정과의 연계		놀이 사진을 함께 보아요 / '누가 있을까?' 목소리를 담아요 / 만성을 때 꼭 안아요									
비고		이 주제는 1년 중 어느 시기라도 할 수 있도록 융통성 있게 조정할 수 있으나 각 소주제가 적어도 2주 동안 충분히 이루어지도록 계획한다.									

출처: 보건복지부, 중앙육아종합지원센터(2013), p. 43.

표 13-3 **주간보육계획안(주제별)의 예(1세)**

소주제1: 엄마와 함께해요		추정기간: 3월 1주~2주	
목표		보호자(양육자)와 함께하는 놀이와 활동을 짧은 일과를 지내며 어린이집 보육실에 친숙해진다.	
교사의 준비 및 보육실 점검		• 보육실 환기하기 • 위생용품 준비하기 • 일일보고서 작성 준비하기 • 보육실 청결 및 세팅하기	• 수유용품 및 물 준비하기 • 영아의 개별 소지품 확인하기 • 보육용품이나 비품의 모서리 보호대 점검하기
맞이하기 및 가정과의 연계		• 집에서의 영아의 상태나 특이사항에 대해 이야기 나누기 • 컨디션 시진하기	• 투약 의뢰서 확인하기 • 체온 재기
일상 생활	수유 및 이유	• 교사의 손 씻기 • 우유나 이유식 준비하기 ◇선생님께 안겨 우유를 먹어요	• 이유 테이블 닦기 • 수건, 휴지 등 위생용품 준비하기 ◇이유식을 시작해요
	낮잠	• 보육실 환기 • 커튼, 조도 조절 • 잠자리 매트 깔기 ◇매트에 누워요	• 기저귀 확인 • 자는 영아 수시로 살피기 ◇선생님의 토닥임을 느껴 보아요
	기저귀 갈이	• 물휴지, 소독액 등 위생용품 준비 • 기저귀 갈이 전 교사의 손 씻기 ◇기저귀 가는 곳으로 가 보아요	• 기저귀 갈이 매트 소독하기 • 기저귀 갈이 후 교사의 손 씻기 ◇쉬, 응가를 하고 기저귀 가는 곳으로 기어가 보아요
실내 자유 놀이	신체	◇영차, 영차, 엄마에게로	◇엄마와 함께 모빌을 만져 봐요
	언어	◇내 이름은?	◇누구 목소리일까?
	감각 · 탐색	◇까꿍! 우리 가족들	
실외놀이		◇엄마와 어린이집 오는 길 둘러보기	
귀가 및 가정 연계		• 수유 및 이유 상황 전달하기 • 영아 개별 용품 점검 및 요청하기 ◇엄마를 만나요	• 영아의 건강 및 안전 특이 사항 전달하기 • 영아의 어린이집 활동 간략히 전달하기 ◇ 엄마 손을 잡고 집에 가요

출처: 보건복지부, 중앙육아종합지원센터(2013), p. 46.

(4) 일일교육계획

주간교육계획에서 선정한 활동 및 영아의 홍미와 활동에 대한 반응 등에 준하여 작성된다. 즉, 하루 일과의 흐름을 중심으로 어떠한 활동과 자료를 통하여 가장 최적의 경험을 갖게 할 수 있을지에 대하여 계획한 것이다. 예를 들어, 등원하는 시간에는 영아가 부모와 헤어질 때 어떤 놀잇감으로 영아의 홍미를 유도하고 심리적으로 안정감을 가질 수 있도록 돕고, 간식, 배변, 잠자기, 휴식하기 등을 영아의 신체적 리듬에 맞게 반영한다. 또한 영아의 놀이나 탐색 활동이 활발히 일어날 수 있도록 계획하고, 영아의 행동을 관찰하여 이를 다시 일일계획에 반영하도록 한다. 일일보육계획안을 통해 교사가 등원부터 귀가까지 하루 동안 진행될 모든 활동과 역할을 한눈에 쉽게 파악할 수 있도록 작성한다. 무엇보다 일일교육계획에 있어 가장 중요한 것은 어린이집에서 하루 일과를 보내야 하는 영아를 위해서는 생리적 · 정서적 리듬이 일관되게 반복되어야 한다. 교사는 일과가 시작되는 아침 등원 시에 영아의 표정과 몸의 움직임을 통해 건강 상태를 체크해야 하며, 부모로부터 밤 시간에 있었던 중요 사항을 전달받아 기록한다. 〈표 13-4〉와 〈표 13-5〉는 표준보육과정에 기초한 영아를 위한 일일보육계획 수립 예시와 보육계획안의 예다.

표 13-4 **일일보육계획 수립 예시**

0세의 하루 일과				1세의 하루 일과	
시간	활동내용	시간	활동내용	시간	활동내용
07:30~ 09:00	등원 및 맞이하기	07:30~ 08:00	영아 맞이하기	07:30~ 09:00	오전 통합보육
09:00~ 09:30	오전 수유 · 이유하기 및 기저귀 갈기/손 씻기	08:00~ 08:30	오전 수유 및 기저귀 갈기/손 씻기	09:00~ 09:20	손 씻기 및 기저귀 갈기/오전 간식
09:30~ 10:00	실내자유놀이	08:30~ 10:00	실내자유놀이	09:20~ 10:20	실내자유놀이
10:00~ 10:30	실외놀이	10:00~ 10:30	실외놀이	10:20~ 10:35	정리정돈 및 기저귀 갈기/배변활동, 실외놀이터로 이동
10:30~ 12:00	오전 수유 및 낮잠	10:30~ 11:00	오전 수유 및 낮잠 준비	10:35~ 11:30	실외놀이
12:00~ 13:00	수유나 점심식사/ 이 닦기	11:00~ 12:00	오전 낮잠	11:30~ 11:45	정리, 손 씻기 및 이동
13:00~ 14:30	실내자유놀이	12:00~ 13:00	수유 및 이유식/ 기저귀 갈기/ 손 씻기/이 닦기	11:45~ 12:15	점심
14:30~ 15:30	오후 수유 및 오후 낮잠	13:00~ 14:00	실내자유놀이	12:15~ 13:00	이 닦기 및 기저귀 갈기/세면 및 옷 갈아입기
15:30~ 16:00	실외 산책	14:00~ 14:30	오후 수유	13:00~ 15:30	낮잠 준비 및 낮잠
16:00~ 16:30	기저귀 갈기/ 손 · 발 닦기/이유식	14:30~ 15:30	오후 낮잠/ 산책 및 일광욕	15:30~ 16:00	낮잠 깨기 및 정리 정돈/기저귀 갈기
16:30~ 17:30	실내자유놀이	15:30~ 16:30	기저귀 갈기/ 손 · 발 닦기/이유식	16:00~ 16:30	손 씻기 및 오후 간식
17:30~ 18:30	수유 및 낮잠	16:30~ 17:30	실내자유놀이	16:30~ 18:00	오후 실내자유놀이
18:30~ 19:30	세면 및 귀가지도	17:30~ 18:30	저녁 수유/기저귀 갈기/손 씻기/이 닦기	18:00~ 19:30	오후 통합보육
		18:30~ 19:30	휴식 및 부모 맞이하기		

출처: 보건복지부, 중앙육아종합지원센터(2013), p. 50.

| 표 13-5 | 일일보육계획안의 예(만 1세반) |

날짜	○○○○년 ○월 ○일 월요일	날짜	
목표	자아 개념을 형성한다.	대주제	예쁜 내 얼굴
		소주제	나는 이름이 있어요.

시간/활동명	오늘의 보육내용	관찰 및 평가
7:30~9:50 등원지도 및 자유놀이활동	• 등원 • 부모와 뽀뽀를 하거나 안아 주어 부모와의 분리불안을 느끼지 않고 헤어질 수 있도록 한다. • 선생님과 눈을 마주치거나 손을 흔들면서 밝은 미소로 인사를 나눌 수 있도록 한다. • 컨디션이 좋지 못한 영아에게 놀이를 강요하지 말고 기분이 안정될 때까지 기다려 준 후에 놀이에 참여할 수 있도록 돕는다. • 자유놀이활동 <table><tr><td>감각 · 탐색 영역</td><td>거울 보고 스티커 붙이기</td></tr><tr><td>책 보기 · 언어영역</td><td>〈예~대답놀이〉 그림책</td></tr><tr><td>창의적 표현영역</td><td>털실 머리카락 붙이기</td></tr><tr><td>역할 · 쌓기 영역</td><td>인형 어부바 해 주기</td></tr><tr><td>신체 · 음률영역</td><td>삑삑이 신발 신기</td></tr></table> • 자유놀이에 흥미를 가질 수 있도록 하고, 관심 있어 하는 영역에서 놀이할 수 있도록 도우며, 긍정적인 상호작용을 나눈다. • 교사의 도움이 필요한 놀이에 적절히 개입하도록 하고, 놀잇감을 바르게 탐색하도록 한다.	
9:50~10:10 정리정돈 및 기저귀 갈기	• 〈모두 제자리〉 노래를 부르며 교사와 함께 교구장에 붙어 있는 놀잇감의 정리사진을 보며 정리해 본다. • 교실에 영아용 변기와 함께 변기놀이 도구를 배치해 두고 놀이하며 자연스럽게 기초적인 배변훈련을 경험할 수 있도록 한다. • 부드럽고 따뜻한 손길로 기저귀를 갈아 주고, 언어로 표현해 주며, 영아가 배변에 대해 긍정적인 정서를 가질 수 있도록 한다.	
10:10~10:40 오전 간식	• 간식 시간임을 알리고 손을 씻은 후 자리에 앉아서 기다려 보도록 하고, 간식 준비에 영아도 참여해 볼 수 있도록 한다. • 영아가 스스로 먹을 수 있도록 기회를 제공한다.	메뉴: 딸기, 우유

	활동명	손바닥 물감 찍기	활동영역	창의적 표현	
10:40~11:10 소집단활동 및 개별활동	활동목표	물감으로 손바닥 찍기 놀이를 한다.			
	1. 자신의 사진을 보고, 자신의 자리를 찾아본다. "○○야, ○○의 자리는 어디일까?" "여기 ○○의 사진이 붙어 있는 종이가 있구나. 앉아 볼까?" "○○의 사진 옆에 있는 흰 종이에 ○○ 손바닥을 찍어 보자." 2. 사진 옆에 있는 도화지에 손바닥 찍기를 해 본다. "손바닥에 물감을 묻히니까 어떤 느낌이니? 부드럽고 미끄럽구나." "손을 올리고, 손가락을 펴고 종이 위에 찍어 보자." "○○의 노란 손바닥이 종이에 찍혔네."				
	활동명	잔디에서 공 굴리기	활동영역	나들이	
11:10~11:40 소집단활동 및 개별활동	활동목표	잔디에서 공을 굴리고, 공의 움직임을 살펴본다.			
	1. 잔디가 있는 곳으로 나들이를 가서 잔디를 탐색해 본다. "여기에 뾰족뾰족한 잔디가 많이 있네." "밟으니까 푹신푹신한 것이 기분이 좋구나." "○○도 한번 잔디 위를 걸어 볼래?" 2. 준비한 공을 제시하고, 굴려 보면서 움직임을 살펴본다. "○○야, 우리 잔디 위에서 이 공을 굴려 보자." "공이 잔디 위를 데굴데굴 잘 굴러가네."				
11:40~12:00 기저귀 갈기 및 손 씻기	• 손을 깨끗이 씻고, 점심식사 준비를 한다. • 기저귀를 갈며 긍정적 상호작용을 통해 편안하게 배변 전·후의 기분을 표현할 수 있도록 격려한다.				
12:00~13:00 점심식사 정리정돈 (개별휴식)	• 영아의 개별 특성 및 식습관에 맞추어 적당한 양을 제공해 준다. • 영아의 개별 식습관을 존중하여 즐거운 기분으로 식사를 할 수 있도록 하고 스스로 먹어 볼 수 있도록 격려한다.				
13:00~15:30 낮잠 준비 및 낮잠 자기	• 식사 후 간단한 놀이를 통해 소화시키는 시간을 갖는다. • 세수하기, 손 씻기, 양치하기 등 낮잠 준비를 한다. • 개별 침구를 깔고, 조명과 음악을 이용하여 조용한 분위기를 조성하며, 수면 습관의 개인차를 고려하여 잠들 수 있도록 한다. • 영아가 특별하게 애착을 느끼는 물건을 가지고 잠들 수 있도록 하고 곁에서 부드럽게 토닥거려 준다.				

15:30~15:50 기저귀 갈기 및 씻기	• 낮잠을 자고 일어난 영아를 따뜻하게 안아 주어 편안한 기분으로 잠이 깰 수 있도록 돕는다. • 영아의 기저귀를 확인하고 갈아 준 뒤 영아의 침구를 정리한다. • 영아의 손을 깨끗이 씻고 간식 먹을 준비를 한다.	
15:50~16:30 오후 간식	• 영아가 먹기 쉽도록 적당한 크기와 양의 음식을 개별 식판을 사용하여 제공한다. • 영아의 먹는 모습에 대해 언어적으로 표현해 주며 영아가 즐거운 분위기에서 간식을 먹을 수 있도록 한다.	
16:30~19:30 자유선택활동 및 귀가지도	• 영아가 원하는 놀잇감을 가지고 안전하게 놀이할 수 있도록 주의 깊게 살펴보며 함께 놀이한다. • 영아의 용모를 단정히 하여 귀가 준비를 하고, 교사와 함께 자신의 물품(가방, 수첩 등)을 정리한다. • 밝고 단정한 모습으로 학부모를 맞이하고 영아의 하루 일과에 대해 간단히 이야기 나눈다.	

준비사항 및 기타사항		결석원아		
		학부모 상담		
	간식	점심	배변	낮잠	기타(투약)
---	---	---	---	---	---
김○○					
오○○					
박○○					
강○○					
손○○					

출처: 보건복지가족부(2008).

5. 영아반 놀이 사례

영아반 놀이는 『제4차 어린이집 표준보육과정 해설서』에서 제시한 0~1세, 2세의 영역별 놀이 경험 사례를 소개하고자 한다.

1) 0~1세 놀이 사례: 신체활동 즐기기

(1) 내용범주

- 대소근육을 조절한다: 0~1세 영아가 목 가누기, 뒤집기, 앉기, 서기 등의 대근육 조절 능력을 발달시키는 것으로, 신체 균형을 잡으면서 안정되게 자세를 유지할 수 있는 능력을 키우는 내용이다.
- 기본 운동을 시도한다: 0~1세 영아가 몸을 한 곳에서 다른 곳으로 이동하는 기기, 걷기 등의 이동 운동과 제자리에서 몸을 축으로 하여 원하는 방향이나 물체를 향해 움직여 보는 뻗기, 흔들기 등의 제자리 운동을 시도해 보는 내용이다.
- 실내외 신체활동을 즐긴다: 0~1세 영아가 몸을 움직이는 것에 활발히 참여하고 도구를 이용하여 다양하게 시도하며 실내뿐만 아니라 실외에서도 신체활동을 하고 인근 놀이터나 공원, 지역사회 시설 등을 활용하여 신체활동을 즐기는 내용이다.

(2) 영아 경험의 실제: 올라갔다 내려갔다

- ○○이가 놀이실 안에서 오르기 매트가 있는 곳까지 이동한 후 경사를 기어 올라가서 매트 위에 앉자 "우리 ○○이, 매트 위까지 올라왔구나." 하고 교사가 말한다.
- 잠시 후 양팔과 다리에 힘을 주고 경사진 매트를 기어서 내려가려 시도한다. 이 모습을 본 교사는 아이에게 두 팔을 벌리고 "○○이 내려오고 싶구나. 천천히 내려와~ 어려우면 선생님이 손 잡아 줄게." 하고 말한다.
- 유희실로 이동한 지은이는 미끄럼틀 계단을 올라간 뒤, 내려오려고 하다가 미끄럼틀에 배를 대고 몸을 뒤집는다. 교사가 "선생님 여기 있을 테니 천천히 내

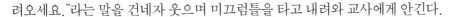

려오세요."라는 말을 건네자 웃으며 미끄럼틀을 타고 내려와 교사에게 안긴다.

- 형일이는 미끄럼틀 위에 잠시 앉아 있다가 천천히 아래로 미끄러져 내려온다. 이를 본 교사는 미끄럼틀을 잡고 서 있던 친구와 함께 박수를 치며 "형일이가 슝~하고 잘 내려왔구나." 하고 격려한다.
- 바닥에 서 있는 준영이가 공을 잡아 미끄럼틀 위에 있는 동희에게 주니 동희가 공을 받아 던진다. "동희가 공을 아래로 굴렸구나. 공도 미끄럼틀 타고 데굴데굴 내려오네." 하고 교사가 말한다.

(3) 영아 경험 이해

- 영아는 낮은 스펀지 매트의 바닥에서 시작하여 위쪽까지 기어서 움직이며 공간을 이동하였다.
- 영아는 스펀지 매트를 기어서 오르고 반대로 내려오기 위해 양팔과 다리에 힘을 주어 대근육을 조절하였다.
- 영아는 미끄럼틀이라는 도구를 사용하여 붙잡고 서기도 하고, 계단을 오르거나 슬라이드를 타고 내려가 보는 경험을 하면서 신체활동을 즐겼다.
- 영아는 친구와 공을 주고받으며 함께 놀이함으로써 또래에게 관심을 가졌다.

(4) 교사 지원

[공간]

- 영아들이 기어서 이동하면서 부딪히지 않도록 충분한 넓이의 실내 공간을 제공하였다.
- 미끄럼틀을 배치하고 미끄럼틀을 타기 위한 영아의 동선을 고려하여 충분한 공간을 확보하였다.

[자료]

- 영아가 안전하게 기어 오르내릴 수 있도록 신체발달에 적합한 커다란 계단 모양의 경사진 스펀지 매트와 안전하게 오르며 재미있게 미끄러질 수 있는 높이와 각도의 영아용 미끄럼틀을 제공하였다.

[상호작용]

- 영아가 대근육을 이용하여 몸을 움직여 보고 시도하는 것을 돕기 위하여, 오르

내리는 과정을 말과 표정, 행동으로 지원함으로써 영아가 즐겁게 기본 운동 능력을 증진시킬 수 있도록 격려하였다.
• 영아가 매트 오르내리기를 할 때 급하게 움직이지 않고 각자의 속도에 맞게 움직일 수 있도록 기다려 주면서 발달의 개인차를 존중하였다.

[안전]
• 영아가 오르내리기 할 때 미끄러지거나 다른 영아와 부딪히는 일이 없도록 세심히 관찰하였다.
• 기어서 오르고 내리는 동안 바닥에 떨어진 작은 물건을 집어 삼키는 일이 발생하지 않도록 바닥 청소에 신경을 쓰고 관리하였다.

2) 2세 놀이 사례: 창의적으로 표현하기

(1) 내용범주
• 익숙한 노래와 리듬을 표현한다: 2세 영아가 일상에서 익숙해진 노래를 부르고 간단한 리듬을 표현하는 것을 즐기는 내용이다.
• 움직임과 춤으로 자유롭게 표현한다: 2세 영아가 운율 있는 소리나 노래, 또는 보고 만지고 맛보는 등 감각적 경험에서의 느낌을 움직임이나 춤으로 표현하는 내용이다.
• 미술 재료와 도구로 표현해 본다: 2세 영아가 스스로 다루기 적절한 재료와 도구를 이용하여 자유롭게 미술 표현을 시도하고 이 과정을 즐기는 내용이다.
• 일상생활 경험을 상상놀이로 표현한다: 2세 영아가 일상생활에서 경험한 사건에 포함된 대상이나 상황을 상상놀이로 표현하며 즐기는 내용이다.

(2) 영아 경험의 실제: 노래는 즐거워

① 놀이 중 노래하기
• 영아들은 종이벽돌 블록으로 탈것을 구성하여 정글로 간다.
준모가 "밀림으로 밀림으로♪" 노래를 시작하자 동준이도 같이 노래를 흥얼거린다.

"♬배를 타고 배를 타고 밀림으로 밀림으로♪"

- 생일 잔치놀이 중 영아들은 밀가루 반죽으로 만든 케이크에 초를 꽂고 생일 축
하 노래를 시작한다.

  교사가 우쿨렐레로 반주를 하니 영아들은 그에 맞춰 노래를 부른다.

  "♬생일 축하합니다♩"

- △△는 "이것 봐!" 하며 가족 사진을 붙인 손가락을 보여 준다. 교사는 "♬엄마
하고 △△하고 닮은 곳이 있대요♪" 노래를 하며 △△의 손가락을 가리킨다.

  △△는 "아빠도!" 하며 아빠 사진을 보며 노래한다.

  "♬아빠하고 나하고 닮은 곳이 있대요~!"

② 일상생활 중 노래하기

- 낮잠시간이 끝나고 오후 놀이 시간으로 전이될 때 교사는 분위기 전환을 위해
활기찬 노래를 틀어 놓는다.

- 낮잠에서 먼저 일어나 옷 매무새를 정리한 이안이와 윤이는 노래를 듣고 있다
가 모형 우쿨렐레를 튕기는 시늉을 내고 리듬에 맞춰 몸을 움직인다. 이를 보
던 소을이도 마라카스를 리듬에 맞춰 흔들며 노래를 따라 부른다.

- 영아들은 보육실에서 실내놀이터로 이동하며 "'간다간다' 해." 하고 교사에게
부르고 싶은 노래를 요청한다.

  교사가 우쿨렐레로 반주를 하자 리듬과 노랫말에 맞춰 몸을 움직이거나 노래
를 흥얼거리며 복도를 이동한다.

- 산책길에 준성이는 "나, 이 노래 좋아한다." 하며 '그대로 멈춰라' 노래를 시작
한다.

  지호도 "나도 알아!" 하며 같이 부른다.

  '그대로 멈춰라' 하는 부분에서 같이 가던 영아들도 제자리에 멈춰서 각기 다른
포즈를 취하며 즐거워한다.

(3) 영아 경험 이해

- 〈놀이 중 노래하기〉에서 영아들은 다양한 놀이에서 상황과 관련된 노래를 부
르며 놀이를 즐겼다.

- 〈일상생활 중 노래하기〉에서 영아들은 플레이어에서 자주 듣던 노래가 나오자 노래를 따라 부르며 리듬에 맞춰 몸을 흔들거나 악기로 표현하였다.
- 〈일상생활 중 노래하기〉에서 영아들은 이동이나 산책과 같은 일상생활에서 익숙한 노래의 리듬이나 노랫말에 맞춰 몸을 움직이거나 노래를 부르며 즐겼다.
- 영아들은 놀이와 일상 중 노래를 즐기며 즐겁고 기쁜 감정을 표현하였다.

(4) 교사 지원

[일과 및 공간]

- 보육실 내 놀이 시간뿐 아니라 복도나 계단, 외부 산책 등 하루 일과 어느 때라도 장소 제한 없이 리듬과 노래를 경험할 수 있도록 지원하였다.

[상호작용]

- 영아가 놀이 상황에서 노래를 자연스럽게 표현할 수 있도록 일상적으로 노래를 자주 불러 주었다.
- 영아가 노래를 부를 때 편안한 분위기를 마련하고 격려해 주었다.
- 교사는 언어적 상호작용 중 리듬감 있는 노랫말을 사용하였다.
- 노래 가사를 영아의 이름으로 바꿔 불러 주어 영아에게 보다 의미 있는 경험을 제공하였다.

  (교사: 엄마하고 △△하고 닮은 곳이 있대요.)

제14장

유아를 위한 교육계획 및 운영

유아를 위한 교육과정은 유치원과 어린이집의 만 3세 이상에 적용되는 교육과정을 뜻한다. 현재 3~5세 유아를 위한 국가 수준의 공통 교육과정인 '2019 개정 누리과정'(2019)과 방과후 과정을 기반으로 단위 유치원과 어린이집에서 편성·운영하는 교육과정이라고 할 수 있다.

1. 유아를 위한 교육과정 운영의 특성

1) 3~5세를 위한 교육

우리나라의 현 유아교육 관련 법과 제도에 따라 유치원은 3~5세반을 운영하고 어린이집은 0~2세 영아와 3~5세 유아를 대상으로 운영한다. 따라서 우리나라에서 유아를 위한 교육은 통상적으로 3~5세반의 교육을 뜻한다. 1년 단위로 진급되므로 총 3학년 과정이라고 볼 수 있다.

'2019 개정 누리과정'은 기존의 3세, 4세, 5세 구분을 없애고 3∼5세 공통의 내용으로 제시하고 있으며, 이는 유아 중심의 개별화된 교육을 강조하는 것이지 연령별 차이가 없음을 의미하는 것은 아니다. 3, 4, 5세 학급은 단일연령으로 편성할 수도 있고 혼합연령으로 편성할 수도 있다.

유아를 위한 교육과정은 유아의 발달적 특성을 고려한 발달에 적합한 교육과정이다. 피아제의 인지발달론, 프로이트와 에릭슨의 심리이론과 같은 단계 이론들은 영아기나 유아기, 이후의 아동기가 각기 다른 특성을 지니고 있음을 강조해 왔으며, 따라서 유아교육과정은 발달 특성의 변화를 고려하고, 발달 수준에 적합해야 한다는 신념이 강력하게 영향을 미치고 있다. 유아교육과정의 계획 시 연령별 발달 수준, 개인적 특성, 사회문화적 특성은 발달의 적합성을 가늠하는 중요한 요인이다.

유아를 위한 교육은 3, 4, 5세 각 연령별 특성과 연계성을 고려한 교육이 이루어져야 하며, 영아 및 초등교육과의 연계성에 대한 고려도 필요하다. 유아교육의 공적 기능의 확대와 평생교육의 관점에서 유치원-초등학교 연계 교육과정이 개발되고 있으며 앞으로 더 많은 연구와 적용이 필요한 상황이다.

2) 유아 중심·놀이 중심 교육과정

유아를 위한 국가 수준의 공통 교육과정은 유아 중심·놀이 중심의 누리교육과정이다. 유아교육과정은 전통적으로 놀이를 강조해 왔으며, 특히 '2019 개정 누리과정'은 유아의 놀이가 중심이 되는 놀이 중심 교육과정을 표방하였다. 유아가 각자 자신에게 적합한 방식으로 스스로 놀이하며 배운다는 점에 주목하며 유아가 주도하는 놀이를 강조한다.

개정 누리과정은 최근 국내외 교육과정이 역량을 중심으로 미래사회에 부응하는 방향으로 나아가는 동향을 반영한 것이기도 하다. 미래사회는 지식이 많은 사람보다는 지식을 잘 활용할 수 있는 사람을 필요로 한다. 또한 자연과 생명을 존중하며 다른 사람과 함께 살아가는 바른 인성을 갖추고 창조적 사고로 지속 가능한 사회를 만들어 갈 수 있는 역량을 갖춘 사람이 필요하다. '2019 개정 누리과정'은 이러한 시대의 요구를 반영하여 교육내용을 간략화하고 유아가 주도하는 놀이를 통한 배움을 강조하는 방향으로 개정되었다. 따라서 교사는 유아 놀이의 가치와 의미를 이해하고 놀이를 통한 배움을 지원하는 데 중점을 두어야 한다(교육부, 보건복지부, 2019a).

3) 종일반의 운영

과거에는 맞벌이 가정을 중심으로 종일반을 이용하였으나 현재는 유아를 양육하는 방법으로 가정양육에 비해 기관의 양육을 선호하는 경향도 높아졌기 때문이다. 유아기에 적절하면서 유치원과 어린이집의 운영 상황에 적합한 종일반 프로그램

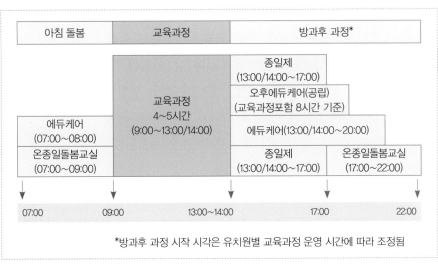

[그림 14-1] 유치원 방과후 과정 운영 형태

출처: 서울특별시교육청(2020), p. 63.

(방과후 과정, 연장제 등)이 요구된다.

유치원의 종일반은 '방과후 과정'이라고 부르는데 서울특별시교육청(2020)은 [그림 14-1]과 같이 운영시간에 따라 종일제, 에듀케어, 온종일 돌봄 등으로 세분화하고 있다.

어린이집은 기본적으로 종일제로 운영하지만 보육시간에 따라 기본보육과 연장보육으로 구분한다(보건복지부, 2020).

- 기본보육: 09:00~16:00(7시간)
- 연장보육: 16:00~19:30
- 그 밖의 연장보육: 야간연장보육, 24시간 보육, 휴일보육 등

종일반이 보편화되면서 유아를 위한 교육과정에 다른 학문 분야의 발견을 통합한 간학문적 접근과 융합교육도 늘어나고 있다. 단, 이러한 경향이 초등기의 교과를 선행학습하기 위한 목적이나 유아기에 너무 많은 것을 경험하게 하려는 형태로 흘러가지 않도록 유의해야 한다.

4) 유아교육기관별 차별화된 교육

국가 수준 교육과정의 적용은 한 사회가 공유하는 가치를 지향하며 일정한 수준의 양질의 교육과정이 보편화된다는 긍정적 측면이 있다. 그러나 한편 원별 교육과정의 다양성과 창의성이 감소될 수 있다는 우려가 있다. 각 교육기관의 교육철학과 지역사회의 기대, 기관에 소속한 가정과 유아의 요구, 소속 교원의 교육 신념을 반영한 차별화된 양질의 교육과정을 운영하려는 노력이 필요하다. 예를 들어, 누리과정을 운영하면서 특히 자유놀이와 바깥놀이가 더욱 강조된 유치원, 먹거리와 식생활의 중요성을 강조하고 친환경 먹거리로 급식·간식을 구성한 유치원, 숲과 자연에서의 교육을 강조하는 숲유치원, 전통문화와 예절교육이 특색화 된 유치원, 안전과 건강관리가 부각된 유치원, 미래 환경을 강조한 스마트유치원 등 강조하는 부분이 다를 수 있다. 학부모는 국가 수준 교육과정을 반영하여 운영하는 유아교육기관이라는 기본적 신뢰를 바탕으로 각 원의 특색을 고려하여 가정의 자녀 교육 방향과

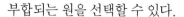

부합되는 원을 선택할 수 있다.

5) 세계적 교육 동향과 가치

세계적인 교육 동향과 미래 가치도 고려할 필요가 있다. 유엔이 새로 수립하여 2030년까지 추진할 목표인 지속가능발전목표(Sustainable Development Goals: SDGs)는 에너지 · 식량 · 금융 · 기후변화 등 모든 국가와 인류가 직면한 문제를 다룬다. 이러한 방향성은 유아교육에도 영향을 미치게 된다. 창의성 교육, 인성 교육, 세계 시민 교육, 사이버공간 활용 교육 등도 유아교육과정에서 중요한 부분을 차지하고 있다.

2. 유아를 위한 환경구성

유아를 위한 교육 환경은 실내 놀이 환경 및 생활 환경, 실외 환경, 시설 · 설비 등으로 구분된다. 공간은 유아에게 여러 가지 강력한 메시지를 전달하는 능력을 가진 것으로 해석된다. 모든 공간은 유아에게 어떻게 주의를 기울여야 할지, 어떤 문화와 정체성을 내포하고 있는지, 흥미로운지, 어떻게 놀이를 해야 하는지 등에 대한 메시지를 전해 준다(임부연 외 역, 2008). 그뿐만 아니라 유아를 존중하는지, 환영하는지, 생각을 표현해도 되는지 등에 대한 메시지도 전달해 준다. 따라서 교사는 교육공간의 모든 물리적 매체를 세심하게 준비하고 배열해야 한다.

1) 실내 놀이 환경

유아는 유치원에 와서 바깥놀이 시간을 제외하면 대부분의 시간을 교실에서 놀이하며 생활한다. 따라서 교실의 놀이 환경과 생활 환경은 유아의 삶의 질에 중요한 영향을 미치게 된다.

실내 공간은 유아의 연령과 발달 수준에 적합하며 놀이와 생활에 편리하도록 기능적 · 심미적인 면을 고려하여 구성한다. 교실은 그 자체로 유아에게 교육적으로 의미 있는 놀이를 시작하고 전개할 수 있는 공간이어야 한다. 이를 위해 풍부한 놀이자료와 함께 유아가 놀이를 선택하고 자신의 흥미와 발달 수준에 따라 스스로 선택하고 놀이할 수 있는 자유로운 놀이 문화가 조성되어야 한다.

- 흥미영역은 유아 스스로 탐색하고 쉽게 이용할 수 있도록 배치한다. 흥미영역 구성은 교실 크기, 연령, 유아 수, 자료의 양 등에 따라 달라질 수 있으나 쌓기놀이영역, 조작영역, 역할놀이영역, 언어영역, 미술영역, 수학영역, 과학영역, 음률영역과 컴퓨터영역, 물·모래 놀이영역 등을 배치한다. 유아반의 흥미영역은 영아반에 비해 세분화되며, 복잡성도 증가하게 된다. 하나의 영역 내에서도 하위 활동의 특성에 따라 배치하면 좋은데, 예컨대 언어영역은 말하기, 듣기, 읽기, 쓰기 활동이 이루어지기 쉽도록 준비해 준다. 흥미영역의 놀이자료는 다음의 자유놀이 영역별 설명을 참고하기 바란다. 〈표 14-1〉은 유아반에 배치할 수 있는 흥미영역의 종류다.
- 놀이 내용이나 일과에 따라 흥미영역을 융통성 있게 재배치할 수 있도록 이동식 가구나 낮은 게시판을 활용한다. 특히 '2019 개정 누리과정'은 놀이 흐름에 따라 공간을 재배치하며, 다양한 공간을 놀이에 사용할 수 있는 권한을 유아에게 부여하는 것을 강조하고 있다. 교사는 기관의 교육 철학이나 교실의 물리적 구조, 유아의 연령, 흥미 등에 따라 자율성을 가지고 교실 공간을 구성할 수 있다. 교실 내에 반드시 배치되어야 하는 흥미영역이 정해져 있는 것이 아니므로 유아의 놀이를 지원할 수 있도록 공간을 융통성 있게 구성한다(교육부, 보건복지부, 2019c).
- 실내에 놀이주제와 관련된 실물, 그림, 사진, 모형 등을 전시하거나 활동 결과물을 게시하여 유아의 경험이 확장되는 것을 돕는다. 게시공간은 성인이 보기에 정돈된 느낌보다는 유아들의 자발적인 게시와 동료들의 놀이 결과물을 공유할 수 있는 공간이 되어야 한다.

표 14-1	흥미영역의 종류(유아반)
쌓기 놀이 영역	• 복합적인 입체 구조물을 만들게 되므로 기본 형태 이외에 원기둥, 널빤지 형태와 같은 다양한 블록을 제공한다. 플라스틱 블록도 조각을 끼워서 구조물을 만드는 수준의 것으로 준비한다. • 블록과 함께 동물이나 사람 모형, 각종 자동차와 표지판 같은 생활주제와 관련된 소품을 함께 준비한다.
조작 영역	• 퍼즐은 10~20쪽이 적당하나 개인에 따라 그 이상도 가능하다. • 작은 물건을 옮겨 담는 도구(핀셋, 나무젓가락 등)의 난이도를 높이거나 옮기면서 분류하는 활동으로 확장한다.
역할 놀이 영역	• 다양한 블록, 전화기, 인형 같은 소품을 활용하여 다양한 주제극놀이가 활발하게 일어나도록 준비한다. 기본적으로 병원놀이, 가게놀이, 음식점놀이, 운전놀이, 경찰놀이, 학교놀이 소품을 유아의 흥미에 따라 교체하여 제공한다.
언어 영역	• 유아 간 언어 상호작용을 장려하는 활동자료(수수께끼 카드, 융판, 자석판 자료)를 제공한다. • 듣기를 위한 활동(지시에 따르기, 게임, 동화 듣고 회상하기)과 듣기와 읽기가 동시에 이루어질 수 있는 동화 테이프, 그림책 등을 제공한다. • 쓰기에 관심을 갖도록 모래상자, 소형 칠판, 색분필 등을 제공한다. • 유아의 생각을 교사가 적어서 전시함으로써 말이 글로 옮겨지는 과정에 관심을 갖도록 한다.
미술 영역	• 다양한 교재·교구를 제공한다. • 오리기 활동을 제공하며 여러 가지 색상을 경험하도록 한다. • 새로운 교재·교구의 기능과 사용 방법 및 주의사항을 자세히 설명한다.
수학 영역	• 비교·분류·순서 짓기 활동을 위한 구체물과 그림 자료를 제공한다. • 유아의 발자국이나 손, 끈, 블록 등의 임의 단위로 측정해 보는 경험을 제공한다.
과학 영역	• 자석, 스포이트, 프리즘 등의 도구를 제공하여 다양한 탐색활동이 이루어지도록 한다. • 동식물을 기르고 재배하는 경험을 제공하며, 성장 과정이나 변화를 그림으로 기록해 보도록 한다.
음률 영역	• 다양한 노래나 음악, 유아의 노래 등을 듣고 즐길 수 있도록 준비한다. • 리듬악기를 연주할 수 있도록 익숙한 노래와 다양한 리듬악기를 비치한다. • 창의적 표현을 할 수 있도록 리본 테이프, 스카프, 풍선, 끈, 고무줄 등을 제공한다.
물· 모래 놀이 영역	• 놀이대의 높이는 55~60cm 정도로 여럿이 사용할 수 있는 것이 좋다. • 계량 기구를 제공하며 물줄기의 변화, 뜨고 가라앉는 물질의 특성 등을 실험할 수 있도록 한다. • 나무인형, 소꿉놀이 그릇, 모형 탈것, 블록 등을 제공하여 역할놀이로 확장하도록 한다.

조작영역

수학영역

쌓기놀이영역

역할놀이영역

미술영역

언어영역

[그림 14-2] 놀이영역에서의 자유놀이

출처: 한림성심대학교 부속 한림유치원, 동은유치원.

2) 실외 놀이 환경

바깥놀이는 유아의 일과에서 꼭 필요한 활동 중 하나로 유아에게 자유로움과 신체운동을 통한 긴장감 해소의 대·소근육 발달의 기회를 제공한다. 놀이터는 유아가 안전하게 대·소근육활동 및 다양한 실외활동을 할 수 있도록 활동영역을 구성하고 발달에 적합한 놀이기구를 갖추어야 한다. 가능하면 바깥놀이 공간을 확보하고 부족한 경우 인근 놀이터와 산책로 등을 활용한다.

- 바깥놀이가 효율적으로 이루어지도록 실외놀이터는 동적 활동 공간과 정적 활동 공간, 개방적 공간, 동물과 식물을 관찰할 수 있는 곳 등 흥미영역으로 나누어 배치한다. 정적 활동 공간에는 그늘, 앉을 수 있는 곳, 테이블 등을 배치하고, 동적 활동 공간은 그네, 미끄럼틀, 복합놀이대, 자전거영역, 모래놀이터 등을 배치한다. 사회극놀이 공간, 공놀이나 게임을 할 수 있는 개방 공간, 동물과 식물을 관찰하고 기를 수 있는 공간, 수납 공간이나 창고도 필요하다.
- 근거리 지역사회의 공원과 놀이터, 들과 산, 산책로, 바닷가 등의 자연환경, 동물원과 식물원, 지역사회의 여러 기관을 교육환경으로 활용한다.
- 모든 실외 공간과 놀이 시설, 놀이자료는 안전한 구조와 재질로 구성되는 것이 필수적이다.

표 14-2 실외 놀이영역의 환경구성

놀이영역	환경구성
복합놀이대	복합놀이, 미끄럼, 그네, 자전거 타기 등을 할 수 있는 영역이다. 복합놀이대는 오르기, 내리기, 미끄럼, 줄 잡고 오르기, 외줄 잡고 걷기, 매달리기 등 다양한 운동을 할 수 있도록 기능적으로 구성한 놀이시설이다.
그네	유아의 이동이 많지 않은 곳에 배치하며 사방으로 안전 울타리를 설치하고 바닥에는 모래나 안전 마감재로 처리한다. 만 3세용은 안전벨트가 달린 그네를 사용하는 것이 좋으며, 그넷줄의 두께는 어린 유아가 잡기 쉬운 굵기와 재질이어야 한다.
사회극놀이영역	실외 놀이에서도 다양한 사회극놀이가 많이 이루어지므로 공간과 자료를 제공하여 놀이를 확장해 줄 수 있다. 놀이집, 모형 자동차, 테이블과 의자, 소꿉놀이 용품, 구성물을 만들 수 있는 큰 블록, 역할 모자, 모래와 물 등은 사회극놀이에 유용한 자원이 될 수 있다.
물 · 모래 놀이영역	수도시설과 가깝고 배수가 잘되도록 설치한다. 모래는 소독하여 제공하고 모래를 담고 파는 기구와 모래에 숨길 수 있는 모형, 자동차, 비닐 등을 제공한다. 물놀이대는 물을 담고 쏟기 편리해야 하며, 투명한 플라스틱 그릇, 물이 흡수되거나 물에 뜨는 것 또는 그 반대의 성질을 가진 물체를 준비한다. 여벌옷과 수건도 필요하다.
개방 공간	체조, 게임 등 신체를 움직이거나 모여서 하는 활동과 공놀이, 줄넘기, 제기차기 등 간단한 운동용품을 이용하는 활동은 바닥이 평평하면서도 부드럽고 넓은 개방 공간이 필요하다.
동물사육장과 식물재배장	햇볕이 잘 들고, 배수, 통풍이 잘되는 공간에 식물재배장과 동물사육장을 만들 수 있다. 식물재배장은 유아가 드나들면서 식물에 피해를 주지 않도록 통로를 확보하고, 동물은 감염 위험이 적고 관리가 쉬운 종을 선택한다.
자전거 등 탈것을 이용하는 영역	바퀴 달린 자전거, 스쿠터, 자동차 등 탈것을 이용하는 공간은 다른 유아와 충돌이 발생하지 않도록 배치한다. 유아의 신체적 능력에 너무 쉽거나 몸보다 작은 것도 부적절하지만, 두발자전거와 같은 도전적인 수준의 탈것은 안전사고의 위험이 있으므로 반드시 보조 바퀴를 달아 준다.

복합놀이터

모래놀이

실내 놀이실

잔디마당에서의 역할놀이

지역사회의 놀이터

마당에서의 미술놀이

[그림 14-3] 신체활동과 다양한 바깥놀이

출처: 한림성심대학교 부속 한림유치원.

3. 유아를 위한 일과운영

1) 유아반 일과운영의 원리

하루의 일과를 계획하여 어떠한 활동을 유아에게 제공할 것인가 하는 문제는 효과적인 교육과정 운영에 가장 중요한 요소다. 유아반의 교육과정 및 일과의 계획과 운영 시 일관성, 균형, 개별성, 융통성을 고려한다.

- 일관성: 매일의 일과계획은 일관성이 있어야 한다. 일관성 있는 활동은 유아가 쉽게 이해할 수 있어서 안정감을 갖고 다음에 무슨 활동을 할 것인가를 파악할 수 있게 해 주어 스스로의 행동을 적응, 조절할 수 있게 해 준다. 하루 일과활동에 관한 계획표를 교실 입구에 걸어 놓아 유아가 쉽게 그날의 활동을 알 수 있게 한다.
- 균형: 일과활동계획은 언어, 인지, 사회, 정서, 신체의 균형적 발달에 도움이 되어야 하며, 활동의 내용과 순서는 균형 잡힌 계획이어야 한다. 일과 안에 실내활동과 실외활동, 정적인 활동과 동적인 활동, 대 · 소집단활동과 개별 활동, 교사 주도 활동과 유아 주도 활동이 균형 있게 구성되도록 계획해야 한다.
- 개별성: 일과활동은 유아의 흥미, 요구, 건강 상태 등의 개인차를 반영할 수 있도록 계획하고, 운영 시 이를 고려해야 한다. 자유선택활동을 통한 계획과 평가, 개인적인 공간의 마련, 불필요한 규칙과 통제 줄이기 등 다양한 각도에서 유아의 개별성을 배려한다.
- 융통성: 일과활동은 융통성 있게 운영되어야 한다. 즉, 날씨의 변화, 유아의 흥미의 지속성에 따라서 계획한 활동이라도 다른 것으로 대체하거나 활동 시간을 길게 혹은 짧게 조정하여야 한다. 교사는 활동의 목표가 어느 정도 성취되었는지, 계획대로 실행되었는지, 차질이 있었다면 무엇 때문인지, 문제점은 무엇인지, 어떤 점이 수정 · 보완되어야 하는지 등에 대하여 평가 · 기록하고 후속 활동 계획에 반영하도록 한다.

2) 일과 구성

교실에서의 하루는 유아의 놀이와 매일 반복되는 일상생활 그리고 활동으로 구성된다. '2019 개정 누리과정'에서는 일과에서 바깥놀이를 포함하여 유아의 놀이가 충분히 이루어지도록 편성하여 운영할 것을 강조한다. 일과에는 놀이 외에도 등원과 하원, 간식과 점심, 손 씻기와 화장실 다녀오기, 안전에 대한 지도 등 매일 반복되는 일상생활도 포함된다(교육부, 보건복지부, 2019c).

유아반 일과 시간표의 예는 〈표 14-3〉에 제시하였다.

표 14-3 유아반 일과 시간 예시

유치원	어린이집
8:30~9:00 등원	7:30~9:00 등원 및 통합보육
9:00~9:15 소지품 정리, 인사나누기	9:00~9:15 소지품 정리, 인사나누기
9:15~10:15 자유놀이 및 정리정돈	9:15~10:30 자유놀이/오전 간식(손 씻기)
10:15~10:40 손 씻기, 간식	10:50~11:00 정리정돈/화장실 다녀오기
10:40~11:00 모임 시간	11:00~11:20 대·소집단활동
11:00~12:00 바깥놀이/대체활동/손 씻기	11:20~12:20 바깥놀이/손 씻기
12:00~13:00 점심 및 이 닦기/휴식	12:20~13:20 점심/이 닦기
13:00~13:20 집단활동/일과 평가	13:20~14:40 휴식, 낮잠, 조용한 활동
13:20~13:30 교육과정반 귀가 준비 및 귀가/방과후 과정반 이동	14:40~15:00 화장실 다녀오기, 낮잠 깨기
13:30~14:30 특성화 활동/실내자유놀이	15:00~15:30 손 씻기, 간식
14:30~15:00 오늘의 활동	15:30~16:00 활동, 놀이 평가
15:00~15:40 자유놀이 및 정리정돈	16:00~16:10 기본보육 유아 귀가/연장반 준비
15:40~16:10 손 씻기 및 간식/휴식	16:10~19:30 실내외 자유놀이, 정리, 귀가지도
16:10~16:40 바깥놀이/대체활동	
16:40~17:00 평가/귀가 준비 및 귀가	
17:00~19:00 자유놀이, 정리, 귀가지도	

(1) 등원

유아가 도보, 통학버스 등을 이용하여 유아교육기관에 도착하고 신발과 옷을 정리하고 교실에 입실하며, 교사는 유아를 맞이하고 유아의 상태를 관찰하며 체온 측정, 투약의뢰서 확인, 가정 전달 사항 확인 등을 하는 시간이다.

교사는 유아가 도착하기 이전에 실내외 시설의 안전 상태를 점검하고, 놀이 환경을 준비해야 한다. 유아가 등원하면 교사는 반갑게 맞이하고 유아의 전체적인 건강과 심리 상태 등을 관찰한다. 유아를 데리고 온 보호자로부터 유아의 건강 상태나 아침식사 여부, 전날 집에서 있었던 일 등에 대한 이야기를 들으면 메모하여 해당학급 담당 교사에게 전한다. 현관이나 교실 입구에 메모판, 메모지, 투약의뢰서 등을 준비해 두면 유용하게 사용할 수 있다.

유아는 도착한 후에 겉옷, 신발, 가방, 개인 물병 등 소지품을 개인 사물함에 정리하고 놀이를 시작한다. 가정 전달 사항이 있어도 유아가 잊고 전하지 않을 수 있으므로 교사는 유아의 가방을 열어 개인약품, 편지 등이 있는지 확인한다.

(2) 자유놀이

자유놀이는 유아가 개별적인 흥미, 욕구 및 발달 수준에 따라 스스로 선택한 흥미영역의 놀이에 자유롭게 참여하는 시간으로 양질의 유아교육과정 운영에서 필수적인 시간이다. 교육기관에 따라 자유놀이는 자유선택활동, 자유활동 시간 등으로 부르기도 한다.

자유놀이가 원활히 이루어지기 위해서는 풍부한 놀잇감의 구비와 충분한 놀이시간의 확보가 필수적이다. 교실은 흥미영역을 기본 구성으로 하되 유아의 놀이에 따라 융통성 있게 변화를 줄 수 있어야 하며 한 번에 1시간 이상의 놀이 시간을 제공하여 유아의 놀이가 연속적으로 전개될 수 있어야 한다.

자유놀이를 위해 교사는 실내·실외 흥미영역별로 진행 중인 주제나 교육목표, 내용, 유아의 흥미와 발달 정도를 고려한 다양한 활동과 교재·교구를 준비한다. 특히 계절이나 유치원에서 진행 중인 주제와 관련된 교재·교구를 마련하고, 주제의 변화에 따라 수시로 교체하여 유아의 흥미를 지속시켜 주도록 한다.

자유놀이의 영역별 운영은 다음 '3) 자유놀이'에서 살펴본다.

(3) 바깥놀이

실외에서 이루어지는 바깥놀이 시간은 유아가 안전하게 준비된 실외 놀이 공간에서 자유롭게 신체를 움직이며 놀이하는 시간이다. 놀이기구를 이용한 놀이, 잔디나 안전한 바닥재로 구성된 공간에서의 공놀이, 게임, 신체활동하기, 모래놀이터에서 놀이하기, 식물과 동물 관찰하기, 탈것(자전거 등) 이용하기 등의 활동이 이루어진다.

실외 놀이는 유아의 행복하고 건강한 삶을 위해 매우 중요한 시간이므로 충분한 놀이 시간을 확보한다. 계절이나 날씨, 유아의 특성이나 흥미 등에 따라 다르나, 매일의 일과활동 중 1시간 이상 제공하여야 하며, 날씨가 실외활동을 하기에 적절하지 않은 경우에는 대체할 수 있는 실내 신체활동을 계획한다.

(4) 대·소집단활동

'2019 개정 누리과정'에서 활동은 유아들이 함께 모여서 대·소집단활동을 뜻하며, 주로 교사 주도적으로 운영된다. 집단의 크기에 따라 대집단활동과 소집단활동으로 구분하는데, 대집단활동은 보통 학급 전체 유아가 참여하는 활동을, 소집단활동은 학급을 몇 개의 소집단으로 나눠서 참여하는 활동을 뜻한다.

대집단활동에는 이야기 나누기(개념학습, 학급회의, 새 소식, 협동학습의 계획), 문학활동(동화, 동시, 동극), 멀티미디어 감상, 음악활동(노래 부르기, 악기 연주, 음악감상 등), 신체활동(걷기, 달리기, 공놀이), 집단 게임, 동극 공연, 생일축하 등이 속한다.

소집단활동은 전체 유아를 3~4개 집단으로 나누어 하는 활동을 말한다. 교사 한 명이 소집단의 유아와 순차적으로 활동할 수도 있고 동시에 여러 개의 집단으로 나누어 활동할 수도 있다. 소집단활동은 특히 모둠 토의, 실험활동, 음률활동, 요리, 협동학습 등과 같이 구성원 간 활발한 상호작용과 참여가 필요하거나 교사의 도움이 필요한 활동에 적합하다.

교사는 활동 특성에 따라 적절한 집단의 크기, 집단활동을 위한 공간, 활동 시간대, 집단 형태를 결정한다. 집단활동은 유아가 친구들의 말에 귀를 기울이고 공유하는 것을 배우는 기회를 제공하고 상호작용의 중요한 부분인 사회적 기술을 습득할 수 있도록 한다. 교사는 대·소집단활동 시 소극적인 유아를 세심히 배려함으로써 가능한 모든 유아가 골고루 참여할 수 있도록 한다.

(5) 정리정돈

정리정돈은 자유놀이나 활동을 마무리하면서 사용한 자료를 제자리에 정돈하는 시간이다. 생활에 필요한 청결 습관을 기르고 질서와 책임감, 배려심을 학습하는 시간이다. 정리정돈의 과정에서 유아는 같은 종류나 모양의 교구를 분류할 수 있으며, 사물의 이름이나 모양이 표시된 장소에 정리함으로써 언어 및 수학적 개념 형성에도 도움을 받게 된다. 서로 돕고 협동하여 정리정돈하는 시간은 유아가 활동에 자발적으로 참여하고 협동하는 능력도 기를 수 있게 한다.

교사는 유아들이 놀잇감을 정리하면서 즐거움과 만족감을 느끼도록 긍정적인 분위기에서 정리 시간을 운영하도록 하며, 유아 수준에서 정리하기 편리하도록 수납해 준다. 바구니와 교구장에 식별 스티커 붙이기, 사용과 정리가 쉽도록 수납하기, 적당한 양의 자료 구비하기, 새로운 놀잇감은 정리 방법도 소개하기, 정리 시간을 충분히 주고 놀이처럼 즐겁게 정리하기 등의 다양한 전략을 사용한다.

(6) 간식 및 점심

간식과 점심은 활동량이 많은 유아에게 충분한 영양을 공급해 주고, 유아의 활동에 지장이 없도록 하며 유아기에 부족하기 쉬운 영양소인 무기질, 비타민의 공급원이 되는 음식물을 제공해 주는 시간이다. 유아반은 보통 오전 간식과 점심을 준비하며, 종일반은 오후 간식 1회를 더 제공하고 등하원 시간에 따라 아침과 저녁이 포함될 수도 있다.

유아의 건강관리에 매우 중요한 시간이므로 규칙적인 시간대에 먹을 수 있도록 계획하며 부득이한 경우에도 정해진 시간에서 많이 벗어나지 않도록 운영한다. 유아의 아침 식사 시간이나 양이 개별적으로 다를 수 있으므로 오전 간식은 간식 코너를 준비해 두고 자율적으로 먹도록 할 수도 있다.

교사는 유아가 가정과 같은 분위기에서 즐겁게 먹으면서 유아 수준에서 실행할 수 있는 식사 예절(앉아서 먹기, 도구 바르게 사용하기, 입에 음식이 있을 때는 말하지 않기, 먹을 만큼 덜어보기, 뒷정리하기, 감사 인사 나누기 등)을 지도한다. 점심 식사 후에는 유아의 양치질을 도와주며, 동화책이나 퍼즐 맞추기 등의 휴식활동을 하도록 안내한다.

(7) 휴식 및 낮잠

일과 중 휴식 시간이나 낮잠 시간을 계획하여 신체적 피로도가 쌓이지 않도록 한다. 교육과정이나 기본과정 유아는 귀가 시간이 빠르므로 낮잠 시간을 따로 계획하지는 않으며 당일 활동 내용에 따라 휴식 시간을 갖는다. 휴식이 필요한 유아를 위해 교실 내에 휴식영역 또는 휴식의 기능을 병행할 수 있는 영역을 구성한다. 장시간 놀이하기만 하고 적절한 쉼을 갖지 않으면 체력이 저하되고 집중력도 떨어질 수 있게 되어 질병이나 안전사고를 유발하게 되므로 종일반은 낮잠 및 휴식 시간을 계획하여 쉬도록 한다. 3세반은 1시간 내지 1시간 30분 정도의 낮잠 시간을 계획하되 개인차가 크므로 일찍 깨어난 유아가 쉬면서 조용한 놀이를 할 수 있도록 준비한다. 낮잠 시간이 너무 길어지면 밤에 늦게 자고 늦게 일어나 오히려 신체피로도가 쌓이게 되므로 꼭 필요한 양만 자도록 지도한다.

여건이 된다면 낮잠방은 별도의 공간으로 구성하는 것이 좋으며, 위생 관리가 용이하고 청결한 침구와 공기청정기, 낮잠을 돕는 음악 자료 등을 준비한다. 창문은 채광 조절 시설이 있어야 하고 바닥 난방과 냉방 시설도 구비되어야 한다.

(8) 귀가 준비 및 지도

귀가 전에 하루의 놀이와 생활을 돌아보는 시간을 갖고 개인 소지품을 정리하는 시간을 갖는다. 일과 돌아보기를 위해 모이는 경우 오늘의 놀이 경험을 회상하고 평가하며, 특별한 전달 사항이나 귀가 시 안전 등에 대하여 이야기하거나 다음 날의 활동을 미리 소개할 수도 있다. 일과 중 교사가 파악하지 못한 부분이 있을 수 있으므로 귀가 지도 시 교사는 유아의 신체적 상태, 기분, 의복 상태 등을 다시 한 번 살펴본다. 친구와 있었던 속상한 일이 해결되지 않은 상태인지, 놀이하다가 다치거나 옷이 더러워진 곳은 없는지, 가져가야 할 물건을 잘 챙겼는지 등을 확인한다.

3) 자유놀이

자유놀이는 유아 주도적 놀이 시간이 되어야 한다. 교사는 자유놀이 시간에 유아들이 자신의 관심에 따라 놀이를 선택하고 몰입할 수 있도록 놀이 공간을 구성하고 충분한 놀이 시간을 계획한다. 유아의 놀이를 관찰하면서 필요한 경우에는 활동자료를 지원해 주며 적절한 상호작용을 통해 놀이를 확장시켜 줄 수 있어야 한다. 또한 놀이 관찰 및 기록을 통해 유아의 놀이를 이해하고 다음의 놀이를 지원해 준다.

교사는 놀이 과정에서 유아의 흥미와 관심이 다양한 방향으로 일어날 수 있음을 염두에 두고 유아의 자발적인 흥미와 관심을 어떻게 수용하고 지원할지 생각하여 다음의 계획을 수립한다. 여기서는 실내 자유놀이를 중심으로 알아본다.

(1) 자유놀이의 교육적 가치

유아는 놀이를 좋아하고 놀이를 하면서 가장 잘 배운다. 놀이하면서 배우는 유아의 유능함은 타고난 것이며, 다양한 놀이 경험을 통해 점점 성장한다. 유아는 놀이에 유능하며, 스스로 배워 나간다. 유아는 놀이하면서 스스로의 방식으로 배운다. 유아의 개별 경험을 바탕으로 각자의 방식대로 배우는 것이 바로 놀이이다(교육부, 보건복지부, 2019b).

일과에서 자유놀이 시간은 유아들이 흥미를 지닌 다양한 놀이자료로 구성된 실내외 공간에서 유아들이 자유롭게 놀이하는 시간이다. 유아들이 자신의 개별 특성을 반영하여 다채롭게 놀이하고 이러한 놀이를 통해 배움과 도전을 경험한다.

유아의 개별적 관심에 따라 놀이가 더 잘 이루어질 수 있도록 공간을 구성하는 전통적이고 보편적인 방법은 흥미영역으로 놀이 환경을 구성하고 자유놀이 시간을 충분히 제공하는 것이다. 흥미영역의 종류와 수는 정해진 것은 아니며 놀이 전개에 따라 융통성 있게 변화를 줄 수 있다. 여기서는 대표적인 놀이영역을 중심으로 자유놀이 환경과 놀이 지도 시 교사가 유념할 점을 알아본다.

(2) 놀이영역별 놀이

유아반 교실의 흥미영역은 언어영역, 수학영역, 과학영역, 조작영역, 쌓기놀이영역, 역할놀이영역, 음률영역 등을 구성하며 미디어영역, 물놀이나 모래놀이 영역, 목공놀이영역 등을 구성하기도 한다. 놀이주제의 전개에 따라 놀이영역은 다양하게 통합하거나 변화시킬 수 있다.

① 언어영역

언어영역은 말하기, 듣기, 읽기, 쓰기와 관련된 경험이 이루어지는 영역이다. 말하기, 듣기, 읽기, 쓰기의 네 가지는 놀이를 통해 자연스럽게 통합되어야 한다. 언어발달은 개인차가 크므로 교사는 각 유아가 수준과 관심에 따라 놀이할 수 있도록 놀

이자료를 준비한다.

- 듣기와 말하기를 위해서 교사는 정확한 어휘의 모델이 되어 언어발달을 도와주고 자유롭게 표현할 수 있도록 자료들을 구비한다.
- 읽기, 쓰기의 개인차가 크므로 활동의 난이도를 다양하게 준비하고, 동일한 성취를 기대하기보다는 유아의 현재 수준에서 증진되는 것에 초점을 둔다.
- 읽기를 위해서 시각적인 변별 능력을 도와주는 활동, 청각적인 변별 능력을 도와주는 활동을 준비한다. 또한 왼쪽에서 오른쪽으로의 방향감과 발달, 인쇄매체와 책에 대한 긍정적인 태도를 갖도록 도와준다.
- 쓰기를 위한 교육활동으로는 글자에 관심을 갖도록 유도하는 활동, 눈과 손의 협응력과 소근육발달을 위한 활동, 놀이를 통한 쓰기 경험, 편지 쓰기 등과 같은 활동이 좋다.

② 수 · 과학영역

수 · 과학영역은 누리과정의 자연탐구영역과 연관성이 높은 영역이다. 유아가 일상에서 호기심을 가지고 탐구하는 과정을 즐기며, 생활 속의 문제를 수학적, 과학적으로 탐구하고, 자연과 더불어 살며 생명과 자연을 존중하는 것과 관련된 경험이 이루어지도록 한다.

수학영역은 물체의 특성과 변화를 탐색하고 수세기, 위치와 방향, 모양 구별하기, 길이, 무게 등의 속성 비교하기, 규칙 찾기, 분류하기 등의 내용이 포함된 자료와 놀이를 준비하며, 과학영역은 물체와 물질의 기본 특성을 알아보고 생명체와 자연환경에 관심을 갖고 소중히 여기며, 자연현상을 알아보고 간단한 도구와 기계를 활용할 수 있는 자료와 활동을 준비한다.

수학영역과 과학영역을 별도로 배치할 수도 있으나 공간이 부족한 경우 함께 배치하거나 수학영역을 조작영역과 통합하여 배치할 수 있다. 정적인 분위기에서 탐색과 탐구활동이 이루어질 수 있어야 하므로 공간의 배치나 활동 선정 시 유아가 집중할 수 있는 분위기를 제공한다.

- 기계적으로 수를 암기하는 것보다 유아에게 친숙한 물체를 구체적 상황(예: 간식 시간에 유아의 수만큼 접시 놓기, 전화번호나 나이 알기 등)에서 세어 보면서 수학적 개념을 경험하도록 한다.
- 수·과학적 개념과 관련된 어휘를 사용하여 말하기, 함께 활동하기, 수·과학적 문제에 초점을 좁혀 나갈 수 있도록 질문하기, 도구를 사용하여 문제를 해결하는 시범 보이기, 관련 자료 제공하기 등 다양한 전략을 사용한다.
- 과학활동은 유아가 이해하기 어려운 개념을 설명하거나 교사 주도형 실험이 되지 않도록 유의하고, 현재 유아가 관심 있는 것을 직접 탐구, 조사, 실험할 수 있는 활동을 계획한다.

③ 조작영역

조작영역은 유아들의 소근육 통제능력 및 눈과 손의 협응력을 발달시키기 위한 영역으로 유아의 감각 및 조작 능력을 기르는 놀잇감을 제공하는 영역이다. 주로 블록으로 구성하기, 조작적 놀잇감 끼우기, 일상생활 훈련용 자료 사용하기 등의 활동이 주로 이루어진다.

- 어린 연령의 유아에게는 옷을 입고 벗을 수 있는 자조 기술을 발달시키기 위한 찍찍이 붙이기, 단추 끼우기, 지퍼 올리기 등의 일상생활 훈련 등을 제공한다.
- 4, 5세 유아에게는 간단한 바느질을 할 수 있도록 큰 플라스틱 바늘과 실, 두꺼운 종이, 부직포, 헝겊 등을 제공한다.
- 레고 블록은 쌓기놀이영역에서도 활발히 사용될 때가 많으므로 다양한 크기와 형태의 것을 준비하여 필요한 소품을 만들도록 한다.
- 교실이 넓지 않은 경우에는 바닥 공간이 넓지 않으므로 쌓기영역이나 수학영역에 인접하게 배치한 후 교사의 계획과 유아의 선택에 따라 융통성 있게 공간을 활용할 수 있다.

④ 쌓기놀이영역

쌓기놀이영역은 유아가 손으로 블록을 조작함으로써 눈과 손의 협응력, 시·지각적 인식, 대·소근육 협응력 등의 신체발달이 이루어진다. 그리고 역할놀이와 연결하여 블록을 이용한 극놀이가 활발하게 이루어지기도 한다. 따라서 다양한 개념 발달을 고무할 수 있으며 긍정적 자아개념과 언어능력, 사회·정서 발달을 돕는다. 이 영역은 공간 블록과 우레탄 블록, 벽돌 블록 등으로 구성하여 입체구성물을 구성하는 큰 블록영역과 단위 블록을 이용해서 놀이하는 작은 블록영역으로 구분할 수 있다.

- 주제와 관련하여 구성을 도울 수 있는 자료(운전대, 경찰 모자, 구조대 조끼 등)나 소품들(사람이나 동물 모형, 장난감 자동차, 작은 교통표지판과 신호등)을 제시하고 필요하면 역할영역과 미술영역 등 다른 영역과도 연계하도록 돕는다.
- 유아의 놀이를 잘 관찰하여 필요한 블록과 소품을 적절하게 제공하고 변화시켜 자유롭고 창의적인 구성을 할 수 있도록 한다.
- 정리정돈 시간을 충분히 주어 정리정돈의 책임을 소홀히 하지 않게 하고, 미처 완성하지 못했거나 완성된 구성물을 보존하고 싶어 하는 경우에는 다른 유아가 부수지 않도록 메모를 적어 놓아 두도록 한다.
- 안전관리를 철저히 해야 한다. 나무블록의 경우에는 유아의 키 이상으로 쌓지 않도록 하고 놀이 과정에서 블록을 던지지 않게 안전에 대한 규칙을 미리 정한다.

⑤ 역할놀이영역

역할놀이영역은 병원이나 음식점, 가게, 공공기관(우체국, 소방서, 경찰서, 은행) 등에서 유아가 흥미롭게 느꼈던 사건이나 경험을 재현하여 보거나, 자신의 상상이나 생각 등을 행동으로 표현해 보는 다양한 활동을 할 수 있는 곳이다. 이러한 역할놀이에 앞서 유아들의 경험을 구체화하기 위하여 견학활동을 계획하는 것도 좋다. 역할놀이영역은 기본적으로 가정과 같은 분위기를 느낄 수 있도록 구성하며, 주제(병원, 가게, 이용원과 미장원, 소방서, 우체국, 은행 등)에 따른 극놀이가 활발하게 이루어질 수 있도록 다양한 옷과 소품을 제공한다. 또한 동화나 동극에 기초한 극놀이가 이루어질 수 있도록 무대배경, 역할가면 등도 준비해 준다.

- 유아가 역할놀이에 적극적으로 참여할 수 있도록 처음에는 함께 참여하여 상호작용을 해 주고 놀이의 주체가 될 수 있는 사건이나 인물에 대해 함께 이야기

나누기, 그림책 제시하기, 견학이나 자원 인사 활용 등의 방법으로 소개할 수 있다.
- 쌓기놀이영역의 구성물을 활용하여 다양한 역할놀이를 할 수 있도록 소품을 제공하고 쌓기놀이와 연계하도록 도우며 필요 시 영역을 확장하거나 통합하도록 돕는다.
- 역할을 가지고 갈등이 생겼거나 문제가 발생했을 때 교사가 항상 해결해 주기보다는 유아 스스로 해결할 수 있도록 기회를 준다.
- 역할놀이에 참여하는 과정에서 어떤 유아가 많이 참여하고, 어떤 역할을 하는가를 관찰하고 놀이를 확장하기 위하여 필요한 도움이나 자료는 어떤 것인가를 파악하여 필요한 소품을 준비해 주도록 한다.

⑥ 미술영역

미술영역은 그리기뿐 아니라 만들기, 꾸미기 등과 같이 평면 및 입체 미술을 통한 창의적 표현 활동이 이루어지는 곳이므로, 2차원적인 평면 미술활동과 3차원적인 입체 미술활동을 할 수 있게 준비한다. 평면 미술활동에는 그림 그리기, 붙이기, 자르기와 찢기, 도장 찍기 등의 활동이 있으며, 입체 미술활동에는 모형 빚기, 모빌, 바느질, 구성하여 보기, 목공활동 등이 포함된다. 미술활동에 사용되는 자료의 종류나 다양성은 유아의 활동에 직접적인 영향을 끼치므로 가능하면 유아가 좋아하고 원하는 것을 다양하게 선택할 수 있도록 준비해 준다.

- 유아가 섬세한 기술을 요하는 작품을 완성하는 데 중점을 두기보다 다양한 자료를 다루어 보고 표현하여 보는 과정 그 자체를 즐길 수 있게 하는 것이 좋다.
- 조형활동 계획 시 유아가 스스로 창의적으로 작업하는 활동과 유아의 흥미와 발달 수준, 주제 등을 고려하여 교사가 준비해 주는 활동이 함께 이루어지도록 한다.
- 유아의 작품에 대한 평가를 할 때 다른 유아의 작품과 단순히 비교하거나 성인의 기준이나 특별한 기술 등에 치중하여 평가하지 않는다.
- 유아의 작품을 게시할 때는 높이, 배치, 배경, 색 등의 심미성을 고려한다.

⑦ 음률영역

음률영역은 유아가 노래 부르고 음악을 감상하며, 여러 가지 악기를 자유롭게 다루고 실험하여 보고, 음악이나 악기 연주에 맞추어 율동을 경험해 볼 수 있는 곳이다. 듣기 및 소리 탐색하기, 노래 부르기, 악기 다루기, 음악 감상하기, 신체 표현하기 등의 음악 및 동작 활동이 모두 일어날 수 있도록 활동을 계획한다.

- 유아의 표현활동을 증진하기 위해 다양한 실험과 탐색을 해 볼 수 있도록 허용하여 주고, 그 표현을 수용해 주어야 한다.
- 리듬악기로 간단한 리듬을 만들어 노래를 부르면서 연주해 봄으로써 악기 연주의 즐거움을 경험하도록 한다.
- 유아가 따라 부르기 쉬운 노래와 리듬이나 음의 빠르기 및 강약이 대조적인 감상용 테이프를 준비해 주어 음악을 감상하거나 신체로 표현해 보도록 장려한다.

(3) 놀이의 계획과 평가

놀이계획이란 유아가 놀이를 하기 전에 오늘 무슨 놀이를 하며 보낼 것인가를 스스로 결정하는 것을 뜻한다. 놀이 시간의 활용을 사전에 계획함으로써 종합적인 놀이 경험을 하게 될 뿐 아니라 어린이의 의사결정 능력, 독립심, 책임감 및 표현력 등이 증진된다.

유아 스스로 놀이를 계획하는 두 가지 방법에는, 첫째, 자신의 놀이를 언어적으로 계획하고 놀이 후 평가하는 언어적 계획 · 평가(Verbal Plan and Evaluation: VPE) 프로그램(양옥승, 2004a)이다. 둘째, 유아 놀이 중심의 개정 누리과정을 적용하면서 친구들과 함께 놀이 생각과 놀이 나누기를 실시한 유치원의 놀이 계획 · 평가(강릉하슬라유치원, 2019)다. 놀이를 스스로의 요구에 따라 선택하고 계획하며 실행하고 혼자 또는 친구들과 경험을 나누는 시간을 통해 유아의 자기조절력을 향상시키고 자기주도적 학습 능력, 협동학습 능력을 성장시킬 수 있다.

심화학습: 유아 스스로 놀이를 계획·평가하는 방법

◉ 자신의 놀이를 언어적으로 계획·평가하기

유아의 놀이계획을 도와 유아의 자유선택 능력을 기를 수 있는 교수·학습 방법으로 언어적 계획·평가(Verbal Plan and Evaluation: VPE) 프로그램이 있다(양옥승, 2004a). 언어적 계획(VP)-실행-언어적 평가(VE)로 진행되는 3단계 과정으로 자유선택활동 시작 전에 자신이 하고 싶은 놀이를 계획하고 놀이한 후 스스로 검토한다.

언어적 계획·평가 프로그램의 기본 구조

1단계: 언어적 계획	2단계: 실행	3단계: 언어적 평가
• 유아는 자신이 놀이하고 싶은 활동을 계획한다. • 교사는 유아에게 어떤 놀이를 계획하고 있는지 질문한다. • 유아는 계획한 내용을 구체적으로 말해 본다. 교사는 기록 용지에 받아 적고 읽어 준다.	• 유아는 자신의 계획에 따라 놀이한다. • 교사는 유아를 관찰하고 계획한 것을 실행할 수 있도록 도와준다.	• 교사는 유아에게 어떤 놀이를 했는지 질문한다. • 유아는 놀이한 활동을 기억하여 교사에게 말한다. • 교사는 계획 시 기록한 것과 실행 시 관찰한 것을 말해 줌으로써 유아가 계획과 관련지어 검토하도록 도와준다.

하고 싶은 놀이에 대해 교사와
이야기 나누는 유아

계획한 놀이영역에서 놀이하는 유아

4세아의 놀이계획-평가

5세아의 놀이계획-평가

출처: 동은유치원.

◉ 친구와 놀이 생각과 놀이 나누기

유아 중심 놀이를 위한 교육활동 적용을 위해 자유놀이 시간 전에 유아들이 모여 놀이 생각을 나누고, 하고 싶은 놀이를 자율적으로 놀이하고, 놀이 나누기 시간에 어떻게 놀았는지 서로 이야기나누는 시간을 갖는다. 다음은 개정 누리과정을 적용하면서 실내외 자유놀이 운영을 위해 '놀이 생각-놀이-놀이 나누기' 시간을 일과에 포함시킨 예이다(강릉하슬라유치원, 2019, pp. 28-34).

'놀이 생각'	'놀이'	'놀이 나누기'
• 어떤 놀이를 할 것인지 • 전날 놀이와 연계하여 놀이를 할 것인지 • 함께하고 싶은 친구 • 같이 놀고 싶을 때 함께하기를 제안함	• 놀이 생각을 통해 자신이 원하는 놀이를 충분한 시간을 가지고 자유롭고 즐겁게 놀이함	• 놀이 시간이 끝난 후 • 자신의 놀이에 대해 이야기 나눔 • 놀이할 때의 감정을 이야기함 • 친구에게 궁금한 점을 질문함 • 놀이할 때 필요한 재료를 공유함

놀이 시간	놀이 활동명	놀이 활동 내용
~ 9:00	등원	• 인사하기 • 자기 물건 정리 후 자유롭게 아침놀이 준비
9:00 ~ 9:40	아침놀이/오전간식	• 유아들이 등원하는 순서대로 아침놀이를 하면서 친구들을 기다린다.
9:40 ~ 9:50	놀이 생각	• 다함께 동그랗게 앉아서 모인다. • 오늘은 어떤 놀이를 할 것인지 생각한다. • 어떻게 놀이를 할 것인지, 누구랑 놀이를 할 것인지 생각하고 이야기한다.
9:50 ~ 10:50	놀이 (실내 · 외 자유놀이)	[실내 자유놀이 예시] • 하고 싶은 놀이를 자율적으로 시작한다. • 쌓기놀이, 역할놀이, 미술놀이, 조작놀이, 책놀이, 복도놀이에서 놀이한다.
10:50 ~ 11:50		[실외 자유놀이 예시] • 하고 싶은 놀이를 자율적으로 시작한다. • 흙놀이, 모래놀이, 몸놀이, 기구놀이, 체육놀이, 축구놀이, 곤충놀이 등 다양한 놀이를 한다.
11:50 ~ 12:00	놀이 나누기	• 어떻게 놀았는지, 어떤 놀이가 재미있었는지, 누구랑 놀이하였는지를 나눈다. • 친구의 놀이를 듣고 궁금한 것에 대해 질문하고 서로 대답한다. • 다음 놀이에 필요한 재료에 대해 이야기 나눈다.

※실외 자유놀이 운영시간에 따라 하루 일과에서 실내 · 외 자유놀이 시간이 달라짐
※모든 학급이 일관되게 운영한 것이 아니고 학급별로 자율적으로 운영함

4) 대·소집단활동

(1) 대·소집단활동 시 고려할 사항

대·소집단활동은 교사가 계획하여 운영하는 교사 주도적 활동을 의미한다. 이야기 나누기, 동화 들려주기, 동시 들려주기, 노래 부르기, 집단 게임 등이 대표적인 활동이다. 교사는 유아의 놀이를 관찰하고 지원하는 과정에서 필요한 대·소집단활동을 연결하여 운영한다. 이러한 활동은 교사가 계획할 수도 있고 유아들이 놀이 과정에서 교사의 지원을 받아 준비할 수도 있다. 대·소집단활동을 효과적으로 운영하기 위해서는 유아의 동기를 유발하고 흥미를 지속시키며, 교사가 설명해야 할 부분과 유아가 직접 조작하고 선택하도록 도와야 하는 부분에 대한 세심한 계획이 필요하다. 따라서 교사는 사전에 주제와 교육내용과 그 방법 등에 관하여 치밀하게 계획하여야 한다.

교사가 대·소집단활동 시 고려해야 할 사항은 다음과 같다(교육부, 2000; 류진희, 2000; 양옥승, 최경애, 이혜원, 2015).

- 대형과 교사의 위치는 활동 집중에 중요한 요인이다. 유아의 수가 많은 경우에는 두 줄로 앉아야 하는데 뒷줄은 의자에 앉게 하여 자료와 얼굴이 잘 보일 수 있도록 한다. 모이는 시간의 대형은 교수·학습이 효율적으로 일어날 수 있도록 활동 내용에 따라 반원형, 원형, 양편 대형 등으로 변화를 줄 수 있다([그림 14-4] 참조).
- 유아들이 모임 활동에 관심을 가질 수 있도록 주의를 집중시키는 간단한 활동을 한다. 이때의 활동으로는 손유희뿐만 아니라 노래 부르기, 관찰력 게임, 수수께끼, 동시·전래동요 읊기, 이야기 꾸미기, 낱말 찾기, 끝말잇기, 말 전하기, 연상하기, 동작 따라 하기, 동작 반대로 하기, 반대 개념 단어 찾기, 특정한 글자로 시작되는 단어 찾기, 지시대로 움직이기, 기억력 게임, 동작 게임, 수 놀이, 숨은 그림 찾기 등 여러 가지를 활용할 수 있다. 주의집중활동은 유아들이 모두 모이는 것을 기다리며 잠깐 주의집중하는 시간이므로 주의가 집중되었으면 본 활동을 시작한다.
- 집단활동 시간은 활동의 종류와 유아의 연령, 집중 시간에 따라 다르지만 만 3세

반원형 대형

원형 대형(대집단)

원형 대형(소집단)

양편 대형

[그림 14-4] 집단활동의 여러 가지 대형

출처: 동은유치원, 한림성심대학교 부속 한림유치원, 파랑새유치원.

　　는 10~15분 내외로 짧게 계획하고 만 5세도 30분을 넘기지 않도록 한다.

• 집단활동이 교사가 유아에게 일방적으로 전달하거나 주입식으로 가르치는 시
간이 되어서는 안 된다. 교사가 전체 활동을 주도하기는 하지만 유아가 활동에
어떻게 반응하는가를 계속 관찰하여 민감하게 반응하고, 유아에게 적절한 발
문을 하여 사고력을 확장시켜 준다. 또한 유아가 경험한 것을 발표·토의하게
하여 창의력과 문제해결력도 길러 준다.

• 유아가 흥미를 가지고 집단활동에 계속 참여할 수 있도록 하기 위해서는 그림
자료나 실물자료, 컴퓨터와 빔프로젝터 등의 미디어를 다양하게 사용하는 것
이 효과적이다. 미디어의 발달로 생동감 있는 화질의 동적 자료를 쉽게 제작할

수 있으나 구체물이나 입체자료로 경험하는 것이 효과적인 내용까지 영상자료로 제공하지 않도록 유의한다.

- 교사는 언제든지 상황에 따라 계획을 변화시켜 활동을 길게 하거나 짧게 할 수도 있다는 마음의 준비가 되어 있어야 하며, 만약 유아의 주의가 쉽게 다시 모아지지 않는다면 일단 진행하던 활동을 멈추고 다른 활동으로 전환할 수 있어야 한다.
- 집단활동을 진행하는 과정에서 유아의 적절한 행동은 인정해 주고, 주의산만한 태도에 대해서는 짧게 반응을 해 주거나 무시해 버릴 수도 있다. 특정한 유아의 행동으로 인해 집단활동이 계속 방해를 받을 때는 유아의 특성과 상황, 행동의 정도를 고려하여 조치한다.
- 한 집단활동이 끝나면 유아가 쉽게 이해할 수 있도록 간단명료하게 다음 활동에 대한 안내를 해 주어 자연스럽게 활동이 연결, 전이될 수 있게 한다.

(2) 대·소집단활동 유형

대·소집단활동은 다양한 교육적 상황에서 이루어질 수 있으나 이 중 자주 이루어지는 집단활동 중 이야기 나누기, 문학활동(동화, 동극), 게임활동에 대해 살펴본다.

① 이야기 나누기

이야기 나누기 시간은 교사와 유아들이 함께 모여 하루 일과를 계획하고 생활주제에 따른 여러 가지 개념과 뜻을 종합·정리하며 자신의 생활 경험이나 느낌을 발표하기도 하고 다른 사람의 이야기를 경청하면서 문제를 토의하고 평가하는 경험을 갖는 시간이다.

이야기 나누기 시간 계획 시 교사가 주의해야 할 점은 다음과 같다(교육부, 2000; 류진희, 2000).

- 일정한 주제나 개념에 대한 정보를 제공함으로써 교사 주입식으로 유아를 가르쳐야 한다는 생각을 버려야 한다.
- 유아와 나누고자 하는 이야기의 전체적인 흐름, 즉 도입, 전개, 마무리 과정이 체계적으로 정리되어 있어야 하고, 유아의 요구나 흥미 정도에 따라 이야기 나

누기가 융통성 있게 진행되어야 한다.

- 주제에 따라 유아가 알고 있는 것이나 경험한 것을 먼저 이야기할 수 있도록 하고, 교사와 유아 간에 토의식 상호 의견 교환으로 진행한다. 발문을 할 때에는 유아의 사고를 확장시켜 줄 수 있는 좁은 범위의 발산적인 질문을 많이 하고, 그에 대해 유아가 충분히 생각할 시간을 준 후 대답을 하도록 한다.
- 발표할 기회를 모든 유아에게 골고루 주어서 대답을 잘하는 일부 유아를 중심으로 수업이 진행되지 않도록 주의한다. 진행하고 있는 주제와 상관없는 이야기를 하는 유아가 있을 때에는 간단하게 인정해 주고 원래의 이야기를 계속한다.

② 동화, 동극

동화를 활용한 활동은 교육과정 중 큰 비중을 차지하고 있다. 교사가 어떠한 동화를 선정하여 이야기를 들려주고 어떠한 방법으로 제시할 것인가는 유아가 동화에 대한 흥미를 높이고 유지시키는 데 중요한 영향을 미칠 수 있다. 유아 혼자서 읽는 책과 달리 교사가 들려주는 이야기를 들으며 내용을 이해하고 감상하는 활동이며, 친구들과 토의하기, 동극하기 등으로 확장되기도 한다. 활동 주제에 적절하거나 유아기의 심리적·인지적 발달에 적합한 문학작품을 선정하여 들려주는데, 이를 위해서는 시대별, 내용별, 형식, 매체 특성 면에서 다양한 종류의 동화를 구비하는 것이 좋다. 또한 개별 활동 자료와 달리 집단적으로 들려주므로 자료의 크기, 내용의 난이도, 소요시간 등이 적당해야 유아가 집중하게 된다. 동화의 전달매체 방법으로 그림동화, 융판동화, 앞치마동화, 자석동화, 막대동화, 테이블동화 등 다양한 자료와 매체를 사용하는 방법이 있다.

동극은 교사가 들려준 동화의 내용을 중심으로 유아들이 극화해 보는 활동으로, 동극을 하기 위해서는 계절이나 주제, 유아의 흥미와 발달단계에 맞으면서도 동극을 하기에 적합한 동화를 잘 선택하는 것이 중요하다(류진희, 2000). 어떠한 형태의 진행을 하든 먼저 유아가 동화의 내용을 이해해야 자신의 언어, 느낌, 생각, 감정을 친구들과 협력하여 극으로 표현하게 된다. 그러므로 동극용 동화는 여러 명의 인물이 등장하고, 기승전결이 있으며, 반복적이고 짧은 언어로 재구성하기 용이한 내용이어야 한다.

친구들에게 동화 들려주기

동화 듣고 동극하기

쌓기놀이영역에서의 극놀이

[그림 14-5] 동화 · 동극 놀이

출처: 파랑새유치원, 동은유치원.

③ 게임

게임은 참여자들이 일정한 규칙에 따라 이기기 위해 경쟁하는 신체적 · 사회적 · 지적 활동을 의미한다. 유아는 게임을 하면서 자발적으로 단체의 일원으로서 공통된 목표를 달성하기 위해 함께 협력해야 함을 배우고, 운동신경과 감각기능을 발달시킨다. 또한 게임을 하면서 게임에 포함되어 있는 인지적 · 사회적 · 언어적 기술 등과 관련된 게임 방법과 규칙을 경험하면서 단순하고 복잡한 개념들을 이해하게 되고, 자신의 역할을 끝까지 수행하고 책임지는 태도 등을 기를 수 있다.

집단으로 이루어지는 게임의 유형 중 대표적인 것은 원게임과 편게임이다. 원게임은 규칙, 지시가 적으며 이기고 지는 결과가 뚜렷이 구분되지 않으므로 누구나 성취감을 느끼면서 자신감을 형성하도록 하는 것이 특징이다. 편게임은 유아들을 두 집단으로 나누어 하는 것으로 게임에 필요한 규칙이 많으며, 게임의 결과가 있으므로 유아가 자기 편을 위하여 최대한 노력하고 유아들끼리 협력함으로써 성취감을 느끼게 된다. 편으로 나누어 경쟁하는 게임은 경쟁의 결과가 뚜렷하게 드러나므로 유아들이 여러 가지 게임에 익숙해진 후 계획하도록 한다.

이 밖에도 집단게임은 목적물 맞추기 게임, 경주, 쫓기 게임, 숨기기와 찾기, 오감을 활용하여 알아맞히기, 언어적 지시 게임 등 그 유형이 다양하다. 유아의 연령, 집단 크기, 공간, 시간 등을 고려하여 계획한다.

또한 윷놀이, 투호, 비석치기, 사방치기, 제기차기, 팽이 돌리기, 고누 등 우리나라의 전통놀이에는 유아들이 함께 즐기기에 좋은 게임이 많이 있으므로 주제나 명절 등의 연관성을 고려하며 다양하게 소개한다. 연령이나 이해 수준을 고려하여 게임의 규칙을 단순화시킬 수도 있다.

4. 유아를 위한 교육계획의 수립

누리과정 운영 시 계획하기란 교사가 유아의 놀이를 통한 배움을 지원하기 위하여 교육과정 내용과 시간을 조직하는 것이다. 개정 누리과정에서는 교사가 미리 모든 것을 계획하여 그대로 실행하는 것을 지양하고 실행된 교육과정을 담는 것을 강조하여, 만들어진 교육과정이 아니라 만들어 가는 교육과정에 의미를 둔다. '2019 개정 누리과정'의 연간, 월간 · 주간, 일일 교육계획에 대한 관점은 다음과 같다(교육부, 보건복지부, 2019c).

- 연간교육계획을 검토한다. 연간교육계획은 개정 누리과정에서 추구하는 인간상, 기관의 철학, 지역사회의 특성, 개인 수준의 다양성을 고려하여 자율적으로 수립할 수 있다. 연간교육계획은 학급 차원보다는 기관 차원에서 수립하는 것이 일반적이며 일 년간의 중요한 경험(예: 기관 적응, 계절, 명절, 그 해의 특별한 국가적 행사, 기관 행사, 진급 등)을 미리 염두에 두고 계획한다. 연간교육계획은 한 학급에서만 공유되는 것이 아니라 기관 전체의 구성원이 공유하는 자료이므로 기관 차원에서 연간교육계획을 검토해야 한다. 또한, 유아에게서 발현되는 놀이주제가 학기를 진행하는 동안 즉각적으로 반영될 수 있도록 여지를 남기고 연간교육계획을 작성한다. 개정 누리과정은 유아와 교사가 함께 '만들어 가는 교육과정'이기 때문에 연간교육계획이 수립되었다 하더라도 유아들의 놀이 경험에 따라 시기와 기간 등이 바뀔 수 있다.
- 월간, 주간, 일일 교육계획을 검토한다. 월간, 주간, 일일 교육계획안은 기관과 교사의 필요에 맞게 형식이나 분량이 자율적으로 구성될 수 있다. 월간, 주간과 일일 교육계획을 모두 수립하여야 하는 것은 아니며 하나만 선택하여 작성할 수도 있다. 교사가 유아의 경험을 미리 조직하기보다 유아의 놀이를 관찰하고 이를 지원하는 방식이 되도록 운영한다. 유아의 놀이는 교사가 계획한 대로

진행되는 것이 아니라 시시각각 변화하고 교사의 기대 이상으로 심화될 수 있기 때문에 모든 놀이지원 계획을 미리 수립하기는 어렵다. 교사는 매일 진행된 유아의 놀이를 기록하고 다음 날 지원할 내용을 간단히 계획할 수 있다. 매주 혹은 유아의 놀이주제에 맞추어 지원 계획을 수립할 수도 있다. 계획안의 양식과 내용, 작성주기는 각 기관의 실정과 철학, 학급의 상황 및 교사의 신념을 고려하여 자율적으로 결정하면 된다.

• 기관이나 교사의 실정에 맞게 계획안을 변경한다. 기관에 따라서 계획안이라는 문서에 실행과 평가를 동시에 기록하고 있으므로 계획, 기록, 평가를 통합한 양식을 놀이기록과 평가, ○○반 놀이 이야기 등 다양한 명칭으로 부를 수도 있다.

이와 같은 누리과정의 계획에 대한 방향성을 염두에 두고 유아를 위한 교육계획안 작성에 대해 알아본다. 연간, 월간 · 주간, 일일 교육계획의 개념은 9장(4. 교육계획)에서 살펴보았으므로 중복되는 내용을 제외하고 유아를 위한 교육계획과 관련한 내용을 중심으로 알아본다.

1) 연간교육계획

연간교육계획은 1년 동안 이루어지는 학사일정 및 포괄적인 교육계획이다. 연령별 교육내용을 구분하지 않고 놀이 중심의 발현적 교육과정을 전개할 것을 권장하는 유아교육과정의 특성상 연간교육계획은 구체적인 교육계획이라기보다는 학사일정을 중심으로 작성한 연간운영계획에 가깝다.

연간교육계획은 기관 전체의 구성원이 공유하는 자료이므로 기관 차원에서 수립하는 것이 일반적이며 한 해의 중요한 경험(기관 적응, 계절, 명절, 행사, 진급 등)을 고려하여 계획한다. 누리과정은 유아와 교사가 '만들어 가는 교육과정'이므로 유아에게서 발현되는 놀이가 즉각적으로 반영될 여지를 가지고 계획한다(보건복지부, 중앙육아종합지원센터, 2020).

연간교육계획을 수립하기 위해 먼저 전 학년도 교육과정 운영 결과에 대한 총괄적 평가를 하고 그 평가를 기초로 다음 학년도 계획을 수립한다. 연간을 토대로 다음 단계의 교육계획을 수립하게 되므로 첫 단추인 연간교육계획의 수립 단계에서부터 동료 교사와 협의하고 연간 필요한 교육내용, 계절, 명절과 행사 등의 흐름을 예측하여 신중하게 작성해야 한다. 연간교육계획의 수립의 첫 단계는 당해 연도 유아교육기관의 운영계획서의 작성이며 이를 토대로 연령별(유치원의 예: 3세, 4세, 5세), 과정별(유치원의 예: 교육과정반, 방과후 과정반), 또는 학급별로 운영계획서나 연간계획안을 작성한다. 교사의 학급별 교육과정에 대한 자율성이 강조되면서 학급별 연간 교육운영 계획을 권장하고 있다. 사전에 정한 교육내용을 기관 전체의 유아에게 적용하기보다는 학급 담임의 관찰을 토대로 학급별 교육과정을 운영하는 것을 장려하기 때문이다. 〈표 14-4〉는 유치원의 학사일정 중심의 연간교육계획의 예이다.

한편, 예상되는 주제를 중심으로 연간계획안을 작성할 수 있다. '2019 개정 누리과정'은 누리과정의 내용을 연령별로 구분하지 않으며 유아로부터 발현되는 놀이주제를 강조하므로 생활주제를 미리 선정하고 교사 주도적으로 전개하는 것을 권

표 14-4 연간 학사일정과 교육계획

월	학사일정	주요 교육 계획	학부모 안내(공통)
3	입학식 학부모 총회 유아신체검사 3월 안전교육의 날 3월 생일축하	신학기 적응 지도(학급, 개인별) 신학기 통학버스 및 안전 교육(학급별)	학부모오리엔테이션 자료 유아조사서 월안내문 연간 안전·인성교육계획
4	학부모 면담 4월 안전교육의 날 4월 생일축하	봄동산 나들이(학급별) 텃밭활동 시작	월안내문 학부모 면담 안내문 월부모교육 자료
5	어린이날 어버이날 봄소풍 5월 안전교육의 날 5월 생일축하	어린이날행사계획(연령통합) 어버이날 꽃과 선물 만들기 봄소풍(4+5세, 3세 2회로 나눔)	월안내문 소풍안내 월부모교육 자료
6	참여수업(학급별) 6월 안전교육의 날 6월 생일축하	학급별 프로젝트 참여수업	월안내문 학부모참여수업 안내 월부모교육 자료

7	여름 놀이 캠프 여름방학 7월 안전교육의 날 7월 생일축하	마당 물놀이 담임교사 편지 발송 여름철 건강 및 안전 교육	월안내문 방학안내
8	개학 8월 안전교육의 날 8월 생일축하	여름방학 경험 모으기(게시판)	월안내문 1학기 유아포트폴리오
9	9월 안전교육의 날 9월 생일축하	특별한 체험학습–올해의 주제: 박물관 연계 유아 체격 측정	월안내문 월부모교육 자료
10	추석 연휴 전래놀이의 날 한글날 10월 안전교육의 날 10월 생일축하	전래놀이의 날(유아) 가을 소풍	월안내문 소풍안내 월부모교육 자료
11	가족 참여 행사 원아 모집 일정 11월 안전교육의 날 11월 생일축하	연령별 프로젝트와 전시 유아 김장 체험	월안내문 학부모참여 전시회 안내문 월부모교육 자료
12	학부모 면담 겨울 방학일–선물, 인형극 12월 안전교육의 날 12월 생일축하 겨울방학	졸업, 수료 단체사진 촬영 혼합연령 겨울캠프 담임교사 편지 발송	월안내문 학부모 면담 안내 방학안내
1	개학 겨울놀이 체험일 설날 연휴 1월 안전교육의 날 1월 생일축하	겨울놀이 체험(원내 체험) 설날–우리문화 체험	월안내문
2	수료, 졸업 2월 안전교육의 날 2월 생일축하	형님반 방문하기 초등학교 방문하기	월안내문 2학기 유아포트폴리오 졸업식 안내 신입생 학부모 안내문

장하지는 않는다. 그러나 놀이주제가 어떻게 누리과정과 연관되며 다양한 내용으로 심화될 수 있고, 지역사회 자원과 통합될 수 있는지 등을 연구해 두는 것은 필요하다. 유아의 놀이 변화에 따라 빠르게 반응하고 지원하는 것이 효과적이며 교사가 어떻게 반응하고 지원하는가가 놀이의 확장과 풍부함에 큰 영향을 미치기 때문이다. 저경력 교사일수록 예상 놀이 주제를 미리 연구하고 자료 정리를 해 두는 것은 도움이 된다. 〈표 14-5〉는 연간 예상되는 주제를 선정하고 연관된 현장학습 및 다른 영역의 활동을 미리 연간 자료로 작성한 예다.

표 14-5 주제 중심의 연간교육계획의 예(만 3세반)

주제	소주제	현장학습	전통문화교육	생태교육
즐거운 유치원	• 나는 ○○○ 유치원 어린이 • 우리는 풀잎반 친구들 • 우리 반의 여러 가지 놀잇감 • 안전하게 규칙(교실, 놀이터, 유치원 버스에서의 규칙)을 지키면서 지내요.	유치원 둘러보기	우리집에 왜 왔니	
나의 몸과 감정	• 내 몸의 여러 가지 종류와 기능 • 소중한 나의 몸(성교육) • 나는 여러 가지 감정을 가지고 있어요.	보건소	무궁화꽃이 피었습니다	나무 사랑하기 (만져 보기, 안아 보기)
사랑하는 나의 가족	• 소중한 나의 가족 • 가족의 역할 • 우리 가족과 다른 가족의 생활	정발산	씨름, 널뛰기(단오)	폐품으로 화분 만들기
여러 가지 동물	• 내가 좋아하는 동물 • 집에서 키울 수 있는 동물 • 동물원에 가면 볼 수 있는 동물 • 동물을 보호해요.	동물원	깃대 쓰러뜨리기	땅을 건강하게 해 주는 지렁이
여름	• 더운 여름 날씨 알기 • 더운 여름 나기	분수대	칠교놀이	물을 아껴 써요.
소리	• 주변의 소리 • 소리를 만들어요(신체, 악기). • 소리와 함께 즐겁게 생활하기	일터 클래식 아트홀	두꺼비집 짓기	폐품으로 악기 만들기

여러 가지 탈것	• 탈것에는 여러 가지가 있다. • 탈것을 이용할 때는 지켜야 할 규칙이 있다.	교통공원	강강술래	가까운 곳은 걸어다녀요.
음식과 건강	• 음식에는 여러 가지 종류가 있다. • 음식을 먹으면 몸이 튼튼해진다. • 음식을 즐겁고 바르게 먹을 수 있다.		산가지놀이	음식쓰레기통이 싫어해요.
책 속의 겨울 이야기	• 겨울의 날씨 • 동화 책 속의 겨울 풍경 • 즐거운 크리스마스	어린이 도서관	공기놀이	바람이 필요해요. (바람개비)
다양한 생활도구	• 다양한 생활도구들이 있어요. • 생활도구를 사용해요. • 옛날과 요즘의 생활도구	농업박물관/ 유비파크	팽이돌리기	전기를 아끼는 친구
한 살 더 먹었어요	• 우리나라 명절(설날) • 즐거웠던 병아리반 • 형님반에 가요.	형님반 가기	윷놀이	

출처: 파랑새유치원(2011)을 수정함.

2) 월간교육계획

월 단위로 학사일정과 명절, 행사 등을 확정하고 이에 따라 놀이계획, 현장학습이나 체험활동, 부모교육, 안전교육 등에 대한 계획을 구체화하는 것이 월간교육계획이다. 체험학습은 사전 계획과 예약이 필요한 경우가 대부분이며, 물리적 자원도 예산을 책정하여 구매하는 과정을 거쳐야 하므로 사전에 준비하지 않으면 학급에 필요한 것을 제때에 준비해 주기 어렵다. 가정 협력이 필요하거나 학부모 참여가 이루어지는 경우에도 가정에 사전에 안내해야 한다. 최소한 1개월 전에는 계획해야 준비하여 진행할 수 있을 것이다.

한편, 월간 주제를 선정하고 하위 소주제로 구분하여 전개 계획을 수립할 수도 있다. 주제 전개의 방향을 미리 예측하고 준비하면 교사 입장에서 풍부한 교육적 경험을 제공할 준비 시간이 충분하다는 장점이 있다. 월간 주제를 미리 정하면 교사 주도적 계획을 중심으로 교육이 진행되는 경향을 피하기 어렵기 때문에 교사는 유아의 관심과 놀이 전개에 따라 융통성 있게 수정해 나가려는 노력을 해야 한다. 〈표 14-6〉은 4주 정도로 전개 시기를 예상하고 작성한 주제계획안의 예다.

표 14-6　4세 유아를 위한 주제계획안의 예(주제명: 나와 가족)

주제	나와 가족		기간	○월 ○일 ~ ○월 ○일
목표	• 나는 소중하고 특별하다는 것을 알고 긍정적인 자아를 형성한다. • 가족에 대해 관심을 갖고 나도 가족 구성원임을 안다.			
소주제	1주 나는 특별해요	2주 내 몸을 살펴보아요	3주 나와 우리 가족이 좋아하는 것	4주 우리 가족은 소중해요
등원 및 맞이하기	가져온 소지품 장에 넣어 보기 / 어린이집에 어떻게 왔는지 이야기해 보기			

		1주 나는 특별해요	2주 내 몸을 살펴보아요	3주 나와 우리 가족이 좋아하는 것	4주 우리 가족은 소중해요
실내 자유 놀이	역할놀이영역	• 생일 축하 놀이	• 신체검사 놀이 • X-레이 촬영소 놀이	• 엄마, 아빠 소꿉놀이 • 내가 좋아하는 음식 만들기 • 음식 백화점 놀이	• 가족사진 전시 • 결혼식 놀이 • 엄마, 아빠 놀이 하기
	쌓기놀이영역	• 단위블록으로 몸 구성하기 • 가족 인형 놀이	• 내 키만큼 쌓아요 • 카프라로 우리 몸속의 뼈대 꾸미기	• 가족 역할 놀이 • 단위블록으로 우리 집 구성하기	• 우리 집 만들기
	언어영역	• 나의 책 만들기 • 동시 〈벌써 나 혼자 했어요〉 • 기분놀이판 • 상상해 보아요	• 신체 각 부분 그림 수수께끼 카드 • 신체 부분 명칭 써 보기 • 동시: 눈눈눈, 말랑말랑 딱딱 • 내 몸에 뼈가 없다면	• 나와 가족이 좋아하는 물건 수수께끼 • 내가 좋아하는 과자 표정놀이	• 손가락 인형으로 가족 놀이 • 카드 먹는 인형통(가족 인형통, 물건 카드) • 가족에게 그림편지 쓰기
	미술영역	• 거울 보고 내 모습 그리기 • 지문 찍어 그리기 • 그림 화보, 잡지 이용하여 나 표현하기	• 큰 종이에 나의 몸 전체를 그리기 • 손, 발 페인팅 • 찰흙으로 구성하기	• 내가 좋아하는 것들 그리기(OHP 이용) • ‘나’ 그림 그려 막대인형 만들기	• 가족사진 액자 만들기 • 사랑의 쿠폰 만들기
	음률영역	• 노래: 멋쟁이, 내 얼굴 • 내가 만든 악기로 연주해 보기	• 노래: 머리 어깨 무릎 발, ○○은 어디 있나 요기	• 노래: 누구일까요, 나처럼 해 봐요 • 신체를 이용한 풍선놀이	• 노래: 엄마, 사랑 • 손유희: 새들의 결혼식 • 음악감상: 춤추는 장화

실내 자유 놀이	수·과학 영역	• 친구 얼굴 알아맞히기 • 나의 성장 사진 전시하기 • 냄새 맡기, 맛보기	• 전신 거울에 비친 나의 몸 관찰하기 • 키 재기 그래프 • 몇 개일까요 • X-레이 관찰하기 • 뼈 관찰하기(닭뼈, 생선뼈)	• 얼굴 만들기 게임 • 요리: 식빵 얼굴 꾸미기	• 가족 수 그래프 • 성장 도미노 카드
	조작영역	• 감정 그림 모으기 게임 • 느낌이 달라요. • 맞혀 보세요.	• 신체 퍼즐(옷 입은 것, 몸속 그림) • 얼굴 자석놀이(얼굴 꾸미기)	• 색깔 마카로니로 목걸이 만들기 • 가족 옷 바느질(끈 꿰기)	• 가족 구성원의 모습 변화 순서대로 놓기 • 가족 얼굴 표정 카드 연결하기
대·소집단활동		• 이야기 나누기: 나는 특별해요/내 몸을 살펴보아요/우리 가족은 소중해요 • 동화: 『소중한 나의 몸』, 『행복한 우리 집』 • 동시 감상: 「눈눈눈 게임」, 「○○는 어디 있나」 • 노래: 〈멋쟁이〉, 〈사랑〉, 〈우리 집〉			
실외 자유놀이		• 함께 원 그려 보기/엉덩이로 밀기/그림자는 흉내쟁이 • 균형 잡고 평균대 걷기/잡기놀이/몸으로 재 보기 • 모래 위에 우리 몸의 뼈 그려 보기/정자나무 그늘에서 나의 책 소개하기 • 신체표현 : 둘이 살짝/손가락 풀 물감 놀이/공 던지고 받기			
기본생활습관		• 내 물건 아껴 쓰고 보관하기 • 손과 발을 깨끗이 하기 • 음식 골고루 먹기 • 아빠, 엄마께 감사하는 마음 갖기(예절) • 웃어른께 높임말 쓰기			

3) 주간교육계획

주간교육계획안을 수립할 때는 현재 진행되는 놀이의 흐름에 따라 다음 주에 전개될 방향을 예측하여 내용을 선정한다. 월간교육계획에 비해 주간교육계획은 현재의 놀이 관찰 결과를 즉각적으로 반영할 수 있으므로 교실에서 실제 실행되는 놀이와 일치도가 매우 높다.

- 주간교육계획안에는 자유놀이 시간에 각 흥미영역에 놀이할 내용과 바깥놀이, 대 · 소집단활동 계획, 일과와 관련된 계획, 안전교육, 이번 주의 특색 교육, 현장학습, 가정협력 사항 등을 포함한다.
- 주간 교육을 통한 교사의 기대, 이번 주의 교육목표 등을 기술할 수 있다. 또한 한 주간의 놀이를 평가하고 다음 주의 지원 계획을 기록한다.
- 유아들의 자유로운 놀이가 격려될 수 있도록 자유놀이를 충분히 계획하고 교사 주도적인 활동은 꼭 필요한 활동을 중심으로 계획한다.
- 유아들이 현재 관심을 갖거나 자연스럽게 경험하는 놀이주제 중 학급에서 공유하기 적합한 주제를 선정한다. 주제에서 다뤄질 수 있는 주요 내용을 분석하고, 국가 수준 교육과정과의 관련성을 검토한다.
- 주제의 종류나 확장 정도에 따라 2~3주 이상 전개되기도 한다. 다루어질 내용이 많은 주제의 경우 몇 개의 소주제로 구분하여 전개할 수도 있다. 또한 유아의 놀이 흐름이나 기념일 등의 시기적 특성에 따라 동시에 두 가지의 주제가 병행될 수도 있다.
- 주간교육계획안은 월~금까지의 요일을 구분하여 계획하는 경우도 있고 구분 없이 일주일의 놀이와 활동을 계획하기도 한다. 자유놀이는 한 주간의 놀이로 계획하며, 안전교육이나 강사 초빙 활동, 현장학습과 같이 일자가 정해진 활동은 해당 요일에 계획한다.
- 각 놀이와 활동이 주초에 이루어지면 좋은 활동인지 주중이 적합한지 고려하여 시기를 정한다. 이때 인식−탐색−탐구−활용의 학습주기를 고려하여 배치하는 것도 좋은 방법이다. 즉, 놀이주제의 인식을 돕는 활동을 먼저하고, 탐색과 탐구 과정이 중요한 활동은 주의 중반부에, 놀이를 통해 알아낸 것을 반영하는 활용 활동은 후반부에 이루어지는 것이 유아의 놀이를 통한 배움의 과정을 돕기 용이하다.

만 3세반의 '동물'이라는 주제로 한 활동 목록과 주간교육계획안의 예를 [그림 14-6]과 〈표 14-7〉에 제시하였다. 〈표 14-7〉은 일별, 흥미영역별로 구분하여 계획한 양식으로 일과의 균형을 자연스럽게 전개하기 어려워하는 초임교사가 사용하기 적합한 예로 제시하였다.

주제활동계획안(만 3세반)

주제: 동물

내용: • 우리가 좋아하는 동물에는 여러 종류가 있다.　　• 우리가 기를 수 있는 동물이 있다.

　　• 동물들은 이름과 생김새, 사는 곳이 다르다.　　• 우리도 동물을 보호할 수 있다.

이야기 나누기
• 내가 좋아하는 동물이 있어요.
• 동물원에 가서 보고 싶은 동물은?
• 동물원에 다녀왔어요.
• 나는 어디에 살까요?
• 집에서 기를 수 있는 동물
• 우리 반에서 기르고 싶은 동물
• 동물을 잘 기르려면
• 동물들의 생김새

새 노래
• 우리들 세상
• 기린이랑 사슴이랑
• 작은 동물원
• 조금 더 다가가서
• 밀림으로
• 들짐승을 집에서 못 키우는 이유

신체표현
• 동물처럼 움직이기
• 동물의 사육제-코끼리처럼 걷기
　　　　　-사자의 행진
　　　　　-백조처럼 움직이기

동화
• 엄마 잃은 아기 참새
• 목이 길어진 사자
• 내가 최고야
• 아기곰은 새가 되고 싶어요.
• 예쁜 옷은 누가 입을까
• 커지는 물고기
• 날지 못하는 아기새
• 누가 내 머리에 똥 쌌어?

동시
• 내가 좋아하는 동물
• 친구하려고

동극
• 누가 내 머리에 똥 쌌어?

끼우기
• 퍼즐-동물들이 사는 곳
• 동물들이 사는 곳 만들기
• 동물 모양 끈 끼우기

쌓기
• 동물원 구성하기
• 동물 병원 구성하기
• 동물 구성하기

역할
• 동물 역할놀이

게임
• 동물 이름 말하고 흉내 내기
• 숨겨진 동물 찾기
• 건들이지 않고 기어가기(거북이)
• 동물 소리 짝 짓기
• 나를 집에 데려다 주세요.
• 신문지 찢고 구겨 몸 움직이기

실외놀이
• 동물 모양 모래 찍기
• 두꺼비 집 짓기
• 개미 관찰하기

동물

미술
• 그리기-내가 좋아하는 동물
• 꾸미기-동물원에서 본 동물을 사진으로 꾸미기
• 만들기-사자 가면 만들기
• 동물 모양 찍어 목걸이 만들기
• 판화-동물 판화 찍기
• 동물 모양 찍어 목걸이 만들기
• 물에 사는 동물 스크래치
• 우리가 기르는 동물 집 꾸미기

언어
• 동물 수수께끼
• 듣기-동물 울음소리 듣기
• 쓰기-동물책 만들기
• 말하기-동물 손가락 인형 놀이
• 동물 그림자 찾기
• 동물 디오라마(하늘, 물, 땅)
• 우리가 기르는 동물 이름 짓기

수 · 과학
• 수(그래프)-우리가 좋아하는 동물
• 요리-동물 모양 쿠키 만들기
• 수(공간)-치즈 마우스
• 수 책 만들기-수만큼 동물 발바닥 도장 찍기
• 모양 자석으로 동물 만들기
• 수(분류)-하늘, 땅, 물에 사는 동물 분류하기
• 수(게임)-토끼 먹이 주기
• 동물 먹이 주는 순서 정해 먹이 주기
• 우리가 기르는 동물 관찰하기

[그림 14-6] 주제 '동물'의 활동 목록

표 14-7 주간교육계획안의 예(만 3세반)

만 3세반 주간교육계획안(6월 2주)					
주제	동물		활동기간		6월 7일 ~ 6월 11일
내용	• 우리가 좋아하는 동물에는 여러 종류가 있다. • 동물들은 이름과 생김새가 다르다.				

	활동영역	월(7)	화(8)	수(9)	목(10)	금(11)
자유놀이	쌓기			내가 좋아하는 동물 구성하기	○○동물원 견학	동물원 구성
	역할					
	언어	아빠 참여수업 준비(아빠에게 하고 싶은 말-금연 카드)		동물 손가락 인형 놀이		동물원에서 찍은 사진 보며 이야기하기
	음률		악기를 연주하며 〈우리들 세상〉 부르기	동물 모양 악기 연주하기		
	수 · 과학		내가 좋아하는 동물(그래프)			
	조작	동물 모양 끈 끼우기				
	조형	아빠 참여수업 준비(우리 아빠 그리기)	내가 좋아하는 동물 그리기			동물원에서 본 동물 꾸미기
대 · 소집단활동	이야기 나누기	주말에 있었던 일 이야기	내가 좋아하는 동물이 있어요.	동물원에 가서 보고 싶은 동물은? (동물원 견학 안내)		동물원에 다녀 왔어요.
	동화 · 동극	동화 『누가 내 머리에 똥 쌌어?』	동극 「누가 내 머리에 똥 쌌어?」			
	동시		내가 좋아하는 동물			동시 「코끼리」

대 · 소 집 단 활 동	음악(새노래)	우리들 세상				
	신체표현			동물 움직임 예측해 보기		
	게임		동물 이름 알아맞히기			동물 걸음으로 반환점 돌아오기
	실외활동	개미 관찰하기, 두꺼비집 짓기				
	현장학습					
기본생활습관		친구에게 모래 뿌리지 않기				
문화정체감		깃대 쓰러뜨리기				
안전		동물원에서의 안전(혼자 다니지 않아요)				
에코그린 활동		우리가 만든 화분에 물 주기, 동물원 동물에게 줄 먹이를 알아보고 먹이 주기				
기타		가정통신문(금) 아빠 참여수업 안내				

출처: 파랑새유치원(2011).

〈표 14-8〉은 주간 놀이계획과 일일 평가 및 지원계획이 포함된 주간보육일지의 예다. 놀이를 관찰하여 다음날 융통성 있게 전개하고 놀이를 지원하는 교사에게 적합한 양식이다.

표 14-8 　주간보육일지(양식)의 예

❶ 개정 누리과정의 '추구하는 인간상'을 중심으로 이번 주에 유아가 어떻게 지냈으면 하는지를 기술

❷ 놀이 시간에 정리 및 전이 시간이 포함되므로 이를 고려하여 충분한 놀이 시간을 확보·실시하고 놀이가 진행되는 흐름에 따른 각 놀이의 변화를 놀이명 수준으로 간단히 기록
－추가되는 놀이는 파란색으로 기록

❸ 낮잠 후 자연스럽게 실시되는 놀이를 실내외 구분 없이 기록

❹ 실행된 놀이에 대한 간단한 평가, 일과계획에서 그날 변동된 시간, 운영의 특이사항 기록

○○반 보육일지 (만 세)

기간	년 월 일 ~ 월 일			담임	원장
❶ 이번주 교사의 기대	친구와 함께하는 놀이가 이루어지고 있으므로, 친구와 더불어 즐겁게 활발하게 어울렸으면 함				
요일 일과	월	화	수	목	금
등원 및 통합보육 (7:30 ~ 9:00)					
오전간식 (9:00 ~ 9:20)					
❷ 오전 실내놀이 (9:20 ~ 10:40)	데굴데굴 자동차를 굴려요	------------>	------------>		------------>
	블록으로 만든 길	------------>	------------>	여러 가지 길 (오르막, 내리막, 넓고 좁은 길 등)	------------>
	------------>		도로에서 볼 수 있는 (신호등, 표지판 만들기)		
	다양한 자동차가 있어요		내가 만든 자동차		
	------------>			내가 만든 자동차를 전시해요	
활동 (10:40 ~ 11:00)		[교통안전교육] 신호등을 보고 건너요	내가 만든 자동차를 소개해요	자동차길을 만들 때 조심해요	
바깥놀이(대체) (11:00 ~ 12:20)	놀이터에서 자동차 굴리기 ·유희실에서 자동차 굴리기	산책하며 자동차길 살펴보기 ·유희실에서 자동차 굴리기	산책하며 자동차길 살펴보기	놀이터에 길 만들기 ·복도에 길 만들기	
점심식사 (12:20 ~ 13:20)					
낮잠 및 휴식 (13:20 ~ 14:20)					
❸ 오후 놀이 (14:20 ~ 15:40)	오전에 진행되었던 자유놀이 확장하여 놀이하기				
오후간식 (15:40 ~ 16:00)					
귀가 및 통합보육 (16:00 ~ 17:00)					
❹ 놀이 평가 및 다음날 지원계획	한 유아가 자동차 굴리기를 하자 아이들이 점차 친구에게 관심을 보이며 주변으로 모여 놀이가 시작되었다. 자동차를 바닥에 굴리며 놀이하다가 블록으로 길을 만들어 그 위에서 움직이는 것으로 놀이가 변화하더니 놀이터에서도 자동차 굴리기가 계속되었다. 다양하고 넓은 공간에서 놀이해 볼 수 있도록 실외에서도 진행해 보아야겠다.	미세먼지로 인해 실외놀이가 어려워 유희실에서 대체놀이가 진행되었다. 그에 따라 실내놀이 시간을 20분(9:20~11:00) 연장하고 바깥놀이 시간에 대체한 유희실 놀이는 1시간(11:20~12:20)으로 조정하여 진행하였다. 내일 미세먼지 수치가 낮아지면 충분한 바깥놀이 기회를 제공해 주어야겠다.	오늘은 미세먼지 수치가 낮아져서 어제 하지 못한 산책하며 자동차 길을 살펴보며 바깥을 1시간 30분 (10:50~12:20)으로 조정하여 진행하였다. 실외 공간에서 자동차길을 만들며 안전문제가 발생하기 시작함에 따라 안전하게 놀이할 수 있는 방법에 대해 유아들과 이야기를 나눌 필요가 있겠다.		
반 운영 특이사항	수족구 발생으로 결석 ○○○				

출처: 보건복지부, 중앙육아지원센터(2020), p. 9.

4) 일일교육계획

일일교육계획안은 주간교육계획에 기초하여 유아가 하루 동안 어떻게 생활하며 놀이할 것인가를 계획하는 것이다. 하루 일과가 끝나면 교사는 실시된 활동을 기록하면서 유아가 활동한 내용을 평가하고 다음 날 일일교육계획에 참고한다.

〈표 14-9〉는 놀이계획 및 실행일지 예시다. [그림 14-7]은 일과운영 중심으로 계획하고 수기로 평가내용을 기록하는 간략한 일지의 예시다.

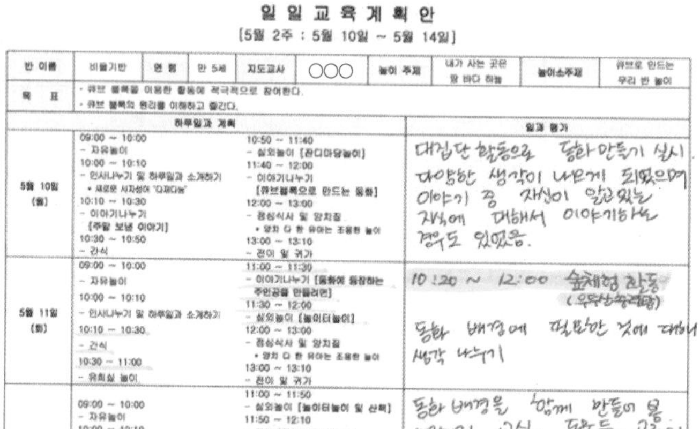

일 일 교 육 계 획 안

[5월 2주 : 5월 10일 ~ 5월 14일]

반 이름	비들기반	연령	만 5세	지도교사	○○○	놀이 주제	내가 사는 곳은 땅 바다 하늘	놀이소주제	큐브로 만드는 우리 반 놀이
목 표	· 큐브 블록을 이용한 활동에 적극적으로 참여한다. · 큐브 블록의 원리를 이해하고 즐긴다.								

	하루일과 계획		일과 평가
5월 10일 (월)	09:00 ~ 10:00 - 자유놀이 10:00 ~ 10:10 - 인사나누기 및 하루일과 소개하기 • 새로운 사자성어 '다짐다짐' 10:10 ~ 10:30 - 이야기나누기 [주말 보낸 이야기] 10:30 ~ 10:50 - 간식	10:50 ~ 11:40 - 실외놀이 [잔디마당놀이] 11:40 ~ 12:00 - 이야기나누기 [큐브블록으로 만드는 동화] 12:00 ~ 13:00 - 점심식사 및 양치질 • 양치 다 한 유아는 조용한 놀이 13:00 ~ 13:10 - 전이 및 귀가	대집단 활동으로 동화 만들기 실시. 다양한 생각이 나오게 되었으며 이야기 중 자신이 알고있는 지식에 대해서 이야기하는 경우도 있었음.
5월 11일 (화)	09:00 ~ 10:00 - 자유놀이 10:00 ~ 10:10 - 인사나누기 및 하루일과 소개하기 10:10 ~ 10:30 - 간식 10:30 ~ 11:00 - 유희실 놀이	11:00 ~ 11:30 - 이야기나누기 [동화에 등장하는 주인공을 만들려면] 11:30 ~ 12:00 - 실외놀이 [놀이터놀이] 12:00 ~ 13:00 - 점심식사 및 양치질 • 양치 다 한 유아는 조용한 놀이 13:00 ~ 13:10 - 전이 및 귀가	10:20 ~ 12:00 숲체험 활동 동화 배경에 필요한 것에 대해 생각 나누기
5월 12일 (수)	09:00 ~ 10:00 - 자유놀이 10:00 ~ 10:10 - 인사나누기 및 하루일과 소개하기 10:10 ~ 10:30 - 간식 10:30 ~ 11:00 - 신체활동 [생활체육]	11:00 ~ 11:50 - 실외놀이 [놀이터놀이 및 산책] 11:50 ~ 12:10 - 조형 [동화 배경 꾸미기] 12:10 ~ 13:00 - 점심식사 및 양치질 • 양치 다 한 유아는 조용한 놀이 13:00 ~ 13:10 - 전이 및 귀가	동화 배경을 함께 만들며 불 여겨져진 교실, 동굴들, 공룡의 발자국을 만들며 스스로 배치 발자국의 형태도 다양하였음.
5월 13일 (목)	09:00 ~ 10:00 - 자유놀이 10:00 ~ 10:10 - 인사나누기 및 하루일과 소개하기 10:10 ~ 10:30 - 간식 10:30 ~ 11:30 - 실외놀이 [잔디마당 놀이]	11:30 ~ 11:50 - 우리 반 놀이 [공룡파티를 해요] 11:50 ~ 12:00 - 화장실 다녀오기 및 손씻기 12:00 ~ 13:00 - 점심식사 및 양치질 • 양치 다 한 유아는 조용한 놀이 13:00 ~ 13:10 - 전이 및 귀가	공룡파티는 동화 속 내용이고 배경이지만 하나의 놀이로 이루어지게 되었음.
5월 14일 (금)	09:00 ~ 10:00 - 자유놀이 10:00 ~ 10:10 - 인사나누기 및 하루일과 소개하기 10:10 ~ 10:40 - 동화 [오늘하루 판다 - 책이야기] 10:40 ~ 11:00 - 간식 11:10 ~ 11:40 - 찾아가는 전래놀이 [공기놀이]	11:40 ~ 12:00 - 이야기나누기 [가족과 함께 하는 원격 참여수업] 12:00 ~ 13:00 - 점심식사 및 양치질 • 양치 다 한 유아는 조용한 놀이 13:00 ~ 13:10 - 전이 및 귀가	할일 (5.14) 1. 책이야기 - 동화 듣기 / 활동지 소개하기 (10:00 ~ 10:30) 2. 여벌옷 챙겨주기 (옷장에 넣어 두기) 3. 가정통신문 (10:30 ~ 10:35) → 간식, 화장실 4. 전래놀이 (11:10 ~ 11:40) → 물·화장실 5. 가족참여수업 활동 미리 보기 (11:50 ~ 12:10) → 카드 보여주기 → 메모리 게임 한 유별 1개씩 해 보기
놀이상황 중 지도사항			
이번 주 우리 반 특별한 놀이 생각	동화를 준비하는 것도 유아들이 하는 특히 공룡파티 준비, 공룡 파티도 즐겁 만 놀이로 역할 놀이로 전개되는 파티놀이 고민을 했으나 의외로 즐겁게 진행하고		
교사의 놀이 지원 계획	공룡파티가 확장하게 되려면 소품이 필요할 것이라고 예상. 소품으로 고깔, 공룡 등의 뿔 등을 만들어 보게 되면 어떨지 생각하고 상자, 모자, 꾸미기 재료를 제공		

[그림 14-7] 일일교육계획안 예시

출처: 한림성심대학교 부속 한림유치원.

표 14-9 놀이계획 및 실행일지 예시(3세반)

기간	2000년 12월 1일~12월 4일	주제/소주제	겨울의 날씨와 생활	담당교사
주제 및 놀이 예상 방향	• 겨울의 날씨에 관심을 갖고 겨울이 되어 달라진 옷차림, 생활모습을 알아보며 관련된 놀이를 진행함.	흥미영역 및 환경 준비	• 과학-겨울나무 사진, 겨울나무 옷 사진 • 조형-겨울 옷차림 색칠도안, 검은 색 도화지(둥그란 모양), 반구, 색종이, 빨대, 우드락볼	특이사항
목표	• 겨울이 되어 변화하는 날씨에 관심을 갖는다. • 겨울이 되어 달라진 생활모습을 안다.			* 원격수업, 등원수업이 병행되고 있어 1일(월)에 가정으로 놀이꾸러미가 발송되고 그에 따른 수업 영상이 업로드 되었음.

날짜	일과 구성	계획 및 준비	놀이실행 및 지원 / 활동평가
12/3 (목)	08:50~09:00 등원 09:00~10:00 자유놀이 10:00~10:10 정리정돈 및 화장실 다녀오기 10:00~10:20 인사나누기 및 일과 소개 10:20~10:40 간식 10:40~11:00 새노래 11:00~11:50 바깥놀이 (유희실 놀이) 11:50~12:00 손 씻기 12:00~12:40 점심 및 양치질 12:40~13:00 자유놀이 13:00~13:10 전이 및 귀가	• 새노래-눈이 올 것 같아요 -눈이 내린 풍경을 떠올리며 내용도에 맞추어 노래를 부름 -자료: 음원, 악보, 가사판 자유놀이 [수·조형 영음담사놀이] (역할)겨울옷차게 놀이하기 [과학]나무가 있는 겨울옷 [조형]스노우볼 만들기/눈사람 접기	[놀이실행 및 지원] -자신의 이름과 친구들 이름을 읽고 쓰는 것에 관심을 많이 보이며 내이름 두루마반 이름판 이름표 자료를 가지고 이름을 즐기어 보고 적어 보는 놀이를 즐겨함. 전체 유아들의 이름을 다 써보고 싶어 하는 유아들도 정확한 글자는 아니지만 비슷한 형태로 끼적이며 즐기거 하는 모습을 보이고 그림체을 볼 때에도 제목에 관심을 보이고 읽어 보려 하며 교사에게 알려 달라고 요청하고 읽어 준 제목을 다시 읽어 보는 모습을 많이 보임. -떼어 낸 단어의 뒷면에 겨울 액자를 만들어 붙이고 이야기해 주어 친구들과 예쁜 겨울 액자를 꾸며 주고 교실 벽면에 게시하였음. -수호가 붕어빵 가게 놀이를 하고 싶다고 이야기하며 붕어빵을 그려 달라고 이야기하며 붕어빵을 그려 주었음. 붕어빵을 그리고 색칠하여 완성하고 종이를 말은 뒤 점심 먹고 테이프로 붙임 붕어빵 봉투를 꾸며 붕어빵 가게 놀이를 진행하였음. -지난주에 신체활동을 주제로 표현했던 놀이 중 천을 영역에 내어주어 유아들이 천을 이용하여 표현하는 활동을 진행하기도 하고, 색깔에 따라 바다, 하늘의 용암 등으로 장소를 정하고 상황을 제시하며 극놀이를 하기도 하였음.

12/3 (목)	가정 연계수업 유아 놀이	* 놀이꾸러미를 통해 할 수 있는 놀이 영상을 업로드해 주어 수업 영상을 보고 해당 놀이의 사진을 보내 주심.	[활동 평가] 새노래-눈이 올 것 같아요 —눈이 내린 뒤의 풍경을 떠올리며 가사를 이하고 가사에서 왜 깡충깡충 뛰었다는 내용이 나오는지 예측해 보고 "눈이 좋아서 신나서 뛴 것 같아요.", "눈을 밟는 게 좋아서 뛴 것 같아요." 하며 자신의 생각을 공유하고 유아들이 눈이 오면 기분이 어떨지, 어떤 놀이를 하고 싶은지 이야기해 주기도 하였음. 눈이 오면 하고 싶은 놀이에 관심을 갖고 어떤 놀이를 할 수 있는지 하고 싶은지에 대해서도 적극적으로 이야기해 줌. 놀이 시간에도 들려주어 유아들이 가사와 멜로디를 익숙해하며 수월하게 배워 멋진 목소리로 노래를 불러 주었음.

—두루마리 이름표를 다함께 보기에 붙여한 점이 있어 다른 친구가 이름판을 사용하고 있는 경우에는 교사의 출석카드도 함께 빌려주어 사용할 수 있도록 하였음.
—붕어빵을 그림으로 나타내거나 양고 좋아를 접어서 표현하고 싶은 친구들이 있어 검색하여 함께 색종이로 붕어빵을 접어 표현해 보았음.
—붕어빵 외에 다른 음식들이 있으면 좋을 것 같아서 어묵탕, 고구마 색칠 도안을 내어주어 다양한 겨울 음식에 관심을 가지고 놀이할 수 있도록 지원하였음.

○○가 원격수업 자료로 보내준 놀이꾸러미의 공룡그림과 공룡알로 꾸민 공룡알

○○가 공룡모형으로 연체하여 놀이하는 모습

출처: 한림성심대학교 부속 한림유치원(2020).

5. 유아반 놀이 사례

1) 놀이 사례: 여름부터 겨울까지 이어지는 텐트 놀이

4세반 교실에서 6월에 시작한 택배상자를 이용한 놀이가 여름 캠핑놀이, 가을이
되어 복도의 은신처 놀이로 전개된 사례다. 자료는 교사가 동료장학용 자료로 작성
한 여름 놀이 보고서(박은선, 2020)를 요약하고 이후의 가을, 겨울 놀이자료를 첨삭
한 것이다(한림성심대학교 부속 한림유치원, 2020).

(1) 여름 놀이의 시작

날씨가 더워지면서 코끼리반의 유아들은 여름에 관심을 갖고 놀이하기 시작한다.
함께 달력을 보며 더운 여름이 시작된다는 이야기를 나눴던 유아들은 뜯어낸 6월 달
력에도 관심을 보였다. 달력의 뒷면에 바다와 물고기, 배를 그리며 자유롭게 이야기
를 나누는 유아들은 여름 특히 바다에 많은 관심을 보였다. 여름에 대한 경험을 나
누고 여름과 관련된 것을 알아보며 상자로 배 만들기, 나만의 여름 가방 만들기 등
을 해 보며 좀 더 구체적인 여름 놀이와 경험으로 캠핑에 대해 관심이 높아졌다.

[그림 14-8] 상자로 물놀이 배 만들기, 색칠하기, 꾸미기

유아들은 유치원에서 캠핑놀이를 하고 싶다고 하였는데 아이들의 큰 관심은 캠
핑에 필요한 의자와 탁자, 텐트였다. 교사는 "캠핑놀이를 해 보자! 유치원에서도 할
수 있어."라고 격려하며 '어떻게 캠핑놀이를 할 수 있을까?' 질문을 토대로 놀이를

시작하기 위한 대화를 나누었다. "박사블록이랑 상자로 만들자!" 유아들은 대형 블록을 이용하여 테이블, 의자를 만들기 시작하였고 직접 만든 의자에 앉아 이야기를 나누고 놀이하며 필요에 따라 놀이 중간에도 의자나 테이블에 변화를 주는 모습을 볼 수 있었다.

(2) 캠핑놀이를 준비하자!

커다란 보자기와 돗자리로 텐트처럼 꾸며 보기로 하였다. 그런데 유아들은 진짜 텐트도 있으면 좋으니 집에서 가져오면 좋겠다고 한다. 실외에서 캠핑을 하고자 하는 의견에 따라 캠핑놀이의 날을 정하여 유아들과 놀이를 계획하고 구성하였다. 캠핑놀이의 날을 위해 필요한 것, 하고 싶은 놀이, 장소를 선정하기 위해 대집단으로 이야기 나누기를 하였다. "우리 집에 캠핑의자 있는데 그걸 가지고 와요."라는 의견을 통해 가정과 연계하여 테이블, 의자는 가정의 지원을 받아 놀이에 사용하였다. 유아가 직접 만든 블록 테이블과 의자도 사용하였다. 캠핑놀이를 하며 하고 싶은 놀이에 대해 생각을 모아보고 함께 준비하기로 하였다. 줄을 이용한 놀이로 줄다리기, 기차놀이, 거미줄을 만들어서 놀이를 해 보기로 하였고, 공을 이용한 놀이에 대해 이야기를 나누던 중 "던지기 놀이, 맞추기 놀이를 하면 좋겠어요.", "골 넣기를 하면 좋겠어요."라는 의견이 많았다. 폐품을 이용하여 핀 넘어트리기, 골 넣기를 하기로 하고 직접 도구를 만들어 보고 복도에서 실제로 놀이에 활용해 보며 보완할 점을 찾아 수정하며 놀이하였다.

| 텐트를 미리 펼쳐 보고 가랜드 장식품, 테이블과 의자를 만들며 잔디마당의 캠핑놀이 준비하기 | 캠핑놀이에서 할 공놀이터를 만들어 보며 수정하는 유아들. "공이 굴러가지 않게 울타리를 만들자." | 캠핑놀이에서 가지고 놀이할 놀잇감을 함께 만들기 |

[그림 14-9] 캠핑놀이 준비

(3) 잔디마당에서 캠핑놀이 하는 날

텐트에 놀이 테마를 정해 놀이해 보기도 하였는데 유아들은 잔디마당에서 텐트를 오가며 한없이 즐거워하였다. 텐트를 펼쳐 놓은 마당에서 아이들과 미리 의논하고 준비한 색깔 얼음으로 그림그리기, 공놀이, 모래놀이, 캠핑요리(꼬치 만들어서 먹기)도 하였는데 자유롭고 신나는 시간이었다. 코로나19로 현장학습을 가지 못했던 터라 아이들은 더 신이 났다. 캠핑 요리 활동은 많은 고민이 필요하였다. 다른 때와 달리 협동보다는 혼자서 만들어 먹을 수 있는 형태로 구성하고 개별적으로 거리를 두고 만들어 먹는 시간을 가졌다.

[그림 14-10] 협동하여 준비한 캠핑놀이를 하는 유아들

(4) 새로운 놀이의 시작

떠들썩한 캠핑놀이의 날이 지나고 난 뒤에도 마당과 복도에서 텐트를 이용한 놀이를 지속하였다. 복도의 텐트는 유아들에게 새로운 공간이 되었다. 혼자 책을 보기도 하고 숨어 있는 자기만의 특별한 공간이 되기도 했다. 캠핑놀이를 실내에서 하며 자유놀이 시간에 놀이가 변화하기 시작하였다.

텐트 안에서 놀이하며 캠핑놀이만 하던 유아들은 바다를 주제로 놀이하기 시작하였다. 테이블과 의자로 사용되던 박사블록은 모래성이 되었고 캠핑놀이의 장소는 바다가 되었다. 교사는 놀이를 풍부하게 할 수 있도록 바닷가 현수막을 복도에 걸어 주었고, 주변으로 모래성이 생기기 시작하였다. 바닷가라고 생각하며 놀이를 하다 보니 코를 막고 다이빙하기, 준비운동하기 등 바다에서 할 수 있는 놀이를 하였고, 복도 바닥을 헤엄치는 것처럼 기어서 다니며 물에 빠진 역할을 하고 주변에서 놀이하던 친구들이 심폐소생술을 하는 모습도 볼 수 있었다. 신체를 이용하여 직접적인 놀이를 하는 유아들도 있었으나 손가락 인형을 이용하여 바다에서 놀이하는 인형 놀이 형태로 놀이하는 친구도 있었다. 손가락 인형을 도넛에 끼워 튜브 태우기 놀이와 모래성에 사는 동물들의 놀이를 하는 모습이 보였다. 이후 여름 방학을 하게 되어 유아들의 캠핑놀이, 바다 놀이는 자연스럽게 마무리가 되었다.

(5) 가을, 겨울로 이어지는 놀이

여름 놀이가 끝나고 텐트를 접어 두었는데 낙엽이 많이 떨어지자 유아들이 다시 텐트를 꺼내 달라고 하여 복도에서 가을 놀이가 시작되었다. 복도의 텐트 공간에서 놀이를 이전보다 훨씬 자유롭고 다양한 놀이가 이루어졌다. 소꿉놀이용품을 가지고 나와 음식점 놀이도 하고, 주변에 가을 나무를 만들고 꾸미며 자유로운 극놀이 공간이 되었다. 눈이 온 날 유아들은 우리 반 텐트에도 눈이 왔다며 신문지와 솜뭉치로 눈을 표현하며 겨울 놀이 공간을 만들었다.

바닷가에서 모래성을 쌓고, 물에 빠진 친구에게 심폐소생술을 하는 유아들 　　　　낙엽이 쌓인 텐트를 표현하고 음식점 놀이를 하는 유아들

[그림 14-11] 바다 놀이와 음식점 놀이

제5부

유아교육과정의 모형

제15장

한국의 유아교육과정 모형

1. 덕성여자대학교 부속유치원: 상호작용이론에 기초한 유아교육과정

덕성여자대학교의 상호작용이론에 기초한 유아교육과정은 듀이의 상황중심이론, 미드의 상징적 상호작용론, 피아제의 인지발달이론, 비고츠키의 사회적 상호작용이론을 중심으로 구성된 것이다. 상호작용이론에 따르면, 유아는 적극적이고 탐구적인 존재이며, 끊임없이 외부 세계와 상호작용하며 세계를 이해하려 하는 적응력 있는 유기체다. 유아는 환경과의 상호작용을 통한 물리적 · 사회적 경험 속에서 발달과제를 수용하고 다음의 발달을 위한 학습과정을 촉진할 수 있는 새로운 기술과 경험을 획득하게 된다. 따라서 상호작용적 발달을 위한 교육과정은 유아의 흥미와 동기 유발을 중요한 학습 요인으로 보고, 유아의 관찰과 개인차를 기본으로 하여 유아 자신에게 의미 있고 직접적인 경험을 중심으로 구성된다(덕성여자대학교 부속유치원 편, 2000).

상호작용이론에 기초한 프로그램의 구성은 유치원 교육과정 지침에 제시된 내용들을 주제 또는 프로젝트로 통합하여 의미 있는 구조를 조직하는 것이다. 즉, 내용을 포괄적으로 다룰 수 있는 주제를 선정하고 선정한 주제를 좀 더 깊이 있게 연구하여 한 주제와 관련된 여러 학습영역의 통합으로 개념과 기술을 보다 의미 있게 연결하여 습득할 수 있도록 돕는다.

이 프로그램은 반일제(만 3세), 시간연장제(만 4~5세), 종일제(만 3~5세)로 운영되며, 궁극적인 목표는 전인적 성장 발달을 돕고 민주시민으로서의 자질을 길러 주어 유아가 우리 사회에서 독립적인 존재로서 기능을 할 수 있도록 돕는 것이다.

교육내용은 흥미영역별 놀이활동, 일상적 자기 관리 및 바른 생활습관을 길러 줄 수 있는 활동, 정서적 안정감과 자신감을 길러 줄 수 있는 활동 등으로 구성되어 있다.

1) 교육목표

궁극적인 목표는 전인적 성장 발달을 돕고 민주시민으로서의 자질을 길러 주어 유아가 우리 사회에서 독립적인 존재로서 기능을 할 수 있도록 돕는 것이다.

2) 교육원리

덕성여대 부속유치원의 교육원리 내용은 다음과 같다(덕성여자대학교 부속유치원 편, 2000).

- 유아의 발달은 타고난 유전적 요인 및 유아의 환경과의 상호작용 결과다.
- 호기심이 있는 것에 대해 활동의 동기가 더욱 유발된다. 그리고 학습 동기가 유발된 것에 대해 좀 더 능동적으로 참여하며 학습이 잘 이루어진다.
- 놀이는 유용한 교육적 전략이다.
- 유아의 학습은 교육과정이 주제를 중심으로 조직될 때 보다 더 잘 이루어진다.
- 유아의 학습이 통합적으로 이루어지도록 각 활동은 수학, 구어, 문해, 사회, 과학 등 여러 영역에서의 학습을 지지하도록 구성한다.
- 유아에게 사회문화적으로 의미 있는 활동을 중심으로 교육활동을 구성한다.
- 유아의 학습은 교사의 안내와 상호작용으로 보다 적절히 이루어질 수 있다.
- 사회적·정서적·인지적 측면의 발달은 서로 얽혀 있어 끊임없이 상호 영향을

준다고 본다.
- 주제에 대한 교수·학습 활동은 주제의 의식, 탐색 및 탐구, 적용 및 활용의 학습주기를 고려하여 진행한다.
- 교사는 상황 및 내용에 따라 인정하기, 모델 보이기, 조성하기, 지지하기, 비계 설정하기, 함께 구성하기, 시범 보이기, 지시하기 등 다양한 상호작용 방법을 적용한다.

3) 교육과정 운영의 특성

상호작용이론에 기초한 교육과정은 일반적으로 유아가 관심 있어 하며 생활과 밀접한 주제를 중심으로 교육내용 및 활동을 구성한다. 먼저 주제를 선정하고, 주제를 통해 다룰 수 있는 개념과 기술을 서술하며, 이를 포함하고 있는 놀이를 선정한다. 이러한 놀이는 유아의 관심과 요구에 따라 융통성 있게 전개되고 확장되거나 심화된다. 주제의 선정과 전개과정은 프로젝트 접근법의 전개과정과 유사하며, 이를 순서로 나타내면 다음과 같다.

1. 교육주제 선정하기
2. 개념망 및 활동망 조직하기
3. 주제 전개하기
    - 1단계: 주제의 시작
      - 주제에 적절한 환경 구성하기
      - 주제와 관련된 이야기 나누기
      - 현장견학 및 자원 인사 활용하기
    - 2단계: 주제의 전개
      - 주제와 관련된 다양한 사물, 사건, 장소를 탐색하고 관찰하기
      - 주제에 관한 사실을 다양한 방법으로 조사하고 기록하기
      - 주제와 관련된 평면 및 입체 조형물 구성하기
      - 주제와 관련된 개념을 반영한 극화하기
      - 주제와 관련된 활동 경험에 대해 토론하기

─주제와 관련된 활동의 결과물이나 기록물 활용하기

─현장견학 및 전문가 초청하기

• 3단계: 주제의 마무리

─주제에 관한 개념과 지식을 반영하여 활동하기

─주제에 따라 진행된 활동 평가하기

─조사하거나 발견한 내용을 홍보하거나 계몽하기

─전시회나 발표회하기

4) 교수·학습 방법

덕성여대 부속유치원의 교수·학습 방법은 다음과 같다(덕성여자대학교 부속유치원 편, 2000).

• 유아의 교육활동은 유아가 능동적인 상호작용을 통해 스스로 지식을 구성해 나갈 수 있도록 계획되어야 한다.
• 유아의 교육활동은 유아의 언어적·인지적·사회적·정서적·신체적 발달이 통합적으로 이루어지도록 계획되어야 한다.
• 유아의 교육활동은 유아가 자신의 발달 수준, 흥미 및 이해 정도에 따라 학습활동을 선택하고 학습 속도를 조절할 수 있도록 개별화되어야 한다.
• 유아의 교육활동은 자발적이며 흥미 있는 유아 주도의 놀이를 중심으로 이루어져야 한다.
• 유아의 교육활동은 구체적인 학습자료와 상황으로 제시되어야 하며, 활동의 과정과 결과의 표상활동이 격려되어야 한다.
• 유아의 교육활동은 유아의 생활과 가정 및 지역사회 등 유아가 소속된 사회문화적 맥락을 반영해야 한다.
• 유아의 교육활동은 실수를 인정하는 수용적인 분위기와 융통성을 가진 환경에서 이루어져야 한다.

2. 이화여자대학교 부속유치원: 생활주제 중심 교육과정

이화유치원은 1914년 미국인 선교사 브라운 리(Brown Lee)가 설립한 이화여자대학교의 부속기관으로서 우리나라의 전통사상, 기독교 정신, 프뢰벨의 교육이론, 1920년대 진보주의 이론 그리고 1970년대 이후의 구성주의 이론이 교육과정의 철학적·심리적 기초를 이루고 있다(이화여자대학교 사범대학 부속 이화유치원 편, 2002).

교육과정 계획과 운영은 유아와 교사가 함께 만들어 가는 발현적·역동적 교육계획이며 프로그램의 효율적 운영을 위해 연간, 주간 및 일일 교육계획으로 나누어 유아 개개인의 흥미 변화나 예상치 못한 상황에 따라 융통성 있게 운영된다.

1) 교육목표

이화유치원의 교육목표는 기독교 정신을 토대로 유아의 전인적 성장·발달에 요구되는 최적의 교육환경을 제공하여 심신이 건전한 민주시민을 기르는 데 있다. 그 구성 내용은 다음과 같다(이화여자대학교 사범대학 부속 이화유치원 편, 2002).

- 몸과 마음의 건강과 조화로운 발달을 도모한다.
- 기본생활습관을 기르고 더불어 사는 삶에 필요한 능력을 배양하며 사회 현상에 대하여 관심을 가지게 한다.
- 긍정적인 자아개념을 가지고 즐겁고 행복한 삶을 살도록 한다.
- 예술세계에 대하여 관심을 가지고 자신의 생각과 느낌을 창의적으로 표현하게 한다.
- 말과 글에 관심을 가지고 일생생활에 필요한 의사소통능력을 기른다.
- 자연 및 주변 세계에 대한 관심을 가지고 창의적인 사고능력과 문제해결력을 기른다.

2) 교육원리

이화유치원의 교육원리 내용은 다음과 같다(이화여자대학교 사범대학 부속 이화유치원 편, 2002).

- 교육활동을 계획, 실행, 평가하는 과정에서 유아의 발달 수준, 흥미, 관심 등의 개인차를 최대한 반영한다.
- 유아-유아, 유아-교사, 유아-교구 간에 최적의 상호작용이 이루어지도록 한다.
- 유아가 주도적으로 주변 세계를 관찰, 탐색하고 상호작용을 통해 성장하고 학습할 수 있도록 풍부한 물리적 · 인적 환경을 제공한다.
- 놀이는 유아가 자신과 세상에 대해 학습하는 가장 기초적이면서도 중요한 수단이므로 다양하고 풍부한 양질의 놀이를 할 수 있도록 한다.
- 유아의 현재와 미래의 삶에 의미 있는 생활주제를 중심으로 교육활동을 통합적으로 운영한다.
- 생활주제에 통합적 운영이 효율적으로 이루어질 수 있도록 다양한 교육활동, 교수방법, 교수매체를 활용하여 교육과정을 전개한다.
- 가정 및 지역사회와의 협력을 강화하고, 유아의 사회문화적 배경을 고려하여 교육과정을 구성하고 상호작용하며, 사회공동체 구성원으로서 가져야 할 가치, 태도, 행동, 기술을 배양한다.
- 유아의 성장과 학습에 요구되는 다양한 지원을 최적의 순간에 적절히 지원한다.

3) 교육내용

이화유치원은 과거부터 '단원(unit) 중심'의 교육과정을 진행해 왔다. 유아교육에서 단원이란 유아들의 학습내용을 비슷한 것(주제, theme, topic)끼리 계열별로 묶은 것을 의미한다.

그러므로 단원 중심 교육과정이란 교육내용을 통합하여 유아교육의 전통적인 흥미영역 활동을 중심으로 교육하는 것을 말한다. 단원에 따른 교육내용은 중요한 지역사회의 사건, 흥미로운 일에 관련된 폭넓은 주제나 테마에 대한 활동들을 유아의 흥미 중심으로 선정한다.

따라서 이화유치원 단원의 중심 교육내용 선정은 몇 가지 주제에 대한 심화학습이라기보다는 많은 주제에 대한 개괄적 인식을 목적으로 한다. 그러나 1995년 교육부에서 제5차 유치원 교육활동 지도 자료집을 발간하면서 '생활주제'라는 용어를 사용하게 됨에 따라 이후 이화유치원에서도 '단원'과 같은 의미로 '생활주제'라는 용어를 사용하고 있다(이화여자대학교 사범대학 부속 이화유치원 편, 2002). 생활주제에 따라 유아의 흥미와 요구에 기초하여 구체적 활동, 직접적 경험 학습을 통해 전인적 발달이 이루어지도록 교육내용을 선정하고 있다. 교육내용의 선정 및 조직 방법은 연령별(만 3세, 만 4세, 만 5세), 유형별(반일제, 종일제) 특성에 따라 다르며 생활주제에 따라 선정된 교육개념은 자발적인 놀이를 통한 흥미영역별 자유선택활동과 대 · 소집단활동을 통해 유아가 경험과 지식을 확장하고 심화할 수 있도록 교육활동을 통합적으로 전개해 간다.

4) 교수 · 학습 방법

크게 자유선택활동과 대 · 소집단활동으로 이루어진다. 자유선택활동은 준비된 환경 속에서 유아가 스스로 활동을 선택하여 능동적 · 통합적 학습의 시간을 갖는다. 대 · 소집단활동은 프로그램의 특성, 유아의 연령에 따라 집단의 크기를 조절하고 대체로 하루에 2~4회의 대 · 소집단활동을 하는데, 반드시 매일 대집단활동을 진행하는 것은 아니다.

3. 중앙대학교 부속유치원: 활동 중심 통합교육과정

중앙대학교 부속유치원은 일제강점기였던 1916년 9월, 3 · 1 운동을 주도하였던 33인 중의 한 명인 박희도 선생에 의해 설립되었으며, 조선인에 의해 세워진 최초의 유치원이다. 최초 정동교회 부설 중앙유치원으로 설립되어 1956년 중앙대학교 사범대학 부속유치원으로 원명을 바꾸고 오늘날에 이르고 있다.

중앙대학교의 활동 중심 통합교육과정은 코메니우스, 루소, 프뢰벨, 듀이, 몬테소리, 피아제 등의 이론 중 유아에게 적절한 개념들, 즉 놀이와 활동, 감각교육, 개별성, 창의성, 책임감 및 독립심, 자유와 선택, 자아존중, 개념 발달, 상호작용의 중요성 등을 통합하여 우리나라 유아교육 현장에 적용해 보려고 시도하였다. 활동 중심 통합교육과정은 1990년대 초반까지 우리나라 유치원에서 실시하여 왔던 단원 중심 유아교육에 대한 비판 후 재구성된 것으로서 교육이론 및 실제가 아동 중심적으로 구성된다. 즉, 유아를 인격적인 존재로 인정하며, 유아의 흥미나 욕구에서 출발하여 교육 현장이 유아에게 의미 있게 이루어지도록 구성한다는 뜻이다.

'활동 중심 통합교육과정'에서의 '통합'은 유아의 과거 경험과 현재 경험을 통합시켜 재구성하고 이를 다시 미래의 경험으로까지 연결하는 것, 유아와 유아, 유아와 교사, 교사와 교사 간의 경험을 연결하는 것, 유치원과 지역사회 생활을 연결하는 것, 생활주제 간의 통합, 교육내용 간의 연계와 통합, 유아발달 및 생활영역 간의 통합, 영역별 활동 간의 통합, 유아 개개인이 가지고 있는 지식이나 개념을 통합, 재구성하는 과정을 통한 전인교육을 의미하는 것이다. 이것은 단순히 '주제를 중심으로 한 영역별 활동 간의 통합'의 개념에서 한 걸음 더 나아가, 학습자 내면에서의 통합적 학습 경험을 위한 다양한 요소들 간의 통합을 강조하고 있다. 따라서 교사는 교육의 실제에 있어서 유아를 능동적 학습자로 인식할 뿐 아니라, 통합 행위의 주체는 교사가 아니라 유아여야 함을 알고 유아와 더불어, 함께 교육과정을 만들어 나가고자 노력한다.

1) 교육목표

아동의 흥미와 욕구를 존중하여 교육과정을 구성하므로 교육 현장에서 이루어지는 모든 활동이 아동들에게 '의미' 있게 이루어져야 함을 강조한다. 이에 따라 중앙대학교 부속유치원의 교육목표는 다음과 같다(중앙대학교 사범대학 부속 유치원 편, 1993).

- 신체의 조화로운 발달을 이루도록 돕는다.
- 창의적으로 생각하고 표현할 수 있는 능력을 가지도록 돕는다.
- 보다 즐겁고 행복하게, 긍정적인 삶을 살도록 돕는다.

- 주변 세계에 대한 이해, 경험 지식을 확장하도록 돕는다.
- 어린이 개개인에게 의미 있는 학습이 이루어지도록 돕는다.
- 사회적 규범, 도덕적 가치에 대해 인식하도록 돕는다.
- 자신이 속한 사회에 적극 참여하여 책임 있는 구성원이 되도록 돕는다.

2) 교육원리

활동 중심 통합교육과정에서 교육내용은 다음과 같은 원리에 의해 선정한다.

- 사물이나 사건의 개념 또는 지식을 획득하는 일을 교육과정의 기본으로 삼는다.
- 교육내용은 유아의 발단단계에 부합하게 선정한다.
- 각 유아의 필요와 각 교육내용이 가지고 있는 특수성에 맞추어 내용 및 활동을 선정한다.

3) 교수·학습 방법

중앙대학교 부속유치원의 교수·학습 방법은 다음과 같다(중앙대학교 사범대학 부속 유치원 편, 1993).

- 유아를 능동적인 학습자로 존중한다.
- 유아가 흥미를 느끼는 것에서 시작하여 개념과 지식과 경험이 확대되도록 한다.
- 유아의 학습은 개별화를 원칙으로 하되 집단에서의 경험도 균형적으로 제공한다.
- 유아가 자신의 학습을 선택하고 결정할 기회를 갖도록 한다.
- 유아가 또래와 협동하여 작업하는 기회를 갖도록 소집단활동을 활성화한다.
- 유아가 일상생활을 통하여 민주적 합의과정을 경험해 보게 한다.
- 유아가 발달에 적합한 책임감을 기를 수 있는 기회를 제공한다.
- 주제 및 활동은 융통성 있게 다루어지도록 한다.
- 감각활동, 직접적 경험이 우선적으로 일어나도록 풍부한 교재·교구 및 활동

을 준비한다.

- 활동 속에서 유아-유아/유아-환경/유아-교사 간의 상호작용에 의한 중재학습이 원활하게 이루어지도록 한다.
- 유아와 교사의 활동과정을 지속적으로 관찰하고 평가하여 그 결과가 다음의 활동에 반영되도록 한다.
- 활동 또는 일과를 계획할 때에는 계획-활동-회상(평가)하기의 계열성을 고려한다.
- 일과운영 시 시간과 공간이 최대한 활용될 수 있도록 한다. 이를 위하여 시차제 일과운영을 적극 고려한다.
- 부모교육을 강화하여 자녀교육에 관한 부모-부모, 부모-유치원 간의 협의와 합의가 끊임없이 이루어지도록 노력한다.

제16장

다양한 유아교육과정 모형

1. 프로젝트 접근법

1) 역사적 배경

프로젝트 접근법은 1920년대 미국에서 듀이와 킬패트릭의 진보주의 교육운동에서 시작되어 1960년대 미국의 뱅크 스트리트 대학교 프로그램과 1960~1970년대 영국의 유아학교에서 널리 실시되었던 열린 교육(open education)에서 맥을 찾아볼 수 있다. 프로젝트에 의한 학습을 교수의 중심 활동으로 통합·학습하도록 시도한 학자는 파커와 듀이인데, 그들이 시도한 것은 당시 교육과정에서 매우 새로운 방법이었다(신화식 외, 2004). 듀이는 1886년 자신이 세운 실험학교에서 교사에 의한 피동적 교육이 아닌 활동을 통한 학습을 실현하고자 했고, 이에 프로젝트 형식을 취하는 교육과정을 시도하기 시작했다.

그러나 1920~1930년대에 급성장을 보였던 미국의 진보주의 교육운동은 쇠퇴하기 시작했는데, 그 이유는 프로젝트 과정이 극단적인 학습자 중심으로 계획성이 없

고 그 성과에 대한 객관적인 평가가 곤란하다는 점들을 지적받았기 때문이다. 그
러다가 1970년대 들어오면서 인간 중심 교육을 비롯한 여러 가지 운동이 전개되면
서 인성 계발, 지적 교육과 정의적 교육이 균형을 이루는 교육 등에 대한 관심과 함
께 프로젝트법에 대해 다시 관심을 갖게 되었다. 마침내 1989년 카츠와 차드(Katz
& Chard, 1989)가 '프로젝트 접근법(the project approach)'이라는 교수방법을 소개하
여 이는 유아교육계에 다시 새롭게 부각되었다. 이는 현대 유아교육에서 발달 이론
에 의존해 왔던 교육과정 구성에 대한 반성과 학문적 압력에 대응하기 위한 방법으
로 많은 유아교육자들이 통합적 교육과정, 즉 프로젝트를 통한 교육방법을 제시하
고 있기 때문이다(NAEYC, 1991). 이들은 교사 주도의 체계적인 학문적 교수와 전적
으로 유아의 흥미에 의존하는 놀이 중심의 전통적인 유아교육의 접근법이 둘 다 유
아의 정신을 몰입시키는 데 실패하고 있다고 비판하면서, 이 둘을 연결해 주는 접근
법으로서 프로젝트 접근법을 제안하고 있다. 다시 말해, 유아의 지적 발달과 사회적
발달을 증진시키며 유아의 자발적 놀이와 교사에 의한 체계적인 교수를 통합하고
상호 보완해 줌으로써 균형 있는 교육과정을 운영할 수 있도록 하는 프로젝트 접근
법을 제시한 것이다.

프로젝트 접근법은 1990년대부터 더욱 활발하게 실행되고 있는데, 이는 아동발
달에 관한 최근의 연구결과와 교육과정 통합의 경향 등에 영향을 받은 것으로 볼 수
있다(김대현, 김석우, 2011). 최근의 레지오 에밀리아 유아교육을 통해 알려진 프로젝
트 학습활동이나 가드너의 다중지능이론에서도 교과의 통합과 협동학습 그리고 지
역사회 참여의 목적을 달성할 수 있는 가장 바람직한 방법으로 프로젝트 접근법을
들고 있다.

우리나라에서도 열린 교육의 실시에 따라 프로젝트 접근법이 도입되어 실행되어
왔으며, 우리 교육 현장에 적합한 방식으로 수정하여 실시하고 있다. 지옥정(2000)
은 카츠와 차드가 제시한 프로젝트의 절차에 '기본 어휘 및 중심 개념 선정'과 '학습
내용/활동 예상안 구성' 과정들을 첨가하여 국가 수준의 유치원 교육과정과의 조화
문제를 고려하였다.

2) 특성

프로젝트 접근법의 특성을 카츠와 차드(1989, 2000), 차드(1994)의 논의를 중심으로 정리해 보면 다음과 같다.

(1) 유아의 능동적인 학습 태도 획득

여러 학자들의 주장에서 알 수 있듯이, 유아의 능동적 참여가 있을 때 유아의 인지발달이 가장 촉진될 수 있다. 즉, 유아에게 효과적인 교수 · 학습 방법은 유아의 능동적 참여에 의해 유아 개개인에게 의미가 있어야 하며, 또래와의 능동적인 상호작용 속에서 학습이 이루어질 수 있어야 한다. 프로젝트 접근법은 이러한 조건을 충족시킬 수 있는 학습 상황을 마련해 준다고 할 수 있다.

(2) 생활과 분리되지 않은 통합교육

프로젝트 접근법에서 중요하게 추구하는 것 중 하나는 학교가 곧 생활이라는 것이다. 유아의 학교 경험은 생활로부터의 도피가 아니라 학교 밖에서 다시 시작하는 실제이며 매일의 생활 경험이다.

엘킨드(Elkind, 1987)는 유아교육이 연령이 높은 아동을 위한 교육과는 반드시 달라야 한다고 주장하였다. 그 이유로 유아의 사고와 정신 조직은 연령이 높은 아동과는 다르므로, 유아의 독특한 학습 양식을 고려할 때 의미 있는 교육이 가능하다고 하였다. 의미 있는 교육이란 유아의 현재 생활과 분리되지 않는 통합적인 학습이며, 그러기 위해서는 교과목을 통합하고 능동적인 학습과정을 장려해야 한다.

(3) 협동적 학습을 통한 공동체 정신 강조

프로젝트 접근법은 프로젝트 전 과정을 통하여 교사-유아, 유아-유아 간의 적극적인 사고 교류와 협동적 학습을 강조한다. 유아들은 같은 주제로 서로 상호작용함으로써 교실을 한 공동체로서 경험하게 된다. 공동체 정신은 모든 유아가 단체생활에 기여하도록 용기를 북돋워 주고 기대할 때 창조된다. 프로젝트 작업은 협동정신이 발휘되도록 많은 기회를 제공하여 교사나 또래에게서 피드백을 받고, 또래를 보조하고, 격려하는 능력이 증진하며, 서로 간에 모델의 역할을 하기도 한다. 그러므로 교사와 유아와의 관계는 일방적으로 가르치고 배우는 관계, 또는 수직적인 관계가 아니라 함께 생각을 나누고 학습을 이루어 나가는 협조적 관계가 될 것을 강조하고 있다.

(4) 교육과정의 균형을 이루는 교육

프로젝트 접근법은 기존의 모든 유아교육방법을 대체하여 모두 프로젝트 식으로 이끌어 가는 것이 아니라 기존 교육의 한 의미 있는 부분이 된다. 카츠와 차드(1989)는 프로젝트는 교사가 지도하는 활동이라는 점에서는 어느 정도 구조화된 수업이지만 프로젝트를 제시하는 것이 전적으로 교사에 의해 이루어지는 것이 아니라 유아의 의견을 충분히 고려한 것이므로 덜 구조화되고, 더 비공식적인 수업이 될 수 있다고 하였다. 프로젝트 접근법은 유아가 자발적 놀이를 통해서 또는 체계적 교수방법을 통해서 배우는 것을 보완하고 고양한다. 따라서 프로젝트 접근법을 통해 교육과정의 활동이 전체적으로 균형을 이룰 수 있다.

(5) 지역사회 구성원과의 협력적 관계 강조

프로젝트 접근법은 바람직한 유아교육을 위해 부모나 주변 사람들, 더 나아가 지역사회 구성원과의 협력적 관계를 강조한다. 이는 교육을 위한 모든 준비나 책임을 교사나 교육기관이 전담해서는 효과적일 수 없다는 전제로부터 출발한다. 효율적인 교육이 되기 위해서는 가정, 즉 부모와의 연계가 필요하다는 것이다. 부모는 유아와 함께 프로젝트 주제에 관한 이야기를 나누거나, 활동에 필요한 자료나 물건을 수집하고 제공해 줄 수 있으며, 필요 시에는 전문가로서 함께 활동하고, 프로젝트의 마무리 단계에서는 학습 결과를 유아와 함께 공유하는 역할을 할 수 있다.

3) 교육목적 및 교육목표

프로젝트 접근법의 주 목적은 "유아의 주변 세계에 대한 이해를 증진시키고 계속 학습하고자 하는 성향을 강하게 키워 주는 것, 넓은 의미로 유아의 마음 계발"이다. 이와 같이 프로젝트 접근법의 목적은 지식, 내용의 전수에 있다기보다 태도 혹은 성향의 발달에 있다. 즉, 무엇을 학습하느냐가 중요하기보다 그것을 어떻게 학습하는

냐에 더 큰 관심이 있다. 카츠와 차드(1989)는 프로젝트 접근법의 목적을 학습자에 대한 목적과 교사에 대한 목적으로 보고 이를 다음과 같이 다섯 가지로 나누어 제시하였다.

- 유아의 주변 세계에 대한 이해를 증진시키고 긍정적인 학습 성향을 발전시킨다.
- 체계적 교수(systematic instruction)나 자발적 놀이를 통해 학습한 내용을 프로젝트 활동으로 보완하고 강화한다.
- 학교에서의 학습과 유아의 삶이 분리되지 않도록 교육을 실제 생활과 연결시킨다.
- 집단에 대한 소속감과 공동체 의식의 발달을 돕는다.
- 교사가 도전감을 가지고 자신의 일을 수행하도록 한다.

4) 교육방법

프로젝트 접근법에서도 다른 교수·학습 방법과 마찬가지로 유아는 놀이와 활동을 통해 학습한다. 그러나 프로젝트 접근법은 도입(계획 및 준비 단계), 전개(탐색 및 표상 단계), 마무리 및 평가의 3단계 과정으로 구분되어 진행된다. 이는 프로젝트 접근법의 구조적 특성이라 할 수 있다. 구조적 특성이란 프로젝트 각 단계를 프로젝트 활동의 전형적 요소들인 토의, 현장 활동, 표현, 조사, 전시로 구조화하여 보는 것이다.

이와 같은 구조적 특성에 따라 교사는 프로젝트 각 단계에 맞게 유아의 활동을 촉진하는 역할을 수행할 수 있다. 유아도 프로젝트의 각 단계마다 중심 사건과 과정 그리고 활동 내용이 다르므로 모든 단계에 능동적·적극적으로 참여해야 한다. 프로젝트 진행과정을 단계별로 살펴보면 다음과 같다.

(1) 주제 선정하기

프로젝트 활동에 들어가기 위해서는 먼저 적절한 주제를 선정해야 한다. 프로젝트의 주제를 선정할 때에는 그 주제가 유아의 일상생활과 밀접하게 연관되어 있으며 친숙한 주제인가를 최우선적으로 고려하여야 한다. 유아에게 의미 있고 지속적인 흥미를 주는 주제만이 보다 심오한 활동으로 발전될 수 있기 때문이다(지옥정, 2000).

교사와 유아는 상호 협력적인 과정을 통해 프로젝트의 주제를 선정할 수 있다. 주제의 제안은 교사와 유아 모두가 할 수 있는데, 교사는 학습에서 다룰 수 있는 주제를 아이들에게 말로 직접 제안하는 방법과 관련 자료나 사진을 전시하거나 관련된 활동을 제시함으로써 유아의 흥미를 유발하는 간접 제안의 방법을 사용할 수 있으며, 구체적인 주제 선정을 위한 기준을 정리하면 다음과 같다(Katz & Chard, 2000).

- 유아의 일상생활에서 직접적으로 관찰 가능해야 한다.
- 유아의 경험과 관련되어야 한다. 유아가 경험한 것이나 경험의 일부와 관련되어야 한다.
- 주제와 관련된 실물이나 현장견학 및 함께 활동할 수 있는 전문가 등을 주변에서 쉽게 찾을 수 있는 주제여야 한다.
- 지역 자원에서 쉽게 활용 가능한 것이어야 한다.
- 여러 교과영역이나 학문영역을 통합적으로 다룰 수 있어야 한다.
- 그리기, 쓰기, 만들기, 구성하기, 극화 활동하기, 음률 활동하기 등 다양한 표현(표상) 활동을 위한 아이디어를 제공할 수 있는 주제여야 한다.
- 유아 간에 서로 더 잘 이해하고 도울 수 있는 상호 협동의 기회를 제공하는 주제여야 한다.
- 유아의 연령에 따라 기초적 기술을 적용해 볼 수 있는 충분한 기회를 제공해야 한다.
- 유아에게 흥미를 줄 수 있으면서도, 교사가 판단하기에 유아의 발달에 가치가 있다고 판단되는 것이어야 한다.
- 주제가 너무 편협하거나 광범위하지 않고 적절해야 한다.

이와 같은 기준에 비추어 볼 때, 일반적으로 만 4, 5세 유아를 대상으로 한 프로젝트 주제인 경우 '영양'보다는 '음식'이 바람직한 주제가 될 것이다. 또 다른 예로 '동물'이라는 광범위한 주제보다는 유아가 주변에서 쉽게 볼 수 있고 직접 경험이 가능한 '개'가 바람직한 주제이며, 지역적 특성이나 유아의 실제 생활과의 관계를 고려해 본다면 바닷가에 사는 유아의 경우 '오징어'나 '배'와 같은 특수한 주제도 유아의 일상생활과 관련이 있으며, 직접 관찰이 가능하고 여러 가지 자원을 쉽게 얻을 수 있다는 점 등에서 적합한 주제라고 볼 수 있다.

(2) 도입: 계획 및 준비

① 유아의 이전 경험 나누기

도입은 주제에 관한 유아의 지식을 살펴보는 과정으로서, 유아가 이 주제에 대해 얼마나 많이 알고 있는지, 그리고 과거에 그 주제와 관련하여 어떤 경험을 하였는지에 대해 질문을 하면서 시작된다.

교사는 프로젝트 시작 단계 초기에 유아로 하여금 여러 가지 표현 방법을 통해 주제에 관하여 자신이 경험한 것을 발표하도록 함으로써 교사-유아-유아 간에 경험이나 지식을 공유하도록 하고, 프로젝트 주제에 대한 학급 전체의 이해 정도를 파악하도록 하여야 한다. 1단계에서 이루어지는 유아의 표현 활동 내용으로는 대화 나누기(단순하게 알고 있는 것과 잘못 알고 있는 것 등), 그림 그리기, 글쓰기, 조형물 만들기, 역할놀이 등이 있다.

② 브레인스토밍하기

계획 단계에서 교사가 예비 주제망 구성을 위해 브레인스토밍을 한다. 이 단계에서는 유아들과 함께 모여서 브레인스토밍을 해 볼 수 있다.

유아들은 브레인스토밍 과정을 거쳐 교사가 짠 주제망에 자신들의 생각을 통합하고 조정하여 교사-유아의 공동 주제망을 완성한다. 이때 교사와 유아의 아이디어 관심 분야를 구분하기 위하여 유아와 함께 한 부분은 다른 색으로 표시하거나 점선 등으로 구별하면 더 흥미롭다. 이 주제망은 프로젝트가 전개되는 과정에서 새로운 아이디어가 나오면 계속 추가하여 그려 주며, 이것 또한 다른 색으로 표시해 둘 것을 미리 약속한다.

③ 질문목록 작성하기

이러한 과정 후에 유아들이 알고 싶어 하는 궁금한 점들을 모아 질문목록을 만든

다. 주제에 대한 흥미가 더해질수록 유아는 더 많은 의문점을 생각해 내고 알고자
하는 욕구도 강해진다. 질문목록은 글자에 익숙한 유아라면 혼자서도 쓸 수 있으나
교사가 적어 줄 수도 있다. 질문 옆에는 각 유아의 이름을 함께 적어 나중에 그 유아
를 중심으로 활동을 풀어 갈 수 있다.

④ 자원목록 작성 및 준비하기

주제를 전개시키는 데 있어 필요할 것이라고 예상되는 자원을 조사하여 표로 만
들어 보고 또 필요한 자원을 미리 준비하는 것이다. 프로젝트에 필요한 자원은 1차
적 자원과 2차적 자원으로 구분해 볼 수 있다. 1차적 자원이란 주제와 관련하여 유
아가 직접 경험해 볼 수 있는 실제 사물, 주제와 관련된 일을 하거나 취미 활동을 하
는 사람, 현장견학 장소 등이 포함된다. 이에 비해 2차적 자원이란 간접 경험이 가
능한 주제에 관한 책, 팸플릿이나 사진, 비디오나 녹음테이프 등을 말한다. 이렇게
1, 2차적 자원으로 작성된 자원목록을 보고 교사는 사전에 미리 준비해 놓을 자료와
프로젝트 과정 중에 보완되어야 할 자료들을 구분하여 사전 준비에 임한다. 준비에
임할 때는 물건이나 자료뿐만 아니라 전문가나 현장견학 장소에도 미리 연락을 취
하여 자원으로서의 활용 가능성을 타진해 보도록 한다.

⑤ 가정통신 활용하기

프로젝트 준비 단계에서 교사는 부모에게 프로젝트에 대해 구체적으로 알려 주
는 것이 바람직하다. 부모가 잘 알고 있으면 프로젝트의 효과적인 진행에 여러 가지
도움을 받을 수 있기 때문이다.

부모가 프로젝트를 도울 수 있는 내용은 다음과 같다. 먼저, 부모는 프로젝트 1, 2단
계를 통해 그 주제에 관한 유아의 이전 경험에 대해 자세히 이야기해 줄 수도 있다.
그리고 관련 전문 직종(예: '아기'의 경우 산부인과 의사)에 종사하는 경우 현장견학 장
소를 제공해 줄 수 있을 뿐 아니라 필요한 안내와 설명을 해 줄 수 있다. 또한 특별
한 취미활동을 하거나 경험을 해 본 가족(예: '물' 주제 시 스쿠버 다이빙을 해 본 경험)
의 경우 그에 관련된 전문가로서 교실에 와서 유아들과 활동을 함께하거나 질문에
답을 해 줄 수 있다. 무엇보다도 부모는 자원을 구하는 데 많은 도움을 주게 된다.
예를 들어, '아기'라는 주제일 때 부모는 아기의 배냇저고리나 기저귀, 보행기나 유

모차, 또는 유아가 아기였을 때 찍었던 비디오테이프나 사진 등의 자원을 쉽게 구해 줄 수 있다.

(3) 전개: 탐색과 표상 활동

전개 단계에서는 목표를 세워 새로운 정보를 수집하는 활동이 이루어진다. 차드 (1992, 1994)는 프로젝트 접근법의 특성으로 집단 토의 활동, 조사 활동, 현장견학 활동, 표현 활동과 전시를 들고 있다. 토의를 통해 활동을 시작하기 전에 그 주제에 관심을 갖고 있는 유아들이 서로 생각을 교환하면서 공감대를 형성하고, 궁금한 것을 중심으로 도구나 책을 이용하여 조사하고 실제 현장견학을 통해 관련된 주제에 대해 깊이 있게 조사, 탐구하여 얻어진 자료들을 기록이나 차트, 그래프, 그림, 이야기와 동시, 극화 활동 등을 이용하여 표현하고 구성한다.

이 단계에서 이루어지는 중심 사건 및 그 내용들을 구체적으로 살펴보면 다음과 같다. 첫째, 현장견학 전 활동으로서 질문에 대한 토의 및 조사 활동이 포함된다. 둘째, 현장견학 실시 활동으로 견학 전 준비, 현장견학 활동 등이 있다. 셋째, 현장견학 후 활동으로는 현장견학에 기초한 표현 활동, 심화된 조사·탐구 활동, 극놀이, 영역별 관련 활동 등이 포함된다. 넷째, 전문가의 방문 활동의 경우 프로젝트 주제 및 진행과정에 따라 프로젝트 초기 단계에도 이루어질 수 있다.

(4) 마무리 및 평가

4단계에서는 프로젝트를 마무리하면서 프로젝트 전 과정을 통해 이루어 온 학습 결과물이나 성취물을 전시회 및 발표회와 같이 특별한 자리를 마련하여 다른 사람들에게 보여 주고, 설명하며, 의견을 교환하여 서로 공유하는 일이 이루어진다. 전시회 및 발표회와 같이 특별한 자리를 마련하는 것은 유아에게 그동안 진행해 온 프로젝트 활동 과정이나 결과물을 중심으로 프로젝트 전 과정을 새롭게 구성하고 재창조해 보는 기회를 주며 자신의 프로젝트 활동을 1단계에서부터 되돌아보고 작품을 정리해 보기도 하면서 스스로 활동의 과정 및 결과에 대해 평가해 볼 수 있는 기회를 준다. 교사는 프로젝트 준비 단계에서 계획하고 예상했던 것에 비추어 프로젝트 전 과정이 효율적으로 진행되었는지를 스스로 정리하고 평가하는 기회를 가지면서, 유아의 활동 결과물을 정리하는 가운데 각 유아에 대해 더 깊이 있게 이해하고 평가할 수 있게 된다. 또한 부모나 지역사회 관계자들은 유아교육기관에서 하고 있는 학습내용, 과정 등에 대해 알 수 있다. 그러나 연령이 어린 유아는 전시회나 발표회를 꼭 해야 하는 것은 아니고, 유아가 만들어 놓은 구성물 안에서 역할놀이를 하면서 마무리하는 것도 좋은 방법이다.

2. 레지오 에밀리아

1) 이론적 근거

오늘날 세계의 유아교육자들이 가장 선호하고 있는 유아교육과정 모형은 이탈리아의 레지오 에밀리아 접근법이다. 이 접근법은 기존의 이론들을 수용하면서도 이탈리아라는 국가와 레지오 에밀리아라는 시의 특수하고 공통된 가치와 문화에 결부하여 생성된 교육과정 모형이라고 할 수 있다. 기존의 많은 유아교육 프로그램들은 거대 이론이라 불리는 기존의 이론 중에서 하나를 선택하거나 일반적인 원리를 추출하여 적용하는 방식이었다. 그러나 레지오 에밀리아 접근법은 유아교육 현장에서 자생한 독특한 이론이나 철학을 기본 틀로 하고 거기에 기존의 이론들을 끌어들이고 접목했다는 점에서 큰 의의가 있다.

레지오 에밀리아 접근법의 이론적 기초는 유아의 개성과 흥미, 욕구, 적성, 자발성 등을 교육의 중요한 원리로 삼고 전통적인 권위주의와 성인 중심의 교육을 탈피하려는 진보주의 교육사상과 인지적 갈등을 통해 학습자 스스로 지식을 구성한다는 피아제의 구성주의 이론, 인간은 사회적·문화적 세계의 산물이라고 보는 비고츠키의 사회적 접근법, 상징적 표상과 관련된 후기 피아제학파의 여러 이론들에서 찾을 수 있다. 그뿐만 아니라 가드너의 다중지능이론에서 프로젝트 학습활동을 통해 서로 다른 상징 매체의 표상적 잠재력을 활용한 다상징적 표상방법에도 영향을 받았다.

학교를 민주주의를 실천하는 장으로 인식하고 있는 시민에 의해 자치적으로 이루어지고 있는 레지오 에밀리아 접근법은 레지오 에밀리아 시에서 운영하는 시립 유아교육 체제로서 교육과 사회적 서비스의 개념을 결합한 종일제 프로그램이다.

이는 3~6세 유아를 위한 유아학교의 프로그램과 0~3세 유아를 위한 유아 센터 프로그램으로 구분된다. 이 프로그램은 특히 지역사회로 확장되어 아동과 교사, 부모들의 관계 속에서 공동선을 추구하며 협력적이고 의사소통적인 관계를 구축한다는 점에서 세계의 여느 유아교육 프로그램과도 다른 성격을 지니고 있다.

이 접근법이 세계적인 이목을 끌게 된 것은 1992년 12월에 『뉴스위크』가 세계에서 가장 잘된 10개의 학교 중에서 유아교육 체제로서 레지오 에밀리아 유치원을 선정해서 발표했기 때문이며, 또한 이들이 세계 각국을 다니면서 레지오 에밀리아 접근법을 통해 수행한 프로젝트 결과물을 전시하고 있어서 더욱 그 우수성이 알려지게 되었다.

2) 아동관

레지오 에밀리아 접근법에서 갖는 유아에 대한 이미지는 프뢰벨의 관념론적인 사고에 기초한 것이라고 할 수 있다. 유아의 능력을 절대적이라고 믿고 존중하는 아동 중심 사상이 그 근저에 깔려 있다. 이러한 전인아동의 이미지에 따라 '행복한 유아' '유능한 유아' '사회적 의사소통의 권리와 능력을 가진 유아'를 강조한다. 유아는 이 세상에 태어날 때부터 사회적이고 능동적이며 경험을 이해하고 다른 사람을 배려할 수 있으며 물리적·문화적 환경에 적응할 수 있다. 유아는 강하고 풍부한 잠재력을 가지고 있으며 탐구심과 호기심이 많고 학습을 능동적으로 주도할 능력이 있다고 본다. 또한 유아는 어른이 생각하는 것보다 훨씬 더 다양하게 잘 표현할 수 있다. 유아는 다양한 상징언어를 통해 자신을 표현하려고 열심히 노력한다. 그러므로 레지오에서는 유아가 단순히 문자언어만이 아니라 다양한 언어로 자신의 감정과 생각을 탐색하고 표현하도록 허용하는 것을 중요하게 여긴다.

교사의 유아 존중은 유아의 목소리를 기록하고 보존하는 것에서 시작된다. 유아들끼리의 의사소통이 적극 장려되며 소통의 과정이나 결과는 기록(도큐멘테이션)으로 남긴다. 유아에 대한 기록은 평가의 수단이기보다는 유아와 유아, 유아와 성인, 유아와 지역사회 간의 의사소통 수단으로서 활용된다. 이는 또한 유아 개인의 내외적인 심미적 교류 및 전후 지식 간의 시간적 연결 도구로 쓰인다. 유아는 자기의 활동 기록을 살펴봄으로써 과거의 경험과 지식에 비추어 현재의 것을 스스로 구성할 수 있으며, 다른 유아의 활동 기록에 대한 관찰을 통해 자기의 경험과 지식을 사회적으로 구성할 수 있을 것이라고 가정한다. 그리고 이러한 모든 과정은 궁극적으로 지식 공동체 형성에 기여하게 된다고 본다.

3) 교육목적 및 교육내용

레지오 에밀리아 접근법에서는 올바른 유아교육을 통해서 정의로운 사회를 만드는 것을 교육적인 이념으로 하지만, 이러한 이념을 실현하기 위한 교육의 목적을 설정하지 않고 있다. 에드워드와 간디니, 포먼(Edwards, Gandini, & Forman, 1993)은 교육목적을 표현적·의사소통적·인지적 언어들을 통합함으로써 사고능력을 향상시키는 것이라고 보았다. 그러나 레지오 에밀리아 접근법에 의하면, 유아의 교육적 욕구나 흥미는 매우 임시적이고 유동적이기 때문에 이를 사전에 체계적으로 계획하는 것은 아무런 의미가 없다고 한다. 교육 목표 및 내용을 미리 정하는 것은 유아의 잠재 가능성을 방해할 수 있으며, 그들의 유동적인 교육적 요구에 부응하지 못한다고 보기 때문이다. 따라서 유아의 흥미를 바탕으로 하여 발현적으로 주제를 선정하기 때문에 교육내용을 미리 계획하지 않는다. 이러한 특성이 전 교육과정에 반영되기 때문에 레지오 에밀리아 접근법에서는 이를 발현적 교육과정이라고 한다.

4) 교수·학습 방법

레지오 에밀리아 교육의 교수·학습 방법은 한 가지 방법으로 정해져 있는 것이 아니라, 사회구성주의 원칙에 입각하여 유아 개인의 능력과 흥미에 따라 다양한 교수·학습 방법을 제시하고 있다. 즉, 교사는 유아의 능력과 수준에 따라 도움을 주면서 유아 스스로의 자발적인 참여를 강조하는 학습방법을 사용하고 있다. 이러한 레지오의 교수·학습 방법을 신화식 등(2004)에서 제시한 다섯 가지 방법을 중심으로 살펴보고자 한다.

(1) 발현적 교수방법

사회구성주의 입장에서 진행되는 프로젝트는 발현되는 아이디어를 중심으로 진행되며, 유아의 대인관계를 향상시키고 협동정신을 고양하여 인지 활동을 넓혀 주어 유아의 능력을 효율적으로 촉진하는 교수방법이다.

프로젝트 진행과정은 하나의 주제에 대하여 심도 있게 탐색하며, 교사가 교육활동의 계획 및 프로젝트 주제를 위해 세부적인 계획을 세우지 않는다. 다만, 교사는 프로젝트의 흐름을 예상하여 발현될 모든 가능성, 예상되는 방향, 아이디어 등을 상호 조정하여 협력하고 토의한다. 프로젝트를 위한 유아 집단은 비형식적으로 소집단, 혼합연령 집단으로 구성하고, 연령이 어린 경우에는 가정과 같이 안정성을 위주로 집단을 구성하여 교사의 도움을 조절한다.

(2) 상징적 표상방법

표상의 목적은 유아 자신이 탐색한 경험을 회상하고 기억을 되살려 기호나 글자, 도표, 그림 등으로 표현하는 것이다. '100가지 언어'는 유아가 배우고 경험한 것에 대한 기록의 역할을 강조하는 것으로 다양한 표상을 의미한다. 레지오 에밀리아의 상징적 표상을 활용한 교수방법은 유아가 이해한 것을 기호나 글자의 상징으로 나타내는 과정에서 지식 구성을 자극하는 갈등을 만들어 주기 때문에 프로젝트 진행 과정에서 많이 사용한다.

이러한 상징적 표상방법에서는 유아가 사용한 상징을 다른 사람이 이해하게 될 때 그 상징이 의미를 가지게 된다. 그러므로 주제에 대한 유아의 이해를 높이고 심화하기 위한 측면에서 다양한 상징을 이용한 다상징 표상도 강조되고 있다. 유아가 발견한 지식 구성 과정을 상징적으로 표상하여 유아 자신도 더욱 확실하게 이해하고, 이해한 바를 다른 사람에게 명확하게 전달하기 위해서 다양한 상징 표상으로 접근하는 교수·학습 방법이 유용한 것이다.

(3) 순환적 진행방법

특정 주제에 대한 깊이 있는 탐구과정을 중요시하는 방법으로서, 한 주제에 대해 다양한 매체를 사용하여 탐색한 다음, 재방문, 재탐색, 재표상하는 경험의 순환과정을 통해 주제에 대한 이해 수준을 심화해 나가는 것이다. 이러한 순환적 진행방법은 유아가 한 번 탐색했을 때 볼 수 없었던 지식을 재구성할 수 있게 해 주며, 유사점이나 차이점을 다시 발견하면서 특정 주제와 관련된 정보를 깊게 알 수 있도록 한다.

(4) 통합적 방법

레지오 교사는 교육과정을 통합·운영함으로써 유아의 경험이 서로 관련되고 의미 있게 확장됨으로써 통합된 발달이 일어나도록 한다. 레지오 에밀리아 교육은 통합교육을 강조하고 있으며, 학습에서 인지적·상징적 과정의 통합, 과학과 예술의 통합, 미술교육을 통한 사회문화적 접근 등을 다양하게 포함하고 있다(Edwards & Willis, 2000).

특히 레지오 에밀리아의 통합적 방법은 발현적으로 우연히 시작되는 프로젝트 주제를 탐색할 때 유아 자신의 생활 속에서 탐구하고 표상하는 통합적 방법이 주로 사용된다. 교사는 유아의 관심 주제가 발현되어 심화될 수 있도록, 또 주제에 맞게 통합적 방법으로 표상할 수 있도록 격려한다.

(5) 공동 교수방법

교사, 부모와 가족, 지역사회가 협력하여 유아에게 다양한 선택의 기회와 활발한 아이디어를 제공함으로써 능동적으로 주변 인물과 상호 교류를 통해 유아의 지식 구성을 도와주기 위한 교수방법이다. 교사, 부모, 지역사회 및 물리적 공간이 잘 조직되어 있어야 체계적인 협업이 가능하다.

우선 레지오 에밀리아 학급의 교사는 2명이 팀을 이루어 함께 가르친다. 즉, 레지오 에밀리아 교사는 함께 배우는 협력의 평등관계, 협업 교수를 통해 학습 공동체를 창조한다(Edwards, Gandini, & Forman, 1993). 이때 교사의 효율적인 단계별 지지(scaffolding)는 유아의 노력을 지원하면서 도움이 필요할 때 도와주고 유아의 능력에 따라 도움을 조절하여 문제해결에 대한 책임 정도를 증가시킨다(Berk & Winsler, 1995).

부모는 각 학급의 모임에서 교사와의 개인 면담을 통해 유아 문제에 대해 상세히 알게 되며, 자원봉사나 자문위원회의 활동을 통해 구체적으로 유치원을 돕는다. 레지오 에밀리아 교육에서의 부모 참여란 부모가 부모의 권리에 대한 인식을 가지고 유치원 행정 및 정책에 참여하며 교육과정의 계획과 평가를 배우고, 유아 문제에 대해 함께 토의하면서 유아교육자와 함께 자녀를 교육시켜 나가는 것을 의미한다.

부모나 지역사회가 단순한 참여자나 협조자에 머물기보다는 유아교육의 중요한 요인으로 작용한다는 점에서 다른 어떤 프로그램과도 차이가 있다고 할 수 있다.

3. 몬테소리 교육

1) 이론적 근거

마리아 몬테소리(Maria Montessori, 1870~1952)는 그리스도교적 관점에 근거하여 신의 피조물인 인간은 신의 형상대로 창조되었기 때문에 신의 속성을 지니고 있고, 신의 속성을 가지고 태어난 인간 중에서도 아직 속세의 때가 묻지 않은 유아가 신과 가장 가까운 존재라고 보았다. 그녀는 유아를 "미지의 힘을 소유한 자로 우리를 빛나는 미래로 안내하는 유일한 자"라고 하였다. 여기에는 미래사회의 건설은 바로 유아에 의해서 달성될 수 있기에 이 세상에서 유아만큼 소중한 존재는 없다는 몬테소리의 생각이 잘 반영되어 있다. 따라서 유아의 순수한 인간 본성을 그대로 유지하여 성장시키는 것이 신의 뜻이므로 성인은 유아의 본성을 마음대로 조작할 수 없으며, 유아가 자연스럽게 발달할 수 있도록 도와야 한다. 또한 몬테소리는 유아의 발달을 하나의 전체로 보고, 유아의 신체적·인지적·사회적 발달이 상호 관련되어 있으므로 총체적인 방법으로 교육이 이루어져야 한다고 본다. 여기서는 몬테소리 교육철학에서 중요한 의미를 가지고 있는 민감기와 흡수정신에 대해 살펴보고자 한다.

(1) 민감기

민감기란 독특한 어떤 성향을 나타내는 시기로서, 특정한 기능을 익히거나 혹은 특정한 기능의 성격을 결정하게 되는 시기를 말한다. 이 기간 동안 유아는 아무런 뚜렷한 이유 없이 어떤 행동을 계속해서 반복하고자 하는 강한 흥미를 나타낸다.

몬테소리는 유아에게 있어 민감기란 특정한 측면에서 두드러지게 나타나는 연속적인 특성을 지니는데 이 기간은 주로 0~6세에 해당된다고 보았다. 민감성은 유아가 두드러지게 강렬한 방식으로 외부 환경과 접하도록 해 주기 때문에 이 시기에는 모든 것을 받아들이기가 수월하다. 그러나 어떤 특성이 획득되었을 때는 그 특성에 대한 민감기는 약화되어 사라지고, 또 다른 성격의 민감기가 찾아오게 된다.

몬테소리 연구가들은 민감기의 종류를 서로 다르게 제시하기도 하지만 일반적으로 언어에 대한 민감기, 질서에 대한 민감기, 작은 사물에 대한 민감기, 감각에 대한 민감기, 사회적 관계에 대한 민감기 등으로 나누어 설명한다.

(2) 흡수정신

몬테소리는 유아의 정신을 흡수정신으로 보고, 6세까지 지속되는 동안 이들은 자신을 둘러싸고 있는 주위 환경, 정보, 사건으로부터 정신적인 영양분을 빨아들여 자신의 것으로 흡수하게 된다고 보았다.

몬테소리가 말하는 흡수(absorbent)는 마른 스펀지가 단순히 물을 빨아들이는 것과 같은 것이 아니라 '자신에게 융합되는 것(combining into itself)'을 의미한다(고문숙 외, 2009). 즉, 하나의 물방울이 주위에 있는 물방울을 흡수하면서 커지는 것처럼, 유아는 풍부한 주위 환경에서 여러 인상을 흡수한다. 따라서 이 시기의 유아는 특별한 노력 없이 모든 것을 받아들이기 때문에 성인은 흡수정신이 강한 유아에게 어떤 환경을 제공할지 충분히 고려해야 하며, 긍정적인 영향을 줄 수 있도록 배려해야 한다.

유아의 흡수정신은 6세까지 지속되며 무의식적 흡수정신의 단계(0~3세), 의식적 흡수정신의 단계(3~6세)의 2단계로 나뉜다고 보았다.

2) 교육목적

몬테소리 교육의 목적은 유아의 정상화(normalization)에 있다. 정상화란 유아가 작업에 진정한 흥미를 가지고 집중·반복하여 만족감을 가짐으로써 자신의 내적 훈련과 자신감을 발달시키고 목적 지향적인 작업을 선택하게 되는 과정을 말한다. 한마디로 요약하면, 유아의 몸과 마음과 영혼이 온전히 회복된 상태를 의미하는 것으로, 유아가 자신의 욕구에 따라 스스로에게 주의집중할 수 있고 자신이 선택한 놀이나 작업에 집중하여 자신의 본성을 드러내는 과정을 일컫는다.

몬테소리 프로그램은 유아가 정상화에 이를 수 있도록 하는데, 이들이 독립적으로 행동할 수 있고, 행동과 선택의 자유가 있으며, 상과 벌에 의해서가 아닌 진정한 의미의 지적인 욕구를 충족시키는 활동에 몰입할 수 있도록 유도될 때 상당한 정도로 촉진될 수 있다.

정상화된 유아의 특성을 살펴보면 다음과 같다. 첫째, 모든 환경을 사랑하는 감각을 가지며 이 감각은 환경의 질서를 유지하는 데 사용된다. 둘째, 작업을 사랑하는 특성을 갖고 작업을 수행했을 때 기쁨을 갖게 된다. 셋째, 유아는 외부 세계와의 접촉을 통해 자발적인 집중을 함으로써 인지능력을 구성해 나간다. 넷째, 현실에 애착을 갖는다. 다섯째, 작업에 집중함으로써 스스로 작업에 열중하며 침묵을 사랑한다. 여섯째, 유아는 소유 본능을 승화하는 특성을 가진다.

유아의 정상화를 돕기 위해서 교사는 마음으로부터 유아의 발달을 이해하고 존중해야 하며, 그들에게 적절한 환경과 다양한 기회를 최선을 다해 제공함으로써 유아 스스로 정상화에 이를 수 있도록 길을 안내하고 도와주어야 함을 강조하였다.

3) 교육내용

(1) 일상생활

성인이 일상생활에서 행하고 있는 여러 가지 일들을 통해 유아는 성장발달, 인격 형성, 집중력, 질서감, 눈과 손의 협응력, 소근육 운동, 독립성을 도와주는 기술을 습득한다. 일상생활영역은 유아의 일상적인 삶에서 매일 접하게 되는 작업을 수행함으로써 자립심을 키울 수 있고, 그들이 친숙하게 느끼는 교구들을 경험함으로써 기관과 가정 간의 연계성을 높이는 역할을 한다.

(2) 감각교육

감각교육은 유아가 감각교구를 가지고 활동함으로써 감각기관의 기능을 세련되게 하여 주변 환경 속에서 습득한 여러 가지 인상들을 보다 잘 정리할 수 있고 환경에 잘 적응할 수 있도록 하는 것이다. 일련의 사물을 비교하는 감각교육을 위한 교구들은 단일감각과 복합감각을 훈련하도록 되어 있다. 단일감각에는 시각, 촉각, 후각, 청각, 미각의 훈련을 위한 교구들이 있고, 복합감각은 중력감, 온도감, 입체감 등으로 이루어진다.

(3) 수학교육

몬테소리 수학교육의 목적은 생활 속에 막연히 익숙해진 수량에 대해서 구체적이고 체계적인 수학적 경험을 통해 수에 대한 긍정적인 태도를 갖도록 하며, 유아의 수학적 정신력을 지적으로 발달시키고 논리적인 사고력과 문제해결 능력을 길러 주는 데 있다. 즉, 유아의 생활 경험에 주의력을 기울이고 사건과 질서를 지켜 사건 과 사물을 관찰하여 직면하는 문제의 해결 능력을 기르며, 나아가 마음의 참된 해방을 느껴 자유의지대로 기쁘게 살아갈 수 있는 어린이로 자라나게 함에 있다.

몬테소리 수학교육의 특징으로는 유아에게 자유를 주면서 감각기관을 되풀이하여 자극하는 감각교육과 깊은 연관이 있으며, 구체적인 개념에서 추상적인 개념으로 이끌었으며 동적인 활동에서 정적인 활동으로 구성되어 있고, 체계적으로 교구가 준비되어 있다. 또한 각 교구들은 교구 안에 틀림의 정정 요소가 포함되어 있다.

(4) 언어교육

언어교육의 목적은 언어를 습득하는 민감기에 해당하는 유아에게 올바른 언어교육을 실시하여 언어를 바르게 사용하는 능력과 태도를 기르는 데 있다. 몬테소리 언어교육은 듣기 · 말하기 · 쓰기 · 읽기 영역으로 구성되고, 유아는 자신을 둘러싸고 있는 주변 환경의 정확한 명칭을 부르도록 격려받으며, 사물과 이름 짝짓기, 이름 맞추기와 쓰기 등의 작업을 통해 언어능력을 스스로 향상해 나간다.

(5) 문화영역

몬테소리는 지적 발달만 중요한 것이 아니라 유아기부터 문화를 인식하고 습득할 수 있는 환경을 제공할 것을 제안하였다. 그녀는 3~6세의 시기에 문화를 쉽게 획득할 수 있는 자연적 성숙이 있다면 그것을 이용해야 하며, 그 자체 안에 문화의 역사를 전달할 수 있는 사물을 유아 주변에 배려하고 접할 수 있도록 해야 한다고 하였다. 이러한 문화교육에서 다루는 내용으로는 크게 지리와 역사학, 동식물학, 음악교육과 미술교육을 들 수 있다.

4) 교수 · 학습 방법

몬테소리 프로그램에서 가장 중요하게 다루어지는 개념 중 하나는 '준비된 환경'을 들 수 있다. 준비된 환경이란 정신적인 태아인 유아가 올바르게 발달할 수 있도록 정신적인 양식이 되는 지적인 자극을 마련해 주는 것을 말하는데, 이는 태어날 때부터 유아는 발달의 가능성을 갖고 있으나, 정상적인 발달을 하기 위해서는 적절한 환경이 준비되어야 함을 의미한다.

따라서 교사에 의해 준비된 환경은 교육의 목적 달성을 위한 중요한 요인인 동시에 전제된 조건으로 반드시 유아가 그의 행동을 발달시킬 기회를 제공하는 환경이며, 모든 교재는 유아가 자유롭게 선택하고 즐겁게 사용하며, 그들의 욕구와 상황에 따라야 한다. 이런 면에서 몬테소리는 유아를 독립된 개체로 존중하고 신뢰하며 유아에게 선택의 기회를 부여하는 교사의 역할을 중시한다. 그리고 교사는 유아에게 그 틀을 만들어 주기보다 유아가 스스로 틀을 만들도록 도와주어야 하며, 설명만 하는 것이 아니라 먼저 '관찰자'나 '인간 발달의 연구자'가 되어야 한다. 따라서 교사는 일반 교사라기보다는 안내자여야 한다.

몬테소리의 준비된 환경에서 교사의 역할은 세 가지로 볼 수 있다. 첫째, 유아의 작업과정과 발달을 관찰하는 '관찰자'로서 도움을 주며, 둘째, 작업공간에서 유아를 보호하는 '보호자'로서 도움을 주며, 셋째, 유아와 교구 간의 상호작용이 촉진되도록 도와주는 '촉진자'로서의 역할을 한다.

5) 몬테소리 교구

몬테소리 교육은 일상생활영역, 감각영역, 수영역, 언어영역, 문화영역으로 나뉜다. 각 영역에는 유아가 감각을 이용하여 자발적으로 활용할 수 있는 다양한 교구가 마련되어 있는데, 몬테소리 교구의 특징을 간단하게 정리하면 다음과 같다. 첫째, 한 가지 학습에 대한 집중적 학습활동을 하도록 고안되어 있다. 둘째, 단순한 것부터 보다 복잡한 단계까지 조작할 수 있도록 제작되어 있다. 셋째, 장래의 학습 준비를 위하여 간접적으로 제작되어 있다. 넷째, 구체적인 것부터 점차 추상적 개념을 형성할 수 있도록 제작되어 있다.

표 16-1 몬테소리 교구

영역	목적 및 내용	교구의 예	
일상생활	자기조절력, 독립성, 협동심을 높이기 위해 필요한 일상생활 훈련, 소대근육 연습 교구	• 단추 끼우기 • 지퍼 올리기 • 리본 매기 • 안전핀 꽂기 • 똑딱단추 끼우기 • 벨트 매기 • 구두 단추 끼우기 • 구두끈 매기 등	 리본 매기
감각	시각, 촉각, 청각, 미각, 후각 등 감각기관의 훈련	• 분홍탑 • 갈색 계단 • 촉각판 • 소리상자 • 음감벨 • 후각상자 등	 분홍탑
수	수의 개념을 이해하고 논리적 사고를 발달시키는 데 필요한 자료들, 수량 개념의 기본, 십진법, 수 이름과 배열, 입방체, 기하	• 계산봉 • 모래 숫자판 • 세강판 • 덧셈판 • 기하카드 등	 수막대
언어	모국어 듣기, 말하기, 읽기, 쓰기, 문법	• 그림카드 • 촉감(모래) 문자판 • 운필 연습 • 물체와 이름 카드 짝 짓기 • 문장 읽기 책 등	 모래 문자판
문화	생물, 과학, 천체, 지리, 역사, 사회문화에 대한 이해를 돕기 위해 고안된 자료	• 나뭇잎 도형 서랍 • 시계 • 지구본 • 국기와 세계 지도 • 태양계 등 • 철판 도형	 나뭇잎 도형 서랍

출처: http://www.montessori.co.kr.

4. 발도르프 유아교육

1) 이론적 근거

발도르프 학교는 루돌프 슈타이너(Rudolf Steiner, 1861~1925)의 인지학적 인간 이해에 기초하여 설립되었다. 슈타이너는 새로운 학교와 교육의 기본 원리를 성장과정 중에 있는 인간에 대한 인식과 각 개개인의 소질에 대한 인식으로부터 출발해야하며 가르침과 수업의 기본 바탕은 참된 인간학에 근거해야 한다고 하였다.

슈타이너는 1919년 4월 슈투트가르트에 있는 발도르프아스토리아(Waldorf-Astoria) 담배공장에서 강연을 하였는데, 발도르프 학교는 이곳에서부터 시작된다고볼 수 있다. 그는 인간 정신에 대한 깊은 이해를 강조하며, 발도르프 학교에서 담배공장 노동자 자녀를 위해 자연과 조화로운 삶을 경험할 것을 강조하는 프로그램을실시하였다.

최초의 발도르프 유치원은 엘리자베스 그린레스가 슈타이너의 강연에 감동을 받아 슈투트가르트에 설립하여 운영하기 시작한 것이 그 기원이다. 그녀는 1938년 독일의 민족주의자들에 의해 유치원이 강제 폐쇄될 때까지 책임자로서 활동하였으며, 그 후 미국에 2개의 유치원을 설립·운영하였고, 파리에 발도르프 유치원을 설립하는 데에도 적극 관여하였다.

발도르프 유치원은 1974년 130개(아동 수 1,150명)에서 계속 증가하여 전 세계에 1400여 개 이상의 유치원이 있다. 우리나라는 1996년 '세계 발도르프 교육' 전시회 (1996. 9. 16.~1996. 9. 20.)를 유치하면서 발도르프 교육이 국내에 소개되기 시작하였고, 1997년 이후 도르트문트 슈타이너 사범대학교와 강남대학교의 후원으로 한국슈타이너교육예술협회에서 발도르프 유치원 교사교육을 진행해 오고 있다.

2) 교육목적

발도르프 유치원의 교육목적은 전인적인 인간 교육을 추구하는 데 있다. 그들은 인지 중심으로 치우친 교육에 반대하여 다음과 같은 원리를 중요시한다.

- 인간은 모든 가능성이 내면에 집중되어 있다.
- 어린이가 행하여 얻은 경험은 어른이 되어서도 행할 수 있는 방식에 영향을 준다.
- 교육의 기본 원리로서 사랑, 즉 어린이 안에 있는 본질적인 사랑을 발달시키려는 데 중점을 둔다.
- 교육한다는 것은 학문, 예술, 종교를 배양하는 것이다.
- 어린이에게는 스스로 발전할 수 있는 시간과 공간이 필요하다.
- 놀이는 어린이의 진지한 작업이다.
- 능숙한 손가락 놀림은 활동적인 생각을 만들어 낸다.
- 교육의 중심은 어린이의 자립적인 발달을 돕는 것이다.

3) 일반적 특징

발도르프 교육은 슈타이너에 의해 학문적으로 정립된 인지학(anthroposophy)을 근거로 하고 있다. 인지학은 신지학(theosophy)과는 반대로 인간을 우주 세계와 현세계의 중심으로 이해한다. 인지학에서 교육은 인간의 내적 세계를 이해하여 궁극적으로 자아 형성을 도와줌으로써 인간의 본질을 자유롭게 하는 데 그 목적을 두고 있으며, 이러한 교육의 목표는 교육예술을 통해 전달될 수 있다고 보았다. 발도르프 교육의 대표적인 특징을 살펴보면 다음과 같다.

(1) 아동발달이 교육과정을 결정한다

슈타이너는 인간의 발달을 연속적인 과정이 아니라 단계적인 과정으로 보았다. 그는 인간 발달의 비약적이고 질적인 변화의 특징을 보다 잘 드러내기 위해 인간의 단계적 발달 현상에 대해 '성숙'이나 '발전'이라는 단어를 사용하지 않고 '탄생'이라는 말을 사용하였다(신화식 외, 2004). 탄생의 의미는 억압이나 강요에 의해서 이루어지는 것이 아니라 스스로 태어나는 것이다. 너무 서두르거나 억압에 의해 발달을 조장하는 것은 장애를 가져올 수 있기 때문에 이것은 일종의 범죄와 다름없다. 따라서 발도르프 유아교육에서는 자율적으로 체험하고 모방할 수 있는 환경을 제공함으로써 조용히, 천천히 본성이 스스로를 돕게 하는 것이 최상의 교육이다. 발도르프 유치원에서는 인위적인 장난감이나 의도적인 교육계획을 찾아볼 수 없다.

(2) 어린이는 태어나기 전부터 자기만의 특성을 갖고 있다

교육은 독특한 존재를 현실과 관계하여 따르도록 해 주어야 하고, 그 안에서 자아를 발견하도록 해 주어야 하는데 자아를 발견하려면 무엇보다도 사랑하는 어른을 기준으로 하여 그를 따르도록 해 주어야 한다. 따라서 유아교육에서 교사와의 신뢰관계를 만드는 것이 중요하다.

인간에 적합한 교육학은 사고와 감정, 의지를 다시 결합하여야 한다. 슈타이너는 페스탈로치의 철학에 따라 머리와 가슴, 손을 동일하게 교육해야 한다고 하였다.

(3) 종교적인 색채를 띠고 있는 것처럼 보인다

발도르프 교육은 모든 수업이 종교적인 색채를 띠고 있는 것처럼 보인다. 아침 모임에서 읊는 시나 움직임 등에서 특히 종교성을 엿볼 수 있다. 슈타이너는 "정신과학은 기독교를 대신하려고 하지는 않는다. 하지만 기독교를 이해하는 도구이고자 한다."라고 말했다. 이처럼 종교적인 색채를 띠는 이유는 어린이는 정신세계로부터 이 지상에 와서 원래 종교성을 갖고 온다고 보았기 때문이다. 이 때문에 어른들에 의해 보호되고 양육되어야지 '교육되어서는' 안 된다는 것이다.

(4) 인간 존재에 가까운 현상부터 교육을 시작한다

어린이는 배우는 것 자체를 배워야 하고 자기 자신과 우주의 합일 속에서 사는 법을 배워야 한다. 어린이는 생명 육체 안에서, 그리고 그들의 주위 환경 안에서 스스로 발전해 나간다. 아이가 접해 있는 환경과 주변의 삶에 따라 그들의 버릇과 습관이 형성되며 이때 형성된 습관들이 일생의 기초와 토대를 만드는 것이다. 따라서 학교에 다니기 전 시기의 어린이에게는 일상적인 주위 환경과 어른들의 본보기가 가장 중요하다.

(5) 예술과 실습학과를 중요시한다

예술활동은 모든 학년에서 다루어지며 이를 통해 자연스러운 표현력을 길러 준다. 슈타이너는 교육을 하나의 예술로 보았다. 교육에서 인간의 내면적인 본질, 핵심, 인간의 자질이 인식된다. 교육은 인간의 전인적 발달을 위해 인간 본질의 특성에 맞게 이루어져야 한다. 이러한 교육은 교육예술을 통해 이루어진다. 즉, 짜여 있는 교육에 의해서가 아니라 자율적이고 창의적이며 예술적으로 투입되어야만 아동 스스로가 그 내면의 본질을 교육을 통해 인식할 수 있는 것이다. 그림 그리기, 인형극, 오이리트미(Eurythmie), 악기, 바느질 등 예술적인 것들을 일상적으로 연습하면서 이루어진다. 아동 스스로 보고, 듣고, 만지고, 느끼는 등 사물을 직접 체험하여 얻은 지식이 그들의 육체와 영혼과 정신에 영향을 끼치게 되며 이러한 방법이 아동을 전인적인 인간으로 깨어날 수 있도록 한다.

4) 교수·학습 방법

발도르프 유치원은 혼합 연령으로 학급을 구성하여 형제자매 관계가 생기게 한다. 교사는 본보기로서 어린이 앞에서 지도하며 활동의 시작에 자극을 주지만 강요하지 않으며, 교육은 소규모 집단으로 행해진다. 반일제를 원칙으로 하여 가장 작은 공동체인 가족관계를 중시한다. 어린이를 보다 깊게 이해하는 교육을 실행하기 위해 유치원에서는 3~5세까지 3년간, 발도르프 학교에서는 1~8학년까지 8년간 같은 교사가 계속 담임을 맡도록 하는 담임교사제를 택하고 있다. 발도르프 유아교육의 기본 교수원리는 본보기와 모방(Vorbild und Nachahumung), 리듬과 반복을 들 수 있다.

(1) 본보기와 모방

단순히 모방되어야 하는 시범이나 모범이 아니라 내적인 유대(innere band)를 맺을 수 있는 내면의 표현이어야 한다. 생애 첫 7년 동안 유아는 감각을 통해 받아들이고 어른을 모방하면서 배워 나가기 때문에 교육의 기본 원리는 어른 언행의 본보기와 유아의 모방이다. 따라서 유아를 위한 최고의 학습 수단은 근사한 교재·교구나 놀잇감이 아니라 어른의 행동과 언어다. 어른은 아이가 모방해도 괜찮은 행동만 해야 한다. 자유놀이 시간에 교사는 아이들을 관찰하면서 아이들 옆에서 자신의 일을 집중해서 하는 것 자체가 학습수단이다. 그들은 교사가 하는 바느질, 놀잇감 고치기, 정리정돈을 모방하면서 배워 나간다.

발도르프에서는 유아에게 정리정돈을 강요하지 않는다. 유아가 따라 할 때까지 인내심을 가지고 교사가 모범을 보이며 정리정돈을 하면 유아도 놀이 후 그들의 놀잇감을 정돈할 수 있게 된다.

(2) 리듬과 반복

교사는 어린이에게 환경을 제공하되 외면과 내면 모두 자유를 주어야 한다. 아동에게는 시간이 필요하다. 내면적으로 스스로 결정해 참여할 때까지 교사는 기다려 주고 그 참여하는 시점은 아동 스스로 결정하도록 한다.

(3) 교육환경

발도르프 학교는 거의 각이 없이 지붕, 교실, 복도 모두 곡선으로 되어 있다. 자연 자체가 각이 없고 다양한 곡선으로 이루어져 있다는 것에서 비롯된 사상이다. 유원장에는 모래밭, 나무로 된 자그마한 놀이집, 뉘어 있는 고목 등이 전부이고, 미끄럼틀, 정글짐 등은 없다. 유치원에는 문명의 이기라고 하는 TV, 컴퓨터를 비롯한 각종 전자제품이 없으며, 대부분 자연물이고 꾸밈없는 원형 그대로의 것들을 사용하여 어린이가 안정감을 느낄 수 있는 분위기를 제공하고 있다.

발도르프 유치원에서 사용되는 놀잇감에서 다음의 특징을 찾아볼 수 있다.

- 매우 단순하다. 그것은 단순한 모형일수록 어린이의 내면적인 움직임을 최대한 촉진하기 때문이다. 원이나 삼각형, 사각형 등 기하학적인 원형은 아이가 태어나면서 가져온 정신적 그림을 일깨우고 세상과 연결한다. 예쁜 것들은 아이에게 그리 필요하지 않다.
- 자연물 놀잇감이다. 유아의 능동성은 자연 재료를 이용하여 단순하게 만들어진 놀잇감과 놀이를 통해 촉진된다. 마로니에, 조개껍데기, 통나무, 나뭇조각, 헝겊, 천 등 자연물 놀잇감은 다양한 방법으로 놀이할 수 있고, 하나의 역할로 고정되어 있지 않아 능동성·창의성을 증진하며, 유아의 순수한 정서를 지속시켜 준다.
- 수작업으로 제작된 놀잇감이다. 교사나 부모가 직접 제작한 놀잇감은 고장이 나면 고칠 수 있고 아이는 그 놀잇감이 어떻게 만들어졌는지 알 수 있기 때문에 그 놀잇감과 개인적인 관계가 형성되며 구체적인 의식을 형성할 수 있다.
- 일회적인 것이 아니라 오랜 시간을 함께할 수 있는 영구적인 것이다. 인형 놀

잇감도 헝겊으로 직접 만든 것이어서 터지거나 상처가 나면 고칠 수 있는 것이며, 상상력에 의해 여러 가지 변화를 연출할 수 있다. 양털, 명주와 같은 자연스러운 재질은 유아의 정서와 기분을 달래 주며 부드럽게 해 준다.

• 눈과 손의 감각이 일치해야 한다. 눈으로 보았을 때 나무라고 생각되는 것은 만져 보았을 때 인공 합판이 아닌 원목이어야 한다.

참고문헌

4차 산업혁명위원회, 관계부처합동(2017). 혁신성장을 위한 사람중심의 4차 산업혁명 대응계획. 대한민국정책브리핑(2017. 11. 30.).

강릉하슬라유치원(2019). 유아중심 놀이를 통한 자율성 기르기. 강원도 연구(시범) 유치원 운영보고회 발표자료. 강원도 연구원. 미발행.

강원도교육청(2020). 2020 유치원평가 운영 계획.

강원도교육청(2020). 코로나19 대응을 위한 유치원 개학 이후 학사운영 가이드라인. 강원도교육청 교육과정과-6818, 2020. 05. 13.

강숙현(2000). 교수-학습 과정 되돌아보기: 유아교사의 자기 반성적 평가 탐구. 서울: 창지사.

강현석, 소경희, 박창언, 박민정, 최윤경, 이자현(2007). 내러티브 교육과정의 이론과 실제: 이야기를 통한 학습 통합. 서울: 도서출판 학미당.

강현석, 임재택, 이민정, 유경숙, 장영숙, 정정희, 황윤세, 이자현, 도선미 역(2005). 구성주의 유아교육과정. Branscombe, N. A., Castle, K., Dorsey, A. G., Surbeck, E., & Taylor, J. B. (2003)의 Early childhood curriculum; a constructivist perspective. 서울: 시그마프레스.

계보경, 이지향(2017). 교육에서의 모바일 미디어 활용. 한국교육학술정보원(KERIS), 전자자료.

고려대학교 교육문제연구소(2007). 알기 쉬운 교육학 용어사전. 서울: 원미사.

고문숙, 김은심, 유향선, 임영심, 황정숙(2009). 유아교과교육론. 서울: 창지사.

고재희(2008). 통합적 접근의 교육방법 및 교육공학. 경기: 교육과학사.

고후순, 김동일, 조옥희(1996). 유아교육사상사. 서울: 양서원.

곽향림, 허미화, 김선영 역(2007). 구성주의 유아교육교수법. DeVries, P., Zan, B., Hildebrandt, C., Edmiaston, R., & Sales, C. (2002)의 Developing constructivist early childhood curriculum. 서울: 창지사.

교육과학기술부(2008). 유치원 교육과정 해설 1: 총론. 교육과학기술부.

교육과학기술부(2009). 유치원 지도서 1: 총론. 교육과학기술부.

교육과학기술부(2013a). 3세 누리과정 교사용 지도서.

교육과학기술부(2013b). 4세 누리과정 교사용 지도서.

교육과학기술부(2013c). 5세 누리과정 교사용 지도서.

교육과학기술부, 보건복지부(2012). 5세 누리과정 해설서.

교육과학기술부, 보건복지부(2013). 3~5세 연령별 누리과정 해설서.

교육부(1969). 유치원 교육과정.

교육부(1979). 유치원 교육과정.

교육부(1981). 유치원 교육과정.

교육부(1987). 유치원 교육과정.

교육부(1992). 유치원 교육과정.

교육부(1998). 유치원 교육과정.

교육부(2000). 유치원 교육활동 지도자료 총론.

교육부(2020). 제5주기 유치원평가지원계획, 교육부 유아교육정책과 12-17(2020. 2. 25.).

교육부, 보건복지부(2019a). 2019 개정 누리과정 해설서. 세종: 교육부.

교육부, 보건복지부(2019b). 2019 개정 누리과정 놀이이해자료. 세종: 교육부.

교육부, 보건복지부(2019c). 2019 개정 누리과정 놀이실행자료. 세종: 교육부.

교육부, 보건복지부, 육아정책연구소(2021). 교육실행안 예시. 아이누리포털.

교육부, 육아정책연구소(2013). 누리과정 컨설팅 장학 운영 매뉴얼.

구승회 (1995). 에코필로소피-생태 · 환경의 위기와 사회 철학적 대안. 서울: 새길출판사.

구승회(1996). 아나키 · 환경 · 공동체. 서울: 모색출판사.

구자억, 구원회 역(1998). 교사를 위한 교육과정 통합의 방법. 서울: 원미사.

권정숙(2002). 유아교사의 반성적 사고 및 반성적 사고수준과 교수능력. 서울여자대학교 대
    학원 박사학위논문.

김경철, 김안나(2009). 유치원 기관 평가의 이해와 실무. 서울: 학지사.

김경철, 이진희, 최미숙, 황윤세 역(2008). 발달과 학습에 대한 유아 평가. 서울: 학지사.

김대현, 김석우(2011). 교육과정 및 교육평가(4판). 서울: 학지사.

김동연(2018). 발현적 교육과정 교실 내에서 나타나는 유아교사의 '경청(listening to children)'
    에 대한 의미 탐구: Devies의 관점에서. 숙명여자대학교 교육대학원 석사학위논문.

김복영, 박순경, 조덕주, 석용준, 명지원, 박현주, 소경희, 김진숙 역(2001). **교육과정 담론의 새 지평.** 서울: 원미사.

김수영, 김수임, 송규운, 정정희(2003). **영유아 프로그램.** 서울: 양서원.

김영옥(2008). 유아교육과정에 있어서 통합의 의미와 과제. 유아교육에서의 통합: 그 의미와 실천. 한국유아교육학회 2008년 정기학술대회 자료집, 25-51.

김은희(2006). 레지오 에밀리아 접근법의 적용과 변형 유아교육과정. 서울: 창지사.

김재복(1985). 교육과정의 통합적 접근. 서울: 교육과학사.

김재복(2000). **통합교육과정.** 서울: 교육과학사.

김정원, 이경화, 이연규, 전선옥, 조순옥, 조혜진(2006). **보육과정.** 서울: 파란마음.

김정환, 이계연(2005). 수업의 질 개선을 위한 교사 수업능력 자기평가 방략에 관한 논리적 고찰. 교육평가연구, 18(3), 19-38.

김종문, 강인애, 권성기, 남승인, 송언근, 이명숙, 이원희, 이종원, 이종일, 조영남, 조영기, 최신일, 최창우, 홍기칠(1998). **구성주의 교육학.** 서울: 교육과학사.

김종서(1987). 잠재적 교육과정의 이론과 실제. 경기: 교육과학사.

김지은, 김경희, 김현주, 김혜금, 김혜연, 문혁준, 신혜원, 안선희, 안효진, 이연진, 조혜정, 황옥경(2006). **보육과정.** 서울: 창지사.

김진영(1998). 유치원에서 또래간 사회적 힘의 형성 과정. 이화여자대학교 대학원 박사학위 논문.

김창희(2014). 유아 초임교사의 자질에 대한 자기평가 연구. 중앙대학교 교육대학원 석사학위논문.

김혜경, 유희정(2004). **영유아 프로그램.** 서울: 창지사.

김희진, 김언아, 홍희란(2004). **영아를 위한 프로그램의 이론과 실제.** 서울: 창지사.

김희진, 김언아, 홍희란(2005). **영아 교사를 위한 교사교육 매뉴얼.** 서울: 창지사.

나은숙(2005). 유아에게 자유선택활동이 지니는 의미. 덕성여자대학교 대학원 박사학위논문.

나정(2009). OECD 유아교육과정 유형에 비추어 본 우리나라 유치원 교육과정의 특성. 아시아 교육연구, 10(2), 169-193.

나정, 장영숙(2002). OECD 국가들의 유아교육과 보호정책 동향. 서울: 양서원.

덕성여자대학교 부속유치원 편(2000). **상호작용이론에 기초한 유아교육과정의 운영 및 활동의 실제.** 서울: 학지사.

덕성여자대학교 부속유치원(2009). 주제 중심의 통합적 교육과정에 의한 유아의 읽기와 쓰기

지도 방안 연구. 2009 서울특별시교육청 지정 시범유치원 운영보고서.

동은유치원(2009). 수업개선연구 연구보고서. 미발행.

류진희(2000). 유아교사를 위한 교육실습과 교육활동. 서울: 양서원.

문미옥(2008). 교육과 보육을 위한 영유아교육과정. 서울: 창지사.

문용린 역(2001). 다중지능: 인간지능의 새로운 이해. 서울: 김영사.

민용성(2005). 통합교육과정의 구성방식에 관한 일고. 학습자중심교과교육연구, 5(2), 61-80.

박영무, 강현석, 허영식, 김인숙 역(2006). 통합교육과정. Drake, S. M., & Burns, R. C. (2004)
    의 Integrated Curriculum, Meeting Standards Through. 서울: 원미사.

박영무, 허영식, 유제순 역(2009). 교육과정 통합의 기초. 경기: 교육과학사.

박은선(2020). 여름 놀이 보고서. 한림성심대학교 부속 한림유치원. 미발행.

박이문(1998). 문명의 미래와 생태학적 세계관. 서울: 당대.

박창현, 김나영, 이유진(2018). 4차 산업혁명 시대 육아정책의 이슈와 과제. 육아정책연구소
    연구보고 2018-20.

방인옥, 박찬옥, 이기현, 김은희(2009). 유아교육과정(제3판). 서울: 정민사.

백영균, 박주성, 한승록, 김정겸, 최명숙, 변호승, 박정환, 강신천, 김보경(2010). 유비쿼터스 시
    대의 교육방법 및 교육공학(3판). 서울: 학지사.

보건복지가족부(2008). 보육프로그램.

보건복지부(2013). 어린이집 표준보육과정에 기초한 영아보육 프로그램.

보건복지부(2014). 2014 어린이집 평가인증 안내(40인 이상 어린이집).

보건복지부(2020). 제4차 어린이집 표준보육과정.

보건복지부, 중앙육아종합지원센터(2013). 제3차 어린이집 표준보육과정에 기초한 연령별
    보육프로그램의 활용.

보건복지부, 중앙육아종합지원센터(2020). 2019 개정 누리과정 보육일지 개선방향 및 일지
    양식 예시. 중앙육아종합지원센터 어린이집 자료실 탑재 자료(2020. 4. 22.).

보건복지부, 한국보육진흥원(2020). 2020 어린이집 평가매뉴얼.

삼성복지재단(2003). 삼성어린이집 영유아프로그램 총론. 서울: 다음세대.

삼성복지재단(2005). 영유아 정신의 성장과 보육. 삼성복지재단.

서울대학교 교육연구소(2011). 교육학 용어사전. 서울: 하우동설.

서울특별시교육청(2004). 유치원 에듀케어(Edu-care) 프로그램.

서울특별시교육청(2008). 유치원 교육과정 개정에 따른 2007 개정 유치원 교육과정 연수자료.

서울특별시교육청(2009). 서울특별시 유치원 교육과정 편성 · 운영지침.

서울특별시교육청(2020). 2020 서울유아교육계획.

서울특별시교육연구정보원(2013). 2013 유치원 평가를 위한 교원 연수 자료.

서울특별시교육청 교원정책과(2014). 2014년 유치원 교원능력개발평가제 시범운영 계획.

서울특별시유아교육진흥원(2013). 4세 누리과정 평가도구.

송용의 역(2002). 효율적인 교사의 발문 기법. 교육신서 159. Blosser, P. E. (1973)의 Handbook of effective questioning techniques. 서울: 배영사.

신길하나푸르니어린이집(2010). 만 2세반 보육계획안.

신옥순, 염지숙 역(2000). 유아교육과정의 재개념화. Kessler, S. A., & Swadener, B. B.의 Reconceptualizing the early childhood curriculum: beginning the dialogue. 서울: 창지사.

신화식(2003). 몬테소리 유아교육과정. 서울: 양서원.

신화식, 김명희(2006). 다중지능이론에 기초한 유아교육과정. 서울: 학지사.

신화식, 양옥승, 신현옥, 이상화, 김명희, 김향자, 곽노의, 이희경, 오은순, 김영숙, 이성희, 배지희(2004). 영유아 교육 프로그램. 서울: 교문사.

안경자, 장선경, 박영신, 손윤희, 김진희(2013). 교사-영유아 상호작용 현장이야기. 경기: 공동체.

양옥승 편(1991). 탁아연구. 서울: 학지사.

양옥승 편(1993). 탁아연구 II: 교육적 접근. 서울: 학지사.

양옥승(1987). 유아 교육과정 연구의 재개념화. 유아교육연구, 7, 5-23.

양옥승(1991). 교육과정 기초로서의 Vygotsky의 발생학적 인식론. 교육과정연구, 10, 3-16.

양옥승(1992). 유아교육과의 교육 · 연구 현황. 대학교육, 102-108.

양옥승(1993). 유아교육과정 연구의 재개념화 II: Vygotsky의 발생학적 인식론 활용. 유아교육연구, 13, 93-113.

양옥승(1995). 한국의 유치원 교육제도 연구. 덕성여자대학교 사회과학논문집, 2, 115-125.

양옥승(1997a). 아동과 사회환경. 아산사회복지사업재단 편. 아동복지편람. 서울: 정문출판. pp. 156-174.

양옥승(1997b). 유아교육과정 연구의 재개념화 III: 다문화주의의 적용. 덕성여자대학교 교육연구, 5, 49-66.

양옥승(2000a). 재개념론적 관점에서 본 유아교육과정 탐구. 한국영유아보육학, 22, 139-170.

양옥승(2000b). 유아교육과정이론: 분석적 탐구. 교육학 연구, 38(1), 135-151.

양옥승(2001a). 유아교육과정이론. 김미경, 김숙령, 김영연, 김영옥, 김진영, 김현희, 박선희,

서현아, 신화식, 양옥승, 오문자, 유승연, 이차숙, 장혜순, 조성연, 조은진, 지성애, 최양미, 현은자, 홍혜경. 유아교육학 탐구. 서울: 학지사. pp. 225-256.

양옥승(2001b). 자연을 통한 유아교육. 한국어린이육영회 학술대회 자료집.

양옥승(2001c). 유아교육기관에 대한 평가인정제 모형. 유아교육학 탐구. 서울: 학지사. pp. 693-720.

양옥승(2002a). 유아 교육과정 모형의 변화 방향 탐색: 역사적 접근. 아동학회지, 23(5), 77-88.

양옥승(2002b). 유아교육과정의 재개념화: 포스트모더니즘적 관점에서 유치원의 자유놀이에 대한 이해. 교육과정연구, 20(1), 55-73.

양옥승(2002c). 유아교사의 정체성과 전문성, 어디서 찾을 수 있을까. 교육개발, 133, 26-33.

양옥승(2003). 자유선택 활동에서 유아의 선택의 의미. 유아교육연구, 23(3), 131-152.

양옥승(2004a). 유아 때부터 시작하는 자유선택 교육: 언어적 계획 · 평가(VPE) 프로그램의 적용. 서울: 학지사.

양옥승(2004b). 보살핌의 텍스트로서 유아교육과정 이해. 유아교육연구, 24(4), 247-262.

양옥승(2005). 아동중심 교육과정의 의미 탐구. 유아교육연구, 25(2), 103-117.

양옥승(2006). 생태적 성장: 보육 담론의 새 지평. 이부미, 이기범, 정병호 편. 함께 크는 삶의 시작, 공동육아. 서울: 또 하나의 문화.

양옥승(2007a). 이론적 탐구분야로서의 유아 교육과정 이해: 1828-1927년 미국의 교육과정 이론을 중심으로. 유아교육연구, 27(2), 281-294.

양옥승(2007b). 이론적 탐구분야로서의 유아 교육과정 이해(III): 1970년대 미국의 교육과정 이론을 중심으로. 유아교육연구, 27(6), 383-396.

양옥승(2008a). 이론적 탐구분야로서의 유아 교육과정 이해(II): 1928-1969년 미국의 교육과정 이론을 중심으로. 열린유아교육연구, 13(1), 425-440.

양옥승(2008b). 창의 · 상생 사회의 스타트, 영유아 보육교육. 좋은 보육교육, 나라를 키운다. 한국보육교육단체 총연합회 토론회 자료집.

양옥승(2008c). 유아교육과정 탐구. 서울: 학지사.

양옥승(2009). 유아교육과정의 통합 운영. 2009년 강원도 유치원 1급 정교사 자격연수자료. 미발행.

양옥승(2019). 미래사회 변화를 선도하는 유아교육의 방향과 과제. 한국영유아교육보육학회 추계학술세미나 자료집.

양옥승, 김미경, 김숙령, 김영연, 김진영, 박선희, 서현아, 오문자, 장혜순, 조성연, 조은진, 최양미, 현은자(2001). 유아교육개론. 서울: 학지사.

양옥승, 김영옥, 김현희, 신화식, 위영희, 이옥, 이정란, 이차숙, 정미라, 지성애, 홍혜경 (1999). **영유아보육개론**. 서울: 학지사.

양옥승, 김지현(2004). 유아 교육에서의 잠재적 교육과정 탐구. 덕성여대 사회과학연구, 10, 185-201.

양옥승, 김현경(2007). 유아교육에서의 영 교육과정 탐구. 덕성여대 논문집, 36, 83-104.

양옥승, 나은숙(2005). 물리적 환경구성과 유아의 자유선택 활동의 의미에 관한 질적 연구. **열린유아교육연구**, 10(1), 21-40.

양옥승, 노경혜, 윤희경, 조혜경, 최경애, 황윤세, 오애순 역(2005). **놀이와 아동발달**. 서울: 정민사.

양옥승, 이원영, 이영자, 이기숙(2003). **21세기 바람직한 유아교육에 대한 한국유아교육학회의 입장**. 서울: 정민사.

양옥승, 이정란, 나은숙(2002). 유아의 관점에서 본 자유놀이. **열린유아교육연구**, 7(1), 143-165.

양옥승, 지성애, 김영옥, 홍혜경(2002). 유아놀이에 대한 유치원 교사의 인식 및 실태조사. **한국영유아보육학**, 28, 289-318.

양옥승, 최경애, 이혜원(2015). **영유아교육과정**. 서울: 학지사.

여성가족부(2007a). 보육사업안내. 여성가족부 보육정책국.

여성가족부(2007b). 여성가족부 고시 제2007-1호 표준보육과정의 구체적 보육내용 및 교사지침.

오문자(2000). 개미 빼고는 모든 것에 그림자가 있어요. 서울: 다음세대.

오문자(2010). 레지오 알아가기: 한국에서의 레지오 교육의 재구성. 서울: 정민사.

오천석(1972). **교육철학 신강**. 서울: 교학사.

유승연(2001). 유아 과학교육을 위한 교사교육 방법: 포트폴리오의 활용. 유아교육학 탐구. 서울: 학지사. pp. 655-692.

유아교육자료사전편찬위원회(1996). **유아교육자료사전**. 서울: 한국사전연구사.

유정석(2003). Canada: 다문화주의 제도화의 산실. 민족연구, 11, 12-26.

유혜령(1997). 질적 아동연구를 위한 해석학의 방법론적 시사. 아동학회지, 18(2), 57-71.

유혜령 역(1997). **유아교육이론 해체하기: 비판적 접근**. 서울: 창지사.

유혜령(1998). 교수매체 환경과 유아의 경험양식에 관한 현상학적 연구: 자유선택 활동을 중심으로. 유아교육연구, 18(1), 131-152.

유혜령(2001). 유아의 역할놀이 경험 양식과 그 교육적 의미: 현상학적 이해. 유아교육연구, 21(3), 55-79.

윤병희(1998). 교육과정연구의 동향과 대안적 접근의 필요성. 교육과정연구, 16(2), 1-27.

이경은(2006). 뇌과학에 기초한 영아기 경험의 중요성에 대한 고찰 및 교육적 시사점. 중앙대학교 사회개발대학원 석사학위논문.

이귀윤(1996). 교육과정 연구: 과제와 전망. 서울: 교육과학사.

이기숙(2000). 유아교육과정. 서울: 교문사.

이기숙, 김정원, 이현숙, 전선옥(2008). 영유아교육과정. 경기: 공동체.

이기숙, 장영희, 정미라, 엄정애(2002). 유아교육개론. 서울: 양서원.

이기영(1998). Dewey의 흥미개념에 있어서 아동중심교육의 방법적 원리. 열린유아교육연구, 3(1), 33-51.

이기정(2006). 영아전담보육시설의 공간구성에 관한 연구. 서울시립대학교 대학원 석사학위논문.

이대균(1997). 아동중심 교육철학에 기초한 세 가지 교수방법의 비교 연구. 열린유아교육연구, 2(2), 69-88.

이돈희(1986). 잠재적 교육과정과 가치교육. 교육논총, 2, 1-18.

이부미(2006). 공동육아, 그 실천과 모색. 이부미, 이기범, 정병호 (편). 함께 크는 삶의 시작, 공동육아. 서울: 또 하나의 문화.

이성호(1999). 교수방법론. 서울: 학지사.

이성호(2004). 교육과정 개발과 평가. 경기: 양서원.

이성호(2009). 교육과정론. 경기: 양서원.

이성흠, 이준(2009). 교육방법 및 교육공학. 경기: 교육과학사.

이순형, 이경화, 문무경, 이영미, 한유진, 이성옥, 권혜진, 김영명, 권기남, 김혜라, 안소영, 임송미, 엄성애(2000). 주제탐구표현활동 프로그램의 운영. 서울: 창지사.

이영, 조연순 역(1995). 영유아 발달. 서울: 양서원.

이영덕(1987). 교육과정이란 무엇인가?. 경기: 교육과학사.

이영석, 임명희, 이정화(2007). 현대유아교육과정. 서울: 형설출판사.

이영숙(2001). 몬테소리, 그 교육의 모든 것. 서울: 창지사.

이영자, 박미라, 최경애(2012). 영유아교육 교수매체. 경기: 교문사.

이영자, 박미라, 최경애(2019). 유아를 위한 교육방법 및 교육공학. 경기: 교문사.

이영자, 오애순, 장현주, 유연화, 양승희, 최영해(2009). 영유아 프로그램의 운영. 경기: 양서원.

이영자, 이기숙, 이정욱(2012). 유아 교수 · 학습 방법. 서울: 창지사.

이옥주, 나은숙, 박낭자, 오애순, 유연화, 윤희경, 이정란, 조혜경, 최경애, 황혜경(2007). 보육 시설 평가인증제에 기초한 영유아 보육과정의 이해. 서울: 정민사.

이옥주, 나은숙, 박낭자, 오애순, 유연화, 윤희경, 이정란, 조혜경, 최경애, 황혜경(2007). 영유 아 보육과정의 이해. 서울: 정민사.

이윤경, 석춘희 역(1997). 유아들의 마음 사로잡기. 서울: 이화여자대학교출판부.

이은혜, 이미리, 박소연(2007). 아동연구 방법의 이해. 서울: 학지사.

이은화, 양옥승(1988). 유아교육론. 서울: 교문사.

이정란(2004). 어린이집에서의 교사의 힘에 관한 연구. 유아교육연구, 24(2), 199-221.

이진민(2009). 교사의 발문이 유아의 창의성에 미치는 효과. 인제대학교 교육대학원 석사학 위논문.

이진향(2002). 수업반성이 유치원 교사의 교수행동과 반성수준에 미치는 영향. 유아교육과정 의 방향 정립. 한국유아교육학회 2002년도 정기 총회 및 학술대회 자료집, 142-157.

이홍우 역(1987). 민주주의와 교육. 서울: 교육과학사.

이화여자대학교 사범대학 부속 이화유치원 편(2002). 이화유치원 교육과정. 서울: 교문사.

임미숙(2015). 학습자와 교육용 앱 특성이 모바일 러닝 사용의도에 미치는 영향 연구. 단국대 학교 정보 · 지식재산대학원 석사학위논문.

임미혜, 이혜원(2007). 보육학개론. 서울: 학현사.

임미혜, 이혜원, 황윤세(2008). 보육과정. 서울: 학현사.

임부연, 장영숙, 최미숙, 최윤정, 최일선, 황윤세 역(2008). 발달에 적합한 실제: 유아교육과정 과 발달. Gestwicki, C. (2008)의 Developmentally appropriate practice: Curriculum and development in early education (3ed ed.). 서울: 정민사.

임재택(2005). 생태유아교육개론. 경기: 양서원.

전경원(2006). 창의성을 중심으로 한 유아연구방법론. 서울: 창지사.

전선옥(1997). 한국 유치원 교육과정의 변천과정. 이화여자대학교 대학원 박사학위논문.

조연순(2006). 문제중심학습의 이론과 실제: 문제로 시작하는 수업. 서울: 학지사.

조영남(1998). 구성주의 교수학습. 구성주의 교육학. 서울: 교육과학사. pp. 151-180.

주영숙, 김정휘 공역(1996). 교실수업을 위한 목표의 진술. Gronlund, N. E.의 Stating objectives for classroom instruction(3rd ed.). 서울: 형설출판사.

중앙대학교 사범대학 부속유치원 편(1993). **활동중심 통합교육과정**. 서울: 양서원.

중앙보육정보센터(2009). 보육프로그램. http://www.educare.or.kr

중앙육아종합지원센터(2013). 제3차 어린이집 표준보육과정에 기초한 연령별 보육프로그램의 활용, p. 85.

지성애(2008). 영유아 교육·보육과정 비교. 유아교육학논집, 12(3), 91-110.

지성애, 정대현, 김경숙, 김현주, 채영란, 김지예(2006). 유치원과 초등학교의 다문화교육실태와 교사의 인식비교. 유아교육학논집, 351-369.

지옥정(2000). **유아교육현장에서의 프로젝트 접근법**. 서울: 창지사.

최경애(2001). 보육시설의 영아기 프로그램 평가척도 개발을 위한 기초연구: 영아보육 프로그램 평가 및 운영 실태 조사. 덕성여자대학교 사회과학연구, 6, 191-214.

최경애(2004). 영아 보육시설 평가기준의 개발 및 타당화. 한국유아교육학회, 24(5), 5-23.

최미현(2000). 생태학적 유아교육의 기본 프레임워크 탐색. 경북대학교 대학원 박사학위논문.

최봉선(2009). PBL 기반 구성주의적 유아교육 프로그램의 개발 연구. 아동교육, 18(1), 267-283.

최상덕(2018). 외국의 프로젝트 기반 학습을 통한 핵심 역량 교육 사례. 한국교육개발원.

최수진, 이재덕, 김응영, 김혜진, 백남진, 김정민, 박주현(2017). OECD교육2030: 미래 교육과 역량. 한국교육개발원.

최안나(2007). 영아보육시설의 실내공간계획에 관한 연구. 조선대학교 디자인대학원 석사학위논문.

최양미(1994). 아동중심 교육사상의 의미에 대한 검토. 대신대학논문집, 14, pp. 3-19.

최양미(2006). 한국의 교육과정 개정 현황과 전망. 한국교육과정학회 2006년 춘계학술대회 및 국제심포지엄 발표 자료집.

최은자(2014). 전문성 향상을 위한 유아교사의 자기평가에 대한 인식과 실태에 대한 연구. 중부대학교 교육대학원 석사학위논문.

최지연(2004). 새싹유치원 교사의 활동표본평가 적용 사례 연구. 한국교원대학교 대학원 석사학위논문.

통계청(2014). 2013년 출산통계 보도자료.

통계청(2020). 2019년 출생통계, 국가승인통계 제10103호 출생통계.

파랑새유치원(2011). 유치원 교육계획안.

하정연(2004). 생태유아교육의 교육관에 관한 연구. 유아교육논총, 13(1), 67-84.

한국교원교육학회·한국유아교육학회(2007). 유아교육체제 정립을 위한 교육정책 발전방향.

한국교원교육학회 · 한국유아교육학회 공동 학술토론회 자료집.

한국교육학술정보원(2013). 블룸의 디지털 텍사노미. 한국교육학술정보원 연구자료 RM 2013-6.

한국보육교육단체총연합회(2008). 좋은 보육교육, 나라를 키운다. 한국보육교육단체총연합회 토론회 자료집.

한국유아교육학회 편(1996). 유아교육사전. 서울: 한국사전연구사.

한국유아교육학회 편(2006). 한국유아교육현장의 정체성 확립을 위한 노력. 경기: 공동체.

한국유아교육학회(2005). 유아교육과 보육의 자리매김. 한국유아교육학회 창립 30주년기념 학술대회 자료집.

한국유아교육학회(2006). 어린이의 삶의 관점에서 본 유아교육 · 보육의 자리매김. 한국유아교육학회 2006년 정기학술대회 자료집.

한국유아교육학회(2007a). 한국 유아교육 · 보육 자리매김의 미래전망. 한국유아교육학회 2007년 정기학술대회 자료집.

한국유아교육학회(2007b). 한국 미래를 위한 유아관련 학제. 경기: 양서원.

한국유아교육학회(2008). 유아교육의 본질과 가치: 학문 · 정책 · 실천 간 협력의 지향점. 한국유아교육학회.

한림성심대학교 부속 한림유치원(2020). 누리과정에 적합한 등원-원격수업 연구. 2021학년도 강원도교육청 연구학교 연구계획서. 미발행.

한준상, 김종량, 김명희 역(1988). 교육과정논쟁. 서울: 집문당.

행정안전부(2011). 다문화가정 관련 통계자료.

허란주 역(1997). 다른 목소리로: 심리이론과 여성발달. 서울: 동녘.

홍용희(1997). 프로젝트 접근법 고찰. 교과교육학 연구, 1, 186-201.

황윤세, 양옥승(2002). 포스트모더니즘 관점에서 유아교육에 대한 함의. 열린유아교육연구, 7(2), 335-355.

황재훈, 김동현(2005). 성공적인 m-learning 구현을 위한 핵심 요인에 대한 연구. 한국정보기술응용학회, 정보기술과 데이터베이스, 12(3), 57-80.

황해익, 송연숙, 최혜진, 남미경, 고은미, 정명숙(2008). 영유아 프로그램 개발과 평가. 경기: 공동체.

황해익, 송연숙, 최혜진, 정혜영, 이경철, 민순영, 박순호, 손원경(2003). 유아교육기관에서의 포트폴리오 평가. 서울: 창지사.

Barrows, H. S., & Mayers, A. C. (1993). Problem-based learning in secondary schools. Unpublilshed monograph. Springfield, IL: Problem based Learning Institute Lanphier School, and Southern Illinois University Medical School.

Bereiter, C., & Engelman, S. (1966a). Observations on the use of direct instruction with young disadvantaged children. *Journal of School Psychology, 4*(3), 55-62.

Bereiter, C., & Engelman, S. (1966b). *Teaching disadvantaged children in the preschool.* Englewood Cliffs, NJ: Prentice-Hall.

Berk, L., & Winsler, A. (1995). *Scaffolding Children's Learning.* Washington, DC: NAEYC.

Bloch, M. N. (1991). Critical science and the history of child development's influence on early education research. *Early Education and Development, 2*(2), 95-108.

Bloom, B. S. (1956). *Taxonomy of education objectives, handbook I : cognitive domain.* New York: Longman.

Bloom, B. (1976). *Human characteristics and School learning.* New York: McGraw Hill.

Bredekamp, S. (1987). *Developmentally appropriate practice in early childhood programs serving children from birth through age 8.* Washington, DC: National Association for the Education of Young Children.

Bredekamp, S., & Copple, C. (Eds.). (1997). *Developmentally appropriate practice in early childhood programs serving children from birth through age 8.* Washington, DC: National Association for the Education of Young Children.

Bredekamp, S., & Rosegrant, T. (1992). *Reaching Potentials: Appropriate Curriculum and Assessment for Young Children.* Washington, DC: National Association for the Education of Young Children.

Bronfenbrenner, U. (1979). *The ecology of human development: Experiments by nature and design.* Cambridge, MA: Harvard University Press.

Bruner, J. (1960). *The process of education.* New York: Vantage.

Bodrova, E., & Leong, D. J. (1996). *Tools of the Mind: The Vygotskian Approach to Early Childhood Education.* Englewood Cliffs, NJ: Prentice-Hall.

Burbules, N. C., & Torres, C. A. (2000). *Globalization and education: Critical perspectives.* New York: Routledge.

Cannella, G. S. (1997). *Deconstructing early childhood education: Social justice and revolution.* 유혜령 역(2002). 유아교육이론 해체하기: 비판적 접근. 서울: 창지사.

Chard, S. C. (1992). *The Project Approach: A practical guide for teachers.* Alberta: Alberta Printing Service.

Chard, S. C. (1994). *The Project Approach: A Second practical guide for teachers.* Alberta: Quality Color Press Inc.

Chung, S. C., & Walsh, D. J. (2000). Unpacking child-centredness: A history of meanings. *Journal of Curriculum Studies, 32*(2), 215-234.

Dahlberg, G., Moss, P., & Pence, A. (1999). *Beyond quality in early childhood education and care: Postmodern perspectives.* Hong Kong: Family Press.

Derman-Sparks, L. (1992). Reaching potentials though antibias, multicultural curriculum. In Bredekamp, S., & Rosegrant, T. (Eds.), *Reaching potentials: Appropriate curriculum and assessment for young children.* Washington, DC: NAEYC.

DeVries, R. (1984). Developmental stages in Piagetian theory and educational practice. *Teacher Education Quarterly, 11*(4), 78-94.

DeVries, R. (1992). Development as the aim of constructivist education: How can it be recognized in children's activity? In D. G. Murphy & S. G. Goffin (Eds.), *Project Construct: A curriculum guide* (15-34). Jefferson City, MO: Department of Elementary and Secondary Education.

Dewey, J. (1900). *Frobel's education principles.* Elementary School Record 1.

Dewey, J. (1902). *The Child & the curriculum.* Chicago: The University of Chicago Press.

Dewey, J. (1916). *Democracy and education.* New York: Macmillan. 이홍우 역(1987). 민주 **주의와 교육.** 서울: 교육과학사.

Dopera, M. L., & Dopera, J. E. (1990). The child-centered curriculum. In C. Seefelds (Ed.), Continuing issues in early childhood education (pp. 207-222). Columbus, OH: Merrill.

Drake, S. (1993). *Planning integrated curriculum. Alexandria.* Va.: Association of Supervision and Curriculum Development.

Edwards, C., Gandini, L., & Forman, G. (Eds.). (1993). *The hundred languages of children: The Reggio Emilia approach to early childhood education.* Norwood, NJ: Ablex. 김희진, 오문자 역(1996). 레지오 에밀리아의 유아교육. 서울: 정민사.

Edwards, C., & Willis, L. (2000). Integrating visual and verval literacies in the early childhood classroom. *Early Education Journal, 27*(4), 259–265.

Eisner, E. (1979). *The educational imagination: On the design and evaluation of school programs.* New York: Macmillan.

Eisner, E. (1985). *The educational imagination: On the design and evaluation of school programs* (2nd ed.). New York: Macmillan.

Eisner, E. (1992). Curriculum ideologies. In P. W. Jackson (Ed.), Handbook of research on curriculum: A project of the American Educational Research Association (pp. 302–325). New York: Macmillan.

Eisner, E. (1994). *The Art of educational evaluation: A personal view.* London: The Falmer Press.

Eisner, E., & Vallance, E. (Eds.). (1974). *Conflicting conceptions of curriculum.* Berkeley, CA: McCutchan.

Elkind, D. (1987). Early childhood education on its own terms. In S. L. Kagan & E. F. Zigler (Eds.), *Early schooling: The national debate* (p. 98–115). Yale University Press.

Fogarty, R. (1991). The mindful School: How to integrate the curricula. Palatine, IL.: Skylight Publishing, Inc.

Fogarty, R. (1997). *Problem based learning and other curriculm models for the multiple intelligences classroom.* Australia: Hawker Brownlow Education.

Freire, P. (1968). *Pedagogy of the oppressed.* New York: Seabury.

Freire, P. (1972). Cultural action and conscientization. *Harvard Educational Review, 40*(3), 452–477.

Fröbel, F. (1826). *The education of man.* New York: D. Appleton and Company.

Frost, J. L., & Kissinger, J. B. (1976). *The young child and the educational process.* New York: Holt, Rinehart, & Winston.

Frost, J. L., Wortham, S. C., & Reifel, S. (2005). *Play and child development* (2nd ed.). NJ: Prentice Hall.

Gilligan, C. (1995). *Hearing the difference: theorizing connection.* Hypatia, 10, 120–127.

Giroux, H. (1989). *Critical pedagogy, the state, and cultural struggle.* Albany: State University of New York Press.

Giroux, H. A., Penna, A. N., & Pinar, W. F. (1981). *Curriculum and instruction: alternatives in education*. Berkeley, CA: McCutchan.

Goffin, S. C., & Wilson, C. (2001). *Curriculum models and early education: appraising the relationship* (2nd ed.). Upper Saddle River, New Jersey: Merrill Prentice Hall.

Goodlad, J. I. (1966). *The development of a conceptual system for dealing with problems of curriculum and instruction*. Los Angeles, California: University of California, Los Angeles.

Haroutunian-Gordon, S. (1998). A study of reflective thinking: Patterns in interpretive discussion. *Educational Theory, 48*(1), 33-58.

Hermandes, H. (2001). *Multicultural education: A teacher's guide to linking context, process, and content* (2nd ed.). Upper Saddle River, NJ: Merrill Prentice Hall.

Hidi, S. (1990). Interest and its contribution as a mental resource for learning. *Review of Educational Research, 60*(4), 549-571.

Hohmann, M., Banet, B., & Weikart, D. P. (1979). *Young children in action: A manual for preschool education*. Ypsilanti: The High/Scope Press.

Hyun, E. S. (2006). *Teachable Moments: Re-Conceptualizing Curricula Understandings*. New York: Peter Lang Publishing, Inc.

Ingram, J. B. (1979). *Curriculum integration and lifelong education*. Oxford: Pergamon Press.

Johnson, J. E., Christie, J. F., & Yawkey, T. D.(1999). *Play and early childhood development* (2nd ed.). New York: Longman.

Kamii, C. (1984). Autonomy: The aim of education envisioned by Piaget. *Phi Delta Kappan, 65*, 410-415.

Kamii, C. (1992). Autonomy as the aim of constructivist education: How can it be recognized in children's activity? In D. G. Murphy & S. G. Goffin (Eds.), *Project Construct: A curriculum guide* (15-34). Jefferson City, MO: Department of Elementary and Secondary Education.

Katz, L. G., & Chard, S. C. (1989). *Engaging children's minds: The project approach*. Norwood, NJ: Ablex.

Katz, L. G., & Chard, S. C. (2000). The Project Approach. In J. L. Roopnarine & J. E. Johnson (Eds.), *Approaches to Early Childhood Education* (3rd ed.). NAEYC Press.

Kellner, D. (1998). Multiple literacies and critical pedagogy in a multicultural society. *Educational Theory*, 48(1), 103–122.

Kessler, S. A. (1991). Alternative perspectives on early childhood education. *Early Childhood Research Quarterly*, 6, 183–197.

Kessler, S., & Swadener, B. B. (1992). *Reconceptualizing the early childhood curriculum*. New York: Teachers College Press.

Kilpatrick, W. H. (1918). The project method. *Teachers College Record, 19*, 319–335.

Kliebard, H. (1975). Reappraisal The Tyler rationale. In W. Pinar (Ed.), Curriculum theorizing: The reconceptualists (pp. 70–83). Berkeley, CA: McCutchan.

Kostelnik, M. J., Soderman, A. K., & Whiren, A. (2004). *Developmentally Appropriate Curriculum*. NJ: Pearson Education.

Kyle, T. V. (1995). The concept of caring: A review of the literature. *Journal of Advanced Nursing, 21*, 506–514.

Leavitt, R. (1994). *Power and emotion in infant-toddler day care*. Albany. New York: State University of New York Press.

Mager, R. F. (1962). *Preparing Instructional Objectives*. CA: Fearon Publisher.

Moore, B., & Bernard, D. (1990). *Psychoanalytic terms & concepts*. New York: The American Psychoanalytic Association.

NAEYC (1991). Guidelines for Appropriate Curriculum Content and Assessment in Programs Serving Children ages 3 through 8. *Young Children*, March, 21.

NAEYC (2009). Developmentally Appropriate Practicein Early Childhood Programs Serving Children from Birth through Age 8. A position statement of the National Association for the Education of Young Children. Online: www.naeyc.org.

Noddings, N. (1984). *Caring: Feminine approach to ethics & moral education*. Los Angeles, CA: University of California Press.

Noddings, N. (1989). Developing models of caring in the professions. Paper presented at the Annual Meeting of the American Educational Research Association. San Francisco, CA, March, 27–31.

Piaget, J. (1962). *Play, Dreams and imitation in childhood*. New York: W. W. Norton.

Pinar, W. F. (1975). *Curriculum theorizing: The reconceptualists*. Berkeley, CA: McCutchan.

Pinar, W. F., Reynolds, W. M., Slattery, P., & Taubman, P. M. (1995). *Understanding curriculum: An introduction to the study of historical and contemporary curriculum discourses.* New York: Peter Lang.

Raines, S. C. (1997). Developmental appropriateness: Curriculum revisited and challenged. In J. P. Isenberg & M. R. Jalongo (Eds.), *Major trends and issues in early childhood education: Challenges, controversies, and insights* (pp. 75-89). New York: Teachers College Press.

Reggio Children and Project Zero. (2001). *Making Learning Visible: Children as Individual and Group Learners.* Reggio Emilla: Reggio Children srl.

Rippa, S. (1988). *Education in a free society: An American history.* New York: Longman.

Roopnarine, J. L., & Johnson, J. E. (2000). *Approaches to Early Childhood Education.* Upper Saddle River, NJ: Prentice Hall.

Ryan, K., & Cooper, J. M. (2000). *Readings in Education.* Houghton Mifflin(Academic); 9th edition.

Schwartz, S. L., & Robison, N. F. (1982). *Designing curriculum for early childhood.* Boston, MA: Allyn & Bacon.

Slattery, P. A. (1995). A postmodernism of time and learning: A response to the national education commission report prisoners of time. *Harvard Educational Review, 65*(4), 612-631.

Smilansky, S. (1968). *The effects of sociodramatic play on disadvantaged prechool children.* New York : Wiley.

Smilansky, S., & Shefatya, L. (1990). *Facilitating play: A medium for promoting cognitive, socio-conomic, and academic development in young children.* Gaithersburg, MD: Psychosocial & Educational Publications.

Spodek, B., & Saracho, O. N. (1994). *Right from the start: Teaching children ages three to eight.* Boston: Allyn & Bacon.

Spodek, B., Saracho, O. N., & Davis, M. D. (1991). *Foundations of early childhood education: Teaching three-, four-, and five-year-old children.* Englewood Cliffs, NJ: Prentice-Hall.

Stacey, S. (2009). Emergent Curriculum in Early Childhood Settings from Theory to

Practice. St. Paul: Redleaf Press.

Tanner, D., & Tanner, L. (1990). *History of the school curriculum*. New York: Macmillan.

Trawick-Smith, J. (1992). The physical classroom environment: How it affects learning and development. *Dimensions of Early Childhood, 20*, 34-42.

Tyler, R. W. (1949). *Basic principles of curriculum and instruction*. Chicago: University of Chicago Press.

Vygotsky, L. S. (1976). Play and it's role in the mental development of the child. In J. S. Bruner, A. Jolly, & K. Sylva (Eds.), Play: It's role in development and volution, (537-554). New York: Basis Books.

Weber, E. (1984). *Ideas influencing early childhood education: A theoretical analysis*. New York: Teachers College Press.

Weikart, D. P., Epstein, A. S., Schweihart, L., & Bond, J. T. (1979). The Ypsilant preschool curriculum demonstration project. *Monographs of the High/Scope Educational Research Foundation, 4*.

Weikart, D. P., Hohmann, C. F., & Rhine, W. R. (1981). High/Scope cognitively oriented curriculum model. In W. R. Rhine (Ed.), *Making schools more effective* (pp. 201-247). New York: Academic Press.

Yang, O. S. (2000). Guiding children's verbal plan and evaluation during free play: An application of Vygotsky's genetic epistemology to the early childhood classroom. *Early Childhood Education Journal, 28*(1), 3-10.

Yang, O. S. (2001). An epistemological and ethical categorization of perspectives on early childhood curriculum. *International Journal of Early childhood, 33*(1), 1-8.

Yang, O. S. (2004). Creating a better quality of life for young children in Korea: Analyses of and recommendations for the Korean early childhood education identity. *International Journal of Early Childhood Education, 10*(2), 91-117.

http://www.montessori.co.kr

〈자료 협조 기관〉

덕성여자대학교 부속유치원(서울)

동은유치원(서울)

파랑새유치원(일산)

한림성심대학교 부속 한림유치원(춘천)

찾아보기

내용

저자 소개

양옥승(Yang Ok Seung)

이화여자대학교 사범대학 교육학과 문학사(유아교육전공)

이화여자대학교 사범대학 교육학과 문학석사(유아교육전공)

미국 캘리포니아주립대학교 대학원 아동학과 문학석사

미국 남가주대학교 대학원 교육학과 철학박사(교육과정/유아교육전공)

현 덕성여자대학교 사회과학대학 유아교육과 명예교수

최경애(Choi Kyoung Ae)

덕성여자대학교 유아교육과 교육학사

덕성여자대학교 대학원 유아교육학과 교육학석사

덕성여자대학교 대학원 유아교육학과 교육학박사

전 덕성여자대학교 사회과학연구소 전임강사

현 한림성심대학교 부속 한림유치원장

이혜원(Lee Hey Won)

덕성여자대학교 유아교육과 교육학사

덕성여자대학교 대학원 유아교육학과 교육학석사

덕성여자대학교 대학원 유아교육학과 교육학박사

현 대진대학교 사회복지 · 아동학부 교수

2019 개정 누리과정을 반영한

유아교육과정
Curriculum for young children

2021년 8월 10일 1판 1쇄 인쇄
2021년 8월 20일 1판 1쇄 발행

지은이 • 양옥승 · 최경애 · 이혜원
펴낸이 • 김진환
펴낸곳 • ㈜ 학지사

04031 서울특별시 마포구 양화로 15길 20 마인드월드빌딩
대표전화 • 02-330-5114   팩스 • 02-324-2345
등록번호 • 제313-2006-000265호

홈페이지 • http://www.hakjisa.co.kr
페이스북 • https://www.facebook.com/hakjisa

ISBN 978-89-997-2469-5 93370

정가 22,000원

출판 · 교육 · 미디어기업 학지사

간호보건의학출판 학지사메디컬 www.hakjisamd.co.kr
심리검사연구소 인싸이트 www.inpsyt.co.kr
학술논문서비스 뉴논문 www.newnonmun.com
교육연수원 카운피아 www.counpia.com